U0584966

260万册
纪念版

张欣武　刘卫华　著

作家出版社

《哈佛女孩刘亦婷》之二

刘亦婷
的学习方法和培养细节

目 录

引 子 读者朋友，让您久等了 / 1

　无数读者提问，让我们日夜惦记 / 1

　又一本心血结晶，回答各类咨询 / 2

第一章 刘亦婷，你在哈佛还好吗？ / 5

　开学前，另一种形式的充电 / 8

　初进哈佛，感悟"谎言"与"真理" / 9

　野营：不是军训，胜似军训 / 14

　室友与校友，各有各的"酷" / 19

　理解与歧视，我的朋友与处境 / 22

　哈佛如此开放，又如此安全 / 23

　课外活动："让世界走向中国" / 27

　学生能把事情做多大？ / 29

　伙伴们推举我当主席 / 33

　课程设计：意在培养"完整的人" / 37

　自己选的课，越学越来劲儿 / 39

　教学管理：既严谨，又灵活 / 43

勤奋学习，成绩依然优秀 / 46

边学习边打工，忙并快乐着 / 50

管中窥豹：中美大学的四点区别 / 55

毕业后，先工作，再深造 / 57

补记：用特别的方式告别哈佛 / 61

第二章　成功需要哪些素质？ / 63

什么是刘亦婷心目中的"成功"？ / 66

哈佛看重的"优秀素质"究竟是什么？ / 68

我们有意培养的"十大必备素质" / 70

第三章　优秀素质体系，怎样从无到有？ / 73

我们的思路和四个基本方法 / 75

基本方法之一：我们怎样做到"顺应天性"？ / 77

■ 对我们启发较大的三类书 / 78

■ 从 0 岁开始，用爱培植亲情 / 81

■ 优化三大天性，培养成才的内驱力 / 90

▲ 好奇的天性，需扬长补短

▲ 爱玩的天性，可因势利导

▲ 好胜的天性，要扬长避短

基本方法之二：我们怎样进行"积极引导"？ / 102

■ 全面激发有益兴趣 / 103

■ 主动预防人生缺憾 / 106

■ 高效利用教育资源 / 118

基本方法之三：我们怎样实施"个性化培养"？ / 123

■ 家里的个性化培养，任务与学校不同 / 123

■ 形成理想个性的三个途径 / 124

■ 承认差别，量身定制培养方案 / 128

基本方法之四：婷儿怎样实现"自主发展"？ / 133

■ 养成遵守约定的习惯，学会自我管理 / 134

■ 养成专注敏捷的习惯，学会高效思维 / 136

■ 养成独立思考的习惯，学会理性判断 / 139

■ 养成主动求学的习惯，学会规划人生 / 140

■ 养成定期反省的习惯，学会自我促进 / 142

希望改进的读者，可以从何入手？ / 145

■ 分析现状，把问题具体化 / 145

■ 理清头绪，把问题条理化 / 146

■ 分解目标，把措施细化、量化、行为化 / 146

■ 锲而不舍，积小胜为大胜 / 147

第四章 怎样培养创造力？ / 149

创造力并不神秘，可以培养 / 152

婷儿创新能力的培养过程 / 154

八种方法，开发联想能力和想象力 / 157

六项措施，培养科学的质疑精神 / 161

怎样强化探索精神？ / 165

创造力的翅膀：创造技法 / 166

五种创造技法及思维训练 / 167

强化创新直觉，激发创新灵感 / 171

创新活动的辅助能力 / 174

创新人才的六种类型 / 178

怎样优化知识结构? / 179

自信心和自我纠错能力 / 180

我国中学生的创造力排名为何落后? / 182

给中小学生和家长的几点建议 / 184

第五章 刘亦婷的学习方法：小学篇 / 187

入学前，做好身心准备 / 190

上学伊始，培养专心习惯 / 192

练字好处多，方法有讲究 / 193

巩固字词句，夯实"基础的基础" / 195

要想孩子数学好，父母宜知道学什么 / 197

重视开发空间想象力 / 199

速算扑克牌，开发数学潜能 / 202

利用棋类，开发逻辑思维能力 / 205

不搞标准答案，鼓励一题多解 / 207

练熟"公式恒等变形" / 208

做作业，要先复习 / 209

打草稿，要有顺序 / 210

会预估得数，答案不离谱 / 211

左手指右手抄，减少抄写错误 / 212

"错漏本"，防错漏 / 212

为何会做的题也出错? / 213

熟能生巧，不熟生"不巧" / 214

熟练是减负，也是能力升级 / 215

运用"水桶理论"，提高学习效率 / 215

怎样"诊断"数学的薄弱环节? / 217

单项训练：化整为零，化难为易 / 219

语文学不好，数学受拖累 / 220

诊断语文"短板"的方法 / 221

旧作业本：有用的"信息库" / 222

知道学什么，学习更主动 / 223

第六章　刘亦婷的学习方法：英语篇 / 225

好成绩 = 兴趣 + 方法 + 勤奋 / 227

丢开拐杖，养成"英语思维习惯" / 229

"词不离句，背、用结合"，单词记得牢 / 231

重视遗忘规律，合理安排复习密度 / 233

精听与泛听——提高听力的两条路 / 235

强化听力的几种技巧 / 237

学英语的口音选择 / 240

精读、泛读、背诵、语感 / 242

多管齐下，让口语流利自如 / 246

词根与前后缀——用"偏旁部首"背单词 / 249

充分交流，须跨越文化障碍 / 253

影响成败的几个心理因素 / 254

学好英语需要多少时间? / 256

学习英语的黄金时期 / 259

第七章　刘亦婷的学习方法：作文篇 / 263

不想当作家，也应学好作文 / 265

先培养表达兴趣，再学习写作方法　　　　　/ 266

培养表达兴趣，可与学说话同步　　　　　/ 268

从"一句话日记"开始，培养动笔习惯　　　/ 271

写童趣日记练笔，只求"真实、具体"　　　/ 274

弄清段落特点，练习谋篇布局　　　　　　/ 277

捕捉情感焦点，抒写满腔深情　　　　　　/ 283

揣摩名作技法，提高表达能力　　　　　　/ 285

从"口头议论文"开始，熟悉论证方法　　　/ 286

学搭"说理框架"，有助于尽快入门　　　　/ 289

扩大观察范围，拓宽素材来源　　　　　　/ 293

针对高考要求，做好应试准备　　　　　　/ 297

调动作文积累，写好"个人陈述"　　　　　/ 298

第八章　刘亦婷的学习方法：中学数学及其他　/ 303

婷儿学数学，收获真不少　　　　　　　　/ 305

学好数学，天赋正常就行了　　　　　　　/ 306

婷儿的话：我的"实战经验"　　　　　　　/ 307

初中学数学，当心脚下的"坎"　　　　　　/ 310

高中，预防数学"滑坡"　　　　　　　　　/ 312

课前先预习，掌握更透彻　　　　　　　　/ 315

记课堂笔记的正确方法　　　　　　　　　/ 316

当天复习有技巧　　　　　　　　　　　　/ 318

整体掌握，融会贯通　　　　　　　　　　/ 319

"题不二错"，强化批判性思维　　　　　　/ 321

"精题多思"与创造性思维　　　　　　　　/ 322

中学物理学习方法　　　　　　　　　　　　　／ 325

对学好其他学科的一点建议　　　　　　　　　／ 330

第九章　掌握必要的考试方法　　　　　　　　／ 331

调整竞技状态，需要科学知识　　　　　　　　／ 333

进考场前，先做"热身"　　　　　　　　　　／ 334

拿到卷子，先做三件事　　　　　　　　　　　／ 335

多数题目，力争一次成功　　　　　　　　　　／ 335

难题暂放后　　　　　　　　　　　　　　　　／ 336

不轻易放弃每一分　　　　　　　　　　　　　／ 337

中途小休息，精力消耗少　　　　　　　　　　／ 338

自我暗示，保持考场好心态　　　　　　　　　／ 339

考完一门，丢开一门　　　　　　　　　　　　／ 341

关于写字速度　　　　　　　　　　　　　　　／ 342

模拟考试：练出考场好心态　　　　　　　　　／ 342

考试期间的饮食与作息　　　　　　　　　　　／ 344

其他注意事项　　　　　　　　　　　　　　　／ 346

第十章　行之有效的记忆方法　　　　　　　　／ 347

"遗忘曲线"给婷儿的启示　　　　　　　　　　／ 349

花多少时间去记，才不至于遗忘?　　　　　　／ 350

"多通道记忆"效率高　　　　　　　　　　　　／ 351

婷儿的多通道记忆方式　　　　　　　　　　　／ 352

"及时"复习，效果才好　　　　　　　　　　　／ 352

"试图回忆"法，使复习增效三倍　　　　　　　／ 353

补漏法：使记忆更完整 / 354

框架记忆法，系统掌握知识 / 355

怎样运用"框架记忆法"？ / 356

强化记忆的三种状态 / 356

影响记忆的几个心理因素 / 358

三个常用的记忆技巧 / 359

强身健脑，辅助记忆 / 361

第十一章 强身健脑的生活方式 / 363

营养均衡，保持健全的脑力 / 365

科学调理，保持旺盛的食欲 / 367

合理安排，保持足够的睡眠 / 369

防治感冒，保持通畅的呼吸 / 372

第十二章 家庭性教育的方法与时机 / 375

婷儿的性教育，灵感来自鲁迅 / 378

锁定三大目标，找准实施途径 / 379

讲述孩子出生，渲染爱与欢欣 / 382

启蒙性知识，花儿是最佳"教具" / 383

借助动物交配，区分人性、兽性 / 386

设计安全措施，当好监护人 / 389

怎样称呼性器官？亲切自然为宜 / 391

培养隐私意识，从快上小学开始 / 393

培育"性美感"，从每天换内裤做起 / 396

指点"美、妙"境界，追求持久魅力 / 398

偶得日本性教材，对照一番多惊喜　　　　　　／ 402

如今色情信息多，预防"性污染"要先行　　　／ 405

早期没搞性教育，如何点破"性"之谜?　　　／ 407

后　记　还有一些心里话　　　　　　　　　／ 411

读者的理解，令我们感动　　　　　　　　　／ 411

读者的追求，令世界瞩目　　　　　　　　　／ 417

附录一　丹佛小儿智能发育检查表（0—6岁）　／ 424

附录二　3—6岁儿童智力测试表　　　　　　　／ 435

附录三　常用英语前缀、后缀、词根表　　　　／ 440

主要参考书目　　　　　　　　　　　　　　　／ 445

引　子

读者朋友，让您久等了

无数读者提问，让我们日夜惦记

再写一本书答《哈佛女孩刘亦婷》读者问，是 2000 年底就有了的想法。

当时，《哈佛女孩刘亦婷——素质培养纪实》刚刚问世 4 个月，已经加印到 30 万册。不断加印的新书，像泼到沙丘上的水一样，迅即被市场吸干。这种势头一直延续了 12 个月，直到加印至 126 万册，加印的频率才渐渐慢了下来，但仍然在持续加印，目前的印数已达 165 万册（2004 年 1 月第 55 次印刷）。

随之而来的是读者来信不断增多。从几岁稚童，到七旬老人，很多父母和大、中、小学生都把我们视为朋友，坦率地倾吐自己面对的种种困惑，希望听取我们的看法和建议（很多人更希望采用传统的书写信件，而不是需要具备上网条件的电子邮件，但我们只能采用费时较少的电子邮件。对此，我们深感抱歉）。来信的读者文化程度相差悬殊，从小学生到大学教授都有。除了少数读者只是单纯地表达他们的赞扬和感谢之外，多数读者都是为了探讨和咨询与素质培养及个人成长有关的各种问题。

从我们收到的数千封读者来信，和与数万名读者的面对面交流，以及在报纸和互联网上看到的读者自发性讨论来看，《哈佛女孩刘亦婷》拥有的是一个渴望优秀、追求卓越的读者群体。这个庞大的群体张扬着中华民族重视教育、积极进取的本性。他们对新信息的高度敏感；他们不囿于成见的开放心态；他们对素质教育的理解和关注；他们让亲友分享他人经验的慷慨热情（几本几十本地买书送人是常事）……都深深地久久地感动着我们，并引起了中国媒体的重视和西方主流媒体的持续关注及正面报道（详见《后记　还有一些心里话》）。

权威的中央教育机构也一直对我们持肯定的态度——从 2001 年 10 月到 2002 年 4 月，教育部基础教育司、团中央少儿部、全国妇联妇女儿童部、中央教育科学研究所、教育部关心下一代工作委员会家庭教育中心等机构，分别邀请我们在三个素质教育论坛上发言。我们的育儿心得也分别入选上述机构选编的《更新家庭教育论文集》和《成功家教 100 例》。中国书刊发行协会两度把《哈佛女孩刘亦婷》评为 2000 年及 2001 年的"优秀畅销书"。

读者的好评、媒体的宣传、教育机构的支持以及坚持销售正版书的各家书店……种种因素形成了一种强大的合力，把《哈佛女孩刘亦婷》造就成了罕见的中国原创超级畅销书，以至于出版时间已逾三年，读者的E-mail 仍络绎不绝。这些电子邮件和我们在各地的交流活动中收到的数千张提问字条（大半都来不及当场回答），代表着无数渴求上进的灵魂，让我们日夜惦记，不敢懈怠。

我们把给读者回信当做回报社会的一种方式，希望尽量为读者提供有价值的建议（尤其是对那些深陷苦恼或困境的读者）。但电子邮件提供的信息毕竟有限，于是，如何避免误导读者，就成了需要反复思考的问题。经常的，为了提出副作用最小、实用性最强的建议，我们动手回信的时间远没有考虑如何回信所用的时间多。

在不慎重不行，慎重又太慢的情况下，尽管我们经常熬夜到凌晨 2—3 点写回信，积压的信件仍在增多。当然，盗版书的猖獗也是来信增多的一个原因。一些读者来信说买不到正版只好先买了盗版，我们可以拒绝在盗版书上签名，却不忍拒绝给盗版书的读者回信，因为不能拒绝他们的诚实。于是，等待回信的读者就更多了，其中包括借书来看的读者，和一连几天跑到书店站着把书读完的学生。

又一本心血结晶，回答各类咨询

我们每信必回的计划勉力支撑了 4 个月，就招架不住了。我们终于认识到以下三点：

1. 由于分身乏术，我们没有足够的时间跟读者进行一对一的交流，哪怕是排除了面谈、电话和书信之后的电子邮件。

2. 即使是电子邮件，也只顾得上集中回复和有选择地单独回复。

（顺便解释一下：由于 2001 年 9 月之前我们只有一台电脑，处理完每天的"硬任务"之后，可用于给读者回信的空当不多，得到单独回信的读者也较少。当我们增加了一台电脑，2002 年 3 月又上了宽带和更新了邮箱软件之后，得到单独回信的读者就大大增加了。不过，我们优先给积压的来信写的回复邮件，却屡屡收到"无法递交"的通知，只好放弃了这种努力。在此，特地向 2001 年 3—8 月来信的读者说一声"对不起！"另外，在我们改变收信方式之后，我们的"自动回复"失灵了几个月才偶然被发现，并重新启用。在此，还要向连"自动回复"都没收到的读者说一声"对不起！"）

3. 需要再写一本书，才能把在《哈佛女孩刘亦婷》里"点到为止"的许多方面说清楚。

由于我们的《哈佛女孩刘亦婷》是通过一个孩子的素质培养纪实介绍 0—18 岁的育儿新思路，内容侧重于记述成长过程，很多具体的培养方法和学习方法都只能"点到为止"。这本《刘亦婷的学习方法和培养细节》，则深入细致地介绍了在《哈佛女孩刘亦婷》一笔（或几笔）带过的培养方法和学习方法，详细回答了各界读者关心和咨询的各类问题。比如说，由婷儿讲述多姿多彩的哈佛校园生活和社会实践，回答读者最关心的："刘亦婷，你在哈佛还好吗？"用哈佛申请表格上透露的信息，回答众多读者追问的："哈佛看重的优秀素质究竟是什么？"用我们归纳的"0—18 岁整体素质培养法"，来回答重视素质教育的读者探寻的："你们怎样培养了刘亦婷的哪些素质？"此外还有"怎样培养创造力？怎样掌握各科学习方法、记忆方法及考试方法，以增强学习能力？怎样有效地辅导孩子学习？如何实行强身健脑的生活方式？如何把握家庭性教育的方法与时机？如何用《丹佛小儿智能发育检测表》检查孩子的心智发育进度……"

看看目录，您就会发现，这本书比单独讨论某个方面的个别回信更有参考价值，可与《哈佛女孩刘亦婷》互为补充。

2000 年 12 月 16 日，我们启用了一封长长的"自动回复"，集中回答最为常见的一些咨询，使提问的读者不至于等得太久。对那些需要用一本书的篇幅才能谈得较透彻的问题，我们先在"自动回复"中提出几点原则，同时给读者一个承诺。比如说：

基础很好（或基础不够好）的孩子应该怎样培养和提高？

答：力争把科学的教育理论和方法与孩子的具体实践相结合，像我们一样，把爱心化作耐心与信心，坚持"立足现实，设法在原有基础上前进一步是一步"。具体做法将是我们下一本书的一项内容，请耐心等待。

始料不及的是，这一等就是三年。其间与各地读者见面交流和出《哈佛女孩刘亦婷》增订版用去了一年的时间，写作这本《刘亦婷的学习方法和培养细节》，又用去了两年——刚动笔时婷儿还在读大三，等到初稿完成进入修改阶段的时候（2003 年 6 月初），婷儿都大学毕业了！

急于出增订版的主要原因是，有很多错过早期教育的学生对自己的发展前景感到困惑。我们有责任尽快在增订版里加上有关的理论依据和事例，提醒他们注意到人类主观能动性的极大潜力和成长方式的多样性。同时还增补了早期"科技熏陶""消除安全隐患"等有关章节，共计 50 页，以至于书价被调高至 20 元——这实非我们所愿。另外，这本《刘亦婷的学习方法和培养细节》本来可以写得很快——如果我们采用省时省力的办法，把现成的资料分类编排一下，最多个把月就可以交稿。但我们不想这样做，就像我们当初不肯用粗制滥造的方式写作《哈佛女孩刘亦婷》一样。我们坚信，水管里流的是水，血管里流的是血，读者分得清血与水的不同。

数次推迟交稿日期后，我们终于在 2003 年 12 月底交出了这份认真写成的书稿。但愿我们没有辜负读者的等待和期望。

需要提醒您的是，和《哈佛女孩刘亦婷》一样，这本《刘亦婷的学习方法和培养细节》也只是我们的一家之言，仅供各位读者参考。

又及：有意选载或连载本书的报刊，务请在刊登时注明本书的正式书名——《刘亦婷的学习方法和培养细节》。

谢谢！

第一章

刘亦婷，你在哈佛还好吗？

答《哈佛女孩刘亦婷》读者问

时光回到 1999 年 8 月 1 日，婷儿在首都机场告别亲人，开始了她人生新的奋斗历程。

随着婷儿手拉行李箱的身影在国际出发厅渐行渐远，挂牵之情便丝丝缕缕地拴牢了父母的心。其实我们挂牵的内容不多，"平安"二字就足以概括。放不下的大都是多余的担心，却又忍不住这些担心——知道她重视锻炼和保健，还是担心"会不会生病？"知道她习惯于安全第一，还是担心意外和车祸。尤其是婷儿大一那年，美国接连发生了几起中国留学生被害的血案，其中之一就是个成都女孩；2001 年美国又发生了"9·11"劫机撞楼恐怖袭击；2002 年春季 40 天内国内外竟接连发生了 4 起空难……家有游子，这类新闻总是格外刺眼锥心！

婷儿出发之前，已经听说哈佛学生忙得平均每天只能睡五六个小时。为了既不给婷儿增加负担，又可以让父母安心，我们事先约好，除了婷儿想要倾诉什么或有事要谈，平时常用电子邮件发个"好！"报声平安就行了。半年后，婷儿觉得写电子邮件没有打电话过瘾，不如每个月多打一两小时工，用多挣的一二十美元每次和爸妈谈个够。于是，每隔十天半月，婷儿就会和我们通一次电话。每当她在我们的午后美国的半夜 1 点多打来电话时，各种新信息便天女散花般从听筒里往外冒，其间穿插着许多深层次的交流探讨，足以让我们高兴好几天。

然后，又是等待，又是牵挂。

很多读者也在牵挂着婷儿，关心她学业是否顺利？关心她是否适应哈佛？关心她有没有遇到歧视？关心她将来如何发展……这些牵挂满溢着读者对婷儿的真心关爱。为了报答这份关爱，我们一直在记录婷儿给我们打来的电话，每年暑假和婷儿的短暂相聚，更是免不了有空就聊，有趣就记。有了这些积累，再加上婷儿的订正补充，便有了本书的第一章："刘亦婷，你在哈佛还好吗？"

——这是读者询问人次最多的问题，所以优先回答。

[刘亦婷自述]

开学前，另一种形式的充电

1999 年 9 月 4 日，在美国东部马萨诸塞州的海滨城市波士顿，天空和我刚来时一样蓝得诱人。拉瑞夫妇开着他们心爱的越野吉普车，把我和我的两箱＋两包行李送往哈佛。

当我在 4 份录取通知书中最终选择了哈佛之后，拉瑞建议我至少提前一个月飞到美国，以便进一步了解和适应美国生活，并提高英语写作能力。来美国后的前半个月，我住在华盛顿特区兰登中学的艾丽老师家，在她的指导下练习英语写作。然后，拉瑞夫妇邀请我跟他们一起到波士顿海滨度假，他们还邀请了哥伦比亚大学的中国留学生孙维佳来共度假期。孙维佳高我一届，她在上海复旦附中读书时，比我早一年被拉瑞主持的 WBSE（华盛顿—北京学者交流项目）邀请访美。

孙维佳也是全奖本科生，哥伦比亚给她的是由华商 Z.Y.Fu 捐助的 Fu 奖学金。这是一种纯粹赠予性的奖学金，不含贷款和校内打工，还提供假期的生活费用，本科 4 年没有任何经济负担，任何学生得到它都会感到极其荣幸。哥伦比亚给我的也是 Fu 奖学金，放弃它的确令我惋惜，但想到学校会把这份厚礼转赠给得到"候补录取通知"的大陆学生，还是让人高兴。孙维佳是哥伦比亚品学兼优的好学生，听她介绍在美国名校就读的亲身体验，为我增添了不少信心。

那是一段极其轻松愉快的日子！

——高中的求学计划已经完成，被哈佛录取的惊喜和随之而来的忙碌琐碎，早在出国前就变成了"过去时"；

8

——新的阶段性目标在情况不明的过渡期也难以具体化，但只要去哈佛报到时没人说"对不起，新生名册上没有你的名字"，那就一切都不成问题；

——到哈佛会不会学习跟不上呢？我也并不为此而担心。因为我的行为准则是"尽力而为，问心无愧"，我自信不会为分数高低而精神崩溃。何况我总是能够迅速适应升级调档的学习，出国前我自学美国高中化学教材的愉快感觉，也使我对哈佛的学习生涯只有憧憬没有畏惧。

在到处参观游玩的那两个星期，每天都有新鲜的见闻和体验。感受最强的，是拉瑞和他的朋友们的生活态度。他们都敬业、守法，积极进取并富有爱心。当然，他们也拥有很多物质财富，不过，这一点对我的心理冲击并不大。我从小就没有和别人攀比的习惯，总是专注于自己的计划和目标，所以优越感和自卑感都不发达，自尊心也很难被虚荣心所伤。我所拥有的，是"脚踏实地，追求理想"的从容和自信。

说到这儿，我很感激父母对我的悉心教育。他们有意把我培养成不爱攀比、不慕虚荣的人，使我能做到"不论对方比你强还是比你弱，都要既平等待人，也平等待己"。

拉瑞夫妇和他们的同龄朋友们虽然都已年过半百，但童心还特别重，竟会在草坪上尽情地玩类似中国儿童玩的集体游戏"过城门"。这些忙人习惯于自我调节工作压力和生活节奏，所以非常重视享受周末和假期。我发现他们身心放松和绷紧的切换速度很快，几乎没有所谓的"收心"过程。我意识到，这也是自我管理能力的一部分。

这个发现对我在哈佛的留学生活很重要。当我也进入了越来越忙似乎永远也忙不完的运行轨道之后，我深深地体会到了在劳逸之间快速切换的重要性。如果你切换的速度不够快，或者切换的频率不合理，就可能运转失灵，不是健康的弦被绷断，就是各种事务积重难返。正因为如此，我申请过的美国大学在挑选新生的时候，都很重视学生的自律能力。

初进哈佛，感悟"谎言"与"真理"

吉普车轻快地在公路上行驶，浓密的绿荫中建筑物渐渐多了起来。

"这是哈佛所在的剑桥城，马上就要进入校园了。"拉瑞兴奋地说。

我好奇地打量着车窗外的各种建筑，希望早一点看见哈佛的大门，好停下车来留个影。临行前到湖北和姥姥他们告别的时候，几个舅妈特别嘱咐过："别忘了在哈佛大学门口好好照张相寄回来。"可是直到拉瑞把车子停在了校园里面的"赛尔楼"跟前——这是我今天报到的地方，我也没看见可以称之为"哈佛大学校门"的东西。

拉瑞说："是的，哈佛没有一个正式的校门。不过你可以在哈佛铜像跟前拍照留影。"后来，我的亲戚和老师们都得到了这张我在哈佛铜像下微笑的照片（《哈佛女孩刘亦婷》里用的也是这张照片）。拿来送人的照片都是原照翻拍的，因为拉瑞给我家寄出照片没多久，就在一次车祸中受了伤，我不能在这种情况下请他为我找底片。可能是铜像太高焦距不好对，我的脸拍得不够清晰，翻拍之后几乎认不出是谁了，我只好请爸爸在每张照片下打上一行字：敬爱的某某留念——刘亦婷在哈佛。

哈佛铜像在美国非常有名，据说是美国摄影留念最多的四大名雕像之一（另外三尊是自由女神像、林肯总统雕像和富兰克林总统雕像）。哈佛铜像纪念的是哈佛大学的第一位捐赠人约翰·哈佛。这位英国剑桥大学的硕士1637年移居北美，1638年便不幸死于肺结核，年仅31岁。临终前，他把260册图书和一半家产（700多英镑，几乎是官方建校拨款的两倍）捐赠给刚创立两年的当地学院（哈佛大学那会儿还没有校名，仅有1名教师9名学生）。为了感谢和纪念约翰·哈佛，当时的殖民地议会决定用"哈佛"为学院命名。为了永远纪念他，校方请来林肯总统雕像的作者，在灰色的"大学楼"前为约翰·哈佛铸造了这尊铜坐像。

哈佛铜像完成于1884年。不知从何时开始，哈佛铜像有了一个美丽的传说："摸一摸铜像左脚尖能给人带来好运。"这个说法不禁让我想起了成都人在青羊宫摸青铜羊和在宝光寺摸"福"字的热闹情景。和青羊宫的青铜羊一样，哈佛铜像的左脚尖早已被历代游客摸得油光锃亮了。看来，"祈福＋好玩"的模式古今中外都深得人心啊。

哈佛铜像还有一个幽默的绰号："三个谎言铜像"。第一个谎言是铜像的外形名不副实。因为约翰·哈佛没留下任何图像资料，雕像作者只好请一个学生做模特来代替他。第二个谎言是捐赠人约翰·哈佛被错刻成了"创办

　　这是一幅18世纪的哈佛校园铜版画。我在哈佛读大一时就住在右边的"马萨诸塞楼"。中间的"大学楼"一楼是教授会议室和哈佛学院院长办公室。猜猜办公室门廊里挂着的大幅肖像是谁？——中国的慈禧皇太后！是很华美很珍贵的19世纪油画真迹。

　　"大学楼"前的哈佛铜像建于19世纪，是哈佛园里最热门的旅游景点。我身后就有三个旅游团在铜像正面轮番拍照呢。

人"。第三个谎言是哈佛的建校时间被错刻成了 1638 年，比实际晚了两年。

初次仰望哈佛铜像，"三个谎言"的典故一笑而过，挥之不去的感受却是：肉体的速朽与精神的永恒！约翰·哈佛只活了短短的 31 年，后人连他长什么样也无从想象，但他的灵魂却因一个高尚的选择而获得了永生。约翰·哈佛的故事当时就感动了很多新移民慷慨解囊，数百年来，一直激励着历届校友积极捐资兴办教育。校方用校友捐款设立的"哈佛基金"在理财专家的运作下逐年增值，迄今价值已超过 190 亿美元。

如此雄厚的经济实力，使哈佛既可以聘请最好的教授，也可以招收最好的学生。事实上，哈佛在招收学生的时候，只看你有多优秀，不看是否交得起学费生活费，只要愿意录取你，缺多少钱就提供多少奖学金（用"免交费用 + 校内打工 + 提供助学贷款"的组合方式）。哈佛给中国大陆本科留学生的奖学金，也是来自校友的慷慨捐赠。我读大三的时候，一位华裔校友兼捐资人还到哈佛来看望过我们。据说美国名校的奖学金大都来自校友们的捐款。很多哈佛学子追求财富的动机之一，也是希望有朝一日能加入慈善家的行列，用自己创造的财富回报社会，也回赠母校。毋庸讳言，哈佛对捐款无私而有效的管理和使用，也是校友们踊跃捐赠的重要原因。

哈佛铜像底座的左侧，刻着哈佛大学的校徽：一个盾牌图章的中心，用倒三角形排列着三本打开的书，书上刻着 7 个拉丁字母"VERITAS"，意为"真理"。这是简化了的哈佛校训和座右铭。校训的全文是："与柏拉图为友，与亚里士多德为友，更要与真理为友。"上上个世纪的哈佛校长昆西对此做出了更明确的解释："大学最根本的任务是追求真理，真理本身，而不是去追随任何派别、时代或局部的利益。"这种追求真理的执着和勇气，不知俘获过多少游客和年轻学子的心！

和哈佛铜像一样，哈佛校徽也有一些意味深长的典故。据哈佛网站的"校园历史"介绍，这个校徽设计于 1644 年，但那张设计草图一直被遗忘在当年的会议记录里，近两百年都无人想起。直到 1836 年，筹备建校200 周年校庆活动的昆西校长偶然翻看了那份老文档，哈佛校徽才得见天日。这个昭示真理并奇迹般"复活"的校徽，被用来开发了很多可爱的纪念品，总有一种能打开学生或游客的钱包。不少学生选择印着校徽和英文"爸爸"或"妈妈"字样的白瓷杯给父母做礼物，我也是。

有趣的是，校徽草图和哈佛铜像底座上刻着的校徽，是两本书朝上翻开，一本书朝下扣着，可这个校徽在其他地方出现的时候，那本朝下扣着的书也朝上翻开了！这个微妙的变化，也流传着两种有趣的说法。

一种说法是：扣着的那本书是 1644 年的设计者向上帝表达敬畏之心，它象征着人类对上帝创造的知识不可能全部掌握。当校徽在 1836 年"复活"之时，哈佛早期的宗教色彩已经完全消失（1708 年哈佛校长便不再由牧师担任了），把那本象征敬畏上帝的书朝上翻开，意味着教育和宗教应该各司其职，不应搅在一起。

另一种说法是：翻开的书象征着知识可以从书本上获得，扣着的书象征着不是所有的知识都能从书中获得。这一种说法和我们家的观念倒是挺吻合的，从小学到中学，爸爸妈妈经常提醒我"实践出真知"，我早就习惯于在大自然和社会生活中"观察与思考"。这个发现让我很兴奋，它预示着，我可能不难适应哈佛重视实证和实践的校园文化生活。

不过，后一种说法无法解释那本扣着的书为什么会变成朝上翻开？是哈佛改变了重视实证研究和实践经验的传统了吗？我的体会并非如此，最直接的证明是，哈佛非常支持学生的社团活动和社会实践，另外，在报考研究生院的时候，有工作经验的申请者也远比没有工作经验的人受欢迎。想到每门课都要看那么多的参考书，我情愿把"三本书全翻开"理解为：实践很重要，但该读的书也要全部读完……

历史传说就是这样，它很难核实，却能增加旅游景点（如哈佛园）的迷人魅力。

野营：不是军训，胜似军训

野营训练，是哈佛在正式开学前送给我的"见面礼"。当我在赛尔楼"和组织接上了头"之后，我的哈佛生活就正式开始了。

和其他的美国大学一样，哈佛没有固定的班级和统一的课程表，没法像中国学校那样自然形成同班同学式的人际关系。如何让学生在哈佛结识朋友，找到归属感呢？校方可花了不少心思。

为了让来自全美及世界各地的新生互相认识，每年秋天哈佛都要在开学前一周举办各种新生活动，如社区服务、科学实验、野外求生等等。有些活动需要交钱，如野外求生训练，如果我不是全奖的话，参加野营训练要交 400 多美元。还有些活动可以领工资，比如清扫学生宿舍。报名太晚的新生往往会选择清扫宿舍，因为这项活动不限名额。据有此经历的学姐说，一天 8 小时拖地板或擦马桶虽然辛苦，但新生"清洁工"们制造了很多趣事，也结下了友谊。当然哦，最受欢迎的新生活动，还是野外求生露营训练。

我所属的 2003 届共有 1650 名新生，野营训练却只有 400 多个名额，想参加的人要早早申报，好让组织者提前挑选。在成都收到野营训练的表格时，我是这样填写申报理由的："我自信可以为团队做贡献。虽然自己没有运动员的体魄，也没有野外生存的经验，但我能够积极乐观地对待困难，我以克服困难为乐，并自信能用自己乐观向上的态度感染同伴。"不久，我就收到了免费参加野营训练的通知。

随着通知寄来的是一份长长的野营用品清单。清单上规定必带的衣物，足以应付 0—35℃ 的温差，仔细到手套和袜子的不同厚薄、什么材质、各要几双……我和妈妈在准备行囊的时候，就领教了一次美国式的认真。尽管如此，报到验收的时候，还是有好几样东西过不了关。我在成都跑了好几家体育用品商店才买到的登山雨衣，因为长度和防水性能不够未能通过检查，只好借了一件。还有睡袋之类早就注明可以借的东西，和我们在家里怎么也猜不明白的东西（一个专用名词，指一种可以调整长度又能固定得很结实的背包带）也是借的。据我所见，别的新生遭遇也差不多。收拾停当后，每个人的背包都足有 50 多斤重。往后的 7 天里，每天都要背着沉重的大包走 20 公里山路——这种强度的体力消耗，我还没经历过呢！

因为学生宿舍要在 9 月 13 日正式开学前才开放，我的行李暂时存放在拉瑞的朋友那里，他是位正在哈佛肯尼迪学院进修的中国同胞。当天晚上，参加野营训练的学生都在红色的赛尔楼里打地铺睡觉。大家被分成几十个小组，每组十来个人。

钻进借来的睡袋，和刚刚认识的男女同学混躺在古老的楼板上，感觉像是在做梦。还有做梦也没想到的——这次野营的路线是穿越新英格兰地区的深山老林，没有老师，只有两个受过专门训练的高年级同学担任领队，原则上无支援，危险时或掉队时可以请求救援。这种安排超出了我的经验范围。我心里没底，但既来之，则安之，我还是恬然入梦，一觉睡到了队长叫起床。

出发之前，队长讲了很多要求，这些要求体现出强烈的团队精神和环保意识，给我留下了深刻的印象。比如说：制定协作措施，力争不让一个人掉队，因为只要有一个人不得不请求救援，就意味着整个团队失败了；行进的时候要绕过挡路的小树苗，还要专门用一天时间维修山路，并移栽挡路的小树苗；生活垃圾必须随身背着走，带不走的垃圾如大便，各人方便前必须先挖坑，后掩埋，深度要达到野兽刨不开，而且必须用树叶代替手纸，以免破坏环境；洗手只能用环保型的洗手液；放过消毒剂的山泉必须喝完，不许倒掉……总之，要尽量做到不留人的痕迹。比较刺激的一条是，睡觉之前，必须把携带的食物吊到远离帐篷的大树上，以免食物的香味把熊引进帐篷。

不过，我们在山林里并没有遇到熊，倒是遇上了不少麻烦。出发第一天，就被老天爷故意捉弄了一番。

那天，我们最后一段路程是大约6公里长的陡坡。这里人迹罕至，根本没有路，大家手脚并用、你拉我推地爬了大半天，好不容易才到达山顶。气还没喘匀呢，突然间雷雨大作。为了避免被雷击的危险，在山顶树林里安营扎寨的计划不得不立即取消。等我们费尽力气连滚带爬地回到山底时，大雨突然又停了！大家又累又气，沮丧到了极点。

沉默了一会儿，队长疲惫地招呼着："说吧，大家说点什么吧。"可谁也不想说话。事情是明摆着的，这段山路算白走了，而且还走了两遍！更烦人的是，今天欠下的账，明天还得补回来，否则就不能在规定的时间返回。由于食物是严格按照天数携带的，如果耽误了行程，就得为断粮而求救——那我们就输了。

面对挫折垂头丧气可不是我的习惯，因为沮丧只能使事情更糟糕。我的习惯是用积极的态度对待困难，凡事都从多个角度去看，始终向好的方向努力。"好吧，我先说。"我振作起精神，首先打破了沉默，"虽然今天无功而返，但不一定是坏事，与其在山顶冒被雷击的危险，不如选择百分之百的安全。换个角度看，这次挫折还丰富了我们的经历呢。如果我们战

野营不忘环保，移栽拦路的小树苗。

大一的室友们，来自不同的文化背景。

胜了今天的挫折，也有助于我们克服更大更多的困难呀！"

在我的乐观主义的感染下，同学们渐渐活跃了起来——反正都这样了，不如齐心合力想办法。大家越谈越来劲，高高兴兴地搭起了帐篷，把初战失利的沮丧抛在了脑后。

这次经历给我们小组定下了不怕挫折的基调，也给我在团队中的角色定下了基调，那就是，在遇到困难的时候带头给大家鼓劲打气。后来我们又遇到了各种难题（这年秋天气候反常，暴雨连连），但都士气高昂，齐心协力地克服了。训练结束的时候，我们个个都感到自豪，因为我们是这个地区惟一没被恶劣天气击败、没有请求支援的野营小组。

在国内，与此类似的经历是我高一暑假的 30 天军训。我觉得，军训主要是磨炼人的意志力和强化纪律性，通过坚忍和服从等自我约束的方式，来达到训练目的。野营训练则可在磨炼个人意志的同时，培养大家积极合作的团队精神，并通过积极进取的方式来实现目标。野营训练也包含了培养自我约束能力，因为有硬性的计划需要完成。但野营训练培养的东西更多，除了培养意志力和纪律性，还能培养多方面的能力，如制订计划和实施计划的能力；团队协作能力；紧急应变能力；协调人际关系的能力，尤其是在又苦又累又饿又烦的时候；还有亲近自然和保护环境……嗯，野营训练真让我获益匪浅！

室友与校友，各有各的"酷"

野营结束，脏兮兮地回到哈佛，第一件事就是去找我的宿舍，好快点洗个澡。令人惊喜的是，我发现自己所在的"马萨诸塞楼"竟是新生宿舍中最不寻常的一栋。马萨诸塞楼建于 1720 年，已有近 300 年的历史，在全美大学中楼龄排行第二。在这栋著名的红砖楼里，一层二层是哈佛校长和管理人员的办公室，及学校的贵宾接待室，三层四层是大一宿舍。据一本帮助学生熟悉环境的《非官方学生指南》介绍：马萨诸塞楼是哈佛惟一对外开放的学生宿舍，负有供贵宾参观的义务。因此，入住马萨诸塞楼的新生均由招生和住房两个部门一起挑选，再经校长过目，只有那些最能体现哈佛新生风貌的大一学生会被选中。

　　回想起离开中国之前，我曾按哈佛校方规定填写过一个分配宿舍的调查表。这个调查表很详细：你希望入住哪一类房间？你理想中的室友是什么样的？形容一下你自己……因为哈佛的1650名新生在入住十多幢宿舍楼时，不是随机安排的，校方会以学生的性格、爱好、要求为依据来分配，以使来自不同城市、不同文化背景的新生迅速适应从中学到大学、从家乡到哈佛的过渡，缩短磨合期。收到这个调查表的时候，我正忙得不可开交，匆匆忙忙地填上了："我希望有一个安静、整洁、利于学习的环境；希望自己的室友不抽烟、不喝酒、不吸毒，有良好道德修养，来自不同的文化背景，能拓展各自的兴趣爱好、促进相互了解。只是，不喜欢很嘈杂的重金属音乐。"我说自己从初一到高中住校6年，"我相信，以一颗爱心、包容心，能与任何人成为好朋友"。没想到，我的选择无意中得到了这个小小的荣誉。

　　我兴冲冲地在"马萨诸塞楼"的四层找到我的房号，三位漂亮的室友正等着我来抓阄分房呢。哈佛规定，在合理的时间内，同一套房里的学生必须到齐了才可以分房间，不兴先来的先占领好地盘，以此体现公平原则（仔细想想，这倒是可以避免为了打提前量而争相浪费时间）。我手气不错，抓到了一个小单间。抓到过厅的室友也挺高兴，因为过厅最大。我急着去取我存放的行李，好把积攒了一周的汗泥换洗干净。名叫汉娜的室友自告奋勇陪我去取行李，并满头大汗地帮我把沉重的箱和包拖上了四楼，让我非常感动。

　　边走边聊的时候，我得知我的三位室友来自美国各地。汉娜是来自加州的犹太人，多萝西是来自德克萨斯州的黑人与菲律宾人的混血儿，卡萝琳则是缅因州的白人。她们的父母或为名校教师，或为医生，或是关心社区教育的人士。她们有着各不相同的文化背景与宗教信仰，但却有一个共同点：都来自所谓的"哈佛世家"。汉娜的妈妈是哈佛毕业生，卡萝琳的姐姐是哈佛毕业生。多萝西有两个哥哥是哈佛的，一个哥哥是斯坦福的，她妈妈是个并不富裕的单身母亲，却把四个孩子都培养成了顶尖大学青睐的学生，真让人佩服！

　　还有不少同学也是来自"哈佛世家"，他们都为家有"哈佛人"而自豪。我也有理由感到自豪。因为我没有特殊背景，全靠中国的父母、学校培养教育和我自身的努力，同样被哈佛录取了，而且被选进了"马萨诸塞楼"——此楼虽古老，里面的生活设施却现代着呢。

但压力也是客观存在的。以哈佛的声望和财力，她有足够的能力吸纳美国和全世界的优秀学生。比如说，我的楼下就住着来自波兰的世界物理奥林匹克竞赛金牌获得者；一次在学校餐厅吃饭，我左边坐着小提琴金奖的得主，右边坐着国家乒乓球代表队的成员……但我还没遇到过在接到录取通知书之前就断言自己笃定会被哈佛接受的学生。相反，直到进了哈佛，很多新生见面时还在自我解嘲："会不会是学校弄错了名字把我误收进来的？"

《北京晚报》的一位记者把这种情境形容为"在'人精'们中间"。事实上，遍地"人精"让很多新生都感到了压力。不过，在我的心目中，一定的压力和动力几乎是同义语。越是有压力，我越要把目标定在最好，因为"法乎其上，得乎其中"。我相信，老祖宗的这句话在哪儿都错不了。

在后来的学习生活中，也常会遇到一些各有其"酷"的人，在此仅举一例。

大一下学期的时候，有一篇英文写作课的作文我准备以无家可归的人为题材。因为牵涉到美国社会问题，我预约了一次单独辅导。我遇上的辅导员，是大三的学姐莎拉，一位苗条的棕发美女。听了我的构思之后，莎拉说："这个想法很好。"然后提了一些建议，大意是无家可归的人不光和经济与社会问题有关，还和种族与文化问题有关……

我觉得她说得很有道理，便问她："我可不可以引用你的话？"

——哈佛的写作课教授反复强调，凡是引用别人的观点，必须说明这观点是谁的，出自哪里，不然就会被认为是剽窃，或某种程度的侵犯知识产权。丢脸不说，还要受罚：如果你是无意的，该课成绩会被扣分，如果校方认定你是故意违规的话，还会受到勒令休学一年的处分。

莎拉欣然应允，并回答了随之而来的"姓什么"的问题——此前我只记住了她的名字，没有留意她的姓。莎拉说，她姓戈尔。为了避免拼写错误，我又确认了一次："是戈尔副总统那个'戈尔'吗？""是的，我是他女儿。"莎拉微笑着说。

看来她知道，即使来自权贵之家，也要像常人一样努力做事认真做人，才会让人敬重。

理解与歧视，我的朋友与处境

开学头几天是哈佛的"新生周"，校方仍在通过各种方式帮助新生结识同学和熟悉环境。

开学典礼之后，是"学生课外活动集市"，各种各样的学生社团一连几天都在招兵买马。一个社团一张桌子一个"摊位"，摆放着招牌和资料的桌子一时半会儿都数不清。有的社团专门为先天性兔唇的孩子募捐手术费用，有的社团专门请成功女性来演讲，有的社团在校园里模拟联合国，有的社团在大张旗鼓地办报办刊……一张张不同肤色的脸庞在我周围闪动，到处都是跳跃着的青春活力、无羁想象和浪漫激情。

开学当晚是"新生联谊舞会"，第二天下午是看以哈佛为背景的奥斯卡获奖影片《爱情故事》，晚上又是"冰淇淋联谊会"……几天之中，大家都忙于熟悉吃饭、洗衣、购物、看病和上课的地方，同时"疯狂地"认识人。新生们每天都在几十遍地问答这套几乎相同的话：叫什么名字？从哪儿来的？住在哪里？考虑上什么课？后来才发现，这样认识的人根本就记不住，只有那些不久又遇见几次的人，才谈得上真的认识了。

也有志趣相投一见如故的情景。比如说，在入学不久的一次学生聚会上，我认识了一位比我高一届的华裔女生，她的中文名字叫钱向民，是生长在美国的第三代华人。她对中国大陆的情况很感兴趣，我也很愿意介绍当今中国的方方面面，我们便约好第二天一起去食堂吃午饭，边吃边聊。钱向民出身于科学世家，她的父亲是斯坦福大学著名的医学教授，她父亲的叔父是中国著名的导弹专家钱学森，她本人的兴趣却在人类学和经济学。高中时她就独自到非洲了解穷人的生活，那年她才17岁。她所在的学生社团，专门联络学生到发展中国家去实习。钱向民说，和我的谈话促使她下了"一定要去中国"的决心。后来她一边开始向我学汉语，一边向学校申请毕业论文奖学金。2000年暑假，她带着"中国小额信贷扶贫研究"的项目奖学金在云南实习了一年。她先在云南师大学了3个月的中文，然后独自深入穷乡僻壤，吃住在一户最穷的村民家里，和当地人建立了真挚的友谊。2003 年初，钱向民已成为一个国际扶贫组织中国分部的负责人，正在开展利用网络信息技术扶贫的工作。

在哈佛，我有一群像她这样的好朋友，尽管肤色不同，性别不同，但都富有爱心和社会责任感，学习也非常努力。

不少人关心我在哈佛有没有遇到过种族歧视？坦率地说，刚开始我也曾担心过：表面的热情后面是否掩藏着内心的轻蔑呢？为此，我专门请教了非亚混血的室友多萝西。肤色浅黑的多萝西说，小时候，因为担心种族歧视，她曾为自己的肤色感到过自卑。经过很多努力之后，她终于爱上了自己的黑人血统，并为自己是个黑人而感到自豪。这样一来，反而更容易赢得别人发自内心的尊重，她再也不为种族歧视而担心了。

多萝西的话引起了我的强烈共鸣。早在高二访美的时候，我就体会到：如果你自己都看不起自己的种族和祖国，人家怎么会看得起你呢？你想得到人家的尊重，你首先要为自己的种族和祖国自豪——我就是这样。对我而言，需要注意的倒是不要无意中犯了涉嫌"歧视"的错！因为哈佛的国际学生不少，比中国落后的国家也不是一个两个，以前在国内很少注意这些国家，就像很多美国人很少注意中国一样。将心比心，我在同学交往中对这些国家的文化给予了更多真诚的关注。

在推崇多元文化的哈佛，歧视是特别令人厌弃的行为。据说，在种族歧视还比较严重的 1848 年，哈佛曾发生过白人学生抗议校方录取第一位黑人学生的风波。面对抗议者以"退学"相威胁，哈佛学院院长平静地说："如果这位黑人学生通过考试，他将会被录取。如果你们退学，则哈佛的收入（指抗议者已交纳的学费）将会被用作这个黑人学生的教育费用。"在哈佛就是这样，你可以对某些人和某些事不感兴趣，不理不睬，敬而远之，但你不能有任何歧视性的举措，否则就会惹麻烦。有些历史悠久的富豪学生"兄弟会"，刻意坚守老哈佛排斥女性的旧传统，结果被现在的哈佛以"性别歧视"之错禁止在校内活动，只能转入地下。

哈佛如此开放，又如此安全

哈佛大学的校内和校外没有明显的界限。因为哈佛既没有由门卫把守

23

开关的大门，也没有能围住校园的栅栏或院墙。倒不是因为没钱修建，而是哈佛一直在扩建，院墙和门只会给扩建添麻烦。哈佛1636年建校时，老校园仅是现在的一角，经过300多年的发展，哈佛已覆盖了大半个剑桥城，商学院干脆修到了查尔斯河对岸，医学院和公共卫生学院离我所在的哈佛学院更远。我在签证时认识的那位从华西医大考入哈佛医学院的博士大姐，以后也很难见面了。

讲究实际的哈佛人不在乎没有一个气派的大门，哈佛倒因此而多了一个风景——几乎每天都有初到哈佛的游客在校园里东找西问：哈佛大学在哪里？从大一到大四，每年我都在回答这个经典的问题。（点击哈佛的这个网页，可以看到亦古亦今的哈佛一角：http：//www.news.harvard.edu/tour/guide.html）

哈佛校园的开放格局超出了我父母的想象力。爸爸妈妈收到拉瑞寄去的照片后，先是误以为其中一张是我和拉瑞夫人在哈佛校门口的合影，看到我在电子邮件中说哈佛根本就没有校门和院墙，马上又对这里的安全系数产生了怀疑。那是1999年10月下旬，休斯顿刚发生了一位成都去的女孩被美国劫匪枪杀的悲剧，多少留学生的父母都含着眼泪揪着心呢。我赶紧给父母回信说，尽管没有铁门和围墙，哈佛的安全程度却远非其他学校可比。校园内每隔几十米就有一部"蓝灯保安系统"的报警电话，校方说，只要你觉得不安全，就可以利用蓝灯下的电话呼叫警察，警察会在两分钟之内赶来帮助你，包括送你回家。

"警察来得再快也不如不出事啊！"爸爸妈妈还是担心。为了让父母吃得香睡得安，我特地打了个越洋电话，详细解释哈佛在治安方面下的功夫。

"哈佛可精了。"我对爸爸妈妈说。为了保障学生的安全，哈佛对自己所在的剑桥城投入了很多钱来加强治安。由于社区对保安设施和警力配备投入很高，地价和房租也水涨船高，没有较高稳定收入的人，几乎无法在这里生存。随着安全程度的提高，地价就涨得更高，犯罪率自然就下来了。

尽管如此，我还是尽量避免晚上单独在校园里走动。大二的时候，为了节约时间，我常常利用零点以后无须等待也无人催促的机会，在科学中心大楼的高级电脑上做计算机课的作业，虽说凌晨两三点才撤退，但每次都提前约好校车送我回宿舍。这一点，爸爸妈妈对我非常满意。我则归功

　　哈佛校园到处可见这样的海报栏,学生活动非常活跃,海报栏总是"报"
满为患。背景是哈佛大学纪念堂,纪念在"一战"中牺牲的哈佛学子。

于哈佛的校车制度。应该说，哈佛的校车服务非常周到，零点以前有班车，零点至三点可以预约学校的小巴，哪怕只有一个人，校车也会准时前来接送学生。三点至早班车之前则可以请警车护送。这样，科学中心365天24小时全开放的制度，就很有实用价值了。

随着我在哈佛的学业逐渐深入，我越来越强烈地感觉到——"开放"是哈佛的最大特点。哈佛不仅没有物质的篱笆和围墙来局限校园，也没有学术上的篱笆和围墙来局限思想。哈佛之所以能在多个学术领域长期保持领先地位，并造就那么多的诺贝尔奖获得者，直接得益于思想的自由与开放。

课外活动："让世界走向中国"

当我在新生周的"课外活动集市"上到处浏览咨询的时候，大大小小五花八门的学生社团让我的心也躁动起来——何不约几个新生自己创办个社团呢，大家都弄个"师长旅长"干干！一时间，各种可能的名目，在我脑子里嗖嗖乱飞。不过，当我走近HPAIR（哈佛项目—亚洲与国际关系）的"摊位"时，我所感到的吸引力马上超过了先前的所有设想。

HPAIR是哈佛费正清东亚研究中心和亚洲研究中心指导下的青年学术团体，成立于1992年，每年在一个亚洲国家首都举办年会，报名参加大会的主要是各国著名高等学府的优秀学生——他们被认为是各国潜在的各界领袖。每届年会都会从经济、政治、科技、文化、教育、发展等六个角度研讨有关亚洲发展的问题，应邀前来讲演的都是世界知名专家学者和政界要人。在我参加HPAIR前后，分别有马来西亚总理马哈蒂尔、韩国总统金大中、新加坡总统纳丹、澳大利亚总督、东南亚国家联盟秘书长、美国大使，以及各协办大学的校长等作为嘉宾和讲演人出席过大会。世界贸易组织、国际货币基金组织、世界银行、亚太经济合作组织、亚洲开发银行的官员和专家们，对来自HPAIR的讲演邀请也都十分支持。高层次、高质量的学术交流，使得HPAIR被一些权威的中介机构列入一流的国际会议，现已成为哈佛在亚洲影响最大的学生年会。

当时，HPAIR正在招聘"第9届亚洲与国际关系年会"的筹备人员。

这届研讨会将于 2000 年暑假在北京召开，计划召集 300 名各国优秀大学生报名参加。我马上联想到，在国内总是说"让中国走向世界"，这下子不是在"让世界走向中国"吗？而且，HPAIR 旨在让各国潜在的各界领袖在学生阶段就互相了解，甚至建立友谊，岂不是直接有利于亚洲与世界的和平与发展吗……没想到，刚到哈佛就遇到了能为祖国效力的机会，真是太好了！我越想越兴奋，决定放弃自立社团马上当头儿的打算，就在从 HPAIR 基层干起。

不料一问才知道，参加 HPAIR 还要笔试和面试——在哈佛，只有极少数学生社团如此"刁难"申请人！

这届年会的主席是刚升大三的美国男生阿里克斯，他说更希望招聘本科高年级的学生或者是研究生。可是我太想和他们一起"让世界走向中国"了！我要像抢篮板球一样跳起来争取这个机会。我没有在意主席对大一新生的婉拒，热切地要求他给我个机会试一试。得到申请表格后，我仔细思考了需要回答的三个问题："你为什么要参加这个社团？你为什么要申请某个职位？你计划如何开展这个职位的工作？"熬了个通宵，写了几页申请材料交了上去。

不久，我就得到了面试的机会。主席阿里克斯眨着透明的蓝眼睛，给我出了一个题：如果有个人很想参加我们的会议，可是被我们拒绝了，他非常生气，发了很多电子邮件来声讨我们，你面对这个人和这件事情的时候会怎么样处理？我说："首先，我要感谢他，肯定他对我们团体的热情，他生气的背后是对我们的看重；第二，我会告诉他，你既然有用来生气的时间和激情，那你为什么不把它用在宣传我们团体的活动上来呢？如果你把气愤转换成热情，相信你可以干得很出色。"

就这样，我参加了这个团体，成了它的 14 名组委会成员之一。

后来在北京开会时，妈妈出于好奇，问主席为什么会在数十个申请者中选中我？阿里克斯用中文回答说："我感到刘亦婷充满活力，对这个活动充满激情。HPAIR 特别需要活力和激情。"

做完一届年会之后，我完全理解了 HPAIR 为什么要实行如此"挑剔"的招聘制——这可是一份需要很多奉献和耐心的事业。为了实现 HPAIR 的理想和计划，参与者要无偿付出大量的时间和精力。对哈佛学生来说，时间既是生命，又是金钱，还是含糊不得的成绩！如果仅仅被免费旅行和交友机会所吸引，只怕会因为得不偿失而半途退出。

和我一批加入 HPAIR 的还有两位华裔新生，后来我们都成了这个社团承上启下的核心人物。

学生能把事情做多大？

加盟 HPAIR 之后，我才知道面临的筹备工作有多重。这个将要在大洋彼岸召开的国际会议，所有的事情都要由我们这 14 个学生来策划和完成。包括请多少人？请什么人？具体议题是什么？怎样跟协办会议的北京大学协调工作？最重要的是，会议的经费也要由我们自己筹集。哈佛为我们提供的惟一帮助，就是校长为我们写了一封用于联系赞助和邀请讲演者的推荐信。

负责筹款的是来自香港地区的大三学姐，她和搭档每天都要浏览《华尔街日报》，只要看到哪家公司可能要到亚洲投资，马上就给那家公司写信，打电话，给他们讲这个会议的意义。我们承诺，如果哪家公司出资在 3 万美元以上，就可以派代表出席会议并能发言，但是，发言的内容不能直接做广告，必须要符合会议的议题。这样奋斗了一年，联系了上百家公司。最后，加上报名费一共筹集了十多万美元。

主席让我负责联络媒体，并参与招募和选拔报名参加国际研讨会的各国优秀学生。我们分工不分家，伙伴们一起建网站；发电子邮件联系想参加的各国优秀学生；邀请在研讨会上讲演的各界权威人士……和我一起工作的人中，有好几个华裔同学。曾经有一种说法：中国人在外面"一个人是条龙，两个人是条虫"。可我们却合作得非常好，真的是拧成了一股绳。

大一暑假，因为想留在哈佛筹备会议，学习运作大型国际会议的全过程，我提前争取到一份给哈佛商学院教授做研究助手的工作，每周有偿工作 40 小时，时薪 10 美元，解决假期的生活问题（当然，这也是难得的学习与实践的机会）。与此同时，我连续三个月每周为 HPAIR 无偿工作 40个小时以上。有一次我连续往数据库里输入了几百份登记表，人都快累瘫了。两年后我担任主席时，第一批改革措施就有把报名方式改为网上登记，大大减少了劳动量。但当时我和同伴们都毫无怨言，只觉得做了自己想做的事。

爸爸妈妈对我的选择十分赞赏，他们说："我们一直在观察你什么时候能够表现出忘我精神，因为成就事业需要这种强大的内趋力，结果，在你19岁的假期我们看到了期待之中的宝贵品质。"事实上，HPAIR的骨干分子都具有这种忘我精神。

2000年盛夏，我们陆续飞到北京，为大会做最后的准备。"让世界走向中国"这句话，过去说起来还十分遥远和抽象，现在却是如此的自然和贴近。每当意识到这一点，所有的劳累便一扫而光。

为了节约经费，主席提前两个月来到中国后的住宿费全部自己掏腰包，我提前一周到达也是自己出的房租费。会议期间，代表们都在五星级的长城饭店吃会议餐，我们这些工作人员却毫无怨言地在饭店的厨房吃服务员的工作餐。因为在我们的预算中，每节约500美元，就可以多来一个发展中国家的学生代表，除了机票，我们一分钱也不肯多花在自己身上。这一点，让我的爸爸妈妈特别感动。

8月27日，"第9届亚洲与国际关系研讨会"在北京长城饭店会议厅隆重开幕，来自30多个国家和港澳台地区的300多名学生代表济济一堂，围绕"21世纪亚洲发展在世界中的地位和作用"这一主题，进行了为期4天的广泛交流。50多位来自世界各地的学术权威和政界要人在会上分别做了演讲。面对如此盛大的场面，我们很有成就感。因为单是把世界各国的优秀学生召集到北京来，让他们亲眼看到现代中国的文明昌盛与电影《菊豆》《大红灯笼高高挂》描绘的时代有多大的差别，这本身就是一种成功。

在此要特别感谢北京的各大媒体，在他们的支持下，我圆满地完成了预定的宣传计划。英文版的《中国日报》在头版配图刊发了对大会的报道，这张报纸成了不少代表从北京带回国的纪念品。

2001年，我们在新加坡成功地举办了第10届年会。新加坡方面把这次盛会视为"国家的荣耀"。新加坡总统纳丹在闭幕式上做了十分感人的讲话，他回忆起战火纷飞的青春年代，并高度赞扬了HPAIR推动亚洲发展和世界和平的努力。东盟领导人与哈佛东亚研究中心和亚洲研究中心的

　　2001 年 8 月，新加坡总统纳丹出席了第 10 届 HPAIR（哈佛－亚洲与国际关系）年会闭幕式，在闭幕式上致辞，并接见嘉宾及筹备组成员。他右边是嘉宾之一东盟秘书长。照片是纳丹总统的随行记者拍了送给大家的。

　　我（二排右二）和一起筹办第 10 届 HPAIR 年会的伙伴们，在新加坡合影留念。

前主任傅高义（Ezra F.Vogel）教授，也是我们的嘉宾和讲演人。

　　傅高义教授是美国政府的日本问题及中国问题顾问，也是 HPAIR 的教授顾问组首席顾问。他熟悉和喜欢中国文化，并精心选择了极为中国化的姓名译音"傅高义"。傅高义教授的很多著作（如《日本的成功和美国的回应》《与中国共存：20世纪的美中关系》等），在世界上很有影响。他一向主张美国应把中国当作合作伙伴，江泽民主席 1997 年访问哈佛并发表讲演，也是傅高义教授联系和组织的。这位德高望重的学术权威十分幽默诙谐、和蔼可亲。后来我担任 HPAIR 主席时，经常去向他请教，他总是乐意在百忙中抽出时间听取我们这些学生娃的汇报，并提出极有价值的建议。

　　另外值得提到的是，到新加坡开会的学生代表中有 5 位来自北大、人大、复旦和厦大的佼佼者。作为第 10 届年会召集学生代表的负责人，我感到特别高兴。

伙伴们推举我当主席

　　大三开学后，我原计划换一项不太花时间的课外活动，比如说，申请一笔经费，在哈佛办一系列小型的当代中国图片展……但伙伴们推举我担任第 11 届年会的主席，给了我改革 HPAIR 筹备工作的宝贵机会，结果，我在大三这一年反而为 HPAIR 投入了更多的时间，来完善老制度和推进新计划。

　　我的改革主要集中在四个方面——①提高效率。通过把筹备工作系统化、制度化，缩短新成员的摸索过程，减少低效劳动，使各部门的工作更有计划性和整体感。②改善服务。通过增加网站功能，使交纳报名费的支付方式更多样，更便利，同时拉开不同报名时间的交费档次，化解临近截止日的报名高峰，让报名者尽早得到答复。③理顺关系。通过把年会举办地大学与我们的关系由"协办"提升为"联办"，明确划分双方的责任和权利，以便减少摩擦，提高效率，增进友谊。④优化资源。通过加强组委会成员与教授顾问组的联系、约见其他国际学生社团的主席、召开专题茶话会等等，扩大 HPAIR 在校园内的影响，以便更广泛地利用校方潜在的资源，减少对组委会成员个人资源的依赖性——我的想法是，每年换届选举时，都有人因为换项目或大四要忙于写毕业论文或应聘工作而退出HPAIR，只有校方资源的稳定性最高，可供一届又一届的后继者长期使用。

在我和伙伴们的共同努力下，HPAIR的改革进行得十分顺利。傅高义教授、威廉·柯尔比教授（William Kirby，当时是哈佛历史系主任及亚洲研究中心主任，现为哈佛学院院长，是哈佛历史上第一位会说中文的院长，中文名"柯伟林"）和另外六位哈佛教授欣然接受了我们的邀请，组成了新的HPAIR教授顾问组。2002年3月5日，傅高义教授、柯伟林教授和助理教授E.C.Chow（教中国文学文化课）出席了我们举办的专题茶话会——"全球化对亚洲文化的影响"。哈佛最有名的学生报纸《哈佛红》随即报道了教授们和70余名哈佛同学的热烈讨论。此后，在筹备期邀请名教授参与专题茶话会，也成了HPAIR在校内扩大宣传的"保留节目"。

2002年8月15日，第11届HPAIR年会在澳大利亚的悉尼隆重开幕，这意味着年会的举办地首次由亚洲扩展到了环太平洋。本届年会的主题是"从传统与转变的角度透视亚洲"，澳大利亚总督彼得·霍林沃思如约出席了闭幕式，并发表讲演，大会开得非常成功。

本届年会的申请者有800多位，他们都提交了自己的论文。我们从30多个国家和港澳台地区优中选优，邀请了350名学生参加大会。遗憾的是，由于暑假回国后申请赴澳签证遇阻，我这个主席没能亲自到悉尼参加这次盛会。放假前，因为我的护照有效期不够了，无法在美国提前办理赴澳签证。回成都换了护照后，做梦也想不到：根据中澳两国的协定，澳大利亚使领馆只给北京、上海、广州的本市居民发放旅游签证！我是成都签发的护照，不在允许去澳旅游的范围之内。尽管暑假里我多次与澳大利亚驻香港领事馆交涉（当时我在一家跨国投资银行的香港分部实习）；尽管联办方的负责人通过澳大利亚外交部帮我说了话，但签证官仍然坚持不能违反中澳两国的协定。唉，被拒签的滋味，好郁闷！

所幸的是，HPAIR前期工作完成得很好，后期的运作计划也制订得很具体，只要有人不辞辛苦地负责各方联络，并机动灵活地随时处理偶发情况，就能按部就班地推进。我们的CEO是一位非常能干的印度裔同学，当我在香港上班、签证两头忙的时候，他和两位"打前站"的女同学

　　HPAIR的首席顾问、哈佛大学东亚研究中心和亚洲研究中心前主任傅高义教授，是世界著名的中国问题专家和日本问题专家，对中国非常友好。

　　哈佛学院院长柯伟林教授也是HPAIR的顾问，他是著名的中国近现代史专家，是哈佛历史上第一位会说中文的院长。

及澳方负责人在悉尼全力推进会前的准备工作，使我在签证遇阻期间不至于急得发疯……一个好团队就是这样，精于协作，善于应变，我为历届 HPAIR 的好伙伴们深感自豪！

可以说，参加 HPAIR 这个学生社团，是我在哈佛最重要的选择之一。它不仅让我有机会提前为祖国效力，还给了我开拓创新的舞台。在运作 HPAIR 的全过程中，我的各种能力和综合素质都得到了锻炼和提高。我从中学到了太多课堂上学不到的东西，结识了很多志同道合的好伙伴。虽说我也在大四退出了 HPAIR，但我对 HPAIR 和良师益友们的爱与感激，却永驻在心里……

想对 HPAIR 了解更多的读者，请点击我们的网站：www.hpair.org。

课程设计：意在培养"完整的人"

跟别的学生一样，我在新生周里得到一本书，上面有哈佛当年所有课程的开课时间和地点，包括本科的、研究生的，任你从上千门课里选出本期打算学的 4 门课。

哈佛本科 4 年，至少要学 32 门课，大概分为：8 门"核心课程"、16 门专业课、再加上 8 门选修课。所谓"核心课程"，是每个学生的必修课，涵盖"外国文化、文学与艺术、历史研究、道德推理、数量推理、社会分析、科学" 7 个领域。每个领域都有数十种课程轮流开设，供学生选择。我读大四的时候（2002 年秋），校方为了扩大学生选课的自由度，已将"核心课程"改为 7 门。

"核心课程"制度是哈佛大学 1978 年的教研成果，目的是为了进一步完善"通才教育"。校方认为，本科阶段更重要的不是造就某个特定行业需要的"专才"，而是培养一个完整的人，不论学生今后往哪个方向发展，都应通过"核心课程"的学习达到这些预定的培养目标：

能够清楚、有效地进行思考和写作；

对某种专业知识有一定深度的认识；

具备文学和艺术方面的审美能力和理性知识；

能够用历史的方法认识现实问题和人类社会历史的进程；

能够运用现代社会科学的概念和分析方法；

掌握物理学和生物学的计量方法和实验方法；

对道德问题有一定的认识和思考的经验；

有更为广阔的社会经验。

我很喜欢哈佛的"核心课程"制度。我感觉，要求文科学生必修一些自然科学和数学方面的核心课程，可以增加文科学生对科学技术的敏感性，避免成为"只会务虚，不会务实"的人。同样的，理工科学生"被迫"在历史、文学艺术、外国文化、道德推理等方面的课中修满一定的学分，也可避免成为"只懂技术，不会欣赏艺术，缺乏人文知识和生活情趣"的人。事实上，自从哈佛实行"核心课程"制度之后，很快就引起美国其他大学和世界各国的效仿。因为"核心课程"制度的好处十分明显，它既保证了基础知识，又提供了选择自由，系统性和合理性都得到了满足，有利于提高毕业生的素质，现已成为美国大学本科教育的主流模式。（听爸爸妈妈说，国内大学现行的"专才教育"是计划经济时代效仿前苏联的产物，2003 年前后，中国已有一批大学开始向"通才教育"转型。）

哈佛大一不分系科专业，校方希望学生通过一年的学习和尝试，发现并确认自己真正感兴趣的专业方向。大二开始在 40 多种学科中选择专业，选定之后也允许改变。不同的专业方向对专业课和选修课的组合方式各有特定的要求，比如说，将来想上医学院的，必须有化学、生物等方面的规定学分。我选择的是一门交叉专业"应用数学和经济"，这个专业可以简要地介绍为"以经济为应用领域的数学"，主要培养学生用数学方法分析和解决经济问题的能力。这个专业因为课程组合的难度系数高，是哈佛的"荣誉专业"之一。

哈佛的老师在授课方式上拥有很大的自由。校方主要是在开课前审查教学大纲，看是否有学术价值。期末由学生给自己上过的课打分并写评语，校方把学生反馈印成一本书，供以后的学生选课时做参考，也供教授提高自己的讲课水平。校方还从学生反馈中看教授适合用什么方式上课，以便调整到最能发挥教授才能的状态。例如，有位教授得到的评价是"讲课不行，但个别交流效果很好"。校方经过研究，认为问题出在该教授不适合教大课，便让他改用小课教学，结果师生都皆大欢喜。

自己选的课，越学越来劲儿

大一的秋季学期和春季学期，我分别选了"论文写作入门、人类行为生物学、数学、实用物理、宏观经济学、微观经济学"等8门课。因为所有的课都是自己按兴趣和需要选的，老师讲得也精彩，学起来觉得特别有意思。我的"实用物理"课老师是哈佛大学物理系主任加布里埃尔斯（Gabrielse）教授，一个在"反物质"研究领域有重大发现的国际科学家小组的领头人。他的授课内容与我们的日常生活密切相关，从电灯开关、手机、CD机、环保设施……到全球卫星定位系统，深入浅出之间，让学生迅速理解深奥的物理学原理。上他的课要做许多有趣的实验，吸引得我这个高中学文科的人都想改行学物理了！

大四的核心课程"美国城市设计：市民的渴望和城市布局"也有类似效果。此课老师艾里克斯·克雷格（Alex Krieger）是城市规划与设计部的主席，他的工作室承担过很多美国城市的规划设计工作，哈佛紧邻的波士顿市中心就是他近年来完成的规划设计。他带学生到波士顿实地考察，地上地下的规划设计意图和效果自然都讲得又具体，又生动。因为喜欢这门课，我还申请到参加哈佛和成都合作的一个城市规划项目呢。遗憾的是，2003年春季中国成了SARS（"非典型肺炎"）疫区，哈佛暂停到疫区的所有活动，我只好和这个项目拜拜了。

有一任哈佛校长说，本科最重要的任务是教学生学会思考。我上过的课确实都具有这个特征。例如，大二上的"在法律中和关于法律的推理"这门课，简直就像高强度的"思维体操"，尽在分析讨论那些很极端的情理相悖的案例。例如：一群人在海上遇难，断粮数天，面临全体饿死的绝境，他们以"民主"的方式（即多数人同意）决定吃掉看来会先死的体弱者，继续逃生。当以此维系生命的幸存者终于上岸后，你说该不该以谋杀罪判处幸存者死刑？由于同学们的多元文化背景，辩论自然非常激烈……在挑别人漏洞和补自己漏洞的过程中，学生不仅得到了强有力的逻辑思维训练，价值观与伦理观也日益明晰和坚定。

中国历史文化研究是哈佛大学的强项之一。我在哈佛规定必修的8门核心课程中，特地选了4门中国文化课，分属"文学与艺术"和"外国文化"——我趁机选修中国文化，了却我在本科阶段继续了解祖国文化的心愿。我感觉，不论是中国文化本身还是哈佛老师中西对比的研究方式，都是魅力十足，名不虚传。难怪我的入学面谈人会在哈佛迷上中国历史和文化呢！

可以说，我选的每门课都有它独特的吸引力。但也有特别想上而上不成的课。有时候是上课的时间错不开，有时候是想上这门课的学生太多了，要靠抽签来分配名额。

大二的时候，哈佛的核心课程开了一门要看很多中国电影的课："透视现代中国：中国电影和文化"。很多同学都看中了这门课，只好抽签分配名额，结果我没上成。我赶紧查找其他核心课程来替补，发现哈佛的"外国文化"里还有一门很吸引人的课跟我的其他课程没有时间冲突。这门课——"中国的家庭、婚姻和亲属关系：一个世纪的变化"——也是人满为患，也要抽签。我赶紧找到负责抽签的助教老师，说了很多好话，"挤"进了这个大热门。

大四的时候，哈佛开了一门以小说和电影为教材的外国文化课："当代中国文化透视"——主要研究海外华人社会的发展变迁，仍然要抽签。这回我"时来运转"，上成了！

我进哈佛读书时，正赶上美国"重塑本科教育"改革进行到第3个年头，哈佛的本科生得到了比过去更多的重视，有很多机会由著名教授直接给我们上课（美国本科生的父母很重视孩子和教授接触的机会多不多）。我选课的时候也优先选那些著名教授的课。

哈佛教授通常每年教一门本科生的课，教一门研究生的课，有时也可因研究课题的需要申请暂停授课。因此，有些好课并非每届学生都有缘遇到。大二下学期选课时，我发现新开了一门我很喜欢的课："经济心理学"，授课的是该领域的两位著名教授安德雷·施莱佛（Andrei Shleifer）和戴维·雷伯森（David I. Laibson）。从介绍来看，上这门课需要具备一些我还没学过的金融专业知识，但从课程的时间预告来看，我在哈佛的4年中，可能只有大二下学期能遇到开这门课。如果我不抓住机会，"过了这

学习仍是我的主业。

个村就没这个店了"，多可惜呀！好在哈佛是自由选课制，没有让我留下遗憾。开课后我才发现，这门课的同学大都是大四的学生。

我选的 16 门专业课也很有吸引力。这些课程意在培养学生用数学方法分析解决经济问题的能力，非常实用。我在哈佛打过的几份工，基本上都和专业课培养的能力有关，尤其是经济学本科最难的 3 门课——资本市场、公司财务、金融经济学课题——培养的能力。

"资本市场"课的内容有金融市场和投资策略的分析、期权定价理论、市场效率、风险管理、套利理论、各种金融工具（如债券、股票）和衍生金融工具等。掌握这方面的知识可使学生对资本市场的各种现象及未来发展趋势有所认识。

"公司财务"课的内容有资本预算、公司的资本结构、股利政策、内部激励机制、清算等。掌握这方面的知识，是为了实现企业价值最大化。这门课是微观金融学的核心课程，应用性强，重在实用，采用的是商学院的案例教学法。

"金融经济学课题"研究性很强，是经济学本科难度之最。内容涉及金融经济学的理论与实践的选题、财务行为和市场效率、资本市场和公司内部的资金配置、银行业务和货币政策等。重点是研究前沿性课题，如：大企业老总的报酬设计是否合理？为什么公司爱以期权计酬而不愿以股票付酬？……（顺便说一句，西方经济学者习惯于研究非常具体的课题，讲究"务实不务虚"）考查探讨这些课题，目的是使学生在掌握分析技能的同时，具备独立分析和解释金融活动和金融现象的能力。上课方式是教授讲一个现象，和学生一起分析讨论，不仅研究现象，还研究如何印证观点，如何收集数据等等。

哈佛的经济学课程融进了多项 20 世纪 90 年代获得诺贝尔经济学奖的研究成果，涉及当前经济生活中的诸多热点，学起来感觉很爽！

教学管理：既严谨，又灵活

在哈佛开阔的草坪和厚重的建筑中，我随时随地感受着它的古老和严谨。虽说很多美国大学"A 泛滥"（即学生很容易得 A），但哈佛教授对学生的要求却非常严格，评分的标准几近苛刻。哈佛不像一般学校那样按绝对分值评定成绩，而是按"钟形曲线""正态分布原理"来掌握评分标准。不管考高分的学生有多少人，得"A"的永远是极少数（据说是10%）。学生写出一篇文体完美的论文，最多可以得个"B+"，如果想得"A-"以上的成绩，就得看你的独创性如何了。为了保持严谨的治学传统，校方对教授如何给学生打分也盯得很紧。2001年，有人批评哈佛打分标准下降，尽管教授们认为给分高是因为学生素质高，校方仍然调高了打分标准。

　　哈佛在教学管理上也有着既讲究原则又不失灵活的风格。比方说，学生对教授给自己的评分不满意，便可找教授申辩："你在什么地方没能真正领会我的深意或妙处……"通过说服、辩论，如果学生确有道理，教授也乐意改变原来的评分。

　　大一时，我在快要结束一篇作文时突然有了更满意的思路，我很想推翻重写，可又怕时间来不及，于是给老师发了一个邮件："按现在的进度我能够按时完成作文，但那不是最好的，那样我会后悔。如果你能多给我24小时，我会写出令你我都更满意的作品。"老师考虑到我一贯认真的学习态度，痛快地同意了。

　　教学管理的灵活性还表现为允许学生调整已经选定的课程。只要教授批准，开学的第5个周一之前仍然可以调课；第7个周一之前可以减课但不能加课；之后若有特殊情况，学生仍可找校方要求调课，即使被拒绝，还可以一次次地去据理力争。哈佛流行这样一句话："不"的意思是"你需要更努力地试一次"。

　　在哈佛，学生主动或不主动，对教育资源的利用程度可以有天壤之别。哈佛学生个个都忙得要命，很大的因素就是可利用的机会和资源太多，谁也舍不得轻易放弃。就说我吧，除了正课之外，还旁听了一些不算学分的课。

　　灵活的管理方式带来的是学生心灵舒展，个性彰显，每个人都积极地在自己感兴趣的领域努力钻研。以哈佛最常见的作业写"Paper"（论文、作文）为例，老师只要求篇幅至少是多少页，选题由学生自定，自由发挥的空间很大。在大一的论文写作课上，我首次见识了自由选题和研究式作业的活力与魅力，真可谓"百花齐放，百家争鸣"啊！在此试举几例同学们的研究课题：

《大学对美国人的意义》

《现代艺术与伦理》

《医疗事故与医院自我调节制度》

《丧葬业者对生命的看法》

《"法律面前人人平等"的不平等》（这是我的选题）

《性别与族别暗示对学生考试成绩的影响》

《在哈佛说"我很累"的不同含义》

……

老师不限你研究什么，但要求你严格遵守学术研究的规则。在你把自己的想法变成论文之前，下面这三件事是必须要做的：

一查学术资料，看有没有侵权，如你立论的观点与前人撞车，必须调整角度或干脆重选，以避抄袭和剽窃之嫌。在哈佛，抄袭和剽窃是极其严重的劣迹，不仅会损害学术声誉和前途，还可能会引来官司；

二查专家观点，对你有利的观点和对你不利的观点都要论及，而且要写明出处，不可含糊其词，不能让人误以为别人的观点是你的创见；

三查数据资料（或自己调查统计），用客观事实来支持你立论的观点，光凭"我认为……"，是过不了关的。有些有趣的想法，因为实证的难度太大或成本过高，只能割爱。

另外还有一些我称之为"洋八股"的条条框框，让你的文章从内容到形式都符合学术论文的要求。这些规则让我强烈地感受到哈佛人对知识产权的尊重和对独创性的推崇。

哈佛的教授大都是各个学术领域的领袖人物，他们既擅长严格训练学生，又能迅速地把学生引到各个领域的前沿地带。老师既让你了解各种各样的流派和学说，也允许你质疑任何一种流派和学说，还要求你必须有自己的见解，并初步形成自己的学术观点。

但是，不论你对权威的观点是反对还是赞同，或自己另有创见，都得通过严密的论证来自圆其说。如果仅仅是情绪性的挥洒，老师的刨根问底层层质疑，绝对把你弄得体无完肤。

　　这种既开放又严谨的教学方法，对促进学生的创造性和逻辑性十分有效，也迫使学生对学术研究持十分严谨的态度，凡是缺乏依据或经不起反证的论点，都不会轻易成文。所以，哈佛并没有因为学术开放而"礼崩乐坏"。这一点和哈佛的治安策略倒很相似——内在逻辑的互相制约，胜过戒备森严的大门和插满碎玻璃的院墙。

勤奋学习，成绩依然优秀

　　哈佛的校园很大，在宿舍、教室、图书馆之间穿梭，要花不少时间。出国前我的计划是买辆自行车，来了之后发现路上汽车多，骑车危险，就索性走着或跑着去上课，只当是锻炼身体了。

　　由于哈佛常有吸引人的讲座和演出，学生的课外活动又多，要读的参考书更多，在最后关头赶写作业几乎成了通行的做法。老师们对此十分清楚，所以都明确规定了交作业的最后时限，一般是周五的下午5点整。如果不能在周五5点下班之前把作业送到老师手里，可是要扣不少分的（平时作业在学分中占20%左右）。

　　入学两个月后的一个星期五，我一路小跑赶着去交写作课作业。突然，我左脚一崴，摔倒在地动不了了，疼得我忍不住大哭起来。马上就有目击者打电话报警、叫救护车。就连我瘫在地上痛哭的时候，也没敢忘记请路过的同学帮我把作业带去交了。

　　随后的那4个星期，我每天撑着一双拐杖在校园里笃笃奔波，后来又跛行了两个月，但没误一堂课，也没有拖欠一篇作业，只是刚参加了一个月的哈佛国标舞队只好退出了。因怕爸爸妈妈担心，我一直没说起受伤的事，直到那年春节妈妈问我："国标舞学得怎么样了？"我才给他们讲了因崴脚受伤退出舞队的事。

　　大一刚上了半个学期，我就发现在中国掌握的不少学习方法到了哈佛仍然有效。不少美国同学虽然在高中就学过了大学的一些课程，但学的内容不深，赶上甚至超过这些先行者也是有可能的。比如说，在一门被戏称为"地狱般的"计算机课上，我的程度比美国同学落后5—7年，刚开始，

新生教务主任詹姆斯·曼寇（James Mancall），是我大一的写作课教授。

在哈佛传统的师生聚餐会上，我荣幸地邀请到我的数学教授（我左边）和物理教授（我对面）来做客。

别人十几个小时就能完成的作业我得花几十个小时才能完成，难得我都想放弃了，但还是咬牙坚持了下来，取得了满意的成绩。

大一期末考试后，数学老师给我发邮件说："按学校的规定，一般不允许公布学生们的考分名次，但我由衷地告诉你，你是全班第一。"第一学年结束时，经济学教授马丁·费尔德斯坦（Martin Feldstein，美国国家经济研究中心主席）邀请少数成绩优秀的学生参加他组织的鸡尾酒会，并邀请在第二学年担任评改学生试卷的工作（他教的是 1000 多人的大课），我也有幸名列其中。

大二的时候，因为数学好，我得到了一份数学辅导员的工作，辅导低年级学生的微积分（享受奖学金的哈佛学生需要在校园打工挣到买书买衣服及零用的钱）。学期结束的时候，因为"成绩好，表达清楚，应变能力强"，我被学校的数学系聘为微积分课的学生助教。大三开学后，有一次妈妈在网上查阅资料的时候，无意中搜到了哈佛的课程安排公告，发现了我的任课时间，她还特地下载了那个网页，让爸爸和她一起"感受女儿另一种形式的存在"。

哈佛学生在一起基本不谈"学习成绩"的话题，打听别人的成绩更是被视为缺乏自信的表现。在美国，中学和大学都把学生的成绩和名次视为个人隐私，校方不得公布，最多会通知学生本人。哈佛师生的共识是：本科 4 年的学习，最重要的不是得多少分，而是找到最适合自己的发展方向，为将来打个好基础。所以大家不但从学习中，也从课外活动和校内打工、校外实习的过程中，不断摸索和寻找最适合自己发展的方向。

尽管如此，我还是喜欢在学业上精益求精，因为学习本身就很有乐趣。比如说，在高中学数学常使我惊叹数学的奇妙；在哈佛学数学常使我惊叹数学的实用……入学以来，我连年超过 Honors（优等成绩）标准，连年获得哈佛学院学业荣誉奖（Harvard College Scholarship）。

在经济繁荣时期，哈佛学生的成绩好不好似乎无所谓。很多学哥学姐都说，成绩如何对哈佛学生就业没什么影响。但在经济衰退就业困难时，成绩的影响却突然显现了——我在大三应聘暑期实习生和大四应聘正式工作时，几乎每个好公司都对应聘学生的成绩有所要求。这让我颇感意外，又深感庆幸。

边学习边打工，忙并快乐着

除了当数学辅导员并升任数学课学生助教之外，我在哈佛还打过好几种工。刚到哈佛不久应聘的第一份工作，是为一个金融教授当研究助手，我的任务是更新数据库。数据库由两个部分所组成，一是某些国家的基本情况；二是这些国家所有主要银行的各种报表。这个研究课题是为了给想在这些国家投资的人提供决策依据。

我付出时间最密集的工作，是大一暑假给哈佛商学院的两位教授当研究助手。当时他们为了一个耗时较长的研究课题——共同基金经理的投资心理对回报率的影响，需要聘一个能为他们工作较长时间的研究助手。招聘说明上要求应聘者有研究经验，还要求会两种我还不太会的电脑程序。我在哈佛的网络信息库里发现这个消息之后，觉得值得争取，就大胆地先把名报了。两位教授后来告诉我，他们没想到会有大一的学生来应聘，觉得有点好奇，就给了我面试的机会。接到面试通知后，我连夜上了三个网上的电脑程序课，以防在面试的时候要求我当场演示，然后，就凭着初生牛犊不怕虎的劲儿面试去了。那一天，排队面试的几乎都是些研究生，后来和我一起工作的也是麻省理工学院的博士研究生。但面试的时候并没有考我的电脑程序（大概认为我敢来报名自然是会的啦），倒是聊了一通对经济学的看法。当时我正在看一本经济心理学著作，各种感想正新鲜着呢，就热炒热卖了。结果，我赢得了这份工作，简直高兴坏了。

工作本身是枯燥的，主要是数量巨大的数据整理。它使我想起爸爸妈妈常说的话：再伟大的事业，也是由琐碎的细节组成的。正所谓"不积跬步，无以致千里"啊！几个月后，因我要回国参加 HPAIR 在北京的筹备活动，才辞去了给商学院教授做助手的工作。

大二开学后，我找到了一个更有吸引力的工作：在美国国家经济研究中心做研究助手。具体的工作是，用数学模型研究不同周期的风险投资基金的投资回报率，很有意思。

还有一些临时工作也很有趣。比如说，参加商学院教授主持的心理实验。这些实验都是商学院教授为自己的研究课题而精心设计的，目的是为他们的论文获取第一手资料。学生参加实验的动机则是：既有机会挣钱，又可以学知识，长才干。

我印象最深的是一个谈判实验。在这个实验中，我的任务是作为雇主跟应聘的人谈一笔劳务报酬。教授告诉我："你给对方的报酬不能超过 70 美元，只要你把报酬压到 70 美元以下，压下来的钱用一个公式换算后，就是你参加这个实验的报酬。如果你跟对方谈崩了，那你们双方都一分钱也得不到。"我不知道教授给对方的下限是多少，对方也不知道我的上限。凭经验估计，这个实验大概有 50 美元可分，基于公平和双赢的原则，我计划跟对方平分这 50 美元，很快结束这场谈判。没想到，和我谈判的那个白人女生太贪心了，她一来就"狮子大张口"，要价 110 美元，根本不考虑我的利益和感受，而且态度十分强硬，好像认定我比她更担心谈崩了得不到钱似的！既然如此，我也就不客气了……最后，她只好在"鸡肋"或"0"之间选择了"食之无味，弃之不舍"的"鸡肋"（大概有 10 美元吧）。我则比原计划想要的 25 美元多赢了 15 美元。

好玩吧？当然，说不定这正是"狡猾"的教授预期的结果呢。

尽管有这么多课外活动，大三大四又增加了应聘工作的大量事务，学习仍然是我生活中的重头戏。因为教授指定要看的书实在是太多了，有时不得不在网上联络大家"分头读书，笔记共享"。这样才能忙里偷闲看一些与功课无关纯属感兴趣的书，比如反映中国现实生活的小说。这种时间都是一点一点地挤出来的。在哈佛，我每周都有一份相当详细的时间表，上面有提前预约的各种事情。在美国，大家都习惯于预约各种事，并且都很守时，不然很多计划都没法完成。

我在哈佛的基本时间表是这样的（以最有代表性的大三为例）：

周一至周五，早上 7 点多起床，半小时锻炼，然后是洗澡、吃早餐，接着就是处理电子邮件。每天我都会收到 50 多封邮件，绝大部分与学业和课外活动有关。即便是按计划花费一小时，往往也处理不完，只能留到晚上再说。父母来的邮件我都只能飞快地看一眼，如果没有急事，也顾不上回复，等到有空通话时再请他们重说一遍。

然后 10 点钟上课，课前要腾出点时间来温习一下功课。几节课连着上下来，就是下午 3 点了，中间有半个多小时吃午饭时间。我大二起就在担任大一学生的"良师益友"（类似于辅导员），通常我会和大一的学生一起吃午饭，帮助他们解决一些实际问题。下午课后，我还要给低年级学生做高等数学辅导（或去完成打工的工作）。升为学生助教后，每周要花费相当的时间来备课和批改作业。接着就是做自己的作业、整理当天的笔记，等到可以休息的时候，往往已是下午6点多了。

我一天最轻松的时候，就是晚饭时在学生自助餐厅里和同学们一起边吃边聊。大家谈天说地，从美国的社会问题说到成都的小吃……由于各人文化背景和经历的不同，视角也大不一样，越聊思路越开阔。因此，大家再忙也要挤时间凑在一起吃晚饭。接下来，一天最紧张的时候也就到来了。每天晚上，我先要完成当天的学习任务，接着就是处理课外活动的事务，如为HPAIR订计划、起草报告、给赞助企业写信、与世界各地的学生协调……

为了我的兴趣和责任，我很少在凌晨两点前睡觉。不是周末的早上，通常需要三个闹钟前赴后继地把我吵醒。有几次熬夜太久，第二天又有重要的考试或面谈，我还请远在成都的父母用电话铃声当过我的第四个闹钟呢——迷迷糊糊地抓起电话和爸爸妈妈聊上几句，我就不会重入梦乡了。当然，那是他们学会用电脑拨打便宜的网络电话之后。

遇到上午没有课的时候，我也会美美地一觉睡到自然醒，把积压的疲劳一扫光。

这就是我在哈佛生活的大致轮廓。紧张繁忙之间，周末和假期也会安排一些换脑子的活动，比如说，带上一本有趣的书，到洗衣房一次洗净烘干十天半个月的换洗衣物；和同学一起去餐馆品尝中国菜、越南菜、泰国菜、意大利菜……；打乒乓球、听音乐、看电影电视、到不同风格的舞会上跳舞……

顺便说说，哈佛经常有各种名目和风格的社交舞会。据说，校方的意图是"让学生把晚礼服穿到没有感觉的程度"，以便在正式的社交场合更加从容自信。回想起初到哈佛的时候，新生们的确会情不自禁地为自己和别人的晚礼服而兴奋，经历得多了，就从"衣服穿人"变成"人穿衣服"了。

……

如果硬要用一句话来概括我4年的校园生活，那就是：忙，并快乐着！

　　这张照片不够清晰，却很珍贵。蹲在我左边的是当时的哈佛大学校长陆登庭教授（Neil L. Rudenstine，2011 年退休），他来看望我大二时辅导的大一新生。

　　2003 年秋天妈妈来访时，哈佛学院院长柯伟林教授在百忙中抽出讲演前的半小时准备时间，和我们交谈了很多有趣的话题，并热情地请我们参观历史悠久的教授会议室。我四周的雕像和油画，是哈佛的历代校长。

管中窥豹：中美大学的四点区别

有些读者希望我将中国的大学和美国的大学做一番对比。可惜我没有上过中国的大学，也没上过美国的其他大学（美国的大学差异很大），很难做此比较。但有 4 点不同我感觉较为明显，说出来供读者参考：

一是美国本科生可以自由选课。美国的大学没有中国大学那种统一的本科教学计划，名牌大学和一般大学都是实行的差异化教学。校方为本科生提供一个庞大的课程体系，供学生自由选择。美国大学的课程体系由各类必修课、限选课和任选课所组成，适应本科生的各种学习需要。学生可以按个人兴趣、学业程度和专业方向的需要来制定和调整个人的课程组合。

自由选课制能满足学生不同的探索需求，有利于调动学习的积极性，也有利于人才的知识结构多样化。每个学生都与众不同，人人都有独特个性和独立见解，社会便增加了创新进步的机会。

二是美国本科生不盲目追求高学历。美国人没有这种在中国十分普遍的观念——"好学生就该硕士博士一直读下去"。美国大学里本科毕业直接考研接着读博的，主要是学医、学工和"学术研究型"的学生。"社会活动型"和"组织管理型"的学生一般都选择"先工作，后深造"。这种求学策略，与美国本科生既重视独立谋生也重视更新知识有关。据统计，哈佛的商学院和法学院，研究生的平均入学年龄在 27 岁上下，几乎人人都有工作经验。从其他一流商学院录取学生的情况来看，也是拥有几年工作经验的人更容易申请成功。此间的共识是："工作几年之后，才清楚自己需要再学什么，才不会浪费昂贵的学费和时间。"

据美国媒体报道，和我同届（2003）的美国本科毕业生与前些年有所不同，选择"先深造，后工作"的人比过去要多些，以至全美参加研究生入学考试的人数都刷新了纪录。但这并不意味着美国学生突然急于获取高学历了，而是因为经济衰退就业困难。《纽约时报》记者指出：2003 年毕业的美国本科生，1999 年入学时赶上了经济持续景气的末班车，现在却不得不面对 20 年来最不景气的就业市场。美国医学院协会披露，2003 年申请医学院的学生 7 年来首次增加，主要原因就是本科生找不到工作。由于美国经济持续衰退，报考法学院的人 2002 年增加了 18%，2003 年又增加了 10%。与此同时，申请到贫穷社区的公立学校教书的本科毕业生也数量猛增，高达 300%。这种"先谋生存，再谋发展"的现实态度，很有美国特色。

三是美国本科生实践机会特别多。美国大学崇尚打破校园和社会的距离，提倡在社会的真实环境中教学。哈佛和耶鲁就是这方面的典型，连校门都没有。只要你积极参与各种课外活动（包括社团活动、校内勤工俭学和暑假打短工），每年都可获得一定的工作经验，以及能证明你的素质和能力的资历，到大三正式应聘暑假实习生的工作或大四应聘毕业后的工作时，就不存在中国本科生深感头痛的"没有工作经验"的问题了。

在选择实习机会的时候，美国学生都很注意尽量让工作资历与发展方向保持协调，提前为下一步的竞争积蓄能量。比如说，想当学者、科学家的人在学业方面投入的时间更多，因为申请读硕、读博时，你需要用成绩拔尖让教授对你的学术能力印象深刻，这样教授才写得出具有说服力的推荐信（其作用经常是决定性的）。想经商的人则不同，需要在社会活动方面投入更多的时间，因为申请读商学院的 MBA 时，更被看重的不是你的考试分数，而是你的社会实践能力。

四是美国本科生争取活动经费的渠道多。在哈佛读书期间，我发现美国本科生有很多机会为自己的社会实践项目争取社会各界资助。只要你的项目有价值或有潜力，又善于推销，通常都能从社会上找到一些经费帮助你完成设想。因此，美国学生的课外活动和社会实践极为活跃，有很多令人赞叹的创意。

据我所知，赞助美国学生社会实践的出资人，有的是为了树立企业形象——如赞助国际论坛 HPAIR 的广告效应；有的是为了将来分享成功果实——美国不乏风险投资成功的示范效应；有的只是为了满足某种特殊要求（或心愿）——如：有一家基金每年资助两名没出过国的美籍哈佛学生暑假到外国考察旅游。2001 年，有位同学采纳了我的建议，提出了"到中国西部教成都 SOS 国际儿童村的孤儿们学英语"的计划，结果在几十个项目的激烈竞争中胜出。

中国本科生则较少这种让创意和设想变成现实的条件和机会。部分美国教授认为中国研究生学习能力很强，但主动性和创造性不足，原因之一就是中国学生在本、硕阶段较少发展主动性和创造性的实践机会。真心希望这种局面能尽快改变。

毕业后，先工作，再深造

很多读者关心我毕业之后的去向。

作为一个"组织管理型"学生（特点是：擅长统筹兼顾，喜欢与人打交道），最吸引我的不是清静的书斋或实验室，而是风起云涌的市场。因此，我不打算走"直接考研、接着读博"的学者路线，而是准备先工作几年，积累一定的工作经验后，再进商学院攻读 MBA（工商管理硕士）。

我 16 岁访美之前，听四川大学教授易丹叔叔介绍了哈佛商学院的案例教学法，当时就萌发了以后要进美国一流商学院读书的心愿。进哈佛后我了解到，一流商学院最喜欢录取自己创业的人，以及在大公司（如知名企业、企业咨询公司、投资银行等）就职的人。对尚不具备创业条件的我来说，毕业后若能到大公司工作，是申请一流商学院的有利条件。在哈佛，与我愿望相同的同学很多，我们毕业前的重要任务，就是争取进一家适合自己的大公司。

按照"凡事预则立"的原则，我一直在提前积累工作经验。从大二开始，我每年暑假都会努力争取到正规公司当实习生。每次实习都结识了不少良师益友，并学到了很多东西。大二暑假去新加坡开会之前，我在一家中外合资的投资银行（北京）实习了 6 个星期。大三暑假，我在美国最大的投资银行之一摩根斯坦利亚洲总部（香港）实习了 12 个星期。这两次实习我都收获多多，并得到了上司和同事的好评。

在摩根斯坦利实习的机会是经过白热化竞争得来的。这种两千多优秀学生竞争十几个暑期实习生职位的局面，在经济繁荣期是难以想象的。

网络经济泡沫鼎盛时，哈佛的学哥学姐们都只经历过"工作找人"，而不是"人找工作"。那会儿流传的玩笑是："有一身看得过去的西装，有一个比较像样的公文包，就等于找到了工作。"

谁知轮到我这一届大三应聘暑期实习生时，全球经济衰退已经持续了大半年，9·11 恐怖袭击和数家大公司因假账败露导致破产的丑闻，更是让美国经济雪上加霜。大三开学后，到哈佛和其他大学招聘的公司数量锐减，有些公司要么干脆不露面，要么虽然来开校园招聘会，也只是为了维护公司形象，做个姿态而已。

这种陌生而严峻的就业形势，让我和同学们非常具体地领教了"'二战'以来最严重的经济衰退"！

那段时间，紧张刺激的求职经历成了我和朋友们的热门话题。幸运的是，2002年初春，我得到了摩根斯坦利的暑期实习生聘书；2002年深秋，我又得到了波士顿咨询集团（BCG）的正式职员聘书。这两家公司都是我喜欢的类型。

投资银行的工作是出了名的忙。我在摩根斯坦利做暑期实习生时，每周工作时间多达90—110小时（含吃饭时间）。爸爸妈妈每次来电话都要先打我的手机，即使半夜12点过，我可能还在办公室和同事们一起忙着呢。

这段实习生活繁忙而多彩，许多美好的回忆，环绕着祖国的东方明珠香港，在纷繁庞杂的记忆中闪闪发亮……

尽管亚洲的经济状况比美国更有活力，也仍然挡不住全球经济衰退的寒流。我进了摩根才知道，由于市场萧条、供大于求、业务锐减，投资银行界早在2000年便刮起了全行业大裁员的风暴。

我实习的时候，正赶上"裁员风暴"的中段。最无奈的是，由经济衰退导致的裁员，往往与员工的能力和表现无关，经常是整个部门或某个层次的人一刀切！

虽然我知道这是顺应市场规律的必要调整，但想到那些非常优秀和敬业的人也会突然失业，"危机感"三个字顿时就有了分量！

实习结束时，投资银行业的"裁员风暴"还远未结束（2002年夏天一波，年底又一波，专家预测2003年还有一波，当时还不敢说是最后一波）。回到哈佛，我便积极参与大四的校园招聘会，并把应聘的重点转移到企业咨询公司，尤其是美国最好的咨询公司之一：波士顿咨询集团。

波士顿咨询集团是一家以理论创新著称的跨国咨询公司，与开创了咨询业的麦肯锡咨询公司齐名。波士顿咨询创造的许多管理方法和理论，由于实用性很强而深受企业家的喜爱。例如，全球各大商学院都把"波士顿矩阵"列为重要的营销理论，在MBA课程中讲授。各大企业也在广泛地

拉瑞夫妇参加了我的毕业典礼——拉瑞在拍照呢!

哈佛学院网站主页上的这张照片,让未能前来观礼的爸爸妈妈分享了我们的欢乐。

运用这一理论增强赢利能力。

波士顿咨询还有一些极负盛名的管理概念，如投资或产品组合分析法、经验曲线、时效竞争法、针对市场细分的营销法、全方位品牌管理等等，这些经营理念影响着世界上无数的公司。

应聘波士顿咨询的过程，也是一次挑战自我、完善自我的过程。为了迅速提高面试的重头戏——案例分析能力，我到哈佛商学院找来了MBA教材，突击自学、训练，从思路到表达都力求专业，力求完美……结果，在北美近万人竞聘100个职位的激烈角逐中胜出。

给我聘书的是波士顿咨询纽约分部。纽约分部在2003届哈佛本科生里共招了两人，另一个幸运的女生名叫索尼娅，是哈佛学院的学生民主党主席。

除了波士顿咨询的聘书，我还得到了一家难得在经济衰退期仍在走上坡路的老牌投资银行的聘书。我很感谢他们对我的认可，但我仍然选择了波士顿咨询。据我所知，咨询业在中国还是个较新的事物，很多企业还没有向咨询公司"借脑"的习惯。希望有一天，我能通过科学有效的战略咨询和商业咨询，为中国企业的发展壮大提供优质服务。我相信，21世纪最大的发展机会在中国。

一个人的职业规划是一个不断调整优化的过程。人生的路还很长，未来的变数也很多。虽然我无法预测未来，但我会慎重选择最适合自己的发展路径，我会始终从事对自己和对祖国都有益的工作。

从小到大，父母经常用这句话来勉励我："只要尽力而为，就可问心无愧。"他们真心希望我积极而豁达地对待奋斗过程与结果。我喜欢积极而豁达的状态，我会忙并快乐着。

补记：用特别的方式告别哈佛

2003年6月2日—5日，哈佛校园沉浸在一年一度的毕业庆典的忙碌和喜悦中。绿茵茵的草坪上搭起了一座座防雨厅棚，各学生宿舍楼的督导教授们个个喜笑颜开，分别为自己关照了几年的男孩女孩们颁发本科毕业证书。

　　从接过深红色的毕业证书那一刻起，婷儿便结束了4年的校园生活，正式成为哈佛大学第352届本科毕业生了。参加哈佛大学全校毕业典礼那天，婷儿和同宿舍楼的百余名毕业生是喊着口令跳着舞步进的会场，成了入场方式最特别的一队。遗憾的是，我们没有亲临现场感受那鲜花着锦、烈火烹油般的热烈气氛。

　　因为，从冬末到夏初，一种可怕的新型急性传染病SARS（"非典型肺炎"）一直在中国部分地区肆虐，内地和港澳台有八千多人落入SARS的魔掌，数百条宝贵的生命成了SARS的牺牲品……直到6月中下旬，中国内地才全部脱离了世界卫生组织的疫区名单。考虑到SARS流行期间在国内外旅行的诸多不便，我们认为最负责任的选择是不去哈佛，留在家里写书，免得万一途中染病传染婷儿和她的老师同学们。为此，婷儿忍不住流了泪……随后，哈佛也做出规定：疫区来客要在非疫区自行隔离10天才能进入哈佛。婷儿才不再劝我们改变决定。

　　在毕业典礼前夕，拉瑞夫妇发来的邮件让我们甚感欣慰："很遗憾你们不能来这里，但我们会自豪地站在你们的位置上，见证亦婷生命中值得纪念的时刻。"

　　仿佛为了弥补我们似的，毕业典礼之后，哈佛学院网站的主页便登出了婷儿在毕业庆典中的照片。照片上的婷儿头戴学士帽，身着学士袍，在毕业生的队伍里和其他人一起高兴地唱着歌，还动感十足地拍着手呢！婷儿在网络电话里说："照片拍的就是我们喊着口令跳着舞步进会场的时候。"在2003年暑假结束之前，任何时候进入哈佛学院的主页，都可以看到这份定格的快乐。

　　时间过得多快呀，婷儿都大学毕业了！转眼之间，她就要在自己喜欢的公司和行业里开始职业生涯了。在踏上新的起跑线之前，我们又看到了与4年前相似的情景——婷儿已经把在哈佛取得的成绩归零，她的注意力已迅速地转移到人生新阶段的新挑战上去了。

　　亲爱的，好好干吧！

第二章

成功需要哪些素质？

婷父母答读者问

2000 年婷儿答记者：
"我离成功还很遥远……"

　　说来您可能不信，这一章的开场白我们反复重写了十几稿，仍然不能满意。

　　因为我们一提"成功"，人们就会联想起婷儿被哈佛等 4 所名牌大学录取的事，甚至误认为我们把考上名校当做育儿的终极目的。为了避免误解，还是直接解释几句吧。

　　其实，我们培养婷儿的目的，是想让她成长为"素质优秀、人格健全、有能力创建幸福生活的人"。在《哈佛女孩刘亦婷》里，我们曾三次提到这一终极目标（见初版第 21、51、69 页，增订本第 25、55、72 页，再版第 21、49、64 页）。每次提到这个目标，都是因为生活面临重大改变（婷儿诞生、父母离异、回到单亲之家），需要再次确认这一目标。但就像一粒瓜子无法和一个西瓜争夺注意力一样，一个抽象的培养目标，也敌不过活生生的求学经历。加上婷儿的成长故事又是讲到上哈佛为止，有人忽略了我们看重的培养目标也是可以理解的。

　　在我们眼里，求学成功只是整体素质培养的成果之一。婷儿人格的健全和成熟则是比名校录取通知书更让我们重视的培养成果。因为名校也有劝退、犯罪、自杀的学生，而一个整体素质优秀的孩子却会主动避开许多人生陷阱，孩子离陷阱越远，离成功就越近。

　　题外话就说到这儿吧。本章旨在回答不少读者提到的三个问题：一是婷儿怎样看待求学成功和人生成功？二是哈佛看重的"优秀素质和综合能力"究竟指的是什么？三是我们有意培养了哪些堪称"成功基础"的个人素质？希望我们的所思所想，对您有一点参考价值。

什么是刘亦婷心目中的"成功"？

自从婷儿被哈佛等 4 所美国名校录取，就常有人把她的名字和"成功"连在一起。有人说考上名校就是成功！有人说考上名校算什么成功？也有人说现在成功不等于将来成功……

婷儿说："上哈佛只是考上了一所好大学而已，离成功还差得远呢！"这是她 2000 年大一暑假时回答《中国青年报》记者李樱子的话。婷儿很清楚，"求学成功只是达成了一个阶段性目标，人生的路还长着呢！"

回想起婷儿接到录取通知书后的种种表现，我们相信她说的是心里话。

1999 年 4 月 8 日，婷儿收到哈佛录取通知书的第二天，便向学校递交了"退出高考申请报告"。校方立即向成都市教委请示汇报，市教委中学处的官员随即把消息透露给了《成都商报》的记者，并建议他们报道。采访是在学校进行的，婷儿没觉得和以前的校园采访有什么不同，周末回家也忘了告诉我们。等 12 日的头版头条一出，我们的惊讶可想而知——我们原计划让婷儿悄悄地走，我们安安静静地写书，这下计划全打乱了！还没回过神儿来呢，学校领导就来了电话，通知我们明天和婷儿及一位校长一起到报社接热线电话。我们再三推辞，可领导说校方已经答应了报社，希望家长用行动报答学校……我们只好同意了，但要求校方帮忙推掉此后的所有采访和邀请。婷儿知道后，连说："谢谢爸爸妈妈！"后来又向多次帮她"挡驾"的老师和校领导们表达了谢意和歉意（"挡驾"可是件费口舌又得罪人的事）。

我们及时提醒婷儿：会不会被赞誉和名声冲昏头脑？婷儿却调皮地笑着说："你看你看，对我没有信心了吧！"但我们仍要仔细观察，看婷儿是否会得意忘形停滞不前？——观察的结果令人满意，婷儿和过去一样"重实力、轻虚荣"，她的注意力全都聚集到新起点带来的新挑战上了。

在准备赴美那几个月的忙碌里，除了去湖北和姥姥告别，婷儿的兴趣主要集中在三件事情上：一是跑了好几家快餐店去学着找工作，后来在"德克士"当上临时工，交了一群有趣的新朋友，在企划组干得很投入；二是为适应全英语教学做准备，婷儿的办法是自学访美时带回来的高中化学教材，婷儿很欣赏其探索式的课程设计，常有惊喜的发现要讲给我们听；三是为适应美式作业做准备，婷儿请学校的英国外教出了 10 道论文题目来做练习，道道题目都大得"吓人"（印象最深的是"美国攻打伊拉克对世界经济的影响"），虽说因为当时缺乏搜集资料的起码条件和时间，只能理理思路列列提纲，但新奇的命题常把大人也吸引过来参加讨论。另外，还要看其他书；会一些朋友；跑很多商店去准备行装；不再住校后还要承担部分家务活；每天还要专门想想：今天为爸爸妈妈做点什么？哪怕是倒杯开水，递双拖鞋……

一个刚满 18 岁的孩子，面对足以把她淹没的赞誉和关注，能够如此淡静，不失本色，让我们深感欣慰。有记者问婷儿为什么不觉得骄傲？婷儿说："因为从小养成了把已有的成绩归零的习惯。"仔细想想婷儿走过的路，的确是在不断地"把已有的成绩归零"。这也是婷儿能脚踏实地快速前进的原因之一。这种"胜不骄，败不馁"的个性，是中华民族的传统美德，也是我们的传家宝。婷儿继承了它，真让人高兴。

《哈佛女孩刘亦婷》出版后，引起了人们对婷儿的更多关注。婷儿仍是宠辱不惊，仍是一颗平常心。大二期间，有篇自由撰稿人的文章到处刊载，内容连抄带编，标题极其夸张，不是"让哈佛震惊的中国女孩"，就是"中国女孩让哈佛震惊"。婷儿知道后又好气又好笑地说："哈佛不会为任何人感到震惊，除非你干了什么坏事！在哈佛，成功就像家常便饭，一点都不稀奇。"

在哈佛，婷儿一直保持低调。尽管哈佛图书馆 2001 年就收藏了我们的书，但婷儿从不和人谈起这些。2001 年暑假，哈佛费正清东亚研究中心前主任傅高义教授到中国访问时听说了这本书，恰好他随后就到婷儿参与筹办的"第 10 届亚洲与国际关系研讨会"担任讲演嘉宾，在新加坡认识了婷儿，校方这才有人知道了她的"秘密"。开学后，这位德高望重的教授多次指导婷儿所在的学生社团，发现婷儿的伙伴们都不知道她是中国畅销书的主人公，他还夸奖婷儿，说她谦虚。直到 2002 年 4 月《纽约时报》报道了我们的书，才有更多的同学知道了这个背景。

2002 年暑假，婷儿返校前途经广州、深圳，应邀参加和读者直接交流的活动（她把这看做回报社会的一种方式），《广州日报》的记者李桂文采访时问婷儿："你说过上哈佛离成功还差得远呢，那你心目中的成功又是怎样的呢？"

说实话，婷儿和我们都没想过这个问题，因为它不符合我们家的思考习惯。我们家的习惯是：近期目标要实，实到每一步怎么走，以确保完成任务；远期目标要虚，虚到只剩个大方向，以容纳各种变数。记者问的显然是婷儿不去多想的远期目标，我们也猜不到她会怎么回答。当时，婷儿认真想了想才说："成功并不是一个人获得的名利可以定义的，我心目中的成功就是造福全人类，如果不行就造福自己的国家，再不行那就造福自己的家庭吧。"

呵呵，这就是婷儿心目中的成功，真高兴她有如此豁达的人生观——既志存高远，又不钻牛角尖！不论以后顺与不顺、成就如何，只要尽力而为了，就可以问心无愧。这也是我们对女儿的真心期盼。

哈佛看重的"优秀素质"究竟是什么？

有人说，刘亦婷的父母不可能从小就瞄准哈佛要求的"优秀素质"培养孩子，然后等着哈佛来验收。这话说得很对。这种常见的殊途同归的现象，恰好说明了素质培养是有规律可循的。

在婷儿17岁之前，我们只是在按自己的研究心得优化对婷儿的教育，根本没考虑过高中阶段申请全奖留美读本科，更不知道哈佛对学生有什么要求。如果不是拉瑞提出本科留美的建议，如果《哈佛女孩刘亦婷》里提到过的刘莹（以前误译为"刘颖"了）不对婷儿说："不报哈佛，你会后悔的。"婷儿也不会鼓起勇气向哈佛冲刺。高二暑假时，我们看到婷儿在刘莹指导下选定的目标大学清单，简直难以判定它是狂妄还是合适？只能凭着对刘莹的信任支持婷儿的选择。等看了哈佛等名校陆续寄来的一大堆申请表格之后，我们心里才踏实了。

我们发现，在招生方法上，中美两国大学是完全不同的，可在人的发展潜力的考查上，中美两国社会重视的东西却基本相同。看看"校方报告"中"附加的个性评价（additional general ratings）"所涉及的15个方面，您就会发现，哈佛关注的这些东西，中国人一点都不陌生：

1.Intellectual curiosity 好奇心（或求知欲）

2.Intellectual creativity 创造性（或创造力）

3.Academic achievement 学业成绩

4.Academic promise 学业前景

5.Leadership 领导能力

6.Sense of responsibility 责任感

7.Self-confidence 自信心

8.Warmth of personality 为人的热忱

9.Sense of humor 幽默感

10.Concern for others 关心他人

11.Energy 活力

12.Maturity 成熟

13.Initiative 主动性

14.Reaction to setbacks 对挫折的反应

15.Respect accorded by faculty 受老师们的重视程度

从其他美国名校"附加的个性评价"来看，各校关注的东西都大同小异，有些学校只列出12个方面，有些学校更重视"独立性、自律能力、对他人的影响力"等。从媒体对2002年7月在北京举办的"中外大学校长论坛"的报道来看，牛津、哈佛、斯坦福、清华、浙大、南开等8位中外名校校长谈到如何评估一流学生时，基本上也没脱离这十几个方面。美国名校精心设计的全套申请程序，包括用表格考查的方方面面、入围后的面谈和最后投票表决，也是为了用各种方法从各个角度来评估申请者：此人各方面的状况和发展潜力如何？在同校同届同地域的学生中有多突出？在优秀程度不相上下的竞争者中是否仍然突出？以此发现校方最想要的学生。如果是外国学生，还要看你是否听得懂英语授课？托福成绩600分以上就被认为是"听得懂"了，因此，单凭托福高分是很难被名校选中的。因为评估的思路和方法差不多，所以每年都有一批拔尖的学生被几所名校同时录取。上述资料（包括哈佛等学校的全套本科申请表格）现在都可在网上查阅或下载。

读者不难看出，名校一致看重的那些方面，样样都直击人的素质。所谓"人的素质"，按人民大学人力资源管理专业博士生导师萧鸣政教授的定义，就是："个体实施社会行为的基本条件和潜在能力"。说得再通俗一点，人的素质就是"立足社会的基本条件和潜在能力"，不是什么高深莫测的东西。凡是爱动脑筋的人，都能认识到：哪些个人素质有助于生存和发展？并把自己领悟的人生经验传授给孩子。如果家庭教育得当，学校也够水准，孩子发展得出类拔萃便很自然。比如说，婷儿的高中同学个个都很优秀。这样成长起来的高素质孩子中国每年都有一大批……只不过，和13亿人口一比，这样的高素质孩子仍然是"稀有金属"。

我们夫妇长期从事"琢磨人"的工作（文艺创作和编辑），对各种类型的人和研究人的书都看得多，也想得多。加上希望孩子幸福和希望中国多出人才的夙愿，我们一直把研究育儿方法当做自己的"业余科研项目"，经过22年的努力，也取得了预期的成果：培养了一个健康发展的好孩子；写出了一本素质培养纪实的书；归纳了一套"0—18岁整体素质培养法"（详见本书第三章《优秀素质体系，怎样从无到有？》）。哈佛等名校对婷儿和其他中国学生个人素质的欣赏，其实是验证了一个道理——只要按成长规律培养孩子，就能取得殊途同归的效果。

我们有意培养的"十大必备素质"

孩子成功的标准是什么？我们的主张是：在健康合法的前提下，有能力实现自己的心愿。可谁知道小孩子长大后会有哪些心愿呢？童心多变没法猜呀！关爱孩子的父母只能全面激发孩子的各项潜能，有意培养起"优秀＋配套"的整体素质，让孩子有足够的实力逐步选择自己最想走的路。

我们培养的整体素质与美国名校看重的能力和素质有不少重合之处，但又不尽相同。因为招生考查具有某种"验收成果，选拔人才"的意味，我们培养孩子则是从零开始，让各种能力和好品质"从无到有，从少到多，从弱到强"，需要更多"基本建设"性质的内容。

我们所说的"优秀＋配套"的整体素质，可以分解为相辅相成的十个方面。为了易懂易记，我们把这十大素质编成了"优秀素质30字诀"：

身体好，头脑灵，性格优，兴趣多，情感美，

知识广，品德正，能力强，后劲足，发挥佳。

前5项是0—6岁培养重点，后5项是6—18岁培养重点（前期培养不足的，需在后期弥补调整）。我们认为，只要拥有这十大素质，孩子就拥有了成功的基础。现将这十大素质的内涵及其培养途径简介如下：

身体好：肢体灵活，精力充沛，免疫力强，很少生病等——**培养途径：**优生优育、科学的生活方式、营养保健、体育锻炼等。

头脑灵：反应灵敏，观察细致，理解准确，记忆清晰，联想丰富，表达流畅，思维活跃，思考深入，善于综合，善于质疑，善于创新等——**培养途径：**1.适度胎教；2.早期开发多元智能；3.从小见多识广；4.勤学习勤实践；5.单项智能训练及综合训练等。

性格优：开朗快乐，积极进取，诚实自信，勤劳独立，善良勇敢，负责守信，意志坚强，心态宽容，刚柔并济，动静有序等——**培养途径：**1.婴儿期及时而亲切的照料，形成良好的亲子依恋，为心理健康奠定基础；2.条件反射成行为，行为训练成习惯，习惯积累成性格；3.环境耳濡目染，长辈言传身教等。

兴趣多：好奇心强，求知欲旺盛，爱观察，爱提问，爱学习，爱尝试，爱思考，爱操作，爱挑战，爱创新等——**培养途径：**丰富的信息刺激；大人的情绪感染和赏识激励；爱与成功的快乐体验；造福社会的强烈动机等。

情感美：爱自然，爱家乡，爱祖国；爱艺术，爱创造，爱生命；爱亲友，爱和平，爱人类等——**培养途径：**情绪感染、感情交流、行为体验、艺术实践、审美鉴赏、赏识激励等。

知识广：基础宽厚，结构合理；文理皆优，一专多能；适应面宽，综合性强等——**培养途径：**阅读起步早，动手实践多；博览群书＋学业训练＋大量实验＋社会实践（含游历）等。

品德正：懂法守法，不走邪路；尊重规则，崇尚双赢；理想远大，道德高尚；关心弱小，保护环境；热爱团队，亲和力强；自尊自爱，敬业守信等——**培养途径：**遵守约定，体验奖惩，赏识激励；讲故事、树榜样、分析案例；讲解和学习法律法规等。

能力强：拥有相对完备的能力体系。1.适应能力类：模仿能力，自理能力，自律能力，自学能力，反省能力，应试能力，抗干扰能力，拒诱惑能力，自立能力，交际能力，团队协作能力等；2.创新能力类：发现问题和解决问题的能力，分析判断能力，联想发挥能力，组织领导能力，整体规划能力，自我调整能力，主动行动能力，深入研究能力等——**培养途径**：明确目标，反复实践；化整为零，缺啥补啥；专项训练，化难为易；经常总结，赏识激励等。

　　后劲足：视野开阔，目标明确，思路清晰，意志坚定，会自我管理，善于计划，善于行动，能自主发展，可持续发展等——**培养途径**：重视整体素质培养，获得强大的自主发展内驱力；经常寻找现有素质体系的"短板"（薄弱环节），扬长补短，提高整体水平，增强发展后劲。

　　发挥佳：1. 竞技状态良好：心理平衡，乐观自信，精神饱满，水平稳定；2. 能在涉足其间的实践活动中正常发挥，如学习、竞赛、应试、研究、创造、制作、发明、发现、管理、策划、推广、营销、领导、组织等；3. 可持续发展能力强，具体体现在：积极补充和更新知识；自我完善道德；善于总结经验教训；善于利用资源和挖掘资源；善于集思广益不断创新；事业发达，婚姻美满，家庭和睦，子女优秀等——**培养途径**：1. 熟能生巧，艺高人胆大；2. 勤于实践，敢于拼搏；3. 习惯于主动出击；4. 不自满，不停步；5. 重视情感教育和教子方法等。

　　婷儿0—18岁的素质培养，大体就是从上述十个方面进行的。

　　2001年10月，在为接受《文汇报》记者钮绛的采访"什么才是素质教育"做准备时，我们查到一条资料：1990年在北京召开的"面向21世纪教育国际研讨会"上，中外学者为21世纪的人才设计了由七个方面组成的素质结构：

　　一、积极进取，具有开拓精神；二、具有崇高的道德品质和对人类的责任感；三、在剧烈的变化和竞争中有较强的适应能力；四、有宽厚、扎实的基础知识和基本技能；五、学会学习，适应科学技术领域的综合化；六、有个性，有多种多样特长；七、具有同他人合作和进行国际交往的能力。

　　我们认为，专家提出的素质结构，代表着社会对21世纪人才的新要求。我们的整体素质培养法（将在下一章详细介绍），是满足时代需要的一种途径——不是惟一的途径，但是有效的途径之一。我们坚信：素质教育是有规律可循的，只要按规律办事，就可以殊途同归。

第三章

优秀素质体系，怎样从无到有？

婷父母答读者问

家庭是孩子的人生起点，也是优秀素质体系的培养基地。在 0—18 岁的成长过程中，家庭通常不会像幼儿园和学校那样定期更换，而且具有"早期介入、全程跟随、单独教练、重点培养"等诸多便利。父母（或代行父母职责的人，下同）只要满怀爱心、耐心和信心，适时当好孩子的"导师、伙伴、啦啦队"，就能顺利培养出有助于成功（指实现正当心愿）的优秀素质体系。

至于能优秀到什么程度，决定因素并不在于天赋高低，而在于孩子成长的小环境和大环境。因为正常人的天赋潜能在早期不存在够不够用的问题，只存在被闲置、递减、浪费的问题——有关研究认为，人脑尚有 90% 的潜能可挖；人类对大脑皮层的利用率只有 1/5，这些数据是否准确尚待研究，但人的潜能未被充分利用却是公认的。既然如此，又何必去计较天赋的高低呢？希望我们的"整体素质培养法"，能让更多孩子的成长小环境得到改善，顺利成长为素质优秀、人格健全、有能力创建幸福生活的人。

我们的思路和四个基本方法

如果用一句话概括婷儿的成长过程和我们的育儿思路，可以浓缩成下面这句话：

从 0 岁开始，全面培养可持续发展的整体素质。

这里所说的"整体素质"，就是第二章里介绍过的"十大必备素质"：

身体好，头脑灵，性格优，兴趣多，情感美，知识广，品德正，能力强，后劲足，发挥佳。我们看重的优秀素质体系，就由这相辅相成的十个方面所构成。

整体素质是否优秀，有一个简单的评估方法：如果孩子的基本素质优秀、配套，就会同时凸显出三个鲜明特征：能适应，有理想，会创新。（"创新"的含义详见第四章《怎样培养创造力？》）

众所周知，能适应就能生存，有理想就有动力，会创新就会发展。我们的整体素质培养法，特别重视从无到有、一点一滴地培养出让孩子"能适应，有理想，会创新"的各种优秀素质。

整体素质培养最好从 0 岁开始。因为 0—6 岁既是智力发展的黄金时期，也是性格形成的奠基时期。孩子在这个阶段的可塑性特别强，只要引导得法，大人花较少的气力就能为 6—18 岁的后继教育（家庭＋学校）打下一个好基础。如果大人的教育理念一致，又能坚持不懈，很容易培养出智商和情商都很高的早慧孩子。这一点，正在实施早教的父母和众多早教机构都深有体会——这些 21 世纪的早慧儿童们，从成长环境中得到的良性刺激比婷儿更多，智力也发展得比婷儿当年更快。

需要提醒读者的是，**早期教育并不具备一劳永逸的功能。**如果后继教育的性格培养和学业训练跟不上，早期发展的智力优势也可能在初中前后逐渐消失（有不少读者来信惋惜自己的这种经历）。古代"神童"方仲永"小时了了，大未必佳"，就是这个原因。为了防止早慧儿童变成"现代版的方仲永"，我们特别重视性格培养和学习能力一起抓，把孩子"好奇、爱玩、好胜"的天性，升华为好学上进的动力和能力，形成可靠的发展后劲（详见本章的《优化三大天性，培养成才的内驱力》）。

遗憾自己错过了早期教育的孩子，也不必灰心。只要早期生活在人类社会之中，必然会享有自觉或不自觉的早期教育。即使某些潜能开发不足，也可设法弥补。因为人类既存在"潜能递减"现象，也存在强大的主观能动性；既可以通过强化训练改善大脑功能，更可以通过顽强的意志改变行为方式。虽说"补短教育"的成本（时间、精力、经费）比早期教育要高，但效果也十分显著。别说是错过了早期教育的孩子，就是染上了某些恶习的孩子，只要萌发了强烈持久的改进愿望，也能提高或弥补自己缺失的一些素质。成败的关键就在于：是不是找准了自己的"短板"？能不能坚决而有效地跟惰性与惯性抗争？只要能坚持不懈地改进，就有可能后来居上，积小胜为大胜。

在《哈佛女孩刘亦婷——素质培养纪实》里，我们写了很多具体的培养过程和操作方法，归纳起来，都可以追溯到四个基本方法上，即："顺应天性，积极引导，个性化培养，自主发展"。这四个基本方法互相联系又各有侧重，它们的含义分别是：

顺应天性——
按成长规律培养孩子；用爱赢得孩子信任；用理性完善天性。
积极引导——
全面激发有益兴趣；主动预防人生缺憾；高效利用教育资源。
个性化培养——
三管齐下，促成最有发展潜力的个性；承认差别，因材施教。
自主发展——
养成良好习惯，从自理走向自立；培养独立能力，从自学走向自强。

下面依次介绍我们实施这四个基本培养方法的心得体会，供读者参考。

基本方法之一：
我们怎样做到"顺应天性"？

"顺应天性"的核心，是顺应人类的成长规律，在不同的发展阶段用相应的方法培养孩子。

在操作方法上，一是要认真读书，认识了解人类天性和成长规律，用专家科研成果和前人的经验教训指导育儿实践；二是要优先培植亲情，用爱赢得孩子的信任，获得顺利施教的前提；三是要完善利弊共存的天性，把孩子"好奇、爱玩、好胜"的原始本能优化为成才的内驱力。

"顺应天性"之一：
对我们启发较大的三类书

为了提高教育孩子的能力，避免走弯路，我们认真读了很多书，努力汲取东西方教育思想的精华；了解现当代心理学、社会学及人类学的科研成果；关注人类对自身的认识有哪些新发现；分析导致人生成败的各种原因，从中透视"人类有哪些天性？人的成长有哪些客观规律需要遵循？"

在这个过程中，对我们启发较大的有以下三类书：

A：介绍科学育儿方法的书——如前苏联的《教育子女的艺术》，日本的《早期教育和天才》（在《哈佛女孩刘亦婷》初版时，我们误把书名中的"和"字写成了"与"字，特此更正并深感抱歉）、《从0岁开始的教育》等等。前者让我们认识到父母理性的育儿心态对子女成长的积极影响。后两者让我们认识到儿童潜能递减法则、婴幼儿大脑的可塑性，及人类在婴儿期的特殊认知方式和早教方法。早教先驱主张把"全面发展、培养健全人格"放在首位，引起了我们的强烈共鸣。

这方面的研读心得，在婷儿0—6岁的培养过程中，具有较强的理论指导作用。我们据此确立了长远的培养目标——"素质优秀、人格健全、有能力创建幸福生活"，并对婷儿进行了从0岁开始的早期教育——通过"刺激五官，促进大脑发育"及养成各种良好习惯，重点培养"身体好、头脑灵、性格优、兴趣多、情感美"这五大素质，为学校和家庭的后继教育打下良好基础。这部分内容在《哈佛女孩刘亦婷》里介绍得比较详细，在此不再赘述。

B：古人总结育儿经验和做人经验的书——如中国传统的家教典籍《颜氏家训》《朱子治家格言》《曾国藩家书》《菜根谭》等等。这些古籍的精华部分对优良性格和高尚品质的形成有很多精辟的见解，与美国的《EQ之门：怎样培养高情商的孩子》提供的现代观念和培养方法有很多异曲同工之处。这些古籍中的封建糟粕需要批判和剔除，也可用于了解中国人特有的一些弱点和局限性。

这方面的研读心得对婷儿的社会化进程意义较大，有助于培养"性格优、品德正、能力强、后劲足、发挥佳"这五大素质。这些内容在《哈佛女孩刘亦婷》里多处提及，在本章的《婷儿怎样实现"自主发展"》一节里有更具体的介绍。此外，孔子因材施教的教育理念，是我们对婷儿进行个性化培养的理论依据，这一点，在本章的《我们怎样实施个性化培养》一节里也会有更具体的介绍，容后再述。

C：从心理学、社会学和生物学角度研究人类的书——由于兴趣和职业的原因，我们家的心理学和社会学著作较多，有些是研究大脑的工作机制的；有些是研究婴幼儿心理和青春期心理的；有些是研究女性心理、老年心理、社会心理、婚恋心理、犯罪心理的；还有些是研究各种社会现象的。这些书大都不是为育儿而买而读的，但对我们认识人的天性和成长规律都有所帮助。英国的生物人类学名著《裸猿》，则让我们对人类心理和行为的生物学基础有了一个基本的认识。此书通过比较人类行为与动物行为的异同，如觅食、择偶、育儿、探索、修饰、睡眠、争斗等，在很多方面揭示了人类纷繁复杂的本性（《裸猿》原著 1967 年出版，我们看的是1987 年出版的中文删节本）。此外，在互联网接通之前，我们经常从《科学画报》杂志和《参考消息》报上了解相关科研领域的新进展，有些育儿方法的灵感就来自专家们辛勤研究的新成果。

这方面的研读心得，有助于提高家庭教育的科学性和预见性，使我们在培养婷儿的过程中很少走弯路，并顺利度过了婴儿逆反期和青春逆反期。我们和婷儿讨论问题时，常从心理学、社会学或人类本性的角度进行分析，引导婷儿透过事物的表象审视其实质，培养科学理性的思维方式和独立思考能力。这些内容在本章的《婷儿怎样实现"自主发展"》一节里有更具体的介绍。

除了读书学习，我们还观察记录孩子的表现，对照有关的检测资料，以便对孩子的自然发育进程心中有数。父母知道孩子此时此刻做得到什么，做不到什么，就不容易犯操之过急的错误。我们使用的检测资料主要是《丹佛小儿智能发育测量表》（很多读者来信索要此表，现作为本书附录之一提供给大家）。此表是丹佛学者在美国儿童心理学家格塞尔（Gesell A.L.1880—1961）与同事合作的《婴幼儿发展量表》的基础上简化而成的，详细说明请见《附录一》。

毋庸讳言，在了解人的天性和成长规律方面，我们只能尽力而为，做不到尽善尽美。因为人类对自身的认识还很有限，我们也不可能读到所有该读的书。但想到德国牧师卡尔·威特尝试进行早期教育的时候，达尔文的进化论都尚未问世，老卡尔连"猴子变人"的常识都不具备，不也把孩子培养得那么出色吗？相比之下，我们拥有的教育资源就多多了（现在的父母们拥有的教育资源则更多）。我们相信，只要对孩子满怀爱心、耐心和信心，坚持"顺应天性、因势利导"，就能培养出整体素质优秀的孩子。

顺便说一下，由于我们在《哈佛女孩刘亦婷》里转述了《早期教育和天才》里介绍的德文书《卡尔·威特的教育》，随后便有人伪造了一本中文假译著《卡尔·威特的教育》，"译者"署名为刘恒新，京华社出版。这本假译著大量剽窃《早期教育和天才》，并成段抄袭《哈佛女孩刘亦婷》的内容。造假者还盗用我们的名义向读者推荐假译著。除了侵权之外，这本东拼西凑的假译著存在很多科学常识上的错误，比如说，经常让 19 世纪初的老卡尔·威特运用他死后才问世的各种科研成果。这本假译著谎称是"从原著翻译"的，却连原著书名——那是一句长长的德文——都不知道，只好用英文杜撰了一个假书名《Garl Weter's Education Law》放在封面上欺骗读者。用这个假书名在网上查不到任何出版记录，可见是造假者杜撰的。如果用哈佛图书馆收藏的原著英译本书名《The Education of Karl Witte》在网上搜索，则可查到多次再版的信息。英国心理学家迈克尔·J. A. 豪教授 1999 年在剑桥大学出版的学术著作《解读天才》里——见中国青年出版社的中译本，也提到了卡尔·威特的早教方法，并在参考书目里列出了原著英译本《The Education of Karl Witte》。

中国现代教育的先驱陶行知、郑宗海和陈鹤琴都看过卡尔·威特原著的英译本，且评价很高——见《陶行知全集》第一卷 579 页。这些中外专家和老卡尔·威特有一个共识，那就是："教育比天赋更重要"。读者若想更多地了解卡尔·威特的早教方法，请直接参阅河北人民出版社重新出版的《早期教育和天才》。此书浓缩了 1818—1914 年好几本早教文献的精华呢。

另外，《0 岁方案》的创始人冯德全教授的《0—6 岁优教工程方案》和早教专家区慕洁的《中国儿童智力方程》0—3 岁分册和 3—7 岁分册，给中国父母提供了比《早期教育和天才》更全面、更实用的早教指导。很多读者向我们咨询的胎、婴、幼儿培育问题，如果在我们的书里没找到答案，一般都能在这两位专家的两套书里得到详细而具体的解答。

"顺应天性"之二：
从 0 岁开始，用爱培植亲情

确定了培养孩子的思路之后，如何顺利施教？也是让很多父母头疼的问题。我们对婷儿的教育进行得较为顺利，主要得益于这种教育模式：

亲情互动 + 理性导航 = 顺利施教 + 健康成长

所谓"亲情互动"，指的是父母和孩子互敬互爱，彼此都尽量做让对方高兴、受益的事。比如说，父母疼爱孩子，重视孩子的心理感受，讲究教育方法；孩子依恋父母，重视亲人的期望，努力好学上进。可以说，《哈佛女孩刘亦婷》描绘的就是"亲情互动 + 理性导航 = 顺利施教 + 健康成长"的具体过程。

在通常情况下，父母对孩子的亲情总是如滔滔江水绵绵不绝，但孩子对父母的亲情却是有的爱、有的烦、有的恨……所以会有这句亘古之叹："养儿才知父母恩！"这种现象提醒我们，孩子对父母的亲情不是天生的，需要有意培植。我们深信，只有让孩子爱父母，而不是怕父母，孩子才会看重父母的情绪和期望。为了赢得婷儿发自内心的爱，也为了让婷儿成长为"可爱又会爱"的人，从小到大，我们一直不忘用爱培植亲情。

A："及时而亲切"的照料，让婴儿信任父母。

婴儿出生的时候，脑力和体力都远未发育成熟，只会用情绪表达和身体接触与成人进行交流，如饿了难受就哭，饱了舒服就笑。父母（或其他照料婴儿的人）对婴儿哭与笑的反应，是婴儿与这个陌生世界最初的互动方式。这种互动方式会伴随着大脑和情感系统的发育进程，逐渐内化为孩子的情感交流模式，成为与社会适应能力相关的个性特征之一，如是否乐观开朗、是否关心对方的感受等等。

如果照料者对婴儿发出的信息很敏感，总是"及时而亲切"地帮婴儿满足生理需要或消除恐惧心理，婴儿就会信任为自己带来舒适感的照料者，并把这种基本的信任感延伸到其他人身上，形成发展人际关系和健全人格的心理基础。如果照料者不能"及时而亲切"地帮婴儿满足生理需要或消除恐惧心理，则会妨碍婴儿建立对成人和环境的基本信任感，对智力发育和性格培养都有不利影响。因此，自从英国儿童精神病学家鲍尔比（J.Bowlby）在 20 世纪 60 年代提出"母爱丧失假设"开始，当代心理学家们越来越重视儿童情绪、情感的发展过程与健全人格的关系。

注：前两段的观点主要依据美国儿童心理学家布列瑟顿（Dr.lnge Bretherton）的研究成果。"及时而亲切"是我们用通俗的语言归纳的最佳照料方式。

专家们发现，如果婴儿在 0—1 岁缺乏"及时而亲切的照料"，其后果跟婴儿逆反期的"过度保护"或娇纵溺爱一样，都能妨碍孩子形成优良性格。例如：

有些父母因为种种原因对婴儿不太关注，也不够亲切，对婴儿难得笑一笑，抱一抱，婴儿不哭到一定程度就没人理。久哭才来人的婴儿，就会把哭闹不休当做吸引大人注意、满足自己欲望的基本方式，这种令父母头疼的互动模式显然不利于增进亲情。久哭也不来人的婴儿更惨——在需要帮助或渴望交流的时候不被理睬，婴儿经常体验的不是爱，而是冷漠无情，就会把冷漠麻木当正常，对父母的感情浅而淡，既不相信父母会帮助自己，也不会把父母的教导和期望放在心里。

有些父母虽然能及时照料婴儿，但总是大惊小怪、或毛手毛脚、或怨气冲天，搞得婴儿更加害怕或更不舒服，婴儿就会本能地想回避照料者，信任感和依恋感都无从谈起。还有些父母不注意自我调控情绪，态度喜怒无常，标准忽宽忽严，对孩子忽爱忽嫌（或是因为对孩子要求过高、或是因为自身心理不成熟）。这些孩子无法预测父母的行为，无从建立基本的信任感，常为猜妒有人"夺爱"而生气哭闹，对新环境和新事物都充满戒心。还有些孩子在陌生的亲友面前胆怯畏缩或挑衅攻击，不是因为没礼貌，而是因为安全感不足，如果父母不安抚孩子，反而斥责和胁迫孩子

"听话"，亲子关系便会陷入恶性循环之中。

各种各样的照料方式，会使婴儿和父母形成不同类型的"依恋"关系。美国儿童心理学家玛丽·爱因斯沃斯（Mary Ainsworth）在"陌生情境测验"中发现，婴儿对父母大致表现为三种不同的依恋类型：安全型依恋、回避型依恋、反抗型依恋。在这些依恋类型中，只有"安全型依恋"是良好的、积极的依恋，回避型依恋和反抗型依恋都属于"不安全型依恋"。

统计数字显示，形成安全型依恋并不难。只要照料婴儿的人心理健康，能及时而亲切地照料婴儿，使婴儿感到安全舒适，就能自然形成安全型依恋。据玛丽·爱因斯沃斯观察统计，美国的 1 岁婴儿约有 70% 属于安全型依恋。据北京师范大学心理学教授陈会昌与梁兰芝 2000 年的实验室观察统计，中国的 2 岁婴儿约有 73% 属于安全型依恋。婷儿 1—2 岁的表现也明显具有安全型依恋的特点。

B：营造爱的氛围，培植浓郁亲情。

婷儿是在爱意浓浓的环境中长大的，这一点在《哈佛女孩刘亦婷》里有很具体的描述。婴儿时期，因为实行从 0 岁开始的早期教育，婷儿享有大量与妈妈肌肤相亲、感情交流的机会，建立了很好的亲情互动关系。加上有规律的生活方式能让婴儿预知大人会怎样做，也有利于婷儿建立安全感和自信心。妈妈不在的时候，姥姥和保姆对婷儿发出的各种表情信号（如哭、微笑、嗯嗯啊啊等）也像妈妈一样敏感，总是"及时而亲切"地做出反应，并像妈妈一样经常带婷儿到户外活动，指认事物。这些富含爱心的行为也增加了婷儿的安全感和探索环境的兴趣。

尽管婷儿 2 岁之前两次和妈妈分开由姥姥照料，但由于姥姥、舅舅的照料方式与妈妈相同，并在妈妈的遥控下继续进行早期教育，婷儿和诸位亲人都建立了强烈而深厚的感情联系，明显表现出"安全型依恋"的特点——只要有一位天天照料她的亲人在场，婷儿就感到足够的安全，可以在陌生的环境中饶有兴趣地玩陌生的玩具；只要看得见亲人就很安心，对陌生人的反应也比较积极（"不安全型依恋"则相反）；当亲人离开时，婷儿会明显地表现出苦恼和不安（"反抗型"会大哭大闹，"回避型"则无所谓）；当亲人回来时，婷儿会非常高兴地与亲人进行热烈的身体接触（"不安全型依恋"则缺乏这种表现)。

用拥抱的方式表达亲情,是我们家的老习惯。婷儿在需要父母抚爱的年龄(0岁—青春期之前),除了寄放在私人幼儿园的那20天,几乎没尝过"皮肤饥饿"的滋味。我们不想让婷儿成为羞于表达感情的人,从小就经常对婷儿说"我爱你",并让婷儿习惯于把爱说出来。"我爱你、谢谢、对不起",是我们家说不烦、听不腻的口头禅。每一次爱的表白,每一次轮流拥抱,都是滋生亲情的营养液。

为了防止婷儿怕亲人失望而报喜不报忧,我们经常对婷儿说:"不论情况有多糟糕,父母都会尽力帮助你。"婷儿很早就懂得:"父母是孩子最可靠的参谋,欺骗父母是愚蠢的。"即使在青春逆反期,婷儿对父母的爱也深信不疑,好事糗事都愿意讲给父母听,想不通的问题也会执拗地跟我们平等辩论……我们用爱与民主赢得了婷儿的爱与信任,我们的逆耳忠言婷儿也能听得进。

婷儿也经历过20天无爱的生活,那种心灵的伤害对性格和智力的消极影响,让我们深信"母爱丧失假设"不是危言耸听。读者也许还记得,婷儿3岁时,妈妈要到上海戏剧学院参加考试,私人幼儿园的老师兼老板满口答应让婷儿全托20天,婷儿满怀着对老师的信任告别了妈妈,没想到从此开始了忍饥挨饿的生活。20天后,婷儿饿成了一只小瘦猴,妈妈接她回家时连笑都不会了,除了想填饱肚子,什么都忘了!什么都不关心!记忆的链条明显断裂,从前的各种习惯和本领全部消失!调养了20多天,婷儿呆滞疑惧的眼神才彻底消失。又过了两个月,被爱的幸福才重新唤醒了自信……这些年里,我们总想猜测又不忍猜测:"婷儿从最初的惊恐到最后的麻木之间,有过多少次绝望的哭泣?"每次想起那些听不见的哭声,都是锥心地痛!——这段不堪回首的经历从反面提醒我们:顺应天性,首先要满足"孩子需要爱"的天性。

令人心疼的是,中国仍有将近30%的孩子没能得到恰当的爱,心灵受到了不同程度的伤害。那些用错误照料方式造成的"不安全型依恋"的孩子,都需要先疗伤,再改进。对尚未进入青春逆反期的小孩子宜多关注、多拥抱、多赞美,用热烈的爱温暖孩子受伤的心;对已经和父母离心离德的大孩子,父母要放弃成见,多看孩子的优点,找机会向孩子反省道歉，表白爱心，争取用真诚的忏悔融化多年结成的冰……亲子关系改善之后，帮助孩子进步才使得上劲。

C：两次逆反期，调整关系度过亲情危机。

孩子一生要经历两次逆反期，一次是1岁半左右开始的婴儿逆反期（又称"第一反抗期"），另一次是13岁左右开始的青春逆反期（又称"第二反抗期"）。这两次逆反期都是孩子身心发展的重大转折点，处理不好就会家庭冲突不断，亲子对抗升级，严重磨损亲子感情。为了安然度过两次亲情危机，我们提前了解逆反期的心理特点，预先思考对策，及时调整亲子关系，在新的格局下保持和发展"亲情互动"的和谐关系。

表面看来，这两次逆反期有不少相似之处，都表现为孩子坚持自作主张，喜欢"对父母说不"，但分属不同的发展阶段，"说不"的意义完全不同。

婴儿逆反期意味着孩子已经"从生理上发现自我"，热衷于探索和建立"我"与世间万物的关系。这是动物水平的独立性，需要父母用社会规范积极引导，孩子才能学会做人。如果依旧像对小奶娃儿那样诸事包办、百般迁就，就可能造就一个自我中心的"小皇帝"——既不知道心疼亲人，也不把亲人的期望和教导当回事。

青春逆反期则意味着孩子已经"从心理上发现自我"，热衷于探索和建立自己独立存在的价值，象征着孩子的独立人格开始觉醒。如果父母率先给孩子"成人式的尊重"，孩子就可能把你当做来自成人世界的第一位知己。如果父母无视孩子"我都这么大了"的心理，继续用"权威＋保姆"的方式对待孩子，孩子就会从此对父母关上心门，也许要等孩子也有了孩子之后，才会想到"可怜天下父母心"。

a：据我们观察，两次逆反期中父母最容易犯的错误是"教育方法阶段性错位"——该管的时候不管，不该管的时候硬管，以至于陷入"孩子越大越令人失望"的发展模式。

独生子女家庭常见的情况是：1岁半前后，婴儿发现自己的身体独立于身边事物，便开始探索自己的行为能引起什么结果，如把玩具东扔西扔、用笔乱画涂鸦、非要亲自做各种生活上的事等等。婴儿对自己能有所作为感到好奇和欣喜，乐此不疲地尝试让身边事物服从自己的意愿。当这种探索活动从父母允许的范围扩展到不允许的范围时，争夺控制权的"战争"便开始了。婴幼儿惟一的武器就是哭闹，但这个武器往往奏效。孩子屡闹屡胜，就会变成为所欲为、任性自私的"小皇帝"（不少犯罪分子的人生歧路，实际上就起步于婴幼儿期的"夺权"成功）。还有些父母心甘情愿地放弃领导权，事事请不懂事的孩子做主拍板，孩子在家如鱼得水，出门却处处碰钉子。

从小为所欲为的孩子只会"按自己的主意办"，谁的教导也听不进去。这样子长到青春逆反期，多半都发展得不如人意（因为人的天性是利弊共存，有不少阻碍发展的因素，让孩子的素质和能力受损），期望中的创造力不见踪影，学习成绩也让人叹气。父母又失望又不甘心，本该"放权"的青春期，反倒开始限制孩子的种种嗜好，强求孩子"成绩大跃进"。父母威逼利诱的效果只有一个：骨肉亲情岌岌可危。严重时还可能酿成亲子反目、出走、自杀或杀亲的家庭悲剧。

另一个极端是父母始终把孩子当婴儿来照料，什么都不让孩子做——有人是用温柔的方式，有人是用强硬的方式。结果都是"过度保护"，害得孩子除了饭来张口衣来伸手别的什么都不会，在孩子堆中常因无能而被忽视或被欺辱，严重阻碍孩子发展社会适应能力。这些失误常让人想起歌里唱的："有一种爱叫伤害……"

b：我们汲取了这些教训，采取了与此相反的应对措施：在婴儿逆反期，既发展孩子的独立性，又坚持父母的领导权；在青春逆反期，既扩大孩子的自主权，又维护父母的法定监护责任。

由于亲子依恋良好，婷儿1岁左右就表现出主动探索环境的兴趣，两岁左右就表现出生活自理的兴趣，大人对此都尽量支持和配合，并常让小婷儿给大人当助手，多管齐下地满足她发展独立性的身心需要。与此同时，大人把起居时间、饮食安排、卫生习惯、安全措施和购物预算等"家庭生活领导权"牢牢掌握在手里。当婷儿尝试用哭闹指挥大人时（如两岁多在姥姥家非要做那些有可能被烧伤、烫伤的家务事），每次都以失败而告终，试过几次以后，小婷儿就懂得了家里的规矩是必须遵守的，哭闹是没有用的，此后再没有用哭要挟过大人。

这种兼顾发展独立性和学会守规矩的引导方法，使婷儿的独立能力和自律能力都发展得很好。比如说，婷儿 1 岁多点儿就会自己吃饭喝汤；两岁起就开始自己洗脸穿衣，模仿做家务；3 岁起便负责收拾果皮果壳；4 岁起夏天便自己洗澡；6 岁便自学电子琴；8 岁起便独立制定周末的时间安排表；10 岁便独自上街四处帮爸爸采购治疖子的中药；12 岁半起便开始独立制订学习计划，并自主参与校内外各种学科竞赛；16 岁出国访美时，从准备签证到办理上飞机前的所有手续，婷儿都是用"只当父母不在场"的方式独立完成的；17 岁在准备高考的同时申请本科直接留学，婷儿也是在和父母充分讨论了利弊得失之后，自己拍板决定的。我们所做的只是免除她的后顾之忧："万一两头落空，我们能接受你复读或上一个较差的大学，但是你得无怨无悔地面对自我选择的后果。"

c：在发展独立性的同时，我们从不忽略监护人的责任。

比如说，3—15 岁，婷儿每年夏天去公众游泳池游泳一般都有大人同去。初一到高二的寒暑假，婷儿每周二、五晚上 8：00—10：30 到锦江桥头英语角练口语，都有大人远远地跟着当"保镖"，让她能尽兴地练习到很晚。其间曾数次遇到混在学生堆里的形迹可疑者，他们有的会止步于"保镖"的注视，有的则需要"保镖"现身给婷儿送水喝，才肯悄然离去。婷儿能痛快地接受"保镖"，是因为我们早就明确地告诉过她：法律规定监护人必须教导孩子并保护未成年人的安全。另外，婷儿也清楚女生夜间单独外出潜藏的各种危险，很赞同我们的安全措施：危险的地方不去，夜间不单独外出。

在青春逆反期，除了在具体事务方面尽量放权和履行法定的监护责任，我们还做了一件很重要的事——

d：改用"模拟同事相处"的方式和婷儿打交道，让婷儿得到成人式的尊重和平等。

"模拟同事相处"的方式能明显满足孩子"我长大了"的感觉，减轻对成人的反抗和排斥，使父母有机会在原则问题上继续为孩子理性导航。当孩子的整体素质基本成龙配套，能自觉进行"自我理性导航"，父母就大体上完成了监护人的任务，可以放心地让孩子放单飞了。这样度过青春逆反期的孩子，很容易和父母从"同事模式"进化为知心朋友，就像婷儿和我们一样。

D：亲子共读，最易增进亲情。

从小到大，亲子共读（包括读书和讲故事）始终是婷儿和亲人"亲情互动"的重要形式。它就像一根无形的纽带，让婷儿和亲人灵魂共鸣，感情交融。

说到亲子共读，想起了一件让人纳闷的事：有人把"每天捧着名著追着女儿，读给她听"说成是"刘亦婷的培养模式"——不知是根据什么归纳出来的？特地提到这件事，是因为总有一些不看书就评书的人，引用这个无中生有的培养模式，误导读者。事实上，《哈佛女孩刘亦婷》从头至尾根本没有"追着孩子念名著"的情景，只有婷儿识字之前缠着大人念书给她听的描述，还有妈妈给婷儿"录故事做奖品"的记述，以及婷儿在日记里多处流露的对书籍的浓厚兴趣。这种兴趣和其他兴趣一样，决不可能来自"追着读书、逼着学习"的错误方式。

婷儿读书的兴趣，可以说是祖孙三代"亲情互动"的结果。婷儿1岁多就开始和妈妈一起翻书听故事。婷儿两岁前后寄居在姥姥家，妈妈千里之外寄来的十几本彩色图书，被姥姥和舅舅作为"妈妈喜欢你"的证明，每天都要读给婷儿听。对小婷儿来说，读书就意味着享受妈妈的爱，爱书就意味着爱妈妈。姥爷在信中描述的一个细节，真实地反映了婷儿两岁时的心理：

> 有时，她拿一本书，正经八百地坐在椅子上，嘴里嘀嘀咕咕，我问她："婷儿，你哼什么？"她说："我爱妈妈，妈妈爱我……"反复嘀咕这两句。

婷儿上小学之前，最愉快的时光就是每天晚上被妈妈抱在怀里读书录故事；婷儿 7—12 岁，最娇气的表现就是临睡之前请爸爸坐在床边"再讲一个书上看来的故事"……多少自然的奥秘、人生的追求、做人的道理，就这样温馨甜蜜地潜入孩子纯洁的心田，滋润着求真、向善、爱美的种子。

俗话说："读书明理。"孩子从小爱读书，很容易诱发各种美好理想。孩子的理想幼稚、多变、"狂妄"都没关系，关键是要"美好"。婷儿幼年朦胧而美好的理想——"长大要像安徒生爷爷那样为人类做贡献"——也是在亲子共读时有意诱导的结果。实践证明，美好理想能激励孩子主动学习，积极进取，逐步形成强大的发展后劲。

我们在培养婷儿读书兴趣的同时，也不忘"理性导航"，即一起选择好书；及时交流读书心得——或者是复述情节要点和中心思想；或者是谈论人物性格、主题思想、写作技巧等。这些活动能促使孩子较早形成是非观念和分析能力。具体表现为：爱读好书；喜欢做好事；不肯做坏事；对不好的书和消极的社会现象也能较早具备批判能力。

婷儿的接受能力和批判能力都特别强，与"亲情互动＋理性导航"密不可分。有父母理性导航的孩子，很难发展成问题儿童。因为重视长远发展的父母不会随心所欲地溺爱或苛求孩子，也不会让孩子的潜能像野草一样自生自灭。一个"身体好，头脑灵，性格优"的孩子，既容易顺利施教，又能够亲情日增。

E：教育孩子的时间，质量比数量更重要。

尽管我们非常爱婷儿，但并没有把全部精力都用在教育孩子上。因为双职工家庭的育儿时间十分有限，这正是我们摸索"高效低耗"育儿法的动力之一。再说，孩子也更佩服具有敬业精神和专业特长的父母。事实上，培养婷儿在我们的业余时间里大约占 1/3 的比重，另外 2/3 用于学习和其他事务，只不过《哈佛女孩刘亦婷》是一本分享育儿心得的书，我们生活的其他方面没有写到育儿书里去。

婷儿上幼儿园和小学时，我们上班期间每天有 1—2 小时直接用在婷儿的教育上，有时还包括做饭和吃饭时的交流在内。婷儿 12 岁住校后，周末回家的时间通常不足 24 小时，还要洗澡、补觉、学习，全靠周六晚上挤出时间和父母交流 1—3 小时不等……只不过，我们和婷儿相处的每一分钟都非常有效，即使是我们和婷儿不在一起的时候，父母的言传身教和对女儿的爱与期望也仍在婷儿心间，激励着婷儿自觉地奋发向上——这种"爱是动力"的现象远不止我们一家呢！

"亲情互动＋理性导航"的影响力让我们深信：父母用来教育孩子的时间，质量比数量更重要，只要亲情浓，方向对，能调动孩子的积极主动性，1小时就比10小时还顶用。

"顺应天性"之三：
优化三大天性，培养成才的内驱力

孩子是否好学上进？能否自主发展（包括很多父母所关心的能否自觉专心学习）？"成人"之后能不能"成才"？关键在于有没有强大的内驱力。

除了"利益驱动"的本能之外，青年和成人的内驱力主要来自理想、志向和责任感，孩子的内驱力主要来自人类的三大天性：好奇心、爱玩心和好胜心。父母要做的，就是把孩子的原始天性引入好学上进的轨道，促使孩子形成有益于社会的理想、志向和责任感，获得自主发展的内驱力。

培养孩子的内驱力，相当于给汽车安装发动机，对成功培养整体素质十分重要。培养内驱力的过程，就是优化原始天性的过程。因为"好奇、爱玩、好胜"的天性既有促进发展的一面，但也有妨碍发展的一面，需要扬长补短，兴利除弊，才能持久推动孩子前进。下面具体介绍我们对"好奇心、爱玩心、好胜心"的利弊分析和引导方法，供读者参考。

好奇的天性，需扬长补短

怎样顺应好奇的天性？我们的做法是：认清好奇心的利与弊，通过"激发求知欲"和"磨炼耐烦心"，既培养广泛深入的探索兴趣，也培养不单凭兴趣做事的习惯与能力。

好奇心的利弊分析：

利——好奇心来自人类本能的探索冲动，最初的目的是为了寻找食物和观察环境是否安全（引自《裸猿》）。好奇心是创造性活动的原始动力，它让人天生对新奇的事物感兴趣，有利于学习新知识，探索新领域，发现新事物、新规律，促成发明创造，丰富人类文明。好奇心的驱动力十分强大，为了满足由此而来的精神需求，不少科学家甚至不顾自己的生命。

弊——好奇心使人类喜新厌旧，喜新厌旧使人的兴趣很容易转移。如果放任自流，求知的兴趣就会停留在原始状态，样样浅尝辄止，难以形成锲而不舍深入研究的能力。中国人对此早有认识，祖祖辈辈都在告诫孩子："不要学猴子掰苞谷，边掰边丢。"好奇心还驱使人类单凭兴趣做事，任性往往冲垮理性，这也是"聪明的人不少，成功的人不多"的重要原因。

好奇心的引导方法：

A：激发求知欲——把身边的每件事物都变成知识宝库的入口，吸引孩子深入探寻。

柏拉图说："好奇者，知识之门。"不论是探索未知领域，还是学习现有知识，这句话都适用。可有的孩子好奇心强，求知欲旺盛；有的孩子好奇心弱，求知欲淡漠。造成这种差别的主要原因，是父母对身边事物的态度不同。如果父母把身边的每一样事物都变成知识宝库的入口，经常带孩子进去寻宝探秘，孩子的求知欲就会越来越强，好奇心也越来越敏锐。如果父母对身边的事物熟视无睹——比如说，不少人不知道天天走过的林荫道上长着些什么花草树木，也很少教孩子观察认识周围世界，孩子的好奇心就会在熟视无睹中麻木消退。

我们的做法是，从 0 岁开始教婷儿认识身边事物的名称，并逐渐扩展到用途、属性、特点和来龙去脉，通过"层层揭秘"的办法，把生活中的每件事物都变成相关知识的大门。比如说，一个普通的玻璃杯，就可以引出：玻璃杯和陶瓷杯有什么不同？为什么玻璃透明陶瓷不透明？人类是怎样发现玻璃的？玻璃还有什么用？为什么普通玻璃易碎钢化玻璃不易碎？玻璃制品是怎样生产出来的……有关玻璃的每一个知识点，都可以引起孩子对玻璃杯新的好奇心。这些引向纵深的提问不是为了考婷儿，而是为了吸引注意和启发思考。随着认识的事物越来越多，凡是叫不出名称的东西婷儿都感到好奇，知道名称之后还想知道更多的相关知识。只要是看得到、听得到、闻得到的事物，婷儿都要探究一番，总想搞清楚这事物"是什么？像什么？有什么不同？怎么来的？有什么用？会怎么样……"。经常这样问来答去，孩子就会养成探究和讨论的习惯。

从幼儿园到小学，我们还带婷儿做过不少小实验，如水的三态；酸碱中和；盐的溶解与结晶等等，激发婷儿对自然规律的好奇心。我们曾买来显微镜，让6岁的婷儿开眼界，用肉眼看不见的微观世界激发她对未知领域的好奇心。我们常带婷儿外出游玩，有意用一连串的"你知道为什么……吗？"激发婷儿对世间万物刨根问底深入探求的兴趣。上中学时，婷儿对知识疑点穷追不舍的劲头，给老师们留下了深刻印象。初中数学老师曾经反映她"不知为何总是追问一些旮旮角角的问题，不问主要的知识点"。婷儿解释说："不问是因为懂了呀，不懂的地方才问嘛！"高中英语老师王绍洪则说她是"追根溯源，决不随便放过一个疑点！"这些表现很自然地让我们回忆起婷儿小时候的一个习惯：每见到一种不认识的植物，至少要查出它的名称。

在激发求知欲的过程中，科普读物始终是婷儿的好朋友。从两岁起，姥姥和舅舅就开始给婷儿读彩色的低幼科普书。可以想象，《小水滴旅行记》和《美丽的四季》之类的小画册，让寻常事物在婷儿心目中变得多么神奇。上学后，奶奶送的《十万个为什么》和爸爸的《辞海》分册成了婷儿常用的工具书，还有5份月刊1份周报：《幼儿画报》《少年科学画报》《科学画报》《现代新科技》《青年文摘》《南方周末》，像接力赛一样不断满足和引发婷儿的求知欲。

就这样，婷儿的求知欲从关注事物的名称起步，发展到关注事物的特点、功能、属性和来龙去脉；从渴望了解身边的世界是怎样构成、怎样运转的，发展到渴望探索自然界和人类社会的种种奥秘……我们深信，不老的好奇心和旺盛的求知欲，将长期推动孩子与时俱进。

B：磨炼耐烦心——有意培养孩子对单调乏味的耐受力，让孩子养成不单凭兴趣做事的好习惯。

经验告诉我们：再伟大的事业也是由无数细节组成的，包括很多必要而又单调乏味的细节。但好奇心让人类天生缺乏对单调乏味的耐烦心，需要有意磨炼，才能养成不单凭兴趣做事的习惯，弥补眼高手低、缺乏恒心的弱点。我们的做法是，让孩子从小养成分担家务的习惯，通过长期分担力所能及的家务劳动，培养对单调乏味的耐烦心（分担家务是整体素质培养的重要方法，耐烦心只是收获之一）。

婷儿从3岁起开始洗自己的碗勺，后来又逐步增加了收饭桌、倒垃圾、拖地、给盆栽花木浇水等家务活。我们则经常夸奖她态度认真，欣赏和赞美她的劳动成果，让她体验劳动的价值和乐趣。在磨炼耐烦心的过程中，我们反复强调这一行为准则："想做又不该做的事，要忍着不做；该做又不想做的事，要坚持把它做好。"并用科学家们不厌其烦地探索发明发现的故事，为婷儿树立"按需要做事"的好榜样。比如说，德国细菌学家埃利希（诺贝尔奖得主）为了发明杀菌剂，实验了606次才获得成功，"606"也因此而得名；爱迪生发明电灯的时候，实验了1600多种材料，才找到合适的灯丝……

前人的经验使婷儿懂得了"兴趣只是一个开始，坚持不懈才能成功"。这种认识对适应能力和创造能力的培养都很重要。在申请留美的作文《继父的礼物》中，婷儿把从小养成的行为习惯精练地概括为："该干就干，干就干好。"这种理性的态度和自我调控的习惯，促使婷儿努力做好该做的每一件事。

爱玩的天性，可因势利导

怎样顺应爱玩的天性？我们的做法是：认清爱玩心的利与弊，通过游戏化的方式，让0—12岁的孩子"玩得认真，学得快乐"，以勤奋努力、热爱学习的状态进入青春期。

爱玩心的利弊分析：

利——爱玩心也是源于人类天生的探索冲动。嬉戏、模仿、尝试、游历、聊天……各类游戏都与人的能力发展密不可分。喜欢嬉戏的天性有利于培养参与意识和实践能力，发展运动能力、人际能力、协作能力和组织领导能力。喜欢模仿、尝试的习性有利于学习掌握各种操作方法和技能，发明技术和技巧，把体育运动和各类艺术发展到日臻完美的境地。喜欢游历有利于开阔眼界拓展思路。喜欢聊天有利于锻炼口才、磨砺思想，发展表达能力和理解能力。聊天是一种探索和展示精神世界的游戏，是很多人的最爱，不论是有趣的、亲切的或是深刻的谈话，都让人心情愉快，乐此不疲。对喜欢的人来说，写作或阅读也是一种迷人的精神游戏……

弊——人类的爱玩心随意性太强，缺乏目的性、持久性和计划性。如果放任自流，就会停留在"东一榔头西一棒子"、"三天打鱼两天晒网"的原始状态，难以形成长远规划、克服困难、达成目标的动力。"嬉戏度日"的习性如不加节制和改变，很容易发展成不思进取、好逸恶劳的惰性。耽于空谈、光说不练，也是人类常见的毛病。

爱玩心的引导方法：

A：认真玩耍法——鼓励孩子专注地玩，认真地做，增强行为方式的计划性、目的性和持久性。

小狮小豹都要在扑咬游戏中学习捕猎谋生的技能，人类儿童期的游戏也具有学做一个社会人的性质。孩子在游戏中养成的思考方式和行为习惯，都将构成整体素质的一部分。

在人的行为方式中，"认真"是质量和效率的保障，需要从小培养。只要孩子能专注地玩，认真地做，哪怕是玩沙、玩水、玩蹦跳，都有利于养成认真的好习惯。

在小婷儿专心玩玩具、画画、看书的时候，大人都尽量不去打扰她，还要夸奖她认真。大人经常用"是否认真"做评价标准，孩子就会有意识地追求认真。我们给小婷儿当玩伴的时候，总是精神饱满，认真投入，给婷儿提供好的模仿对象。婷儿4—5岁的时候很喜欢玩"托举"游戏，当她指挥我们抓起她的两只手一只脚，好让她悬在空中扭来扭去地"造型"时，我们总是憋住笑（怕她误会成嘲笑）认真执行她的指令，任她陶醉在自己的想象中，完了还要问她："你看我们够不够认真呢？"

态度认真或不认真，是可以模仿和传染的。婷儿也模仿过敷衍了事的行为。那是小学三年级时，婷儿在"烂班"学会了懒洋洋地做课间操，还特意表演给我们看，那敷衍了事的懒模样让人又好气又好笑。玩笑之后，我们便精神抖擞地做操给她看，并告诉她："做操要动作到位，才能起到锻炼身体的作用。别人都懒洋洋地做，你却朝气蓬勃地做，就能成为班上的好榜样。"婷儿采纳了我们的意见，认真做操，很快就被老师请到队伍前面领操去了。

在认真投入的玩耍中，孩子很容易进入寻求方法的状态。孩子经常在游戏中体验到思考的乐趣和方法的奇妙，就会成为爱动脑筋想办法的人。幼儿园阶段，我们曾建议婷儿用"主动安排"的办法协调"小朋友争当妈妈"的矛盾，让婷儿尝到了"主动安排"的甜头。从 8 岁开始，婷儿就开始使用"列清单、订计划"的办法，统筹安排学习、生活与玩耍的时间，这个习惯一直延续至今。小学低年级的时候，婷儿迷过一阵绣花，迷的就是各种针法的不同效果，她还绣了一块手绢送给姥姥。小学高年级的时候，婷儿每周要去郊外的公园玩一次激光步枪打靶。头一次摸枪，10 发只打中 3 发。教给她"三点一线"的瞄准要领后，婷儿兴趣倍增，表现出前所未有的耐心和细心。她夹紧双臂，屏住呼吸，把"准星—缺口—目标"瞄了又瞄，居然打了个 10 发 10 中。管理人员同意她放弃奖品（几个泡泡糖）再打 10 发，又 10 中。以后再去，婷儿总是沉着耐心地检查完所有的瞄准要领才扣扳机，几乎每次都能打个满堂红。

婷儿知道，绣花和打靶之类的活动既是玩耍，又是磨炼细心、耐心和沉着的机会。让孩子懂得这些，有利于孩子建立"不断完善自我"的意识。为了磨炼忍耐力，5 年级暑假婷儿玩过"打赌捏冰一刻钟"的游戏。为了锻炼身体和磨炼毅力，婷儿小学 4—6 年级中午放学回家后，放下书包就在长沙发上连做 50 个仰卧起坐，高中时自己增加到每天 100 个。中学阶段的锻炼都是她自己安排的：寒假里坚持晨跑，暑假里坚持晨泳，高中阶段每次都要游够 2000 米（分成 10 段游）……这些活动对增强行为方式的计划性、目的性或持久性，起了很好的作用。孩子学会了安排计划和坚持不懈，就能控制和调节"嬉戏度日"的原始冲动，该干什么的时候就认真投入地干什么。

关于"捏冰一刻钟"，说"过分"的人也有，说"我能捏更久的人"也有，需要专门解释几句。"捏冰"虽说是一次忍耐力极限训练，对婷儿来说，却只是一次好玩的游戏，这一点，她当年的日记是最好的证明。另外，我们年轻时都学过一点医，对健康的重视远远超过一般家庭，所有的训练都会在有把握的情况下进行。捏冰也是大人先尝试过，知道不会造成伤害，才会让婷儿尝试。其实，冬泳和芭蕾训练比捏冰"残酷"得多，绣花或背圆周率比捏冰"温柔"得多，这些都是磨炼意志的好方法，只不过捏冰的时间成本更低，游戏色彩更浓而已。需要提醒读者的是，由于各种冰箱冷冻室的温度不同，自制冰块的温度和大小也不同，孩子的具体情况更不同，所以我们不主张读者简单模仿"捏冰"游戏。

我们清楚地知道，婷儿顽强拼搏的意志力主要来自日积月累的"再坚持一下"，捏冰只是一个有趣的小插曲而已。光能忍捏冰的一时难受，并不代表具备了坚持不懈的毅力，更有意义的磨炼是：长期坚持"想做又不该做的事，要忍着不做；该做又不想做的事，要坚持把它做好"。有人监督的时候是这样，没人监督的时候也是这样；干正事的时候是这样，玩儿的时候也是这样。能如此，何愁性格不坚韧。

B：快乐学习法——用游戏的形式开发智力，促成"学习 = 快乐"的心理。

对于"玩与学"的关系，早教专家冯德全教授的《0 岁方案》有一个精辟的观点："有益的玩就是学，有趣的学就是玩。"婷儿的童年就是如此。小时候，婷儿最爱在户外散步或到野外郊游。在大人的启发下认识大自然和人类生活的方方面面，总是让婷儿兴趣盎然，大人则趁机培养她观察与思考的好习惯。婷儿 3—12 岁时，我们常陪她下跳棋或五子棋，在游戏中培养逻辑思维能力。婷儿 8—9 岁时，爸爸在学习技能训练中又当教练又当啦啦队，把枯燥的单项训练变成了有趣的自我竞赛。另外，奥林匹克数学题本身就是一种智力游戏，只要循序渐进，孩子也会乐此不疲……

除了"在玩中学"或"把训练游戏化"，大人赏识激励的态度也是让"学习 = 快乐"的重要原因。我们坚持对婷儿多鼓励少批评，从来不用学习活动（如写字、做题等）惩罚孩子，也不用超出孩子能力的任务刁难孩子，尽量让学习与"鼓励—努力—成功—快乐"相联结，使婷儿顺利地形成并巩固了"学习 = 快乐"的心理。

在正常情况下，0—12岁的孩子一般都具有依恋和崇拜父母的心理特点，只要父母用赏识激励的态度陪着做小朋友的事，孩子就觉得是某种有趣的游戏，缺少玩伴的独生子女更是如此。这就给父母提供了用游戏化色彩提高孩子学习意愿和效率的机会。只要学习的难度恰当（在孩子昨天的基础上循序渐进），时间长度恰当（小学生学20分钟休息5分钟），并坚持鼓励为主，让孩子在学习中反复体验被爱的满足与成功的快乐，孩子就会越学越起劲，成为发自内心热爱学习的好学生。

需要注意的是，初一前后孩子进入了青春逆反期，渴望"心理断乳"，游戏化的学习方式就不灵了。能让中学生感到快乐的学习方式，是不断验证"我能自己搞定！"为了适应青春期的心理变化，我们及时调整了和婷儿的沟通方式，不再扮演"导师和玩伴儿"的角色，改用"模拟同事交往"的方式跟婷儿打交道。督促学习的方式也改为：请婷儿自己制订复习计划和时间安排表，并通过试运行调整到切实可行。我们只定期询问实施情况，对婷儿的汇报与解释，给予充分的尊重和信任。升上高中，婷儿便进入了高度自觉状态，"督促学习"从此成为历史。

"学习＝快乐"的心理在顺境中容易保持，在逆境中却容易丧失。 有些原来成绩拔尖的学生升上初、高中之后，由于竞争的级别和对手变了，虽然努力依旧，成绩却再难拔尖，原本能给自己带来快乐的学习，也变成了一想就烦的事。这种焦虑的心情既妨碍理解和记忆，也妨碍考场上的正常发挥。

为了防止婷儿陷入这种心态，我们很早就让婷儿懂得："天外有天，人外有人。"婷儿从不认为有人比她强是怪事或坏事，反而为有人为自己"领跑"而高兴。小学四年级下学期转学后的第一次期中考试，婷儿从转学前的第一名变成了这个班里的第17名，验证了"天外有天"的话，她坦然接受这个事实，期末又冲到了前三名。考成都外国语学校的时候，婷儿小学毕业成绩是年级前几名，初中入校成绩却是120人中的第89名，我们和婷儿都为拥有这么大的上升空间而感到高兴。初中阶段婷儿的成绩常在1—10名之间波动，高中阶段常在1—5名之间波动，她总是乐观地说："波浪式前进才符合规律。"拥有这种心态，学习竞赛就是你追我赶的快乐游戏。

还有些中学生厌学，是不愿面对"我居然跟不上"的落后现实。我们从这些读者来信中了解到，这些基础较差的学生非常渴望把学习搞好，但小学或初中留下的漏洞较多，妨碍理解新知识，较难跟上老师的教学进度，分数和名次常常让他们眼里无泪，心中泣血！

要想让"跟不上"的孩子快乐地学习，必须改变"学习＝体验失败"的恶性循环。简单而有效的做法是，退回到漏洞较少的阶段开始补漏。例如，小学6年级数学语文都不及格的学生，数学补漏可退回到4、5年级的课本一道道地"过"例题。语文补漏可退回到复习听写小学的全部生字和复习全部生词的解释，并口头组词、造句。补完语文基础知识的漏洞，孩子的阅读能力和理解能力会有明显的提高，仅少写错别字一项，就能多得不少分，一些原来看不懂的题目也能看懂了，又能多挣一些分。在循序渐进消灭漏洞的过程中，孩子会发现"其实我能行！"并重新感受到学习的快乐。当然，在补漏和追赶进度的过程中，自信心和毅力都不足的孩子特别需要父母和老师的持续关注和鼓励。

好胜的天性，要扬长避短

怎样顺应好胜的天性？我们的做法是：认清好胜心的利与弊，通过"正面诱导法"和"自我挑战法"，引导孩子自信而不自负；顽强而不顽固；好胜而不嫉妒。

好胜心的利弊分析：

利——好胜心也是来自远古的生存本能，是推动人类克服困难达成目标的原始动力。好胜心让人天生喜欢成功和赞扬，有利于培养自信心、独立性、荣誉感、责任感、顽强意志和上进心，可以顺势发展适应能力、竞争意识、主动精神和开拓创新精神。好胜心常和好奇、爱玩的天性融为一体，推动人们试探脑力和体力的极限，刷新种种纪录。奥运会冠军和黑社会老大好胜心都超常的强，但价值却有天壤之别，除了社会原因之外，好胜心的发展方向不同也是重要原因。

弊——好胜心天生伴随着盲目性和排他性，让人常犯自以为是的错误，有理没理都爱占上风。如果放任自流，难以克服主观武断、虚荣嫉妒、沮丧自卑等人性弱点，既妨碍客观地认识问题，也妨碍成功地解决问题。当遭遇挫折时，好胜心既可能在虚拟幻想中找出路，也可能在歪门邪道中找出路，甚至在毁灭中找出路，其破坏性值得警惕。

好胜心的引导方法：

A：正面诱导法——在德、智、体、美、劳方面鼓励孩子积极进取，在遵守规则方面鼓励孩子自律服从，在强化竞争意识的同时强化平常心。

多鼓励、少批评、巧激将，是诱导好胜心的好办法，能有效培养孩子对正面事物的兴趣和自信心。我们从鼓励婷儿在幼儿园努力挣红星开始，不断引导她认同社会规范，追求正面价值。我们相信"愿积跬步，终至千里"。在德、智、体、美、劳方面，婷儿每个阶段都有一些不难达到的小目标，只要努努力就能够得着，然后再提出新的小目标。这些小目标最初主要由父母提，初中起便过渡到主要由婷儿自己订计划、设目标，我们则扮演啦啦队和智囊团的角色，为婷儿加油打气或指点迷津。

在诱导好胜心的过程中，我们特别重视促成正确的价值观。具体做法是：

> 赞赏前进方向，而不是前进速度；
> 夸奖付出的努力，而不是努力的结果。

这种有选择的鼓励方式，能让孩子把自信心建立在"方向正确，坚持不懈"之上。不论前进到哪一步，不论领先还是落后，只要"方向正确，坚持不懈"，孩子就有理由感到自豪。这种只给动力不给压力的方法，使婷儿对正面事物的兴趣越来越大，自信心和实际能力也越来越强。随着孩子竞争力的增强，我们尽量创造条件——如转学、择校、支持参加各种竞赛等，鼓励婷儿不断扩大眼界，拓展胸怀，到更大的范围、更高的水平上去追赶先进。

在鼓励婷儿积极进取的同时，我们有意在遵守规则方面鼓励婷儿自律服从。因为人类社会是有禁区的，法律就是禁区的边界。让孩子学会自我约束，自觉自愿地遵纪守法，是健康成长的前提之一。我们从小让婷儿参与制定生活与学习的行为规则和奖惩制度，逐步学会全方位自我管理——这是一种一举多得的培养方法，制定规则本身就是一种创造性的活动，执行规则更是需要战胜自我的毅力。孩子心中有数，知道怎样有奖怎样有罚，就能养成自觉遵守规则的好习惯，坚持追求正面价值（详见本章《婷儿怎样实现"自主发展"》一节）。

在消除"井蛙心态"强化竞争意识的过程中，我们还非常重视让婷儿学会保持一颗平常心。所谓平常心，简而言之就是"胜不骄，败不馁"。这种重要的心理素质，既需要父母的言传身教，也需要孩子的亲身体验。比如说，婷儿上学后，我们反复强调："平时要努力，考试允许得0分"；"凡事只要尽力而为了，就可问心无愧"……我们的体会是，家里始终保持着这种舆论导向，有助于孩子形成积极而豁达的心态，远离"骄傲、嫉妒、虚荣、攀比、报复、灰心、自卑、绝望……"等与好胜心密切相连的人性弱点，积蓄向正面目标前进的后劲。随着年龄的增长和心智的成熟，孩子的志向会逐渐明确，追逐理想的激情会统率着人类天生的探索冲动，持久地推动孩子发奋努力。

B：自我挑战法——鼓励孩子向人性弱点挑战，通过完善自我增强竞争实力。

好胜心让人喜欢占上风，常常有人为了保面子、争输赢而听不进正确意见，甚至文过饰非、强词夺理，即使有理，也喜欢得理不让人。这些情绪化的行为既妨碍团结，又妨碍进步，是成功的大敌。

为了让婷儿摆脱好胜心的负面影响，我们既给婷儿讲道理，又给婷儿做榜样，还设计了一些有效的"刹车"措施。我们明确规定，在讨论问题的时候，只辩正误，不争输赢。在发生争执的时候，只要错在父母，我们总是痛快认错，绝不文过饰非，并要求婷儿效仿。在产生误会的时候，我们事先约定要把对方往好处想，并主动进行自我批评，宁说"可能是我表达有误"，不说"也许你没听清楚"，更不说"你干吗故意……"。这种熏陶和训练，使婷儿很早就懂得了：狡辩不足取，虚荣不足惜，坦率认错最明智，自我批评消怨恨。

毋庸讳言，天性的力量是强大的。在发生争论的时候，即使是我们，也有被好胜冲动牵着鼻子走的时候，婷儿也一样，尤其是错不在己或对方得理不让人的时候。但由于平时就有挑战人性弱点的意识，我们和婷儿总是能及时想起：应该坦率认错，应该自我批评……这类理智战胜情绪的成功体验，使婷儿对挑战人性弱点、努力完善自我，始终保持着浓厚兴趣和信心。

每个孩子的特点都不一样，个性弱点也不一样，有的自卑感强，有的嫉妒心重，有的鲁莽急躁，有的不思进取……但不管是什么弱点，总有一点相同，那就是"屈服于惯性"。向自我挑战，首先就是要挣脱惯性，一步步地改变原有的行为方式，最终做到积小胜为大胜。比如说，活泼的孩子容易粗心。婷儿8岁时，我们对她提出"把粗心变细心"的要求，婷儿把粗心当做妨碍自己进步的大敌，积极参与提高细心程度的一系列专项训练。经过一段时间的努力，婷儿克服了作业粗心的弱点，明显地提高了竞争实力。

不少中学生读者来信说，他们很清楚自己存在哪些毛病，但总是改不了，希望我们能设法帮他们改变现状。 我们的办法很简单，也很有效，那就是：挣脱惯性——坚决地向自己的旧习惯挑战，并设法赢得这一挑战！具体做法是：仔细回顾平时"犯毛病"的过程，找出每次"犯毛病"的第一个念头或动作是什么，然后设计一些相当于踩刹车的措施，来防止"启动毛病程序"。

比如说，有位读者原定看完某个电视节目就去学习，但电视一开就关不了，学习的计划总是泡汤。究其原因，是关机之前习惯于把每个台都浏览一遍，遇到感兴趣的节目忍不住又看起来了。要想防止这种情况，不妨设计三个措施，或者节目一完马上起立，头也不回地去学习；或者每次都直接关机，防止换台又看；或者学习任务完成之前根本不开电视机。如此坚持下去，就能形成新习惯。

惟一的问题是，你能不能管得住自己？管得住，你就能战胜惯性。希望每个想摆脱自身弱点的孩子，都能不断赢得自我挑战，成为自己的主人，生活的强者。

基本方法之二：
我们怎样进行"积极引导"？

在孩子的成长小环境中，影响力最大的因素是父母的教育理念。

父母的教育理念会体现在孩子生活的方方面面，有意无意地促成孩子的各种习惯。俗话说，"命好不如习惯好"——父母的教育理念就这样和孩子的命运紧密交织在一起。

有些父母相信"天赋比教育更重要"，主张无为而治。他们孩子的人生走向是好、是坏或是不好不坏，像买彩票一样，全凭运气（我们不愿意依赖运气，也从不买彩票）。

还有些父母相信"教育比天赋更重要"，他们孩子的人生走向一般都比较好，但发展的顺利程度和优秀程度有所不同。因为重视教育的父母们对"如何教育才好"各有高见，在此仅举有代表性的两种：一种认为"快乐比优秀更重要"，主张等待发展，反对人为地促使孩子优秀。另一种认为"快乐和优秀可以兼得"，主张积极引导，重视采取措施促使孩子优秀。我们的教育理念显然是后一种，婷儿则是这种教育理念的受益者。令人高兴的是，这种教育理念的成功个案（快乐而优秀的孩子）成千上万，并非个别现象，更不是偶然的。

有人担心社会容纳不了那么多优秀的人。这种观念已经过时。因为中国的阶层结构正从传统社会的"金字塔型"向现代社会的"橄榄型"转变（呵呵，是横放的橄榄哦），正在萌芽、发育的中产阶层，亟待亿万个"能适应、有理想、会创新"的优秀青年晋身其中。改革开放的新时代已经给孩子打开了发展空间，就等着父母引导孩子朝"快乐而优秀"的方向走呢！

希望我们的积极引导法——全面激发有益兴趣；主动预防人生缺憾；高效利用教育资源——能助您一臂之力！

"积极引导"之一:
全面激发有益兴趣

有人认为兴趣是天生的,只能等待孩子自发表现出某种兴趣之后,再设法满足这种兴趣。我们则认为,孩子天生的是好奇心,而不是特定的兴趣,各种兴趣都是环境诱发出来的。有益兴趣的形成需要条件,父母主动提供条件,可以激发和培养孩子的各种有益兴趣,实现多元智能的全面发展。

全面激发有益兴趣,是早期开发智力的主要任务。所谓"有益兴趣",指的是喜欢各种益德益智的活动,如"观察、游戏、探索、唱歌、跳舞、交往、互助、阅读(听大人读或自己看书)、数东西、识字、识数、操作、画画、提问、谈话、思考、计算、编故事、学外语、做家务、做实验、搞环保、做慈善……"等等。

激发兴趣的方法各家有各家的高招。我们常用的方法大致有以下几种——

A:利用"熟悉产生好感"诱发兴趣。

人们对家乡话和家乡菜的兴趣就是这样形成的。让婴幼儿早接触、多接触、经常接触前面提到的各种有益活动,让这些有益活动成为像"父母的笑脸"一样熟悉而亲切的事物,孩子就会习惯和喜欢这些活动。比如说,父母每天绘声绘色地给婴儿读一会儿书,阅读就会变成熟悉而亲切的事物,孩子自然会对读书产生兴趣。因为同样的原因,要尽量避免"整天看电视、偷懒、哄骗、赌博游戏、电子游戏(上瘾容易戒瘾难)……"等不利于顺利成长的事物成为孩子熟悉而亲切的东西。

B:利用"快乐提高兴致"强化兴趣。

模仿是孩子的天性。大人总是高高兴兴地带头搞各种有益活动,并故作惊喜"引诱"孩子参与,是极有效的情绪感染法。在进行有益活动时,大人经常用鼓励的话或爱抚的动作给孩子赞赏激励,可以让孩子体验到爱的满足与成功的快乐。被爱很来劲,成功也很来劲,爱与成功会明显提高人的兴致和自信心。孩子经常在有益活动中体验到爱与成功的快乐，就会发自内心地热爱这些活动。谁都愿意再次体验快乐的事啊，婷儿热爱学习的习惯就是这样养成的。

C：利用"新奇吸引注意"深化兴趣。

兴趣总是从"注意到"开始的。不一般的色彩、形状、声音都能引起孩子注意。孩子对依恋对象（父母或某位亲友）关注的事物十分敏感，大人的提示、惊喜或惊讶的感叹及表情动作，都能吸引孩子注意某些特定的事物。启发性的提问更是能吸引孩子注意到事物内部的新与奇。通过这些方法，我们最初引导婷儿注意到事物与特定语音的关系，继而引导婷儿注意到事物的外部形态与细节；然后逐步注意到事物的异同与分类，如食物与用具、动物与植物、生物与非生物、有机物与无机物；进而注意到事物内部的结构与性质、事物之间的联系与转化……大人不断引导孩子在常见事物中发掘新层次、新知识、新奥秘，孩子的求知热情就能持续高涨，形成层层深入的探索兴趣。

D：利用"爱屋及乌"拓宽兴趣。

由于种种偶然因素，兴趣的出现有先有后。有些孩子会过于迷恋某一类事物而压抑其他方面的发展。比较常见的是只爱电视不爱书，或者小女孩只爱玩打扮洋娃娃，小男孩只爱玩枪和汽车。如果父母能为孩子已有的兴趣增加一些新的兴奋点，就能逐渐拓宽孩子的兴趣。比如说，请迷恋电视的孩子复述最喜欢的电视节目（激发表达兴趣）；带孩子到书店去挑选与该节目同一专题但内容更丰富的书（引起阅读兴趣）；请孩子了解小伙伴对这个专题的看法（培养交际兴趣）；请孩子搜集社会对这个专题的反馈（引起评论兴趣）。那些只爱玩打扮洋娃娃的孩子，一般也愿意满足"娃娃其他方面的愿望"，比如说，带娃娃到花园里认识植物和昆虫；听或编"娃娃过去的故事"；让娃娃认识小主人的朋友；画几张画布置娃娃的房间等等。那些只爱玩枪和汽车的男孩也能以枪或汽车为连接点引导发展其他兴趣，如数零件、辨颜色、了解原料、原理、发明经过、发展史和生产过程等。可以说，任何兴趣都可以成为发展其他兴趣的起点，只要有人指引。

E：怎样长期保持学习兴趣？

在各种有益兴趣中，对孩子的前途影响较大的，无疑是学习知识的兴趣。我们一直把保护婷儿的学习兴趣放在具体的学习成果之上。

婴幼儿阶段：在保持婴幼儿的学习兴趣方面，美国早教专家葛兰·道门（glenn doman）博士有两个好办法：一是"不要考试"——考试会让孩子感到压力，加上答错时父母失望的表情，会让孩子把紧张和不愉快跟学习联想在一起；二是"在孩子不想继续之前就停止"——总是吊着胃口，自然有兴趣。另外，0—6岁应以身体动作较多的游戏为主，做到学与玩不分家，这种随机漫步式的学习，不计较深浅，也不在乎具体记住多少知识，惟求体验学习的快乐，激发旺盛的求知欲。因此，凡是对学习进度有硬性规定的各种学前班，还是不上为宜，因为强制性的学习方式最容易扼杀幼儿的学习兴趣。

小学阶段：学与玩适合逐渐分家，游戏色彩可由外部活动转移到学习方式的探索性上，比如说，用跟时间赛跑的办法做作业；设计一些防止出错的措施提高正确率等。这个阶段老师的态度与评价对孩子学习兴趣的影响最大，来自老师的夸奖和鼓励可以极大地激发孩子的学习兴趣。同样的道理，来自老师的冷眼和打击也有极大的杀伤力。父母宜每天和孩子聊聊学校的事，以便及时发现问题，尤其是有伤孩子自尊心和自信心的问题，及时为孩子提供"心理支撑"，帮助孩子重新振作精神。得不到老师鼓励的孩子，更需要父母多多鼓励。如果老师能想方设法地点名表扬每一个孩子"肯努力、爱学习"，我们在此先替孩子们谢谢您！

中学阶段：进入初中或高中，那些习惯于学习成绩领先的孩子多半都要经历考验。因为竞争的范围和对手变了，考试的名次难免有升降，那些不能继续领先的孩子起初不服输，后来便感到惶惑，自信心大受打击。如果父母不能理解和疏导孩子的焦虑情绪，反而批评、责骂、施加压力，孩子就可能产生逃避心理，一个好学的孩子从此变成厌学的孩子（毋庸讳言，这只是众多厌学原因中的一种）。由于同样的原因，那些特别在意他人评价、自信心较弱的孩子，如果不能及时改变心态，就不宜勉强上重点中学，以免让孩子从此告别成功体验，丧失学习兴趣和奋斗勇气。当然了，如果父母引导得法，或孩子思想较成熟，能够把成功体验建立在增长知识（而不是获得名次）上，哪怕是最后一名，也能保持学习兴趣和奋斗勇气。

前面说过，婷儿曾经两次经历过在新环境中名次大幅跌落，一次是小学四年级下学期转学，一次是外国语学校的入学考试。为了避免自信心受挫，我们的做法是预先给婷儿提供"心理支撑"，告诉她名次下降是合理的，能和那些一流学校的尖子生一起竞争本身就是一种成功。婷儿在这种观念的引导下，没有为名次下降而感到焦虑，反而把与新同学的差距看做自己的上升空间（而不是跌落的深渊），满怀信心地继续努力。孩子的学习心态良好，考试中才能正常发挥，不论能否重新领先，都能保持学习兴趣和奋斗勇气。

除此之外，中学生强烈渴望心理独立，思考人生意义和寻觅知心朋友的兴趣日渐浓厚。此时每周宜有一次较深入的聊天，通过分析亲友境遇、社会新闻、文艺作品或孩子遇到的难题，探讨为人处世之类的道理，引导孩子通过完善自我赢得他人的重视和信任。当孩子认识到"发奋学习是满足人生精神物质需要的有效途径"（对有些人甚至是惟一途径）时，持久的学习兴趣就不是问题了。

"积极引导"之二：
主动预防人生缺憾

孩子的生命只有一次，无比宝贵又非常脆弱。有些错误一次都不能犯，犯了就非死即残。那些可以再犯的错误也不宜太多——如果把有限的生命都耗费在走弯路上，哪还有时间去实现理想呢？为了让婷儿不犯大错，少走弯路，早日成为有能力创建幸福生活的人，我们的做法是：提前输入有益信息，主动预防人生的各种缺憾、毛病和灾难——就像孩子刚出生就接种卡介苗预防结核病一样。

众所周知，主动预防比治病救人代价要小得多，难度也低得多。虽说父母要多花些心思"未雨绸缪"，但比起缺憾形成（或灾难降临）后再来全力补救，可轻松多了。

在人的一生中，需要主动预防的缺憾、毛病和灾难很多，细细想来，似可归纳为与"十大必备素质"相反的各个方面，如：体弱多病、不聪明、任性自私、兴趣狭窄、缺乏情趣、走邪路、学业偏科、能力弱、半途而废、轻敌或怯场等等。及早设法预防这些问题，不仅能"防患于未然"，还会产生一种反作用力，把孩子推向"身体好、头脑灵、性格优、兴趣多、情感美、知识广、品德正、能力强、后劲足、发挥佳"的理想状态。我们在引导婷儿提前消除各种隐患的过程中，就经常感受到"春种一粒粟，秋收万颗子"的快乐。

现将我们预防基础素质(健康、智力、性格）出问题的做法列举如下，供读者参考。

A：提前传授"保健秘诀"，预防体弱多病。

婷儿是个健康、快乐，很少生病的孩子，这一点得益于科学理性而又简便易行的生活方式（详见第十一章《强身健脑的生活方式》）。为了让婷儿自觉自愿地按科学理性的方式生活，我们一是让她从小养成良好的生活习惯，二是让她懂得良好生活习惯的科学道理。比如说，洗手要搓出白泡泡再冲净，不然就达不到用泡沫的张力让细菌和脏东西离开皮肤的目的。又比如说，尽量不用公用餐具，在一般的饭馆吃饭要自带餐具，请厨师直接从热锅里盛到我们自带的碗里。这样做虽然比较麻烦，但染上疾病可比预防更麻烦。

婷儿很早就懂得"预防可以保健康、保平安"；懂得良好的竞技状态来自"均衡的营养、适当的运动、充足的睡眠、通畅的呼吸"……通过日积月累，身体力行，我们传授的保健知识和方法早已成为婷儿的生活习惯和行为方式。它不仅使婷儿长期保持精力充沛、头脑清爽，而且让她很早就学会了自己照料自己，不论是 12 岁去住校，还是 18 岁去留学，都让人放心。

除了传授生理保健知识，我们也非常重视传授心理保健知识。在婷儿的成长过程中，我们经常做的一件事，就是在她感到自卑或困惑时，及时为她提供"心理支撑"，教她学会自我开导，自我宽解。我们深知，再健康的身体也挡不住精神崩溃，而精神强大的人却能在身体不适甚至残疾的情况下，依然保持乐观向上的心境。

与身心健康密切相连的是孩子的性安全。家有爱儿娇女，如何防范性侵害？又如何避免性安全教育给孩子的性心理留下阴影？这可是很多父母的心病。幸运的是，我们的家庭性教育搞得很成功。在探索和实施0—18岁的家庭性教育的过程中，我们很好地兼顾了婷儿上学后的身心安全与将来的健康性心理（详见第十二章《家庭性教育的方法和时机》）。简而言之就是：结合早期开发智力，从天真无邪的幼儿期开始讲解性知识，培育性美感。通过观察花鸟鱼虫的繁殖方式，让婷儿懂得"性让生命延续，爱使人兽不同"，然后自然过渡到性安全教育和婚恋观教育——包括预防早恋分心和怎样成为"可爱又会爱"的人。

防范性侵害只是家庭性教育的三大目的之一。在这个问题上，我们的主张是一定要加保险，不能有侥幸心理。婷儿上小学时，还专门进行过拒绝诱骗和躲避性侵犯的模拟训练。这些做法可大大增加孩子身心健康的保险系数。

B：提前开发智力，预防不聪明。

在人类发现婴幼儿大脑的巨大可塑性之前，孩子聪不聪明是父母无法调控的事。但自从200年前卡尔·威特早期教育实验成功，近百年来的后继研究和教育实践已经让越来越多的人认识到：只要孩子没患脑损伤；只要父母相信"早教导致早慧"并愿意为孩子提前开发智力，每个婴幼儿都能拥有聪明的大脑。

幸运的是，婷儿的父母、姥姥、姥爷和舅舅、舅妈都相信"早教导致早慧"，都愿意提前帮助婷儿开发智力：婷儿从出生第3天离开医院观察室，就开始"训练五官，刺激大脑发育"；从15天大，就开始"输入词汇"……通过语言训练和全面激发有益兴趣，婷儿的多元智能全面发展，小脑瓜发育得非常灵敏，快3岁时智龄就达到了5岁4个月。

从读者反馈来看，很多享受早教的婴幼儿表现得和婷儿当年一样聪明，有些孩子"开窍"的时间比婷儿更早。这些孩子普遍具有"观察细致、记忆力强、联想丰富、能说会道、思维活跃、操作灵巧"的特点。由此可见，"早教导致早慧"是普遍规律，提前开发智力确实能够预防孩子不聪明。

需要提醒读者的是，幼年的聪明只能称之为"小聪明"，要想把"小聪明"发展为"成熟的智慧"，必须坚持优先开发思维能力。我们的做法是：在婴儿期重点开发语言能力——这是思维的基础；

在幼儿期重点开发分类概括能力——这是逻辑推理的基础；

在少儿期重点开发抽象逻辑思维能力——这是理性思考的基础。

a：婷儿 0—6 岁的语言训练，是用"输入词汇→领悟词意→学说句子→亲子阅读→反复听故事录音→复述和改编故事→讲述眼前所见所想→回顾有趣经历"等方法来进行的。

具体做法在《哈佛女孩刘亦婷》里已有不少描述，在此不再赘述。

b：婷儿 2—6 岁的分类概括训练，都是在吃、喝、玩、乐的过程中随机进行的。

心理学家认为："概括可以使人们认识事物的本质，是掌握规律的基础……应该在孩子刚刚学会使用词语的时候就开始培养分类概括能力。"婷儿 1 岁 9 个月大时，妈妈在告诉姥姥如何"主动教"的长信中写道：

在教育婷儿时，可以把颜色和形状连起来教，如红红的球、黄色的开关、蓝色的天、白色的云等等，也可以用颜色和形状把事物进行归类，如萝卜是红的，美人蕉也是红的，衣服也是红的，或红萝卜是圆圆的，白萝卜是长圆的，饼干是扁圆的等等。（见《哈佛女孩刘亦婷》第三章第二节《离婚不改初衷，育儿计划照样进行》）

姥姥刚开始就是这样教婷儿认和说，会认会说了就请婷儿指出"哪些东西是红色的"等等。这种动嘴或动手的分类概括训练，随着年龄的增长由浅入深，归纳起来大致有以下几种方式：

找同类：启发婷儿把不同的事物按某些相同点分类。或按颜色、形状分；或按用途、特征（如软、硬、甜、咸、滑、涩等）分，并和点数游戏相结合，如红色的有几个？圆形的有几个？……3 岁之后主要是按概念名称分，从食物中的"水果与干果、蔬菜与粮食"等，逐步扩大到"餐具与炊具""食物与饮料""鸟类与兽类""乔木与灌木"等等。刚开始用实物或图片做分类游戏，理解和熟练后，逐渐过渡到口头进行。

挑异类：让婷儿把混在某类事物中的不同类物品挑出来，如几种文具中的一把叉子，几朵鲜花中的一朵塑料花等，并请她说明不同在哪里。

下定义：请婷儿解释各种概念，如"猫是什么？鱼是什么？汽车是什么？问好是什么？"等等。大人用启发式的提问引导婷儿选择基本属性和最明显的特征，如"鱼是动物，生活在水里"；"问好是礼貌行为"等等

横向找关联：请婷儿按提示找出（或选择）事物之间各种不同类型的关系，这个训练有助于理解观察角度的多样性。如"卫忠（舅舅）是你的什么人？是舅妈的什么人？是工厂的什么人？是隔壁丁爷爷的什么人？""苹果是苹果树的什么？是我们的什么？是罐头厂的什么？是商店的什么？是画家的什么？是科学家的什么？"等等。可画图连线，也可口头进行。

纵向理归属：主要是用"大圈套小圈，大词管小词"的办法，图解各种概念的大小和从属关系。比如说，把苹果、香蕉、梨等放进写着"水果"的圆圈；把水果、蔬菜、干果、花草等放进写着"植物"的圆圈；再把"植物、动物、微生物"等圈进写着"生物"的大圆圈……可用实物或卡片做游戏，也可画示意图。婷儿懂得了概念有大小之分、事物有各种从属关系之后，遇到新词新事物就先往所属体系里套，下定义和理解概念就方便多了。例如，地球与月亮、太阳、其他行星及银河系的关系，就是通过图解卫星—行星—恒星的特点和从属关系而轻松弄懂的，当时还做了一次"扮演星球模拟日、地、月运行"的游戏呢。

这些边吃边学或边玩边学的活动，总是伴随着鼓励和引导，婷儿一直很喜欢。遇到大人也拿不准的概念，就查《现代汉语词典》。这本权威的工具书对各种概念都有简明扼要的定义，有助于一开始就输入准确信息。婷儿小时候特喜欢帮大人查词典、取书、查字母、翻找页码，忙得不亦乐乎！

c：婷儿少儿期开始的抽象逻辑思维能力训练，是通过多管齐下的办法进行的：

其一，是分类概括的对象由具体事物向抽象的生活哲理过

渡。比如说，遇到挫折时，通过分析"塞翁失马"的故事，引导婷儿思考"为什么坏事可以变成好事，好事也可以变成坏事？"发现不良倾向时，通过分析"一块霉斑把'一堆红薯'变成'一堆烂红薯'的过程"，引导婷儿思考"渐变与突变、量变与质变的关系"等（想跟孩子有这种交流的父母，不妨先读读《矛盾论》）。

其二，是阅读训练和数学训练。婷儿是学校训练为主，家长辅导为辅。认真完成课堂练习和家庭作业，各种思维训练就在其中了，家长只做针对婷儿弱项的强化训练。奥数训练是培养抽象逻辑思维能力的重要方法，这方面的训练是老师引路，爸爸辅导，婷儿自学为主。

其三，是本书其他章节介绍的种种思维训练。请参见本章的《婷儿怎样实现"自主发展"？》一节和第四章《怎样培养创造力？》

这些提前付出的努力和后续的训练（包括学校的训练和婷儿的自我训练），能让孩子的思维日益增强"灵活性、深刻性、敏捷性、批判性和创造性"。这些思维特点加上优良性格，就能让孩子的"小聪明"逐渐发展为"成熟的智慧"。

C：提前兴好规矩，预防任性、自私。

任性和自私是很多性格弱点的根子，是成功的大敌，需要重点防治。任性的孩子特别难教育，让父母担心；自私的孩子只顾自己，让父母寒心。任性或自私的孩子在集体中也不得人心——霸道的，别人惹不起，躲得起；无能的，别人不佩服，看不起。

我们认为，任性和自私都是从小养成的习惯，而习惯是行为积累而成的，只要提前兴好规矩，积累相反的行为，就能形成相反的习惯，达到预防任性自私的目的。我们家有三个规矩能够预防（或矫正）孩子任性、自私：一是坚持按时作息；二是全家服从道理；三是体贴照顾亲人。

①坚持按时作息，用计划性减少随意性。

随意改变时间的用途，是极为常见的任性行为。这样既可能给亲人（或协作伙伴）增添麻烦，也可能让很好的计划半途而废。按时作息却与此相反，它可帮助孩子养成按预定计划做事的习惯，强化自律能力。有鉴于此，预防（或矫正）任性的习惯，不妨从严格按时作息做起。

婷儿一出生就开始按时作息，吃、睡、玩、学都有固定的时间。这种有规律的生活给大人免去了很多麻烦。上学之前，大人就经常提醒婷儿看钟行事，以便顺利转换活动内容。上学之后，婷儿一直是按预定的时间表学习、娱乐、休息，不仅习惯于执行计划达成预定目标，而且习惯于每分钟都有各自的用途和价值，舍不得无所事事地浪费时间。从幼儿园到上小学，古人感叹时间易逝的《今日诗》和《明日歌》在我们家经常被吟诵和引用，它让婷儿懂得了"珍惜时间，就是珍惜生命"，只要坚持"今日事，今日毕"，就用不着哀叹"世人苦被明日累，万事成蹉跎"。

和获得执行计划的能力一样，珍惜时间也是按时作息的重要收获，也有助于发展理性、弱化任性。婷儿8岁就开始用"列预算"的方式开支周末的时间，从初二开始便"像管理金钱一样管理时间"，即：把所有可以自由支配的时间以分钟为单位找出来，酌情分配给需要完成的各项学习任务和体育锻炼，并通过"试运行"调整得更合理（比如说，排队打饭的时间背单词不现实，婷儿就向同班学姐学了一招——排队高峰期留在教室做20分钟数学题，等没人排队了再去饭厅），然后就坚持执行。婷儿管理时间的好习惯在哈佛进一步强化。因为美国人习惯于提前预约各种事务，婷儿的时间安排表与老师和其他同学的时间安排表互相衔接，更改的余地很小，需要把以周为单位的时间预算做得更细致，更精确。实践证明，一个人如果能够像管理金钱一样管理时间，既不随意抛撒，也不"寅吃卯粮"，任性的程度便会大大下降。

——*顺便答复那些希望我们帮忙制定时间安排表的读者*：个人的时间表只能由自己定。因为只有自己才最了解"我有多少分钟？得办多少事情？哪些事非办不可？哪些事可以精简合并？"为了提高计划的可行性，每天还需要酌情预留一些机动时间，没用上就后延（即提前做明天的事），延至周末再犒劳自己。时间表试行调整到合理可行后，就要认真执行，如此坚持半个月以上，自然就习惯了。按时作息的习惯有助于按时完成合理的计划，还将给主人带来更多收获。随着新的生活秩序的建立，任性而为的冲动就会逐渐减退。

②全家服从道理，用理智调控情绪。

任性的病根是理性不足，以自我为中心，容易被情绪和欲望牵着鼻子走，做出一些可能后悔的事。任性的病因既可能来自婴儿反抗期引导有误，也可能来自父母以自我为中心的坏榜样。娇惯而成的任性，我们是用处理好"自由与限制"的关系来预防的，即：支持婷儿自己的事情自己做，但绝不满足不合理的要求。模仿而成的任性，我们是用"全家服从道理"的办法来预防的。所谓"道理"，指的是"客观规律、社会公德、事先约定的规则"等等。

孩子小时候由于依恋和依赖父母，会为了让父母高兴而按父母的要求去做。如果父母懒得费口舌讲道理，习惯于以势压人，孩子幼年会盲目遵从，大一点就会盲目反抗，反抗不过就会变成阳奉阴违的人。有鉴于此，**我们提前引导婷儿思考行为的意义，重视行为的动机和效果，以便增强自觉性，减少盲目性，让孩子逐渐从"先做后想"，过渡到"先想后做"。**

我们的做法是：在接受能力特别强的3—12岁，经常给婷儿讲解各种行为的含义，从不简单地要求婷儿服从；父母若有想错、说错、做错的地方，也诚恳地向婷儿道歉和自我批评，让婷儿明确地意识到："每个家庭成员都要服从道理，不能任性而为。"

我们还经常用提问和反问的方式启发婷儿思考："除了得表扬，这样做还有哪些好处？除了被批评，那样做还有什么坏处？如果这样做，会有什么结果？如果那样做，结果会有什么不同？"孩子经常思考行为的意义，理性判断能力就会顺利发展。等孩子养成了"三思而后行"的习惯，父母就不用为孩子任性而担心了。

父母不仅要为孩子做出服从道理的榜样，还要为孩子做出用理智调控情绪的榜样。当我们遇到特别气人的事情时，总是设法自己化解，不让不良情绪影响工作和家庭气氛，并酌情把我们的心情和调整心情的过程告诉婷儿，让她懂得"情绪可以调控，也应该调控"。为了提前让婷儿懂得放纵情绪的危险性，在小学阶段，我们常和婷儿谈论"小事不忍，酿成大祸"的社会新闻，如口角之争发展成杀人偿命等等。通过谈论这些触目惊心的反面教材，婷儿明白了这个道理：任性相当于酒后开车，随时可能失控闯祸。只有学会用理智驾驭情绪，才能成为自己的主人；如果认为"原始冲动，天然合理"，就会成为"情绪的奴隶"。

调控情绪光说不练是不会见效的。要想让孩子学会驾驭情绪，必须让孩子反复体验用理智调控情绪的好处，并学会一些方法。比如说，为了调控应试心态，我们送给婷儿一颗定心丸："我难人亦难，勿惧！我易人亦易，勿喜！"婷儿临场默诵一遍，可提醒自己消除畏难或轻敌情绪，有利于正常发挥。又比如说，当婷儿为一些不公正的现象气得流泪的时候，我们总是建议婷儿去洗个脸，冷静一下再说。冷静的结果是更容易得出客观公正的结论，并找到更恰当的应对办法。有时我们的态度或意见就是让婷儿激动的原因，我们会提议暂停讨论，改个时间再谈。冷静下来之后，往往不用再谈，婷儿就已经想通了。

为了养成理性选择的习惯，我们经常和婷儿讨论"怎样做更合理？"教婷儿学会用协商的办法解决分歧。婷儿小时候很少受惩罚，原因就是她经常提出折衷方案——或者是"下次再犯一起罚"，然后便认真汲取教训不再犯；或者用一个好表现将功补过。这些经历都让她尝到了理性行事的好处。

婷儿很早就在自觉地用理智调控情绪——还记得五年级暑假那篇《欲望先生和理智先生吵架》的日记吗？她还自己发明了一些调控情绪的好办法，比如说，心情不好的时候，就用唱歌来转换情绪。在哈佛，遇到同学好友被消沉情绪所困扰，婷儿也会主动用积极的情绪去感染和激励对方。暑假回国时，婷儿还和我们讨论过这类问题：怎样用幽默化解冲突？怎样避免让自己或别人产生负面情绪？怎样用自我批评打破僵局？……我们的共识是，这些情商技能需要终身修炼，亲人之间要经常互相提个醒。

我们把用理智调控情绪称为"理性导航"，它能大大减少任性的频率和程度，增强孩子的社会适应能力。在逆境中，它能帮助孩子耐受挫折，寻找转机；在顺境中，它能帮助孩子出类拔萃，并保持头脑清醒。

③体贴照顾亲人，习惯于分享和负责任。

相比之下，预防孩子自私可比预防孩子任性容易多了。我们的做法很简单，也很有效：一是从小避免让婷儿吃独食；二是从小让婷儿分担家务活；三是从小让婷儿体贴亲人的特殊需要。

据我们观察，以自我为中心的孩子，往往也是习惯吃独食的孩子。在一贯独享美味的过程中，孩子学会了忽略他人的存在和需要，变成了只顾自己不顾别人的人。我们的做法与此相反。在经济不宽裕的时候，妈妈克制着心疼坚持和婷儿分享数量有限的糕点和水果。经济宽裕一些了的时候，父母高高兴兴地和婷儿分享比较稀罕或昂贵的美味佳肴。分享美味的做法让婷儿从小就认为："分享是理所当然的事，独吞是可耻的反常的行为。"**习惯于分享的人，也习惯于考虑他人的权利和需要，喜欢追求双赢——不自私的孩子自然容易被伙伴拥戴和欢迎**。实践证明，在崇尚协作的现代社会，互利互惠才能实现自身利益的最大化，自私的结果往往是自损，而不是自利。

我们还观察到，以自我为中心的孩子一般都比较懒。他们习惯于不劳而获，坐享其成，经常需要为掩盖懒的后果而撒点小谎，最严重的则会发展到诈骗、偷窃或贪污。为了防止孩子将来走邪路，我们坚持不让婷儿用不劳而获的方式得到基本生活需要之外的东西。凡是额外的好处，我们都要婷儿用事先约定的某种好表现来换取，并坚持让她分担家务劳动。

其实懒不是天生的。那些小懒虫在 2—3 岁的时候也会抢着做家务活，但不少父母嫌小孩帮忙是添乱，没有及时给予扶持。更常见的原因是，孩子的新鲜劲儿一过就对家务活没兴趣了。有鉴于此，我们在婷儿抢着干活时鼓励她参与做家务，在婷儿已经厌烦时说服她继续分担家务。我们的体会是，**分担家务的习惯，能让孩子意识到"我对家庭负有责任"。这种分工协作的行为习惯，也会迁移到孩子今后的集体生活和家庭生活之中**。在时间安排上，我们约定"先公后私"，即每个人都应该先做服务大家的事，不要让自己承担的部分妨碍家庭正常运转。比如说，父母要保证按时开饭和及时维修家用电器，婷儿要保证地面和桌面是干净的，并及时清空垃圾桶。当然，我们也没有忘记告诉婷儿：父母的主要责任是挣钱养家和教导孩子，孩子的主要责任是努力学习，健康成长。

体贴亲人的特殊需要，能让孩子懂得"人各不同"，并体验到为他人着想的快乐。婷儿 3 岁的时候就开始承担帮妈妈"消气"的责任，妈妈生气的时候，婷儿用唱歌、背诗、讲故事等方法为妈妈消气，转眼间就能让妈妈笑逐颜开。婷儿上小学时，家里的一室一厅是个不隔音的套间，假期里，为了照顾爸爸睡午觉的习惯，婷儿和妈妈总是"躲进"厨房，关上门说悄悄话，或静悄悄地看书、画画、做作业。等到爸爸醒来发出召唤，妈妈和婷儿还要过去关心一番："爸爸你醒了？刚才眯着了吗？我们吵着你没有？"爸爸满意地微笑着说："没吵着，眯着了，乖女儿！"婷儿就会调皮地夸奖道："爸爸好乖哟！"——这些亲子之间相濡以沫的行为方式，也会迁移到孩子今后的集体生活和家庭生活之中。

D：怎样捕捉"提前输入"的好时机？

提前输入有益信息，可在生活中随机进行。我们的体会是，只要父母心中有这根弦，就能见缝插针，遇到什么点拨什么。比如说，遇到缺胳膊少腿的流浪乞讨儿童，就是培养同情心和"预防孩子出走"的教育机会。婷儿快上小学时，和妈妈在路上遇到一个失去双臂的可怜乞儿。妈妈在看得清又不太近的地方停下来告诉婷儿："……知道他的胳膊到哪里去了吗？是被拐骗小孩的坏人故意砍掉的。这些坏人专门拐骗小孩，然后把小孩弄成残废来乞讨赚钱。如果讨不到钱，坏人就不让他们吃饭，还要打他们。你想不想给他一点钱，好让他少挨一点打呢？""想……"婷儿又怜又怕地跑过去把钱丢进乞儿的讨钱罐，又跑回来问妈妈："警察叔叔为什么不抓那些坏人呢？"这也是妈妈的困惑，妈妈只能回答说："警察叔叔正在抓这些坏人，但还没抓完。所以你要特别小心，千万别离家出走。离家出走的孩子最容易遇到坏人，你说离家出走危不危险啊……"妈妈还告诉婷儿，政府为了保护孩子不落到坏人手里，还专门制定了《未成年人保护法》，不许爸爸妈妈把孩子赶出家门，谁让孩子从家里滚出去，就是犯法！

提前储存这类信息，有利于发展维权意识和自卫意识。从小到大，婷儿一直认为离家出走是愚蠢的行为，还劝阻过别的孩子离家出走。那时候婷儿就十来岁，有个女同学跟父母闹矛盾，告诉婷儿说准备离家出走吓一吓家里人，婷儿赶紧用离家出走的各种危险说服她打消了出走的念头。我们真心希望每家父母都提前让孩子知道离家出走的各种危险，在开始矫正孩子的不良习气之前，先预防孩子离家出走。

在青春逆反期，婷儿和别的孩子一样，本能地排斥父母的教导。爸爸便想出了一个"间接输入"的办法：抄录一些有针对性的格言警句，贴在大衣柜上，请婷儿每周回来独自看看、想想这些充满人生哲理的话。抄录的内容定期更换，效果非常好。我们还在假期里选一些健康有趣的电视剧，和孩子一起同看同议，寓教于乐。记得是初二暑假，我们和婷儿一起观看美国电视连续剧《成长的烦恼》。有一集的情节是讲一个读高中的男孩去参加同学聚会，有许多同学聚在一起吸毒，并邀请他也吸。这个男孩心里很矛盾，是从众和大家一起吸呢，还是坚持自己的原则不吸？最后他硬着头皮选择了不吸。看到这里，我们由衷地赞赏道："这个男孩真有勇气！其实很多学生都知道不能尝试吸毒，但往往因为害怕朋友和同学的嘲笑而放弃了原则，不像这个男孩这么有主见，有头脑。"

这种评价剧中人的话，和孩子没有直接关系，不容易引发抗拒情绪，即使婷儿由于逆反心理对父母的赞赏不以为然，也会心有所动，从而使这个情节和那男孩战胜从众心理压力的榜样行为更加难忘。当孩子面对若不同流合污就可能陷入孤立的困境时，那些提前输入的观念和榜样就会成为拒绝走邪路的心理依据。

现在可以很方便地租到或买到各种故事片和电视剧的光碟，做父母的如能有意识地选择一些，抽时间和孩子同看同议，可以趁机输送很多有益信息。更机动的办法是请孩子阅读父母挑选的社会新闻，然后找时间一起分析讨论，这是我们更常用的提前输入法。

E：提前输入＝预约成功，需要信心和耐心。

既然是"提前输入"，就意味着需要等待；既然是"预约成功"，就意味着成功在将来。在漫长的等待中，父母要有足够的耐心和信心。

当你亲切地给只会吃奶的婴儿"输入词汇"的时候；当你抱着还不会说话的孩子微笑着对陌生人说"你好，再见"的时候，心里不要嘀咕："这孩子怎么一点反应都没有？"而要坚信——孩子的大脑正像数码相机一样摄取你提供的信息。

当你一本正经地跟小学生分析"为什么男老师让你一个人去他宿舍的时候要一律拒绝，不要去验证'他是好人还是坏人'……"的时候；当你心平气和地跟中学生讨论"被判死刑的贪污犯怎样才能避免走到这一步……"的时候，心里不要自嘲："我的孩子怎么会遇到这种事？"而要坚信——我正在给孩子打造终身有效的"护身符"：危险的地方不去（成年后的职业需要除外，因为在择业时已经选择了承担特定的风险）；非分的利益不要；见不得人的事不做。

在日积月累等待飞跃的日子里，孩子心智发展的进度只需跟平均水平比，以便及时发现孩子各方面是否正常？有没有需要医治的身心疾病？只要在正常的范围之内，孩子开窍的时间早点晚点都没关系。你只要坚信：提前输入的有益信息就像地里的种子一样，正在悄悄地吸水、发芽、抽茎、长叶……然后在人生的某个阶段开花结果，而且一定是"种豆得豆，种瓜得瓜"——因为这是规律，是规律就会起作用。如果老拿别人的长处比孩子的短处，难免会操之过急、拔苗助长，就会事与愿违。

"积极引导"之三：
高效利用教育资源

艺术大师罗丹有一句名言："对我们的眼睛而言，不是缺乏美，而是缺乏发现。"多年来，我们一直在用"发现"的态度挖掘和利用身边的教育资源，让婷儿在有限的条件下获益更多。归纳起来，主要体现在以下四个方面。

A：注意利用当地的教育资源，培养孩子的探索兴趣。

中华民族的悠久历史，为我们提供了极其丰富的教育资源。各地的风景名胜、文物古迹、风土人情、自然环境、气候特点、风俗习惯，都可以成为激发孩子学习兴趣的对象。如果只是走马观花一晃而过，那就浪费了这些宝贵的资源。如果能把每一样事物都当做一扇知识的大门，即使身在穷乡僻壤，也能把它变成最生动的课堂。

在利用这些教育资源的时候，我们不是做居高临下的考官，而是用兴致勃勃的情绪和平等的观察者身份吸引婷儿参与，这样就容易引起孩子的兴趣。婷儿小时候，我们更注重引导孩子学习观察事物的顺序和观察事物的区别。例如，先远看整体像什么是什么，再近看局部是什么像什么；或者先看最明显的特征，再看还有什么特征；或者比较这个和那个有什么相同、有什么不同等等。婷儿大一些之后，则更注重引导她追根溯源，深入了解事物的来龙去脉，以及对当时和后代各方面的影响。

与外出旅游相比，利用当地的教育资源时间成本更低，所需经费很少，还能培养孩子对家乡和祖国的热爱，增进对自然和历史的了解，何乐而不为？需要注意的是，以增进知识为目的的出游，以小家庭为单位较好，若有需要应酬的人同行，孩子和大人都很难专心地观察和讨论。如果是与单位同事和亲友一起出游，不如把出游的教育功能定位在培养人际交往能力方面，大人想让孩子有什么样的表现，正好利用这种机会，给孩子做出可以模仿的榜样。

另外，与各年龄段孩子相关的教育机构和公用设施，也应该了解清楚。父母可在经济条件允许的范围内，以"教育理念第一，硬件设备第二"的标准，去考察和选择早教机构和艺体培训班，最重要的是看老师喜不喜欢鼓励学生。住家附近的公园和体育设施，更要充分加以利用。

B：注意利用自家的教育资源，采用有自家特色的育儿方法。

自家的教育资源，包括可用于培养孩子的时间、金钱、活动空间、地理环境、父母学识、职业、技艺、亲友的职业与教养等。这些资源不会自动转化为孩子的素质，父母的教育能力也不与拥有的金钱成正比。父母不论贫富，均可充分挖掘自家的各种有利因素，统筹兼顾，因地制宜，想出切实可行的育儿办法。

以开发音乐智能为例。不论条件优越或简陋，只要培养起孩子对音乐的热爱，和对节奏、音调、旋律及音色的敏感性，都能达到开发音乐智能的目的。有钱的孩子可以选择去现场看演出听音乐，没条件的孩子跟着收音机的歌声拍手、跳舞或哼唱也不错。有钱的孩子可以选择学钢琴等昂贵的乐器，学不起钢琴的孩子可以买价钱较低的笛子、二胡、小阮或口琴，甚至可以让孩子自制乐器，如用线把大小不一的玻璃瓶吊在架子上当编钟（婷儿试过把大小不同的碗放在桌上当琴敲），用水把音调准确，一样可以演奏乐曲，而且更有特色，更富创造性。跟着录音机学唱歌或跟老师学唱歌，更是丰简由人。

再以开发肢体动觉智能为例。不论采用什么方式，达到培养协调能力和动手能力的目的就行。有条件的家庭可以选择学体操、跳芭蕾、打网球或高尔夫球，没条件的家庭可以让孩子跳自编舞、跳绳、做操、跑步、游泳、打篮球、乒乓球等。经费多的孩子可以学习制作遥控汽车、航空模型，没有经费的孩子可以采集制作昆虫标本和植物标本。让孩子尝试烹饪、种植、编织、刺绣、木刻、泥塑……都是培养综合能力的好途径。婷儿小学阶段参加的正式艺体项目不多，分工的家务活倒干得不错，她的动手能力和实施计划能力，至少有一半是得益于不少父母不愿让孩子做的家务活。

家中老人和亲友，都是教育资源。热爱孩子的爷爷奶奶和姥爷姥姥，是孩子的宝贵财富，也是重要的教育资源。晚辈宜针对老人关心后代前途的心理，说服（或培训）老人接受先进的教育观念。对不方便说服的老人，不妨先教孩子会说和会认老人的名字，老人会在惊喜之余，减少对早教的排斥心理，赞同甚至参与开发孩子智力。

对实在争取不过来又不能分开住的老人（或配偶），可采取"避免谈论育儿方法"的策略，以免因育儿观念不同而家庭失和，孩子损失更大。但可协商合理分担家务活，让负责教育的人有可能吃完晚饭就把孩子带出去散步，在外面看到什么教什么（或带到另一个房间讲故事或玩益智游戏等），哪怕只有一个小时，孩子就能大大受益。等教育的成果逐渐显现，对方的态度就有可能转变，毕竟，谁不喜欢自己的孩子聪明懂事有出息呢？

当今中国，各地的经济文化发展程度差别较大，各地拥有的教育资源差别也较大，各个家庭拥有的财力差别更大。亲友之间互相走动，让孩子了解不同的城市和行业，参观不同的工作场所，可以大大提高资源的利用率。对孩子来说，这可比仅仅和亲友在一起吃饭、客套有价值多了。

C：注意了解政府的教育政策，为顺利求学早做准备。

中国的国情是人多底子薄，教育设施不足，教育质量好的学校十分紧缺。在现有条件下，凭实力竞争入学机会是惟一公平的资源分配法。这一点说起来让人心酸——求学竞争来得太早了，孩子还没有成熟到适合参与生存竞争的地步，就要提前面临无情的选拔和淘汰！

面对普通老百姓无力改变的现实，我们的主张是积极适应。富裕的家庭通常是用钱帮孩子一把，财力薄弱的家庭可以像我们一样，用认准方向勤学苦练的办法来弥补教育经费的不足。为了减少盲目性，婷儿上学前我们便考察了远近合适的中小学有哪些？质地（教育理念、教学方式、师资水平、校风校纪、学生出路）如何？特别想读的好学校入学条件是什么？竞争的激烈程度如何？竞争的方式和规则是什么？可以提前做哪些准备工作？以便提前创造条件，争取求学成功。

婷儿上小学时，竞争比现在来得更早，小学毕业时只有成绩最好的几个尖子生有机会保送重点初中。我们了解到，当时小升初主要靠数学拉开考生差距，奥林匹克数学竞赛得奖还可以加分，便把提高数学能力列为突破方向。我们把求学的途径告诉婷儿，激起她接受挑战的学习热情，同时又通过转学为她提供了争取插班上数学奥校的条件。后来在报考成都外国语学校的激烈竞争中，婷儿的数学能力帮助她通过了笔试关，得到了在面试中展现综合素质的机会，顺利考取了她最想读的学校。

需要特别强调的是：能上重点学校当然好，上不了重点学校也用不着悲观，想想每年都有农家子弟从穷山沟里考上清华、北大、人大、复旦……还是应该相信"事在人为"这句话。如有可能让孩子到穷乡僻壤去看一看比一比，有助于孩子产生珍惜和追求美好生活的愿望，并感悟"穷则思变"的强大动力——自家也许不穷，但帮助同胞摆脱贫困的愿望，也能激起孩子发奋努力的决心。孩子如睡狮，一旦觉醒，完成目标合理的求学计划应该不在话下。

D：注意了解学校的长处和短处，与学校互动互补。

孩子一上小学，与家庭的关系就进入了半独立状态。但孩子的优秀素质体系尚未形成，父母只有与学校形成互动互补的关系，才能顺利培养起要在6—18岁重点培养的五大素质："知识广、品德正、能力强、后劲足、发挥佳"。

为了与学校形成互动互补的关系，先要了解孩子的学校有什么长处和短处。我们一直通过参加家长会、了解教学大纲、主动和老师交换意见等方法，了解学校对学生和家长有什么要求和希望，以便积极配合，形成合力，推动孩子前进。另一方面，我们提前培养起孩子与父母的交流习惯，始终关注着孩子的情绪和行为，发现问题及时疏导，帮助孩子形成良好的师生关系和同学关系。

婷儿是在应试教育大环境下读的中小学，因为她学习能力强，没吃那种在考试中反复体验失败的亏，但应试教育的负面影响不可避免。有鉴于此，我们采取了很多措施，来降低应试教育的负面影响。比如说，学校偏重于德育智育，家里就补上体育、美育、劳动和各种课外活动；学校重视灌输知识，家里就补充探索性学习方法和自学能力；学校实行分数挂帅，家里就强调"平时要努力，考试允许得 0 分"；学校缺乏性教育，家里就主动提前进行；学校的某些观念和我们有冲突，我们就让孩子学会"既要有主见，又要与外界保持协调"；孩子和老师发生矛盾，家里就及时进行心理疏导。

遇上老师过量布置作业或惩罚过界（以"能否维持孩子的正常生活"为界），我们会用维护教师威信的方式，既改变老师的指令，又维护孩子的身心健康。比如说：婷儿转到商业场小学之前，二年级下学期期末考试前夜，班主任居然要学生把本学期的语文课文全部抄一遍！如此不合理的命令，我们当然不会让婷儿执行。但我们对婷儿解释的时候，既不作评价又不带感情色彩，只是公事公办地说："我们会给老师写个条子，说明是家长安排你不抄课文而听写生字，因为你生字的问题更大，老师一定会同意的。"

——说到这儿，想起 2001 年东北有位小学生被罚每个生字抄 1000 遍的事，那孩子的家长和邻居只想到帮孩子一起抄，没想到找校方投诉，结果孩子因绝望而自杀，让人心痛不已！

随着时代的发展和全面推进素质教育，中国的学校正在大力改革，与时俱进。现在的家长与学校的关系，比我们当年更加多样化，但"家庭与学校互动互补"的关系，仍然适用于每个渴望爱与优秀的孩子。

基本方法之三：
我们怎样实施"个性化培养"？

实施"个性化培养"，首先要考虑的是：家庭教育的个性化培养与学校教育的个性化培养是不是一回事儿？我们的体会是，这两者有很大的不同。只有弄清两者的区别，才有可能完成家庭个性化培养的特殊使命。

个性化培养之一：
家里的个性化培养，任务与学校不同

小学和中学的个性化培养，主要是指根据学生的自身特点提供差异化教学和个别化指导。大学本科的个性化培养，主要是指允许学生按自己的兴趣爱好和学习进度自由选课。显而易见，学校实行个性化培养，是对学生入校之前"已经形成的个性"表示尊重，并按学生已有的个性因材施教。

那么，学生入校之前的个性是在哪里形成的呢？答案只能是在原来的学校和家庭。学校难免会换来换去的，父母和家庭却要全程参与孩子的个性成长。由此可见，家庭教育的个性化培养承担着两项任务：一是培养好个性，这是目的；二是因材施教，这是方法。

与学校的因材施教相比，家庭的因材施教个性化程度更高，可以做到"用量体裁衣式的方法培养孩子"。至于培养好个性与学校的关系，传统的说法是："父母要为学校提供可教之材、易教之材。"这种说法虽然点明了家庭教育的任务，但不能揭示学校应为学生服务的关系，不如换成更实在的说法："父母要帮助孩子形成最有发展潜力的好个性，争取在每个教育阶段，都能最大限度地利用学校和社会提供的教育资源。"

接下来要考虑的是，已经被人们说滥了的"个性"究竟是什么？有没有可能帮助孩子形成最有发展潜力的好个性？

"个性"究竟是什么？ 简而言之，"个性"就是个人在气质、性格、智能结构、兴趣爱好和行为方式等方面具有的倾向性和稳定特征。那么，个性是怎样形成的呢？这些让孩子区别于其他人的个性特征，究竟来自先天遗传，还是来自后天环境呢？

据纽约大学 20 世纪中期一项长达 20 年的追踪调查发现，人的气质特点——如"活动量、节律性、趋避性（对新刺激是趋近还是回避）、适应性、反应阈（什么程度的刺激量才能引起反应）、反应强度、情绪本质（通常是愉快友善的还是相反）、注意力分散度、坚持性"等，主要受先天因素影响，从出生到成年变化不大。近年来的科学研究进一步发现，一些被认为是先天遗传的气质特点，可以从胎儿期的母体影响得到解释。比如说，孕妇恐惧或过于激动会引起大量释放神经介质儿茶酚胺，导致胎儿缺血缺氧窘迫惊惧，经常如此就会妨碍孩子形成"安乐型"气质。与此相反，孕妇安详的情绪；愉快地说话和唱歌；轻柔地抚摸胎儿；适当且未被污染的饮食……却有助于孩子形成"安乐型"气质。

这些发现给我们的启发是：先天的概念应分为"遗传基因"和"胎儿发育环境"两部分，单从孕妇的心情对胎儿气质的影响来看，胎教就值得尝试——但需要非常慎重，应尽量采用天然的、非器具的方式，以确保胎儿的安全。

发展心理学家认为，除了先天形成的气质，个性的其他方面，如性格、智能结构、兴趣爱好和行为方式等，受成长环境的影响更大。

这些研究成果，说明孩子的个性在很大程度上是可塑的——不是被父母有意塑造，就是被环境无意塑造。与其把跟孩子命运相关的个性塑造交给祸福难测的偶然性，不如用科学方法和正确的价值观积极引导。

个性化培养之二：
形成理想个性的三个途径

我们结合自己的研究和实践，归纳出帮助孩子形成理想个性的三个途径——A：利用母体对胎儿气质的影响，孕育一个安乐型气质的孩子。B：利用环境对孩子兴趣的影响，熏陶孩子的情趣、胸怀和理想。C：利用有益活动对孩子价值观的影响，形成建设性的个性特征。

A：利用母体对胎儿的影响，孕育一个安乐型气质的孩子。

*孕妇要做"理想型母亲"。*只要你没选择终止怀孕，就应满怀欣喜地期待小生命的孕育和降生。婷儿的妈妈是从孕前就开始学习优生优育优教的知识，有意给胎儿创造理想的生长环境。孕妇通过合理的营养；安详的情绪；愉快的歌声、笑声、说话声；轻柔的抚摸等自然的胎教方法，有助于胎儿形成"安乐型"气质。

*丈夫要想方设法让孕妇保持好心情。*做不到这一点的话，以后会很麻烦。韩国有位儿童心理科医生，小儿子是好养育的"安乐型"气质，大儿子却是典型的"磨娘精"，敏感、多疑、退缩、挑剔……为什么同父同母的孩子天生气质却截然相反呢？因为母亲两次怀孕时的处境和心情完全不同。第一次怀孕时，准妈妈正在繁忙劳累的实习期，她从上司和丈夫那里得不到任何照顾，整个孕期多次陷于绝望、焦虑、愤怒和失望的情绪之中，多年后写到当时的情景，还忍不住激动和愤怒。这些强烈的负面情绪会引起血管收缩，让当年的胎儿反复陷入缺血缺氧的窘迫惊惶之中。一有新信息就让胎儿陷入难受，自然会形成敏感、多疑、退缩、挑剔的反应模式。后来这个妈妈想了很多办法，才让这个"磨娘精"变成了快乐的小学生。另外，据美国儿童心理学家布列瑟顿研究发现，婴儿的情绪类型在1岁前有很大的变动空间。天生的"磨娘精"也有可能被"及时而亲切的照料"改变成一个"安乐型"的孩子。

*气质问题不是智力问题，也不是品质问题。*父母可以细心观察，寻找孩子容易接受的引导方式，慢慢调理。比如说，孩子抗拒陌生的新衣物，那位韩国妈妈就先把新衣物在孩子熟悉的旧玩具堆里放几天，等孩子看熟了，"脱敏"了，再给孩子用……不过，为了避免这份麻烦，还是从孕期保持好心情更省事。孩子在娘肚子里不遭罪，出生后就会让父母少遭罪，在社会化的过程中也会少遭很多罪，有利于形成富有亲和力的好个性。

B：利用环境对孩子的影响，熏陶孩子的情趣、胸怀和理想。

提到成长环境对孩子个性的影响，最典型的例子就是"孟母三迁"的故事。孟母在前两次搬家之后发现：家在坟地旁，孩子就喜欢模仿送葬仪式；家在集市中，孩子就喜欢模仿做买卖。她本能地意识到，环境对孩子的兴趣和理想影响很大，为了让孟子喜欢读书上进，她决定把家搬到学者聚集的学宫（书院）附近。结果，这个谈书论礼的环境引发了孟子读书报国的兴趣，这个兴趣最终促使孟子成为了提出"仁政"学说的"亚圣"。

孟母用改变成长环境的办法，成功地调整了孟子儿时的兴趣爱好，是家庭个性化培养的典型范例。（顺便说一说，我们认为，引导孩子胸怀大志与教育孩子热爱劳动人民并不矛盾。比如说，孟子虽然脱离了劳动阶层，但他提出的"仁政"学说就包含着对劳苦大众的爱护与体恤。在社会精英与普通民众的关系方面，古人给后人提供了极好的处理方案："达则兼济天下，穷则独善其身。"中国知识分子的这一生存策略和精神守则，我们是在高一的一个星期天告诉婷儿的，有趣的是，当晚的语文测验就有一道题是"补齐这句话"，全班惟有婷儿填上了空缺的那半句。这个巧合也增加了刚度过逆反期的婷儿跟父母交谈的兴趣。）

在环境影响孩子个性方面，更常见的例子是：爱说笑的父母孩子也爱说笑，善交际的父母孩子也善交际，父母做事马虎孩子更马虎，画家的孩子更容易爱美术……这一类在父母和子女之间传递的性格特点和兴趣爱好，都是在日常生活中潜移默化而成的，甚至连父母的表情、腔调和走路的姿态，也会通过耳濡目染成为孩子的印记。

由此可见，父母想让孩子形成什么样的个性，最有效的途径就是"给孩子做个活榜样"。内向的父母若想让孩子具有外向的特点，最佳选择就是：在家里带头倾吐内心感受；在外面主动与人问候交谈，让孩子有机会模仿这些外向的行为模式——有些内向的父母就这样培养出了活泼外向的孩子。如果父母在孩子缺乏模仿对象的情况下强迫孩子表现懂礼仪、爱交际之类的优点和能力，只会适得其反。

C：利用有益活动对孩子价值观的影响，形成建设性的个性特征。

个性特征有"建设性"与"破坏性"之分。证明这一点很容易。请读者比较一下描述个性的几个词组：懦弱—勇敢—鲁莽；孤僻—热情—张狂；脆弱—坚强—顽固；拘谨—灵活—轻浮；粗疏—细致—死板……显而易见，诸如此类的个性特征及其不同的强度，对个人发展及团队协作都具有某种建设性或破坏性。

由于有益活动对建设性行为要求较高、较多，能让孩子体验到各种行为的"促成作用"或"促败作用"，孩子会在趋利避害的天性推动下不断调整自己的行为，以利促成。**孩子经常参与各种有益活动，习惯于采用建设性的行为和心态，有助于形成建设性的个性特征。**

以我们知道的几个优秀程度不相上下的孩子为例，他们都有热衷参与有益活动的特点。在2002年被哈佛本科录取的两个大陆高中生中，来自深圳的男孩马启程，热爱发明创造，曾在高二发明"脚用鼠标"，并在国际竞赛中获奖。来自北京的女孩于海思，在"国际逻辑与数学竞赛"参赛获奖期间，曾在俄罗斯的雅库斯克体验过零下47℃的严寒。还有一位被芝加哥大学本科录取的深圳女孩容忆，她从小热心公益事业，为环境保护付出的努力产生了国际性的影响。另一位被芝加哥大学录取的广州女孩何畅，她当学生会主席时曾组织同学去农村"扶贫"。还有婷儿的高中学弟高睿，他课余热衷于采集制作标本和观察养殖动植物，身为文科生仍夺得了全国生物竞赛一等奖。他的申请材料包括用电子邮件发送自己采集制作的标本照片，虽然托福成绩只有580多分，仍以对生物的热爱和学习潜力赢得了一所美国大学的全额奖学金。（需要说明的是，我们并不认为只有全奖留美的学生才优秀。相反的，我们深知国内大学藏龙卧虎，优秀学生多得就像满天的星星数不清。在此仅以全奖留美的孩子为例，只是因为美国名校的招生方法是以综合素质与个性特点为筛选标准，他们从同样的筛选中胜出，更能说明"相似性"与"独特性"的关系。）

从事文艺创作的人都知道这句话："性格即命运"。命运是什么？命运就是过去的经历和未来的经历。**在招生或招聘的过程中，招收方往往会通过个人的独特经历来识别申请人的个性特征。**比如婷儿，她从小享有重视智力开发和性格培养的家庭教育，一直是品学兼优的好学生；初中参加国家级电视台反腐败主题的电视剧拍摄，感受到民心所向和协作的重要性；高中看到垃圾部落的生存状态，引发对社会发展和人生理想的探索；在应邀访美的各项活动中，多次表现出独立思考的深度和表达主见的勇气……这些独具特色的个人经历，生动地显示着她的个性和素质。招生委员会很容易从学业差不多优秀的申请人中注意到她。

个人的独特经历为什么会成为识别个性特征的重要参照点呢？一是因为经历的独特程度具有可比性，如竞赛获奖或课外活动的级别是省内、国内，还是国际？二是因为**特殊经历通常会给孩子带来强烈的内心体验，并在孩子的性格、智能结构、兴趣爱好和行为方式等方面留下烙印。那些具有正面价值的经历和内心体验，自然会增加个性的含金量。**父母若想让孩子的个性鲜明突出，不妨大力支持孩子参与各种有益活动；细心体察和倾听孩子的内心体验，并及时给予引导，尽可能让孩子拥有丰富多彩、独具特色的心路历程。

有人担心精心培养的孩子会缺乏个性，千人一面。这种忧虑是善意的，也是多余的。因为天下没有一样的父母，也不可能有一样的孩子。就是同样优秀的素质体系，也有千差万别的组合搭配，和无法复制的个人经历。英国心理学家迈克尔·J.A.豪在研究中发现：

对一个人最直接、最强有力的影响是此人独一无二的个人经历。不论家长多么努力，他们也不可能完全控制孩子的经历，部分原因是一个人的经验很大程度上取决于自己的生理特征和条件。就算是一对双胞胎，虽然父母总是平等相待，但二人在经历日常生活和活动中所获得的体验也会有重要的差别，从而决定了兴趣和能力的不同。

正因为如此，虽然上面提到的几个孩子相同之点很多，但并不妨碍他们各有各的个性。

需要担心的倒是有人习惯于"把毛病当性格，把缺陷当个性"，这种抱残守缺的态度，必然会妨碍个性化培养的成功。

个性化培养之三：
承认差别，量身定制培养方案

每个孩子都是不同的。承认个性差别就是要把孩子的优势和劣势具体化，以便设计个性化的培养方案，因材施教。

婷儿的成长过程就是个性化培养的一个实例。在我们对婷儿因材施教的过程中，主要注意了这样四点——A：在形成"中心兴趣"的过程中，要引导孩子扬长"避短"。B：在提高综合能力的过程中，要引导孩子扬长"补短"。C：要承认差别，进行"量体裁衣式的教育"。D：要立足现实，鼓励孩子"在昨天的基础上前进"。

下面一一道来，供读者参考。

A：在形成"中心兴趣"的过程中，要引导孩子扬长"避短"。

孩子小时候，那些具有表演色彩的能力和兴趣，如唱歌、跳舞、演奏、画画和一些球类、棋类等，很容易在人们的赞扬声中得到强化。不少孩子因此迷上某种艺体活动，并走上搞专业的路。但是艺体专业对于身体条件大都有一些特殊要求，不是人人都适合，家庭有无培养某种特长的优势，也是不可忽视的竞争条件。我们见过一些中心兴趣与天生条件错位的人，为了成为专业艺体工作者，他们一厢情愿苦苦奋斗十来年，仍然逃不过被淘汰的命运。这种打击相当痛苦，对孩子的时间资源也是极大的浪费。造成这种局面的原因，主要是在形成中心兴趣的过程中，缺乏有远见的引导。父母如能正视孩子的主客观条件，有利于帮助孩子及时调整中心兴趣的发展方向。

我们希望婷儿长大能上她喜欢的学校，将来能在她喜欢的领域自由驰骋，因此希望她之所爱恰好是她之所长，避免把中心兴趣凝聚在没有竞争优势的爱好上。我们的做法是，把发展多元智能与提供专业培训相区别，对婷儿兴趣强烈但又缺乏遗传优势的方面，我们既不打击，也不提供专业培训（以免强化到迷恋的程度）。婷儿3岁左右曾经热衷于在钢琴上即兴作曲，但手不够大不利于弹琴——当时也买不起钢琴；4岁时曾一度渴望跳芭蕾，但遗传基因中看不到身材方面的竞争优势。对这些兴趣，我们仅仅用欣赏的态度鼓励她自娱自乐，结果，婷儿的音乐智能发展得很好，观舞和跳舞的兴趣也长盛不衰，又没有"入错行，难发展"的痛苦。

婷儿6岁前后也曾学过一年电子琴。我们的动机很明确，只想借此促进智力发展和培养"干正事"的习惯，所以没上电子琴班，而是在妈妈指导下自学自练。大人只要求她手形正确，每天坚持练习30—45分钟。因为没有进度压力，婷儿的自学兴趣一直很高。婷儿弹了两本《小汤普森练习曲》，又从《拜厄》第45条开始接着往下练。因为学会了"把难点化整为零来攻克"的办法，婷儿越练越有自信心。能弹妈妈弹不了的曲子，也让小小的她感到自豪。后因学校布置的作业太多，实在抽不出时间弹琴，才逐渐停了下来。婷儿中学住校后还忙里偷闲弹钢琴玩，至今仍热衷欣赏各种音乐和演出，兴趣浓得很。我们认为，对于不准备走艺体特长生之路的孩子来说，进度和考级远不如保持兴趣和培养自信心重要，大人切莫因为投入了较多时间和资金，就忘了进行此项"投资"的原始动机。

B：在提高综合能力的过程中，要引导孩子扬长"补短"。

著名的"短板理论"告诉我们，一只木桶能装多少水，取决于最短的那块木板。在中小学阶段，孩子自我认识的能力有限，较难发现自己的哪块木板最短，父母要像智囊团一样，定期帮助孩子分析寻找妨碍整体水平提高的短板在哪里，并想出解决办法，引导孩子把短板加长。这样做的目的不仅是为了学业进步，更重要的是教孩子学会"寻求突破，不断前进"的方法，为自主发展积蓄后劲。到目前为止，婷儿仍然在用定期反省的方法寻找需要加长的短板。

婷儿中小学阶段的寻短工作和学习周期联系较紧，一般在期中期末考试后，配合学校安排的小结、总结、家长会以及向各科老师咨询的机会，顺势进行，但不局限于学业。我们的做法是，一看整体素质的各个方面有什么不足？二看具体的知识、技能和方法有什么缺陷？然后再对症下药，缺什么补什么（详见第五章《刘亦婷的学习方法：小学篇》）。需要注意的是，孩子尚在成长过程中，存在的问题肯定不止一个，要想取得良好的效果，应该坚持一段时间只集中解决一个问题的原则，以免孩子无所适从，反感抵触。

比如说，在小学阶段，我们指导婷儿分段解决了"体育锻炼、计算速度与准确性、书写速度与准确性、烂班不能正常上课、防止近视加深"等等问题。在初中阶段，我们引导婷儿分段解决了"高效率地利用时间、制订有效的复习计划、初步建立起能力体系、树立远大的人生目标"等问题。从高一起，婷儿明显进入了良好的自主发展阶段，开始主动地从父母和老师、同学、课外读物以及社会生活的方方面面汲取精神营养。学习上的短板，完全由她自己去寻找和加长，我们则集中考虑用东西方文化的精华充实她的精神世界。那时候，每个周末的愉快谈话，都像一次精神大餐。

可以说，"及时补短"和前面介绍过的"提前输入"是我们最常用的教育方法。提前输入像播种，及时补短像追肥。肥料选得准，来得及时，庄稼自然就长得壮。

C：要承认差别，进行"量体裁衣式的教育"。

中国父母对孩子有很多相似的愿望，孩子的情况却是千差万别的。要想把美好愿望变成现实，必须了解这些差别，为孩子提供"量体裁衣式的教育"。比如说，活泼的孩子要侧重于训练持久性和细致程度；老实的孩子要侧重于训练灵活性和反应速度；外向的孩子要练习让别人把话说完；内向的孩子要练习主动问好聊天；太爱动的孩子，不妨用节奏舒缓优美的乐曲来帮助其安静；太文静的孩子，则可用节奏欢快跳跃的乐曲来促使其活跃……总之，对症下药，度身定做，就容易见效。

以建立和谐的人际关系为例——不同体质的男孩，需要用不同的训练来帮助。瘦小懦弱的小男生，先要训练他如何保护头、眼、裆，避免重要部位被男同学打伤，然后要教孩子通过正常渠道寻求保护和解决问题。包括：要求孩子及时向老师和家长反映情况；家长直接和霸道的同学交谈；家长直接和对方家长交谈；请校方出面解决问题等。这些措施可以有效地减少孩子身心受伤的危险性。强壮勇猛的男孩，则要多举实例告诉他滥用武力的严重后果，并训练如何克制使用武力的冲动，增强体恤他人的同情心，把体格优势引导到保护弱小的正义感上来。

以建立性别自信心为例——不同外貌的女孩，要从不同的角度去引导。对因相貌而自卑的女孩，父母要多举实例强调"女人因可爱而美丽，不是因美丽而可爱"，并不吝告诉孩子"你哪儿哪儿可爱，我们如何爱你……"平时还要教给孩子怎样使自己更可爱的种种途径（参见第十二章《家庭性教育的方法与时机》的《指点"美、妙"境界，追求持久魅力》一节）。对那些漂亮女孩，则要多举实例强调美貌潜藏的种种危险，并教给孩子远离危险的具体办法，帮助孩子树立"凭真才实学自立于世"的坚定信念。

以提高办事能力为例——不同个性的孩子，要用不同的方法去指导。在学习办事的过程中，胆大的孩子要训练先打腹稿，避免因准备不足而结结巴巴；胆小的孩子要多做模拟练习，以心中有数来提高勇气和自信心。在此，不妨重温一下孔子"因材施教"的例子。有一次，子路请教孔子："一个人想办一件事，能不能马上动手？"孔子回答说："你有父兄健在，怎么能不先去问问他们的意见呢？"随后冉有也向孔子请教相同的问题，孔子却说："当然应该马上去做！"旁边的学生觉得奇怪，问孔子为什么同一个问题有两种回答？孔子说："冉有遇事犹豫不决，所以应该鼓励他办事果断；而子路总是好胜急躁，所以要他多方考虑，避免草率从事。"

以激发学习斗志为例——不同处境的孩子，要用不同的方法去激励。对处于劣势的孩子而言，最为有效的引导办法是，"一步分做几步走，让孩子有机会体验成功。"因为处于劣势的孩子普遍比较自卑，特别需要体验"我能行"的感觉，找到自我肯定的心理依据，从而增强自信心，唤起努力奋斗的愿望和勇气。对处于优势的孩子而言，则要用"天外有天"来防止自满，那些不断更新的富有挑战性的要求，比"不要骄傲啊"这种令孩子反感的空泛敲打更有吸引力，更能激发继续奋斗的热情和渴望。

D：要立足现实，鼓励孩子"在昨天的基础上前进"。

有人说我们对婷儿的要求太高，太完美，这种方法不适合于别的孩子。这种说法是错把培养方法和具体目标混为一谈了。其实，我们对婷儿的要求一直是"立足现实，在昨天的基础上前进"，每提一个新目标，都是她努一把力就能达到的。我们认为，这种"量体裁衣式的培养方法"对任何孩子都合适。不论什么基础的孩子，只要立足自己的现有水平，一步一个脚印地朝前走，都能形成富有发展潜力的个性特征，不断地积小胜为大胜。

做父母的，总喜欢把自己的孩子和别人的孩子相比较。不少父母就是在这种比较中忘记了孩子昨天的基础，恨不得孩子马上赶上或超过别的孩子，以至于失去应有的耐心。这样做的父母不论是出于追求完美，还是出于虚荣攀比，结果都是"欲速则不达"。这样的家庭经常出现这种情况——父母的期望值在山顶，孩子的基础在山脚，即使孩子从山脚攀登到山腰，已经有了明显的进步，但离山顶还是差得远，父母还是不满意，不高兴，动不动就用榜样来贬斥孩子，甚至还要打骂。孩子觉得很委屈，觉得再努力也没有用。长此以往，孩子必然厌恶学习上进，甚至会把兴趣转移到消极或危险的方面去。

香港最有名的绑匪头子张子强，小时候总是被父亲斥责，经常夸奖他的却是一个黑社会的小头目，这一点对他主动选择违法犯罪的人生道路有着不容忽视的影响。举这个例子是想说明："感觉良好"不仅对大人重要，对孩子更重要。父母多让孩子在正面事物上"感觉良好"，孩子就容易对正面事物感兴趣。想做到这一点并不难，只要把对孩子的期望值调整为"在昨天的基础上前进"，真心地为孩子每一个微小的进步喝彩，就行了。孩子的心灵舒展，才能形成最具发展潜力的好个性，才有机会创建自己的幸福人生。

独生子女父母常犯两个毛病，一个是溺爱，一个是急躁。溺爱的父母潜意识里永远把孩子当婴儿，很少考虑让孩子进步的事。急躁的父母往往用愿望代替现实，很少想到孩子只能在昨天的基础上朝前走。对溺爱的父母而言，每天给孩子提出一点小小的新要求是很好的矫正办法。对急躁的父母而言，把"一步到位"的愿望分解为"十步到位"或"百步到位"的计划，很多老是做不到的事反倒有可能做到了。

不论是急躁的父母还是忧心忡忡的父母，周弘先生的《赏识你的孩子》都可谓一剂良药。周弘先生不仅让先天耳聋的女儿学会了说话，还把她培养成了少年大学生、留美博士生，他的秘诀就是：用教婴儿学走路、学说话的耐心和信心对待学习落后的孩子，把"你不行"变成"你能行"！一份10题9错的答卷，在他嘴里竟能变成："这么小的年龄做这么难的题，第一次居然就做对了一道……比爸爸当年强多了，再努努力，说不定还能多做对几道呢！"父母若能这样赏识激励孩子，再加上用有效的学习方法进行辅导，孩子一定能一步一步实实在在地向前进！

基本方法之四：
婷儿怎样实现"自主发展"？

"自主发展"是近年来才在中国教育界热起来的词儿。我们过去的说法是："发挥主观能动性、调动孩子的积极性、培养各方面的自觉性、遇到问题要自己动脑筋想办法、再坚持一下，争取最后的胜利……"这些人们更熟悉的说法，强调的都是孩子的主体性和创造性，这正是自主发展的内涵。婷儿在这种思路的培养下，很早就形成了积极进取的性格特征，能适应，有理想，爱创新，表现出很强的自主发展能力。对此，婷儿有一个诙谐的比喻："我这个系统能够自动升级。"

我们认为，自主发展需要一套向前驱动的能力，这种超越原始本能的综合能力，是后天逐步形成的。在0—18岁期间，如果父母有意识地推动孩子往自主发展的方向走，孩子就能较早获得主动适应与发展的能力。为了让婷儿早日成为自动前进的人，我们有意推动婷儿"由生活自理向人生自立发展；由积极自学向自强不息发展"。归纳起来，我们主要从5个方面完成了"由推动到自动"的转变：

  1. 养成遵守约定的习惯，学会自我管理；

  2. 养成专注敏捷的习惯，学会高效思维；

  3. 养成独立思考的习惯，学会理性判断；

  4. 养成主动求学的习惯，学会规划人生；

  5. 养成定期反省的习惯，学会自我促进。

下面分别举例说明，供读者参考。

自主发展之一：
养成遵守约定的习惯，学会自我管理

孩子要在社会上立足，必须学会遵守社会规范。为了让孩子自觉自愿地遵守社会规范，我们的办法是，从小就让孩子参与制定规则，培养主人翁意识。从3岁到16岁，我们一直在用和婷儿约定规则的方式管理她的日常生活。孩子处于"心中有数、说话算话"的状态，就容易学会自我管理，并养成"知行合一"的好习惯。如果没有遵守约定的习惯，什么计划都不能完成，自我管理就是一句空话。孩子光说不练，自主发展也就成了一句空话。

A：首先学会和父母约定规则，并遵守自己与父母的约定。

我们与婷儿的这种约定最初都带有游戏色彩，并伴随着大人的鼓励和肯定，实行起来孩子觉得有趣，也愿意遵守。比如说，婷儿3岁的时候曾和妈妈约定，如果她没用普通话回应说普通话的人（或没用四川话回应说四川话的人），就请妈妈用"嗯"的办法来提醒她。因为这是婷儿自己想出来的办法，用起来总是很灵。

婷儿12岁以前，主要是大人把对她的要求告诉她，在讲清为什么要如此的道理之后，让她和大人一起制定相应的奖惩措施。比如说，我们要求婷儿："作业有错必须当天主动订正，做不到就要扣减看电视动画片的时间。"理由嘛，就像工程没搞完就领不到工钱一样啊，学生不按时完成学习任务，当然要影响到自己的享受哦。婷儿认为我们说得对，大家便开始商量实施细则。经过讨论，婷儿和我们约定：如果当天发下来的作业本上有错，主动订正了就可以正常享受看半小时动画片的权利；如果没有主动订正，就每道错题扣减几分钟；如果当天作业全对，则可奖励若干分钟，并可以存起来以后使用。在实施过程中，以婷儿自我约束为主，父母负责检查督促。遇到孩子管不住自己的时候，父母就提醒她："我们约好了的，你得说话算话，如果你说话不算话，那我们也可以说话不算话，比如说，不搞体罚也可以变成搞体罚；做得好有奖也可以变成做好了也罚……"孩子当然不希望这样，便会加大自我约束的力度。

B：学会遵守自己与自己的约定。

自己许的愿、下的决心、订的计划等，都是自己与自己的约定。从8岁开始，婷儿每个周末都要排一张时间表，自己统筹安排那一天半时间的学习、玩耍和家务劳动（她读小学时，中国还没实行大周末，周六上午还要上课）。有时候忘了排时间表就干起来了，我们便会提醒她一声。由于有遵守约定的习惯，婷儿的计划总是执行得很好，平时也表现得不错，惩罚措施基本成了一种象征——有威慑力，但很少需要实施。在小学毕业前，婷儿早已养成了说话算话的好习惯，自我管理的意识和能力已经十分明显，很容易就适应了初中住校生活。

C：父母与孩子的约定要合理，即"只针对态度和行为，不针对成效和结果"。

　　孩子力所能及的约定就是合理的约定。例如，要求3岁的孩子"洗手要搓出白色的泡沫"是合理的；要求3岁的孩子不把牛奶洒出杯子则是不合理的。合理的约定容易遵守，不合理的约定只会制造矛盾。那些要求孩子必须考到第几名、多少分、某所学校的约定，最不合理，极不现实，容易把父母和孩子都逼进死胡同，甚至逼上真正的死路——中国和日本都不乏这样的报道啊！为了避免发生为名次和分数而自杀的悲剧，我们很早就和婷儿约定好：平时要努力，考试允许得0分。

　　在青春逆反期，需要一些特殊的过渡性质的约定。婷儿初二的时候逆反心理最强烈，我们和婷儿互相约定的内容也有了相应的变化，主要用来明确亲子之间的权利和义务，以保持沟通，减少摩擦。比如说，我们用对同事的模式对待婷儿，婷儿用对老师的模式对待父母，大家都从行动上而不只是口头上做到互相尊重。又比如说，逆反期的孩子都不爱听父母唠叨，如果父母说起来没完，徒惹孩子厌烦，该听的也听不进了。为了避免这种情况，我们主动和婷儿约定："父母每次和你谈话保证不超过10分钟，在10分钟之内，你要态度礼貌地听父母说话。10分钟一到，你有权利说：'对不起，10分钟已经到了。'然后转身就走。"这个写成卡片的家庭契约迫使我们事先考虑好谈话的时机和方式，加上对婷儿的反应心理预期较低，不会在谈话中为孩子听不听得进而影响情绪。我们遵守这个约定使婷儿感受到了父母对她的真心尊重，反而更愿意主动征求我们的意见，婷儿的自我管理也因此而更加有效。

自主发展之二：
养成专注敏捷的习惯，学会高效思维

　　高效思维能力也是自主发展必需的能力。我们把思维能力细分为"输入（指主动吸取）、处理、输出"三个环节，这三个环节的基本要求是准确。我们所说的"高效思维"，指的是"在准确的基础上，迅速输入，正确处理，有效输出"。这三条都需要聚精会神才容易做到。

　　高效思维最初可从"聚精会神地听"做起。因为人类最早发育的输入通道是听觉，最容易出错的输入通道也是听觉。把认真倾听作为提高思维准确性的突破口，可以"早开始，常进行，易见效"。比如说，教幼儿凝视说话人的眼睛，可以帮助孩子认真倾听。经常请孩子在父母之间传口信，也可提高孩子认真倾听的水平。如果听人讲话（或上课听讲）爱走神，也可一边凝视说话人的眼睛，一边在心里猜测"下句话会说啥？"诱使自己认真倾听……这些都是从小到大随时可做的训练。

随着理解能力和语言能力的发展，还可进行更多的思维训练。例如：

A：培养接受能力，追求"迅速而准确"。

在信息输入环节，我们做过五个方面的训练：

（1）**养成对新信息的敏感性**——从幼儿园到小学，我们说到关键性的新词，马上请婷儿重复三遍，要求她遇到不懂的东西一定要问，而不是混过去。

（2）**增强专注程度和对细节的敏感性**——通过两三个人比赛的方法来进行，如在两幅基本相同的画中找不同；看完一段有趣的文字（笑话、连环画的情节说明、寓言……）马上复述内容等。

（3）**增强输入的意愿**——通过讲故事和让孩子亲身体验来进行，让孩子了解善于吸取他人经验的好处。

（4）**提高选择信息的能力**——要求孩子"不当吸臭剂，要做采蜜蜂"。凡是遇到妨碍发展的信息，父母要及时讲清道理，指出危害，促使孩子蔑视和排斥这类信息，如：攀比享受、玩物丧志、厌学作弊、歪门邪道等等，把心思用到正道上。

（5）**增强抗干扰能力**——既要靠平时培养意志力，还要教给孩子心理暗示的方法和沟通技巧。比如说，在噪声大干扰多的环境里做作业时，我们教婷儿反复在心里说："让他们吵吧，我照样能专心学习……"直到自己坚信不移；在辩论性的谈话中，我们约定要及时复述对方的论点，请对方确认，这种排除错误信息的技巧，可以大大减少误会，提高谈话的效率……

如此种种，都可帮孩子提高输入的速度和效率。

B：培养思考能力，追求"客观而清晰"。

在信息处理环节，我们主要从三个方面进行了训练：

（1）**不带情绪，准确理解**——通过换位思考，学会理解他人（尤其是立场或利益跟自己不同的人）和全面地看问题。

（2）**不嫌麻烦，深入分析**——通过连续设问，刨根问底，学会层层深入地分析事物的内在联系，并分类概括，梳清条理。

（3）**不带偏见，正确判断**——通过分析别人的偏见和局限性（最常见的是把意见不同的人往坏处想），审视自己可能存在的偏见和局限性，并加以修正。

这些训练或是在分析案例的过程中随机进行，或是在我们与婷儿一起讨论问题或总结反省的过程中进行。在这个过程中，我们还经常提醒婷儿用辩证的眼光去看问题，注重事物的对立统一和发展变化。如此日积月累，孩子的头脑就会越来越客观，思路也会越来越清晰。

C：培养表达能力，追求"准确而有效"。

在信息输出环节，我们主要从两个方面进行了训练：

（1）**准确表达**——要求想好了再说、口齿清楚、言辞得当、层次分明。

（2）**有效传递**——讲究时间、场合、气氛、方式。

这些训练也是在时间允许的情况下随机进行的。主要让孩子学会："在输出信息的时候，不仅要考虑如何准确表达自己的意思，还要考虑对方会有什么样的感受和反应。"

遇到重要关头，表达意愿变成了表达自我，需要专门设计和练习成功表达的方法。婷儿小学毕业考外国语学校的时候，面试之前就专门练习了如何朝气蓬勃地走进考场，如何大方地鞠一个躬，并在抬头问好的时候，用坦诚的目光把一句"老师好"转递给在场的几个老师。这种表达已经超出了语言的范围，又是有效表达的重要组成部分。正如北京师范大学教育系副教授、教育学博士肖川在谈论怎样有效表达自我时所写的："表达自我，不仅包括口头语言的表达、书面语言的表达、身体语言的表达，而且应该包括待人和接物、衣着仪表等，甚至应该包括所有的创造。而所谓'有效'，有这样两个维度：充分地、体面地。"他说的是怎样培养大学生，我们则是从小做起，从家里做起。因为有效表达是有效沟通的前提，自主发展离不开准确而有效的表达能力。

对中学生而言，提高思维能力要格外重视"换位思考"和"增强输入的意愿"。既不要自以为是，听不进父母和老师的逆耳忠言；也别怕露怯显笨，不懂也不肯问。婷儿的经验是，越是主动吸收，就越能有效地利用家庭和社会的教育资源。不过，婷儿也是 16 岁才达到这种境界的。在此之前，往往要通过将近半小时的辩论，才能让她接受父母一分钟就能讲完的批评和建议。在青春逆反期，父母需要耐心、耐心、再耐心。

自主发展之三：
养成独立思考的习惯，学会理性判断

独立思考能使孩子成为有主见的人，理性判断则能使孩子的主见对的时候多，错的时候少。为了让婷儿既有主见，又少犯错误，我们不仅经常启发婷儿去想各种"为什么"和"怎么办"，还尽量给她提供各种各样观察与思考的机会，并注重传授理性判断的方法。

A：提供独立思考的机会。

我们主张像陶行知先生教导的那样："解放儿童的头脑，让他们能够去想、去思考；解放儿童的双手，让他们去做、去干；解放儿童的眼睛，让他们去观察，去看事实；解放儿童的嘴巴，使他们有足够的议论自由，特别要有提问的自由；解放儿童的空间，让儿童从鸟笼式的学校里走出来，去接触大自然、大社会；解放儿童的时间，使儿童做支配时间的主人。"

对很多父母来说，最后这一条最难。我们想，把孩子的特长培训缩减到一动一静（或一文一武），或像婷儿那样，尽量利用学校的兴趣小组，就能给孩子挤出自由活动的时间。另外，像婷儿那样自己统筹安排学与玩的时间表，也是学做"支配时间的主人"的重要方法。

B：传授独立思考的方法。

独立思考主要表现为有主见，并掌握了一套评判事物的理性准则，不盲从。为了让孩子的"主见"尽可能接近真实，我们一直要求婷儿在"实事求是"上下功夫。我们的做法是，在观察事物、讨论问题、分析案例或总结反省的过程中，经常用批判的眼光来分析真伪，判断正误，评论优劣，并鼓励婷儿大胆质疑，提出自己的见解，也大量接触评价事物的理性原则和方法。与此同时，教给孩子"内外有别"的原则，在家里讨论时允许敞开思路，但必须了解社会有哪些禁忌。如此日积月累，孩子就能逐渐学会用实事求是的方式独立思考，在自主发展的过程中，主动纠错与创新。

一个具有理性判断能力的孩子，在观察与思考中会表现出这些倾向：

尊重事实，不想当然，更不人云亦云；

力求准确，不似是而非，更不文过饰非；

细致研究，不马虎了事，更不投机取巧；

认真求证，不以偏概全，更不牵强附会；

大胆质疑，不迷信权威，更不掩饰无知。

客观地说，能坚持做到上述5点的大人也不是很多。因为人类的理性常常被面子、情绪或利益所蒙蔽，有意无意地以想象代替事实，陷入种种偏见和成见难以自拔。这样就很难把独立思考的能量发挥到纠错与创新方面去。做父母的若想让孩子提高理性判断能力，不论做人做事，都应求真求实，为孩子做出表率，和孩子一起前进。

独立思考是创新的前提条件。培养创新能力涉及很多具体的方法，更多细节请参见第四章《怎样培养创造力？》。

自主发展之四：
养成主动求学的习惯，学会规划人生

学习科学文化知识是青少年的天职，自主发展的重要外在表现，就是主动学习。父母要想方设法，尽早把求学变成孩子自己的事。

一般来说，孩子学习主要有两种动力，一种是人类喜欢探索的天性，属于内在的冲动，另一种是生活的需要（包括个人的和社会的），属于外

在的压力。我们的做法是，把这两种动力结合起来，促使孩子养成主动学习的好习惯，当求学变成孩子自己的渴望和计划之后，父母的角色就逐渐由启蒙者和教练员变成了顾问团和啦啦队。

在《顺应天性之三》一节已经介绍过怎样把"好奇、爱玩、好胜"的天性升华为好学上进的内驱力，这里专门介绍怎样把生活的压力和"人的五种基本需要"转化为主动求学的推动力。

婷儿6岁之前，已经培养起了浓厚的学习兴趣，但刚上小学的时候，仍然被大量抄写性的家庭作业弄得厌烦无比。在教学体制无可选择，也不可能让孩子热爱或逃避枯燥作业的情况下，我们开始把生活的压力导入婷儿的学习动机，让她看清楚：适应学校的学习与她的前途有什么关系？当时成都闹市区常有无证小贩被纠察人员撵得四处逃窜，婷儿曾多次近距离地看到过小贩们惊惶的表情。我们借机告诉婷儿，如果不好好学习，没有真本事，将来就只能当个无证小贩，提心吊胆地过日子。婷儿虽然同情无证小贩，但绝不愿落到这种下场，从此再没有说过不想做作业的话。因为她已经明白了：求学其实是自己的事，不论是从法律的角度，还是前途的角度。

在这个基础上，我们通过讲故事、树榜样，鼓励婷儿刻苦学习，奋发向上。小学阶段，婷儿为了争取保送重点中学，一直在主动争当前三名（我们的态度是支持但不要求）。保送政策取消后，她仍然坚持完成了数学奥校的学习计划，如愿考进了成都外国语学校。申请留学时，婷儿主动把美国朋友拉瑞建议的申报两所大学扩大为11所大学，并把难度最大的哈佛纳入其中……不了解情况的人说婷儿的一切都是父母替她设计的。其实，我们的设计就是让婷儿事事主动，让她早早懂得求学是她自己的事，一切都要凭自己的实力去争取。

婷儿上初中后，自然也开始了青春期的人生探索。在她和我们讨论人生意义的话题时，我们给她介绍了马斯洛在《人的动机理论》中提出的"人的五种基本需要"。这五种需要依次排列为：生理、安全、爱、尊重、自我实现。"生理需要"指的是寻求食物等生存必需品，以保证能够活着。当生理需要满足之后，就会产生"安全需要"，喜欢有规律的生活节奏，希望周围世界是可预测的和有秩序的。生理需要和安全需要都满足后，就会产生"爱与归宿的需要"，渴望友谊和爱情，渴望与亲友和团体保持密切关系。爱与归宿的需要满足了，人又会产生"尊重需要"，希望有稳定的地位，感到自尊，并得到别人的尊重和高度评价。这些需要都满足了，人还有最高一层的需要，即"自我实现的需要"，希望自己成为心中所期望的人，完成与自己的能力相称甚至超过自己能力的各种事情。

当时婷儿还不知道自己想要成为什么样的人，但她就此知道了，为了给自己保留最大的选择余地，必须努力学习，使自己有机会成为将来最想成为的人。这种认识促使她更加合理地利用时间，遇到学习兴趣减退的时候，也能帮助她自我激励，重新振作。此外，懂得人的五种需要还让婷儿加深了对人性和各种生活现象的认识，在人际交往中更加理解他人的需要和心情。这些对孩子的自我发展也是十分有利的。

我们认为，马斯洛提出的五种需要，囊括了人生的最低要求和最高境界。父母不必具体考虑孩子今后的职业方向，但应尽早让孩子知道：只有努力学习，才能获得最起码的独立谋生能力；要想实现更多的人生需要，还得加倍努力学习，全面提高综合素质，争取更大的发展空间、更多的选择自由，争取更充分地自我实现。明白了这些，求学和人生规划才会成为孩子主动关心的事。孩子懂得了现在需要为将来的"自我实现"打基础，时间安排会更自觉，面临人生重大选择的时候——如是否发展一段恋情，或高中阶段文理分科、大学选择专业等等，也会更理性，更有远见卓识。

自主发展之五：
养成定期反省的习惯，学会自我促进

诗人海涅说："反省是一面镜子，它能将我们的错误清清楚楚地照出来，使我们有改正的机会。"可反省不是人的天性，而是与好胜的天性相对立的社会化行为，怎样才能让孩子学会使用反省这面镜子呢？我们的做法是，让孩子从模仿与体验做起。

A：模仿反省，从模仿道歉开始。
虽然反省不是人的天性，但可以利用婴幼儿爱模仿的天性让孩子模仿道歉和认错，削弱阻碍反省的抗拒心理。我们家一直流行三句口头禅："我爱你、谢谢、对不起"，"对不起"之后还会跟着"我不是故意的"，或"我不应该……"等等。大人之间和大人对孩子平时都坦率地认错和道歉，可以让孩子认为认错和道歉是正常的、自然的，而坚持错误却是反常的、奇怪的。婷儿1岁多点，连"对"字都说不出来的时候，就已经学会了一手扪心，边鞠躬边说："不起——"学会道歉的形式之后，再教她在该道歉的时候应用这个形式，慢慢地她就真的会道歉了。

B：体验反省，记住不受欢迎的行为。

婷儿3—6岁期间，受罚的方式就是独自在厕所里反省一至几分钟。幼儿阶段孩子很不愿离开父母，这种暂时的隔离能让孩子意识到哪些行为不受欢迎。不论什么样的错误，婷儿第一次犯时均不受罚，只告诉她怎样做才对，第二次犯就要和她约定再犯如何惩罚，第三次犯就让她自己带着闹钟在四壁空空的卫生间关上几分钟，想想自己不该犯什么错误。需要注意的是，现在的卫生间设备较多，既分心又怕不安全，不如让孩子坐在光秃秃的墙角面壁思过——专家的意见是，孩子有几岁就独处几分钟。

父母事先要和孩子约好："反省的时间从你安静地坐下开始计算。"事到临头还要提醒这一点，促使孩子尽早安静下来。反省结束时一定要抱着孩子说："你还是好孩子，我们是爱你的。我们相信你以后会改正。"

有些父母为了让小孩反省错误，一罚就是十天半月"不许怎样，只能怎样……"罚上两天孩子就闹不懂了："为什么我今天没犯错误也要受罚？莫非是父母不爱我了！"然后就想出各种招儿来试探父母是否还爱自己。这种南辕北辙的反省方式应该尽量避免。小婷儿也曾信口提出过此类"长期反省"方案，都被我们削减为"惩罚不过夜"。

C：自我反省，从被动回顾错误，到主动寻找不足。

婷儿上小学后，反省性的谈话取代了关卫生间。由于小学生抽象思维能力有限，只要孩子能够以否定的态度回顾错误，就达到了反省的目的。遇到情节生动的错误，我们就要求婷儿写成日记，让她尝试自我反省。

孩子进入青春逆反期之后，独立思考的能力和愿望都大大增强，是培养自我反省能力的好时机。我们的做法是，为婷儿挑选有针对性的格言警句，贴在穿衣镜旁让她自己边看边想。每周5分钟的沉思默想，都是开启智慧、发现错误、调整心态的反省机会。

随着整体素质的提高和思想的成熟，婷儿做错事的时候越来越少，反省的任务越来越集中在定期寻找自己的不足上。经常发现和弥补不足，就能不断增长知识积累经验，推动自己为下一步的发展打好基础。可以说，定期反省、自我促进，是可持续发展的重要保证。

在培养反省能力的过程中，父母可以让孩子模仿的东西很多，比如说，发生冲突的时候主动暂停，提议大家先冷静一会儿，待会儿再谈——这个冷处理的过程，就是双方自我反省的机会。再沟通的时候，不要纠缠发生冲突的过程，而要信任和接受对方此刻的说法，不说什么"你刚才明明是这样说的"，只说"刚才也许是我听错了"……这些有利于化解冲突的做法，都会成为孩子和别人打交道的蓝本。

在培养自主发展能力的过程中，我们非常重视意志力和价值观的培养。因为意志力是自主发展的推进器，价值观是自主发展的导航仪。顽强的意志力和正确的价值观能帮助孩子抵御世俗观念的困扰（如爱慕虚荣、攀比享受、敬畏权贵、鄙弃劳动等等），从小就在精神与行为两方面成为"自己的主人"。

婷儿从两岁多学习自己扣扣子开始，便踏上了"从自理走向自立"的路；从8岁多自练跳绳夺冠军开始，便不断"从自学走向自强"……迄今为止，婷儿的成长经历一再证明着：优秀素质如果成龙配套，就会综合体现为"能适应、有理想、会创新"。这种令人欣慰的结果生动地显示着：用"顺应天性、积极引导、个性化培养、自主发展"的方法培养孩子，效果健康而持久。

关于整体素质培养的四个基本方法，就介绍到这里。在这个大框架之下，还有许多具体的操作方法，分散在《哈佛女孩刘亦婷》和本书的其他章节中。我们认为，"顺应天性、积极引导、个性化培养、自主发展"的培养方法，对任何孩子都适合。至于每个孩子的具体培养方案，则应根据各自的主客观条件来考虑。

希望改进的读者，可以从何入手?

与纸上谈兵相比，付诸实施无疑要麻烦得多。麻烦不仅在于培养孩子的琐碎和漫长，还在于理论联系实际是一个再创造的过程，有一定难度。但再难的事情——比如说，人类登月、克隆生命……都能通过"具体化"分解成一个个不那么难的细节，然后各个击破，积小胜为大胜，相比之下，培养孩子就容易多了。

麻烦不要紧，关键看值不值得。再麻烦也比不过破译人类基因的排列组合吧? （据报道，单是破译人体第二小的第 22 号染色体，科学家就对 3350 万个碱基对进行了测序! ）更何况，培养孩子的麻烦还伴随着进步的喜悦和天伦之乐呢?

麻烦是成功之母。不怕麻烦但缺乏经验的父母和想"自己培养自己"的学生读者，不妨按以下建议去尝试理论联系实际。

祝您在再创造的过程中收获多多!

1. 分析现状，把问题具体化

如果读者没有更好的参照标准，不妨用我们提供的各种参照系，仔细分析以下三方面的情况:

（1）全面分析孩子的表现——哪些方面强? 哪些方面弱? 孩子本人引以为荣的是什么? 引以为耻的是什么? 最强烈的愿望是什么? 最怕什么? 各自的具体表现是什么? 对身心发展的影响是什么? 形成的原因是什么?

需要提醒读者的是，把原因归结为"天赋"是没有意义的，不如分析迄今为止的成长环境中缺哪方面的发展条件，缺什么补什么。即使是头脑不够灵，通过循序渐进的专项训练也能有所改进。

（2）反省父母的教育方法——哪些做法对? 哪些做法错? 对或错的原因是什么? 后果是什么? 怎么调整? 婴幼儿如果表现得让父母很困惑、很恼火，首先要考虑亲子依恋是否良好? 孩子的安全感是否有问题? 即: 孩子是否深信"父母是爱我的"? 重视教育的父母要特别防止"操之过急"。

（3）审视孩子的成长环境——哪些因素好? 哪些因素差? 形成的原

因是什么？哪些是可改变的？怎样改？哪些是不可改变的？怎样弥补或适应？

2. 理清头绪，把问题条理化

把分析要点用表格或卡片的形式写下来，可以使问题更直观，思路更清晰。可以把想到的所有问题和对策（如果有的话）都列出，然后用以下方法来梳理。

按因果关系排序，找出问题的根源——孩子之所以 A，是因为 B；之所以 B，是因为 C……多挖几层，就能见根。

按难易程度排序，选择突破口——如果一个问题有几个根源，不妨从容易改变的开始，先增强信心，再设法扩大战果。

按轻重缓急排序，选择优先项——如果同时存在几个问题，一段时间主要解决一个问题，其他方面先"睁一只眼，闭一只眼"将就着往前走，多提醒，多鼓励，少追究，或不追究。

怎么判断问题的轻重缓急呢？既可根据不同时期的培养重点和当前"短板"来选择优先项，也可根据利害关系来判断哪个该优先。一般说来，问题不外乎 4 种状态：重要而紧急、紧急但不重要、重要但不紧急、既不重要又不紧急。如此比较一番，时间、精力和经费的投向就有了依据。

我们的做法是：凡是可能带来灾难性后果的事，都优先解决提前防范，如疾病、品质、想不开、人身安全等；凡是锦上添花的事，都要在"于身心无害"的前提下去进行，有害便放弃。因为"生存比发展更重要，健康比学业更重要，性格比成绩更重要，亲情比面子更重要"。

3. 分解目标，把措施细化、量化、行为化

俗话说，饭要一口一口地吃，路要一步一步地走。把想要攻克的目标分解为几个小步骤，难题就变得好解决多了。比如说，《哈佛女孩刘亦婷》里的"变粗心为细心"，就是一个完整的例子。婷儿的整体素质，也是这样分解细化后一点一滴地培养起来的。就是看起来神秘莫测的创造力，同样可以通过分解其构成、找到具有特定效果的行为，设计可操作的方法，进而培养强化（参见下一章《怎样培养创造力？》）。如果用这种眼光来看

我们这两本书，读者可以找到更多类似的例子。

不少父母都抱怨孩子"皮"，教育效果不明显。这主要是因为父母平时"一般号召多，具体措施少；空洞训话多，实际训练少；贬斥批评多，赏识鼓励少；警告威胁多，实际兑现少"（有的是明知不能兑现就不该说的话，如"再怎样，就打断你的什么"之类；有的是合理约定未能说到做到）。倘若读者把这"四多四少"颠倒过来，应该大有改观。

不少中学生知道自己有什么不足，也愿意改进，甚至订出了计划，但总是收效甚微。原因之一也是没有设计"可操作的行为"来对抗惯性与惰性，也需要用"细化、量化、行为化"的措施来改进。

4. 锲而不舍，积小胜为大胜

0—18岁的育儿路说起来不长，走起来不短。最终结果如何，一看谁的方法对，二看谁的心态好。心态好才能坚持得久，因为他（她）能不急不躁，锲而不舍，愿积跬步，终至千里。

父母急躁或灰心时，不妨重温这三条：

A：**父母要有足够的信心和耐心**——孩子表现反复是正常的，哪个孩子不是香几天臭几天呢？俗话说"百年树人"，咱才树了几年哪？别说孩子有反复，父母也会有反复。比如说，要以身作则、要耐心、别发火、别打骂……父母坚持做到了吗，尤其是辅导孩子学这学那的时候？

B：**期望值要合理、要现实**——教育孩子是因为爱心与责任，而不是为了面子，不要因为虚荣攀比而提出脱离实际的要求。实践证明，只有可望而可即的目标才能让孩子获得成功体验，建立起自信心，有自信的人才敢求上进。

另外，也不要用倾家荡产的方式来培养孩子。比如说，深造和留学是一项有利于长远的发展计划，但如果这项计划要以砸锅卖铁、倾家荡产为代价，说明这个计划不现实，不可行。

C：**培养目标要"长远＋开放"**——容易急躁或灰心的父母，往往对孩子要求过多，并操之过急，还可能有比较急切的培养目标，比如说，必须考到多少分、第几名、考上××校、成为××家……这样做的实际效果往往是事与愿违。我们的做法是不向婷儿提这种具体狭隘的要求，只是尽力引导孩子往正确的方向走。这个方向就是我们在《哈佛女孩刘亦婷》里三次提到过的培养目标："素质优秀、人格健全、有能力创建幸福生活。"

我们认为，这个培养目标的最大特点是它的开放性，它允许和鼓励兴趣与能力不同的孩子寻找各自的发展空间。因为"幸福"既是一种个人感觉，也是一种个人选择，绝对无法"一刀切"。由于人各不同，人各有志，无论上不上大学、无论做什么工作，无论钱多钱少，都会有人感到幸福或难受。如果学业或职业与志趣一致，人的生活态度会更积极，创新思维会更活跃，有所作为的可能性会大大增加，就业或自己创业的机会都更多。

如果父母认为自己的想法确有价值，就该在孩子成年（18岁）之前积极地去引导，使孩子和你有更多的共鸣点，发自内心地喜欢走你希望他走的那条路。就像我们从小鼓励刘亦婷"长大要为社会造福"，终于把她培养成了勤奋努力、胸怀宽广、想为社会造福的人一样。如果孩子的志趣和父母的期望不一样，只要符合"健康合法"的要求，哪怕父母觉得是"不务正业"或"胸无大志"，也应该允许孩子自主选择。毕竟，孩子的人生是孩子的，幸不幸福要以孩子的感觉为准。不论上不上大学，选择哪种职业，父母都应该理解和认可，绝对没有必要为了学历和职业弄得身心受伤、亲子反目。

希望读者已经注意到了我们反复强调的培养目标，并鼓励孩子朝着这个方向走。只要朝着这个方向走，必然会有各种各样的好结果，区别只在于收获的早晚和大小而已。

至于孩子是不是在朝这个方向走，只消看孩子是不是越来越"能适应、有理想、会创新"。不是，就需要分析调整；是，就信心百倍地朝前走！

第四章

怎样培养创造力？

婷爸爸张欣武答读者问

2002 年夏天，婷儿在香港实习期间，在一家周刊的创业版看到这样一则报道：有位 26 岁的网站工程师，在"网络热"退潮面临失业时果断改行，开了家小食品店。虽说他是此行生手，但特爱创新，自创了不少造型新奇有趣的特色果冻，定期推出，吸引了很多"贪新鲜"的年轻顾客。那两年香港的经济很不景气，很多年轻人都为找不到工作而备受煎熬，这位小老板却创业成功，生意比不少老店都红火。

这则看似平常的报道，说明了一个浅显的道理：创造力对年轻一代求生存、谋发展帮助极大。遗憾的是，很多人认为：创造才能是天生的，是少数天才从遗传基因里带来的神秘能力，没法培养。这种想法导致很多孩子的创造潜能被闲置，甚至被扼杀，大大减损了孩子的谋生能力和发展空间。

在这个问题上，婷儿是值得庆幸的——我和她妈妈都是主张有意培养创造力的人，深知创造力对个人成败和国运兴衰的重要影响。当我从婷儿 4 岁开始介入她的早期教育时，自然很重视创造力的培养。经过多年的亲情互动和理性导航，我欣喜地看到，每个孩子都有的创造潜能在婷儿身上已经发展成了实在的创新能力。虽说婷儿现在离事业成功还很遥远，今后的路也存在很多未知数，但我们深信，随着知识和经验的增加，婷儿的创新能力会持续发展的。

不少读者朋友想要了解我们培养创造力的思路和方法，我们也愿意把这方面的心得梳理成文，以作抛砖引玉。本章的重点不是探讨创造学理论，而是介绍可操作的具体培养措施，供有兴趣的读者参考。想进一步了解创造学理论的读者可参阅参考书目列举的有关书籍。

创造力并不神秘，可以培养

过时观念，误人子弟

长期以来，有些人对"创造"的理解偏于狭隘，以为非要发明个看得见、摸得着的新东西才是创造，其他类型的创造性活动（如：找出问题设法解决；运用理论指导实践；观点创新、方法创新、制度创新等），则不被看成是创造。因此，很多人都把创造力视为只有科学家或发明家才有的神秘的天赋才能。

在这种观念影响下，很多父母对"创造力"都抱着一种复杂的心情。他们既希望孩子"有创造力"，又怀疑孩子"没有创造力"，因为孩子老是没有发明创造什么有形的实物。疑疑惑惑之间，就错过了很多开发创造潜能的大好时机。

有鉴于此，我们把"走出狭隘理解创造力的误区"，作为培养创造力的前提。

更新观念，走出误区

一位哈佛商学院毕业的 MBA 说，他所受过的创造力训练之一，是找出一家企业各个局部之间相互制约的关系，在心中形成一盘棋。

这里面的创造性何在呢？我们的理解是：这个分析归纳的过程没有蓝本，不是复制现成的东西。只要不是复制现成的东西，就是创造性的活动，就有助于培养创造力。

这样理解创造性，创造就成了生活中随处可见的东西，培养孩子的创造力也就成了可以随时进行的活动。比如说：

画一张驰骋想象的画；

跳一段即兴自编的舞；

给老故事想一个新结局；

给旧东西找一个新用途；

做一次客观深入的自我分析；

制定一份切实可行的时间安排表；

成功地说服别人接受自己的建议或服务；

提出一个改革社会弊端的想法（或倡议）；

……

这些活动都不是复制现成的东西，都属于创造性行为。我们一向鼓励和赞赏婷儿的这类行为。这些活动创造的价值也许微不足道，但对培养创造兴趣和独创能力的作用不可小视。只要孩子习惯于从事创造性活动，等到知识和经验积累到一定地步，就能形成更强大的创新能力。

成功先例，效果显著

由于创造的本质是创新，复制式地"教创造力"是不可能的。但创造力的构成是可以分解的，从无到有地培养构成创造力的各种基本素质，也是可行的。早在 1906 年，美国专利审查人普林德尔就提出了对工程师进行创造力训练的建议，并提出了一些训练技巧和方法，收效明显，后来渐渐形成了群众性创造之势。人类近百年大规模开发创造力的实践，也有许多成功实例。资料显示：

1936 年，美国通用电气公司为科技人员开设了创造工程训练计划，第二年该公司的专利申请量便猛增了 3 倍。1950 年以来，美国很多创造力研究中心、大学、政府部门和公司都竞相开设创造力训练课程，有力推动了美国的发展。

日本和前苏联也从开发创造力的活动中获得了巨大回报。仅丰田汽车公司一家，职工每年就提出多达 60 万项合理化建议，99% 均有实施价值。前苏联根据数万项重大发明中显示的创造规律，制定了《发明课题程序大纲》、《基本措施表》等创新措施，并大力传播推广，形成了极有成效的创造工程体系。

这些事例都说明，创造力是可以培养的，成功的关键是要有正确的措施。

理论指路，必不可少

爱因斯坦说："理论决定着你到底能观察到什么。"这句话指出了一个重要规律：人们在认识事物时，有无正确理论引路，效果大不一样。例如在牛顿之前，人人都见过物体落地，却无一人知道是地心引力在起作用，可是牛顿的万有引力理论问世后，很快就有无数人都能观察到万有引力的存在了。

　　在培养创造力的过程中，理论的指导作用更是明显。如果父母懂得创造理论，就会乐意回答孩子提问，鼓励孩子拆闹钟甚至拆电脑，发展探索精神，而不会斥责孩子："闭嘴，哪来那么多'为什么'！再拆东西揍你……"

　　对青少年来说，懂点创造理论更是有利于自我培养创造力。为了验证理论对提高创造力的作用，我曾做过这样的对比实验：先在一群青年人不懂创造理论知识的情况下测试其创造力，分数出来后，对他们讲解一些创造心理学常识，接着马上再次测试，结果他们的测试得分普遍都提高了10%—20%。这说明他们的观念已经变了，选择的标准也变了，知道哪些行为有利（或有碍）创造力。这个简单的实验，已经显示出理论常识对提高成长起点的功效，如果掌握更完整的理论常识，效果显然会更好。

　　对创造力测验有兴趣的读者不妨先上网作一次美国心理学家尤·罗德塞设计的《创造力测验》，网址是 http：//www.shippinghr.com/evalu-ate/5.htm，然后再阅读后面的内容，以便与经过思维训练之后的水平作对比。这个测验的功能是测试与创造力密切相关的心理特征。这个测试的适用范围是成人，对18岁以下的学生而言，测试分数的误差会增加，但这个测验的答案可以给人很多启示。检测者可以从得分和失分中发现自己"创造力的短板在哪里？"有利于目标明确地扬长补短。因此，请不要为得分高低而自得或气馁，它只不过是你前进中的一个过渡状态而已，好汉须看将来勇。

婷儿创新能力的培养过程

　　创造力和好个性一样，都是整体素质培养法的核心成果。在我们看重的素质体系里，与形成创造力直接相关的优秀素质就有4种：头脑灵、兴趣多、知识广、能力强。在日常生活中，只要能促进这4条的，都可以看做是在培养孩子的创造力。这一类的活动得到鼓励和强化之后，孩子的创新精神就会不断增强，长大后就会成为喜欢开拓创新的人。婷儿的创造兴趣和独创能力就是通过不断"启发＋实践"而培养起来的。

以培养科学探索兴趣为例──婷儿1—2岁时，大人教她认识各种植物（引起"注意"）。2—3岁时，带婷儿观察植物的相同和不同（发展思维）。3—4岁时，给婷儿讲人类利用和改进植物的科普故事（激发兴趣）。5—6岁时，让婷儿尝试"我能怎样利用植物"（启发想象），婷儿在罗列了很多非她首创的利用方式后，独创了一种穿制三色花环的方法，很是自我陶醉。7—8岁时，婷儿已经听了和看了很多科学家发明创造的故事，开始自发地进行幼稚的科研活动，例如给朱顶红和令箭荷花"人工授粉和交错传粉"（大胆实践）。当婷儿在初一开始系统地学习生物知识时，就有了包含实验步骤在内的培植"青霉素桃子、止咳灵苹果"的奇思异想。

从初中开始，婷儿的创造兴趣又扩展到更广泛、更符合她个性特点的领域中。

以培养创意兴趣为例──多年来，婷儿关注商品推销策略的兴趣一直在持续发展。此兴趣萌芽于从小和妈妈一起欣赏评论商店橱窗和商品广告设计得好不好、为什么？婷儿上小学时，我们一家三口也经常在一起赏析褒贬各类广告创意的成败优劣。婷儿9岁转学后，从商业场小学回家的路上（一路上店铺林立），婷儿就常常琢磨："如果是我来设计就要怎样怎样……"她把这些遐想当做不占用学习时间的有趣消遣，常有灵感闪现。在哈佛读大二时，婷儿看到一款掌上电脑的配置数据之一是8兆内存，脑子里马上就闪现出一个厂商没想到的创意："给你的大脑加8兆内存！"

从小到大，婷儿心里不知闪现过多少这一类的灵感。大四上学期，当婷儿面对同为世界一流的投资银行和咨询公司的两份聘书时，正是这种浓烈而持久的创意兴趣，促使她选择了波士顿咨询集团。

以培养动手兴趣为例──幼儿阶段，我们让婷儿把蓝色和黄色混在一起，调成绿色，鼓励婷儿试试能否调出别的颜色。小学阶段让婷儿试试7色颜料混合是什么效果？再用喷雾的方法人造彩虹，验证了看起来无色的阳光是7色光混合的效果后，思考两个7色相混效果为什么不同……这一类探索性活动就包含了培养动手能力的作用。让孩子分担家务也有培养动手能力的作用，很多孩子都会在做家务时琢磨如何提高工作效率。婷儿就研究过怎样才能又快又好地把地拖干净？从小学开始，婷儿就表现出动手解决问题的兴趣和能力。例如，二年级时，婷儿发明了一种"特效药"（把一些"香香"调和在一起），天真地用来给妈妈治头疼；三年级还自己琢磨出一个利用粉笔头的小发明，得到了东城区少年科技发明三等奖。

动手能力充分发展的结果，可能是一个科研型人才的出现，也可能是一个创造性应用型人才的出现。

以培养应用能力为例——婷儿"创造性应用"能力的培养，主要依赖于发现问题和解决问题的实践过程。例如，婷儿初一有段时间学习生活缺乏效率，我们便请她分析造成问题的各种因素，从中找出主要原因（学习计划不具体；聊天的时间缺乏控制），想出相应的解决办法（制定一份统筹兼顾的时间安排表，把学习任务划分得更细更具体），并督促她定期检查和调整计划。这种分析和调整的过程，就是在培养"创造性应用"能力。这种能力充分发展的结果，可能是一个管理型人才的出现。事实上，婷儿选择的正是经营管理人才的发展道路——战略咨询和商业咨询工作，就是以创造性应用为特点的。

在分工精细的现代社会，创造性应用能力需要发展成各种专业能力。婷儿通过哈佛的专业课训练和实践，培养出了用数学方法分析解决经济问题的专业能力。毕业后，婷儿有幸在声誉卓著的波士顿咨询集团工作和接受培训，她的创造性应用能力应该还有很大的发展空间。

以发展开拓能力为例——初中阶段，婷儿经常针对学习上的"短板"自己设计单项训练，提高学习效率；她还用"模拟法庭辩论"的形式，组织同学锻炼口才；她热衷于和同学们一起自编、自导、自演英语小品；她还数次成功地处理好复杂的人际关系。高中阶段，她作为学生会的文艺部长，总是设法发动骨干开展工作，多次成功地组织校园文艺活动。大三上学期，婷儿被同学推举为HPAIR（"哈佛项目—亚洲与国际关系"）第11届主席后，更是积极开拓创新，搞了一系列成功的改革。比如说，过去HPAIR邀请各界权威人士到会讲演，主要靠筹备组成员的私人关系，婷儿认为这样子太依赖个人，使会议缺乏制度化的保障，为了改变这种局面，她决定在哈佛寻找可长期利用的资源，结果找到了一个专门为哈佛邀请各国政要和各界权威的机构，并争取到他们的支持。

这种发现问题和解决问题的兴趣和能力，尤其是从制度上解决问题的兴趣和能力，就是不断开拓新局面的内在动力。

　　其他素质的辅助作用——在培养创造力的过程中，其他素质的辅助作用也十分重要。"情感美"和"品德正"会保障探索方向的健康有益（有爱心、重诚信的孩子不会想到要利用科技去犯罪）；"性格优"则会推动"创造性应用"取得成功（例如提高学习生活效率这种事，往往牵涉到多种关系的调整，需要有很好的人际能力和自律能力来保障调整成功。这就像企业为了提高效率而进行营销或管理的制度创新一样，如果领导人性格有缺陷，创新计划就很难顺利完成）。

　　由此可见，整体素质全面发展对培养孩子的创造力极为有利。"坚持全面发展"的原则不仅渗透在当年培养婷儿创造力的过程中，也体现在下面将要提供的各种活动、游戏和训练中。这些开发创造力的活动都尽量避免"独重自然科学"的模式，力争在更广泛的领域里，发掘和培养青少年的创新才能。

八种方法，开发联想能力和想象力

　　人类天生的联想能力和想象力，是创新活动的心理基础。联想能让思路由此及彼，想象能让大脑"见"所未见，无中生有。通过联想和想象，人类能把各种已知的事实、数据、概念、现象等等搭配剪裁、有机组合，创造出原本不存在的新事物。

　　有关研究发现，联想能力和想象力也服从于"用进废退"的法则，只要方法适当，多用多练，联想和想象的能力就会变得越来越强。

　　下面这些益智活动，都曾为开发婷儿的联想能力和想象力出过力，现列举如下，供读者参考：

鼓励孩子自由地画画、讲画

　　从儿童心理学可知，2—12岁是幻想性特别强的阶段，很适合用自由式绘画来发展想象力。在开发想象力阶段，孩子画得像不像没关系，只要喜欢画画，喜欢讲画就好。

　　婷儿2岁时画了一堆杂乱的线条，姥姥问她画的啥？婷儿说："绿树荫浓夏日长。"姥姥没说像不像，只是欣喜地说："太好了，婷儿会画画了！"并以把画寄给妈妈看的方式鼓励婷儿多画画。婷儿4岁时曾在一条白裙子上画了一幅《两个小姑娘》，妈妈用缝纫机把画绣在了这条裙子上，以示对婷儿作品的重视。婷儿3岁画的《在花丛上飞》，稚拙动人，在我们家沙发茶几的玻璃板下"展出"了很多年，可惜后来被水浸坏了。我们珍爱婷儿的"作品"既是因为爱，也是为了增强婷儿画画的兴趣和自信心，虽然婷儿后来没有走美术专业的路，但对开发想象力却很有好处。

让孩子看小伙伴画画，是激发绘画兴趣的好办法。父母也可给孩子出一些有启发性的画题，让孩子凭想象去自由发挥。如"小鸟想家了、春天、妈妈爱我、街上的车开到哪里去、月亮上的小青蛙"等等。孩子想怎么画就怎么画，说是什么就是什么。

切记：别把画画变成专业技能训练。孩子在自由地画画、讲画的过程中，想象力就在悄悄地发展呢。

猜谜语故事，激发巧思妙想

猜谜语是发展幼儿联想能力和想象力的好办法。我们除了常和婷儿玩猜谜语游戏，讲谜语故事之外，我还把一些适合婷儿年龄的短故事、小笑话"改头换面"，有意去掉其中一两处关键内容，使情节变得扑朔迷离，再讲给婷儿听，并让她动脑筋想答案，只要能让情节变得合情合理，即使所答与原答案不符也算对。比如——

例一：有两个人一起走，其中大人管小孩叫儿子，但大人却不是小孩的爸爸，他俩是什么关系？

例二：杰克喝醉了酒在自己汽车里睡了一觉，醒来发现汽车的方向盘不见了，赶快打电话报警，可是过一会他又打电话取消了报警。你知道原因是什么吗？

例三：埃及金字塔前的狮身人面像斯芬克斯喜欢问过路人这样的问题：有一种动物，幼年用四条腿走路，长大用两条腿走路，老了用三条腿走路。你知道这是什么动物吗？

……

利用书上现成的小故事，每个家长都不难"改编"成所需的故事谜。为了利于孩子放开思路，请注意不搞"标准答案"，只要孩子的答案有几分道理，就值得肯定、表扬。

发掘物品的多用途

想象力离不开发散思维，发散思维能力可以结合日常生活培养。例如，用各种废旧物品作为装饰画或手工制作的原料，就是极有趣的创造性活动。婷儿用鸡蛋壳画过画，用糖纸折过跳舞的女孩，还用旧纱窗和刷子自制过喷绘贺卡。婷儿很喜欢参观工艺品商店和各种美术展览，各地能工巧匠变废为宝的奇思妙想，对婷儿也有拓展思路的作用。

日常生活中还有很多问题可以让孩子动脑筋。例如：一个塑料袋、一截电线、一根铁丝、一根旧自来水管、一张废报纸……你能想出多少新用途？菜刀、电吹风、电话机、吸尘器、高音喇叭……除了通常的功能，还能拿来干些什么？只要动动脑筋，这样的问题在身边可以找到很多。

为了激发孩子的好胜心，不妨每次做个记录，看最多能想出多少种用途，什么时候又创造了新纪录。如果孩子有出色的创意，还值得特意记下来，让孩子对自己的思维潜能感到自豪、自信。

寻找事物的"关系链"

世界上任何两个看似风马牛不相及的事物之间，实际上都存在着很多间接的"关系链"。利用这个原理可以搞下面的思维训练：说出任意的两样相隔甚远的事物（如"刮风"和"甲骨文"）让孩子找出它们之间的关联渠道，越多越好。

以"刮风"和"甲骨文"为例，它们之间的联系可以是"多风少雨—干旱—掘井—发现文物—甲骨文"，也可以是"刮风—沙尘暴—荒漠化—甲古文有记载"等。这种游戏式的训练，最适合利用三两分钟的零碎时间进行。只要有人陪着玩，再用点激将法，多给点鼓励，孩子就会有兴趣。

这个训练不仅能发展联想能力和想象力，也有利于认识大千世界纷繁复杂的内在联系。

借兴趣爱好发展想象力

婷儿从小有个爱好，逛街时喜欢对商品广告、橱窗设计和商家的促销手段评头论足，或是琢磨高明的"妙"在哪里，或是琢磨差劲的"笨"在哪里，总想提出自己认为更好的新创意。这些创意是否达到"专业水平"并不重要，重要的是喜欢驰骋想象，不断磨砺创新思维。

想象力最怕固步自封，画地为牢。因此，"追求完美"对激发想象力很重要。婷儿说："我特别喜欢这句广告词——没有最好，只有更好。"人类很多发明创造就是被追求"更好"的欲望催生和完善起来的。

拓宽兴趣面，打好知识基础

想象力和知识面的关系，很像骏马和草原的关系。草原越大，马儿就跑得越远；知识面越广，可供联想和想象的信息就越丰富，想象力就越有用武之地。

婷儿4岁的时候，一个阴天的下午，一位老奶奶牵着两个同龄孩子在田野里散步。老奶奶问："你们看，天上有什么？"那个孩子看了看天空说："天上有烟（炊烟）。"小婷儿则滔滔不绝地说："天上有云，云后面有恒星、行星和卫星，卫星在围着行星转，行星在……"很显然，受过早教的婷儿"知识草原"更大，对天空的兴趣和想象的空间都大得多。

从这个角度看，那种认为早识字会破坏想象力的说法值得怀疑。事实上，以培养阅读兴趣为目的的早识字，能让孩子在记忆力最强的阶段开始积累知识，这样的孩子有可能拥有极为宽阔的"知识草原"，让想象力自由驰骋。

学知识时，以兴趣为先导往往学得最好。从实际效果来看，如果进大学后再培养兴趣已嫌晚，人的可塑性也已下降。更好的做法，是从学龄前或小学起就全面激发有益兴趣，既不限于学校的课程，也不限于书本知识，而是通过广泛阅读和参加各种实践活动，去拓宽兴趣面。这样日后学什么就容易喜欢什么。以丰富的知识为基础，联想和想象的水平就会更上一层楼。

小讲演和小辩论，强化联想和想象

从小学开始，各年龄段都适合组织"小讲演"和"小辩论会"。婷儿从小就是这些活动的积极分子。这些活动在学校搞也行，在家里搞也行。

在"唇枪舌剑"的小辩论中，好胜心会驱使大脑搜索所知的一切信息，组合出有力的论点论据以便获胜。在家里举行"小讲演"虽然听众不多，只要父母能认真倾听、真心赏识，也能调动孩子的积极性。

随着知识和经验的增长，辩论、讲演的话题也可以随之升级，尽量涵盖孩子的知识面，使大脑储存的信息被频繁调用、反复组合。从小常参加这类活动，能使思维活跃，思路宽广，促进联想和想象力发展。到了中学、大学继续参与，对思维的开发作用还会"水涨船高"。

利用讨论，扩展思路

婷儿很早就从"智者千虑，必有一失"的成语里了解到"人人都有局限性"，并知道用什么方法弥补自己的局限性。那就是——利用讨论"集思广益"，弥补知识盲点，缩小"思维死角"。喜欢讨论的习惯使婷儿非常适应哈佛重视讨论的学习方式和校园生活。

婷儿上小学和中学时，讨论活动在校园里开展得还不多，但我们家的讨论活动却很多。不仅谈有关创新的话题，也谈社会、家庭、学校等方面的问题，包括与学生生活密切相关的问题，如：校园人际关系、自由发展的方向、学习问题、代沟问题、家里的大事等等。这样做的好处是：既能拓展知识面，又能提高创造性应用的能力，自主解决实际问题。

这种讨论的前提是：父母和孩子亲情融洽，孩子相信父母不会"出卖"自己。这样的家庭讨论会可以谈得非常深入，有利于发展思维的深刻性（这种讨论因此而具有思维训练的效果）。婷儿之所以思想比同龄人成熟，跟这些"家庭讨论会"有很大关系。想和孩子深入交谈的父母，首先要解决让孩子信赖你的问题。

由于讨论具有汇聚众人智慧、突破个人局限的功能，在当今世界，它已被普遍用于研究、决策、规划、训练，很多行业还定了"行规"，以保证讨论活动能制度化地开展。希望更多孩子都能得到充分讨论的机会（不论是跟同伴，还是跟父母），在互相激励中不断超越自我。

六项措施，培养科学的质疑精神

质疑是创新的前奏

哈佛大学的前任校长陆登庭在回答中国记者采访时说："质疑精神，探索未知的好奇心，是一流的学生所必备的素质。"婷儿在哈佛最深的感受之一，也是校方十分注重培养学生的质疑精神，鼓励学生向任何权威提出挑战和批判，以利于在更广泛的领域内发现和创造新的知识。我在和婷儿的哈佛同学交谈时，对那种强烈的质疑求真的习惯也留有深刻印象。

哈佛之所以重视质疑精神，是因为现有的一切科学理论都只是相对真理，有待于继续发展。这就需要敢于质疑现有理论和权威，发现其不足，以便找到前进的突破口，否则创新就不可能实现。比如说，如果不敢怀疑"比重大于空气的人造物体不可能在空中飞行"，人类就不可能发明飞机；如果不敢怀疑"从原子的嬗变获取能量是荒唐的臆想"，人类也不可能发现潜力巨大的核能源。可以说，质疑精神是创新人才必不可少的素质。

怎样鼓励孩子大胆质疑？

质疑精神如此重要，但中国传统文化对质疑长辈和权威的行为却很排斥。在等级观念的潜在影响下，很多成人在评价孩子时，往往以"听话"为懂事，以顺从为美德，甚至把孩子的质疑视为对自己的冒犯。一些家长也习惯于以长辈身份压制孩子，而不是以理服人。这些做法容易把孩子变成盲从权威或阳奉阴违的人。

我们不希望婷儿成为唯唯诺诺之辈，有意采取了一些措施，保护和培养可贵的质疑精神。我们的做法是：

"童言无忌"，鼓励提问，保护质疑精神——天真无邪的孩子尚未染上不顾是非真伪的世故圆滑之气，大都有自发的质疑精神，遇到名实不符的事情，就会忍不住发问。婷儿刚上小学时，曾因指出老师读错了拼音而被批评为"骄傲自满"，连代理班长的"职"都被撤掉了，使婷儿感到非常委屈。为了保护她遇事求真的精神，妈妈首先肯定婷儿的发音是正确的，然后又引导她分析老师不高兴的各种因素，教给她处理类似问题的技巧，把坏事变成了好事。

为了保护婷儿的质疑精神，我们一直实行"童言无忌，鼓励提问"的政策。即使孩子提出了"犯忌"的问题（如性与政治），我们也不用"别瞎说"来简单制止，而是本着让孩子明白事理的原则酌情回答，并提醒孩子：这种问题只能问父母，不要在外面谈论，以免别人感到奇怪。这种内外有别的方针，既可让孩子在父母面前畅所欲言，又可让孩子习惯于心中自有主见，不至于因为自己想法与大家不同而不安。

不搞攀比，有理不怕当少数，克服从众心理——人类是群居动物，喜欢用相同的符号来增强认同感和安全感。这种天性对流行文化推销商十分有利，但有碍于发展质疑精神。我们深知从众心理的副作用，希望婷儿摆脱盲目从众的人性弱点，并成功地做到了这一点。婷儿从小就懂得："别人都这样"不足以作为效仿的理由，因为"真理往往掌握在少数人手中"。在选择服饰和发型时，她也习惯于以"是否适合我的身材、脸型和需要"为第一标准，其次才是同学中流不流行。

小学五年级时，婷儿学会了骑自行车，多年来，不论有多少大人闯红灯，她都要坚持等到绿灯亮了才通过。我曾好奇地问她为什么？婷儿说："你忘了？小学三年级，我学同学逃作业，被老师发现还撒谎说忘了带，你知道以后没发脾气，说了一句精辟的话：一件错事不会因为做的人多而变正确。"我真高兴她记住了这句话！中学期间，流行文化对校园的冲击愈演愈烈，婷儿既能理解歌迷、球迷的狂热，又不被流行文化的舆论氛围所压迫，她的选择是欣赏而不迷恋，在潮流变幻中始终保持着纯真本色。

尊重权威，不迷信权威，培养批判眼光和分析能力——在正常情况下，父母和老师都是孩子心目中的权威。家庭关系和师生关系的模式，直接影响着孩子对待权威的心理。我们家的关系是互敬互爱，谁有道理就听谁的。如果婷儿跟我们意见看法不一致，也不以家长的身份去压制她，而是摆事实、讲道理，双方都以理服人。虽然这样要多花时间，但能使婷儿体验到"灯越拨越亮，理越辩越明"；对父母也又敬又爱，没有惧怕。

上学后，我们既要求婷儿尊敬老师，也引导她正确处理师生关系，兼顾了情商培养和保护质疑精神。婷儿9岁那年，学校开展"学赖宁"活动，我们和婷儿一起分析讨论：14岁的赖宁哥哥为什么会在扑救山火中英勇牺牲？你应该向赖宁学习哪些优秀品质……结果，婷儿认识到学赖宁就要学他"品学兼优、全面发展"，至于未成年人遇到险情应该怎么办，婷儿也有了与舆论导向不同的看法——那就是："小朋友应该先远离危险，再设法报警，以免扩大伤亡。"（12年后，北京市教育局率先重新制定了《中小学生守则和日常行为规范》，删除了原有的"见义勇为、敢于斗争"等不适合未成年人的要求，代之以"自救自护、主动报告"，被社会各界誉为"历史性的进步"。）

需要提醒读者的是，提出质疑并不一定要伴之以解决方案。因为，深刻的质疑本身就具有独立的价值——如果有谁在哥白尼之前对"地心说"提出质疑，仅此一问就足以青史留名。为了给质疑者们"壮胆"，英国工程与物理科学研究会还特意在《研究的行为规范》中制定了鼓励质疑的专门条款。爱因斯坦也说："提出一个问题，往往比解决一个问题重要，因为解决问题也许仅是一个数学上或实验上的技能而已，而提出新问题，新的可能性，从新的角度去看旧问题，却需要创造性的想象力，而且标志科学的真正进步。"

怎样防止孩子"怀疑一切"？

质疑精神固然重要，但它也是一把"双刃剑"，如果发展过度，就可能演变为"怀疑一切"——这样的人往往是破坏性有余、建设性不足，很难成为创新人才。为了避免这样的后果，对质疑精神不单要保护，还要积极引导，让它向建设性的方向发展。为此我们也采取了一些措施：

树立基本价值观——在人类社会中，有一些历经千百年基本不变的观念，这就是对正义、公正、勤劳、诚实、勇气、爱祖国、爱人民、服务社会、追求知识等行为的肯定和推崇。我在给婷儿讲科学家的故事时，总是不忘树立基本价值观的任务，并经常举例说明"很多科学家都是道德高尚、对社会乐于奉献的人"。

在榜样的感召下，婷儿从小就渴望成为对社会有用的人。通过实例讨论、对人对事的点评、鼓励、批评、表扬等方式，婷儿逐渐理解和认同了人类社会的基本价值观。这就从根本上避免了"怀疑一切"的破坏性。

养成尊重事实的习惯——科学创新有很多都是依据新发现的事实而完成的，科学史上也多次出现过这样的遗憾：由于对眼前的事实缺少足够的重视和敏感，而与重大发现失之交臂。尊重事实，善于用事实来检验质疑，修正错误，是创新人才的基本功。

婷儿小时候的求真习惯难免带上孩子气，也会出现片面、牵强和谬误。有时好胜心占了上风，争得面红耳赤，却不为正误只为输赢。这对尚未成熟的孩子来说，都是正常现象，但是也需要防止这些小问题变成将来的大毛病。我们采取了"让事实说话"的办法，有了争论和分歧，就翻资料、查工具书，要不就去"实地考察"。久而久之，婷儿不仅养成了尊重事实的习惯，也学会了用"事实胜于雄辩"的方法来纠正我们的错误。这种时候，我们除了痛快认输，还特别高兴。

既要善于质疑，又要善于继承——《裸猿》的作者指出，模仿性学习（即继承）是孩子成年前的主要任务。这是因为人类几千年积累的文化遗产太多，人的生命又太短暂，要想在创造力旺盛的青壮年时期出成果，必须尽快地"站在巨人的肩膀上"，去观察和探索人类的未知领域。自然科学如此，社会科学亦如此，为人处世的方法依然如此。如果事事都要从头摸索，相当于重复"猴子变人"的过程，属于浪费时间和资源。婷儿从《裸猿》得到的一个启发，就是"不要从猴子变人做起"。

怎样强化探索精神？

婷儿小时候，我给她讲过一个故事：1928 年，英国细菌学家弗莱明在检查培养皿时发现，皿中的葡萄球菌生了一大团霉，霉团周围的葡萄球菌也纷纷死亡。这类现象以前别的细菌学家也见过，但都看做无意义的灰尘污染，弗莱明却没有放过它，而是对其中的原因穷究到底，于是世上就有了青霉素这种划时代的抗菌素。

弗莱明对待未知事物"紧追不舍"的这种态度，就是探索精神，这是创新人才的重要素质之一。为了强化婷儿的探索精神，我们大致采取了下面这些措施：

激发探索兴趣：任何探索行为都是有一定"指向"的，例如指向电子、光学、化学、音乐、舞蹈等等，但孩子的潜能特点却要多年才能看清，小时候也就不宜过早为孩子"定向"。为此，我们对婷儿采取了"全面激发有益兴趣"的做法，音乐、体育、科技、美术、表演、讲演、外语……全都让婷儿有机会亲自尝试，了解常识，开发潜能，表达意愿，这些做法成功激发了婷儿多方面的探索兴趣。

鼓励探索行为：每个孩子小时候都自发地以探索为乐，但是否受到父母鼓励，效果却很不一样。有时一两次错误的"打击"，例如为好奇而拆钟表、电器，却换来一顿好打，就可能使孩子从此视探索为畏途，并持续多年。我们在家实行鼓励探索的"政策"，不光是拆东西之类的行为受支持，而且还鼓励跟父母探讨任何问题，包括吸毒和性，这样就形成了一个宽松愉快的探索气氛。

介绍探索方法：世上有"听君一席话，胜读十年书"的说法，是指前人经验对认识的指导价值，而"一切靠自己摸索"的做法则往往起点较低、效果较差。因此，在婷儿探索未知事物时，我们一般都提供适度的指导或建议：看显微镜时，教她微调、粗调、切片、染色；自学电子琴时，教她识谱、指法、弹练习曲；讲演时说明论点、论据、重点、收尾的处理方法，然后再鼓励她大胆发挥。这样，婷儿的探索往往入门快、兴趣大、收获多。遗憾的是，当时课业负担太重，使婷儿不得不对一部分想做的事"忍痛割爱"。

创造力的翅膀：创造技法

创造技法，是创造活动中所用的具体技巧和方法，它们往往能使创造活动的效果得到极大提升。

1983 年，在南宁召开中国创造学第一届学术讨论会上，日本专家村上幸雄向代表们提了个有趣的问题："曲别针有多少种用途？"并要求大家放开思路去想。与会代表七嘴八舌，说出了二十来种用途——别相片、别稿纸、连接东西等等。有代表问村上自己能讲出多少种？村上自豪地说，他能讲出 300 种，并拿出准备好的幻灯片，逐一放映为证。

此时，一位叫许国泰的中国代表站出来"叫了板"，他告诉村上："对曲别针的用途，我能说出 3000 种、30000 种！"然后便登上讲台，在黑板上画了一幅示意图，曲别针的特征被分解为材质、重量、硬度等十个要素，构成了第一组信息，再把人类的某些实践活动，如数学、美术、化学、电学、文化等等也列了出来，构成了庞大的第二组信息，然后把两组信息中的各要素依次组合，便产生了数以千、万计的新用途，令人眼界大开。

许国泰所用的创造技法叫做"信息交合法"。诸如此类的创造技法，目前在世界上已有 300 余种，而且今后肯定还会有新的创造技法问世。

创造技法有双重功能

创造技法是创新的利器，能在创新思维的基础上直接催生成果。有不少创造技法对青少年还有很强的训练功能，能使创造潜能开发更充分，创造思维水平进一步提高，因此它具有双重功能。

从学龄前幼儿到中学生、大学生，创造技法都很有应用价值，只是重点各有不同而已——年幼者通常以开发创造潜能、训练思维为主，随着知识的丰富和创新思维水平的提高，再逐步过渡到以出"成果"为主的阶段。

需要说明的是，这里所说的"成果"不仅包括自然科学和社会科学的发现和创造，也包括用创新思维去解决学习、生活中的种种问题。我对很多孩子观察发现，创造力强的孩子往往比创造力差的孩子发展得更好，原因之一是他们更善于用创新精神解决广泛的实际问题。

下一节将介绍一些常用的创造技法，以增强创新者的"技法意识"，学会选择适当的技法去实现创新目标。在各种技法中，本节着重介绍那些思维训练功能较强的，同时也尽可能提供相应的思维训练，以期一举两得。为了适应社会各领域对创新人才的普遍需求，本书的技法训练更强调在广泛领域的实践，而不仅限于自然科学一隅。这样培养出来的创新才能，将会有更多的用武之地。

五种创造技法及思维训练

下面是五种最常用的创造技法，并附有相关的思维训练方法，供青少年朋友选用。

缺点列举法——先列举事物的不足，再找出改进的方案。它以提出问题为先导，包含了很强的批判精神，是最常用的创造技法之一。

在这个世界上，万事万物都存在着改进的余地。例如有人提出"学生课本要一届届传着用"的设想，这是个减少森林采伐量的好主意，却迟迟未能实施，这就需要先尽量找出这个设想的种种不足：课本封面太薄易损坏，书中有些内容可能隔一两年就要更新，有些人缺乏环保意识，宣传不足，有人喜欢在书上乱写乱画，缺少可行的规章制度……如果能把问题都列举出来，解决的方案也就在其中了。

婷儿上初中时，听英语用的耳机经常断线损坏，耽误学习，这个问题就是用缺点列举法解决的。我们先列举出耳机的种种缺点：导线的铜芯太细，又是单股线容易断、线太长不方便、耳塞外的泡沫塑料套易掉、焊接处的裸线易氧化……然后加以改进，换成结实的多股铜芯细线，长短取合适，用缝衣线把泡沫塑料套捆牢在耳塞上，用松香覆盖焊点裸线，于是，婷儿用上了"改进型"耳机，寿命比一般的耳机长得多。

　　把自己当做有待改进的目标，也是青少年应用缺点列举法的好方式。比方说，即使是优秀学生也常能列举出自己不少需改善之处：身体不够强健，口才不够好，不大善于与人沟通，兴趣爱好偏窄……列出来好好想想，就不难找到"更上一层楼"的方向了。如果学外语（或其他学科）遇到困难，也可用该技法去"清算"自己的不足：没有外语"天天读"，不敢当众开口，语法有漏洞，单词半生不熟，听力……有了这个"清单"，就不难按轻重缓急逐一解决了。

　　思维训练：先列举缺点，再寻找对策

　　只要有兴趣，人人都能用缺点列举法在身边发现许多不完美的事物，并加以改进。为此我列了一个清单，供有志于此的青少年朋友练"身手"。你可根据自己的知识面，有选择地列举下面这些事物的缺点，调查研究后再提出改进方案，不必担心你还不是各行业的专家。如果能练出善于发现问题的慧眼和勇气，那就意味着你的创造力提高了。

　　请你列举下列事物的缺点，并提出改进方案：作业本、粉笔、拖把、门锁、食品包装、水龙头、电话机、防近视台灯、门铃、瓷碗、牙刷、随身听、复读机、背投电视、班级墙报、值日制度、环保小组活动、厨房洗理池、节水措施、街头电话亭、小区规划、蔬菜公害对策、草原防沙化措施、西部环保、哥伦比亚号航天飞机……

　　希望列举法——就是面对需要改进的目标，列出我们希望它具有的一切新特点、新属性、新优势，然后加以研究，作出改进。

　　我们不难发现，在折叠伞、旅行牙刷、笔记本电脑、移动电话、钢化玻璃、防弹车、风力发电，甚至在某些政治举措（例如联合国、欧盟、APEC 会议）中，都能看到希望列举法的身影。这种技法建立在想象力和实践的双重基础上，很利于发现事物的发展前景。

　　同样，希望列举法也可以用于提高自身素质，找到新的发展方向。这种时候，你可先大胆列举出自己的所有希望，即使异想天开、不知天高地厚也没关系，然后剔除掉不可行的和不应该的，留下切实可行的，再据此制定实现希望的配套措施，你的人生很可能会因此而有所不同。有兴趣的读者朋友不妨一试。

思维训练：先列举希望，再寻找实现的对策

如果常用希望列举法去"加工"各种事物，对提高创造力是很好的训练。对上面缺点列举法的"清单"中所列的事物，你可以有选择地用希望列举法再作"加工"，也可常在自己身边找"新课题"练身手，久而久之，你将更有创造力，更善于优化自己的事业和人生。

组合创造法——很多人都知道，从一个半世纪前诞生了第一台实用的电动机以来，电动机的基本结构一直变化不大，可是却繁衍出了无数的新用途：电车、冰箱、洗衣机、机床、电动汽车、电扇、空调……催生这些新产品的创造技法之一，就是组合发明法。

组合发明法，就是把两样或更多样的东西组合在一起，使其产生新的功能——普通冰箱与臭氧发生器组合，就成了臭氧消毒冰箱；洗衣机与烘干机组合，就成了洗衣烘干机；飞机与遥控装置结合，就成了无人驾驶飞机……由于人类的需求具有无限性，组合发明法就有了无数的应用机会。

思维训练：用组合法创造新事物

请利用组合创造法大胆想象，看有哪些事物能与下列事物组合在一起，产生新的功能？想得越多越好：

橡胶、泡沫塑料、不锈钢、肥皂盒、小镜子、指南针、移动电话、太阳能电池、紫外线灭菌灯、制冷装置、发热元件、光敏电阻、凸透镜、显示屏、微处理器芯片、GPS（全球定位系统）、口才、人际沟通能力、外语能力、讨论小组、墙报、旅游机会、夏令营……

只要你肯常动脑筋，一定能产生不少奇思妙想，也许连自己都意想不到，同时在不知不觉中也提高了创造力。如果能用这种技法常对其他更多事物开动脑筋，效果会更好。

移植创造法——就是把某一领域的技术、原理或技术功能应用到另一领域去，从而产生新的产品、技术或功能。

19世纪下半叶，法国科学家巴斯德发现：有机液体腐败是由微生物繁殖引起的。成果发表后，英国外科医生利斯特受到启发，发现手术死亡率高是细菌引起伤口化脓造成的，并发明了化学消毒法，大大降低了死亡率。这是原理移植的一个例子。

对很多牧场主来说，土拨鼠是个大祸害，它们到处打洞建巢，奔跑的牛马不慎踩入洞中常会骨断筋折。美国一位小游船坞老板鲍尔弗受到吸尘器的启示，试用大功率吸尘器捕捉土拨鼠获得成功，一时大受欢迎。这是技术移植的一个例子。

移植创造法之所以有价值，是因为事物常具有多功能性，无论是原理、技术还是产品，往往既能用于 A，又能用于 B、C、D……例如激光技术，用于钟表业，可以在宝石上钻孔；用于工程，可以精确测距；用于军事，可以瞄准、制导导弹，或制成激光炮，只看人们是否善于发现事物的新用途而已。

善用移植创造法的人，往往既掌握了较广的相关知识，又有灵活的思维习惯，善于摆脱思维定式去发现不同事物间的内在联系。而对思维定式的桎梏，则可通过训练来改善。人在成长过程中，当然会积累不少经验。经验会把大脑中储存的常见事物都打上一定的"印记"，归入一定的类型，这在平常固然有减少重复思维的好处，但在需要创新时，经验却可能成为思维的"枷锁"。

下面的这个训练，可以帮助青少年加深"事物有多侧面、多功能"的认识，培养发散思维的习惯，减少思维定式对创造活动的束缚干扰，同时也直接有利于移植创造法的应用。

思维训练：发掘事物的多种功能

想出下面各种事物的用途，越多越大胆越奇特越好：

一张白纸、一根铁丝、弹簧、放大镜、空啤酒瓶、风筝、平板玻璃、麦克风、录音磁带、太阳能电池、显示屏、电冰箱、洗衣机、寻呼机、数学知识、组织能力、表达能力、亲和力、摄影技术、潜水设备、遥控技术、火箭技术、热带密林、大草原、海滨……

若平常有意多用这一技法去思考各种事物，久而久之，你的创造力会更强。

奥斯本激励法——这种方法是创造工程奠基人奥斯本首先提出的，美国有些大学还专门开课加以传授。在现有的各种智力激励法中，它较易产生创新的"共振效应"，有"一加一大于二"的效果，还能培养青少年的协作能力，因此很有价值。

实施奥斯本激励法，通常是召集一个讨论小组，使参加的人互相启发、激励、互补知识盲点，从而产生更多创造成果。为了能畅所欲言，充分发挥激励功能，此法还有些特殊的规定：参与者一般不超过 10 人，与会者地位一律平等，每次时间仅为 20 分钟至 1 小时，讨论目标须明确，讨论的题目大小适当，围绕议题可以任意发表看法，提出的点子越多越新奇越好，讨论中不对任何人的设想下结论或评论，更不允许任何批评指责，待会议结束后再对大家的创意进行整理和评价。

对每位与会者来说，点子越多越好，如果通过一定的训练来扩展思路，会更善于提出点子。这个训练的依据是：解决同一个问题常能找到多种方法，经常习惯于"一事多法"的思路，就更容易产生富有创意的点子。

思维训练：实现同一目标可有多种途径

为后面所列的每个目标都找到尽可能多的实现途径，越多越巧就越好：玻璃去污、花盆长效保湿、室内照明节能、下水道清淤、家庭节水、蔬菜运输保鲜、农居利用太阳能、改造沙漠的对策、航天飞机返回时的减速方式、统筹兼顾的复习计划、设计本校的英语角运行方案、元旦全班联欢会计划、暑期时间的利用、解决城市停车难问题、设计一个全民信用记录体系、为近年大学毕业生的就业出主意……

强化创新直觉，激发创新灵感

直觉与灵感是两种特殊的非逻辑思维形式，它们都是创新活动的好帮手。如果人类没有这两样本事，世界不知会比现在落后多少个世纪。

直觉是人们判断事物的"快捷程序"，它使人不必掌握充足的事实，也无须经过严格的逻辑推理，就能做出评价、判断或选择，甚至能对重大课题做出精彩的预见。有这样一个例子，可以说明直觉对创新的作用：

19 世纪末，剑桥大学的物理学家瑞利测定氮气密度时发现，来自空气中的氮气比亚硝酸铵中制取的氮相差 0.5%，但原因不明。化学家拉姆赛知道此事后，认为这是因为来自空气的氮气里还含有另一种不知名的气体。他与瑞利合作继续研究这一现象，果然发现了一种新元素——惰性气体氩。使拉姆赛作出迅速判断的那种能力，就是直觉。

灵感，像大脑中的一道闪电，它明亮的闪光，能使人突然间看清原先昏暗模糊的路。很多发明创造中，都有灵感的一份功劳。

数学家高斯为证明一个定理，曾苦苦探索数年，一直没有成功。他决定暂时放下难题，出去旅行放松一下。谁知就在他一只脚刚踏上马车的瞬间，一个绝妙的证明方法在脑子里闪现出来，连他自己都不知道，"是什么导线把我原先的知识和使我成功的东西联结了起来"。

帮助高斯成功的那种奇妙的思维状态，就是灵感。

在人类的创新史上，直觉和灵感屡建奇功，无数大大小小的创新成果都与它们紧密相关。由于心理学家对它们的研究起步较晚，使它们至今还披着一层神秘的面纱。不过，对创新人才来说，更有用的是可操作的具体方法。在这方面，古往今来的创新者已经提供了大量成功案例，使人们可以从经验的层面去行动，在创新活动中"召唤"直觉和灵感出马相助。

直觉可培养，需验证

良好的直觉，完全可以通过有效措施培养出来。比方说，爱因斯坦在物理方面有着极好的直觉，但对数学的直觉就明显不如物理，原因是他对物理的钻研远多于数学。可见要想具备良好的直觉，就需要对有关领域投入更多时间和心血，把里外都摸个"门儿清"，理论实践都吃透，直觉水平自然水涨船高。

在实践中，直觉出错是很常见的，哪怕"学富五车"也难免，所以一般来说，对直觉应该设置一道"复查程序"——检验，通过逻辑思维、实验手段、调查研究等方式加以验证，越重要的事越要严格检验，证实之后再下结论，才能避免直觉失误。很多科学家也都是这样做的。

催生灵感和直觉的条件之一：知识结构到位

不同的人，灵感和直觉的"段位"是有高低之分的。即使是同一个人，对不同领域产生的直觉"含金量"也不同。经验丰富的医师跟初入行的实习医生比，面对同一疑难病症，直觉判断的水平不可同日而语，但如果让这位医师去为破产企业"看病"，他的"诊断"可能就价值甚微了。可见，灵感的产生，直觉能力的具备，都离不开相关的知识和经验。

对一般人来说，知识越广，经验越丰富，产生的直觉和灵感就越有价值。对理工科研究而言，受过系统的科学训练则是更重要的条件。因为现代科学研究是高度专业化的，凡是有突破价值的灵感都离不开大量扎实而复杂的数学演算或实验。想当科学家的孩子一定要从小打好知识基础，争取进一所好大学接受系统的科学训练。

催生灵感和直觉的条件之二：入迷的思考

除了必要的知识结构，产生灵感和直觉的另一个必备条件就是"入迷的思考"。据说牛顿在思考力学问题时，连自己是否吃过饭都不知道。很多作家进入写作状态后连做梦都在书中世界里打转转。思考到入迷的程度，就容易做到直觉敏锐，灵感频现，反之，思想的懒汉就很难有良好的直觉和灵感。

激发灵感的方法

灵感在创新时往往突然降临，事先常常没有征兆，然而它的产生却是有规律可循的。许多成功的先例证明，灵感通常出现于较长时间执着苦思某个问题之后，大脑突然松弛的时刻。知道了这个规律，就可以主动创造条件，提高灵感的"产量"。

根据前人经验和我们的亲身感受，以下措施能激发更多的灵感：

睡前适当思考，可能在梦中、清晨催生灵感。

梦境是不少科学家的"灵感丰产田"，英国剑桥大学曾做过专题调查，发现有 70% 以上的数学家认为，在梦中能解决数学问题。可见梦境是灵感的沃土。当你长时间苦思某个难题，又一时找不出解决之道时，不妨在睡前思考它，或读点有关的信息资料，在睡前的大脑中建立一个适度的兴奋区，就很可能在梦中或清晨引发思维，使无序的信息"自动"出现新的组合，推动灵感产生。

时时有心，处处留意，往往会意外触发灵感。

邓禄普是一位英国医生，他的儿子爱骑自行车，可是当时的自行车轮还是实心的，在路上颠得厉害。邓禄普担心儿子受伤，心里时时丢不开车轮的事。一天他在园里浇花，感到手里的橡胶水管富有弹性，于是充气轮胎的灵感立即被触发。后来，这位邓禄普成了英国轮胎业的巨头。

根据思维习惯，主动安排"灵感时段"，利于灵感出现。

有人酣睡初醒时好点子纷至沓来，有人散步时思维特别活跃，有人泡在图书馆里便灵感迭出，有人独自乘车时脑筋特别好用……只要你摸准了自己的思维规律，就可以在日程表上有所体现，尽量给自己多留一些沉思畅想的时间。我们全家人都习惯在自己的"灵感时段"主动思考正在琢磨的问题，经常都会冒出一些好点子来。

有意与他人讨论，也能催生灵感。

一个人的思维可能会有"盲区"，可是三个"臭皮匠"却能顶个"诸葛亮"。你的难题很可能被别人一句话轻轻点醒，好办法随即产生。科学史上就有不少成果曾得益于他人启发。

灵感来去无踪影，有价值的想法要及时记录。

灵感来了，一定要及时抓住，因为灵感如风，不期而至又转瞬即逝。有经验的人常常随身带上纸笔，随手记下有价值的灵感。我的习惯是在身边放一台微型录音机，一旦灵感产生，无论白天黑夜，手指一按即可将它"捕获"。

如果善于应用上述方法，你也能拥有良好的直觉，产生奇妙的灵感。它们不仅可用于创新，也能用来解决其他问题，使你生活更有色彩，学习更灵活高效！

创新活动的辅助能力

很多杰出人物都说过这样的话："天才就是 99% 的勤奋，加上 1% 的灵感！"仔细想想，这句话除了强调勤奋很重要之外，还有另一层意思——要想使灵感变成有分量的成果，还需要做好许多辅助性的"杂活"。

有经验的人都知道，仅靠创新才能本身，往往还不足以成就大业，即使有非常好的创新思想，在具体实施中，也还需要若干其他能力参与其中，才能顺利出成果。

看一看达尔文完成进化论的全过程，也许更能说明这一点。

1831 年，22 岁的达尔文为了研究动植物，自费搭乘英国军舰贝克尔号，进行艰苦的环球考察达 5 年之久。在漫长的旅途中，他绝大部分时间都是用于爬山、涉水、进沙漠、下海岛，考察环境、观察动植物特征，采集标本、收集岩样、发掘古生物化石，制标本、贴标签、写记录等活动。回国后，他又做了多年实验，看了大量有关生物的书，包括阅读了一本中国古代的农学百科全书（据考证可能为《齐民要术》），才写出了《进化论》。

在整个过程中，达尔文表现出了创新之外的许多能力：包括观察力、与土著居民沟通的能力，甚至体能……显然，如果只有创新思维能力而无其他能力，他的巨著《进化论》是不可能完成的。

不光是达尔文，几乎每位创新人才都大同小异：为发现血液循环的奥秘，哈维大部分时间是在搜集尸体和解剖尸体。为写《本草纲目》，李时珍大部分时间是在跋山涉水，采集标本，向人求教。杨振宁大部分时间是在一个接一个地做物理实验……

因为这个道理，苏联数学家克雷洛夫也认为："在任何实际事业中，思想只占 2%—5%，其余的 95%—98% 是实行。"这提醒我们，要想成为创新人才，除了培养创新能力之外，还应该重视培养其他的辅助能力，即实施能力，否则就可能使创新活动打折扣，甚至沦为空想。

创新人才应该具备哪些实施能力呢？这可是一个没有"标准答案"的问题。由于创新的领域如此之广，需要的实施能力也就各不相同，比方说搞文学创作需要有人际亲和力，以便了解他人生活，探索他人心灵，而搞物理研究则需要设计实验、观察、研究、提出新理论等一系列才能。不仅各类创新人才需要的辅助能力不同，甚至同一专业内的不同分工，也需要不同的能力结构。

不过我发现，仍有某些实施能力是大多数创新人才共同需要的，例如，如果具备下面这些能力，将会使很多创新活动如虎添翼。

动手能力——在自然科学领域，大多数研究都需要较强的动手能力，有些课题还需要亲自设计制造专用仪器、特殊设备。即使是在社会科学领域，创新的很多环节也需要手脑并用。因此，动手能力是大多数创新人才的必备能力。

与某些发达国家的学生比，中国学生的动手能力目前还比较差。原因之一是不少父母只要求孩子拿回好看的成绩单，而把孩子分内的动手机会通通"承包"了。另一个原因，是学生在校动手实验、制作、操作的机会太少。这就使孩子在校在家遭到了"双重剥夺"，一旦需要亲自动手解决问题，就难免力不从心。

教育体制中培养动手能力的功能不足，固然有待于体制的改进，但如果孩子从小在家重视动手操作，照样也能拥有出色的动手能力，不会比欧美学生差。我们对婷儿的希望是——"一切力所能及的事都要自己做"。这个要求行之多年，收到了较好的效果。现在的教育环境正在不断优化，中国也将培养出大批善于动手的孩子来。

协作能力——当代创新活动的突出特点之一，是协作的普遍存在。美国研制第一颗原子弹的"曼哈顿工程"、我国的载人航天飞行，都是众多科技人员齐心协力的成果，"人类基因组计划"更是靠全球科学家携手而成功的。至于规模较小的协作，就更是普遍。

有协作精神的创新团队拥有巨大的能量，远胜于"创新个体户"或"科技小作坊"。例如德国吉森大学的吉森学派就以高度的协作精神著称于世，该学派曾囊括1901—1910年间70%的诺贝尔化学奖。

协作能力，是当代创新人才的一项基本功，缺此就难有大的作为。在我看来，每个孩子都应该培养这种能力，才利于日后的成功。

在协作能力中，包含着乐于助人成功的胸怀，善用合作力量推进事业的眼光，也包含着合作与沟通的种种技巧。由于在我国小农意识曾有长期影响，"各扫自家门前雪，休管他人瓦上霜"的观念也曾长期盛行，这就更需要从小培养协作观念，使协作真正成为一种习性，而不是挂在嘴边的空洞道理。

我们培养婷儿协作能力的办法是"双管齐下"——一方面提倡家里家外的协作精神，让她从小就懂得协作的意义，另一方面鼓励她大量参加与人协作的活动，包括在家跟父母协作、在校参加各种集体活动、演电视连续剧时与剧组协作等等，让她从小就习惯在工作、学习、生活中与人合作，在大量实践中培养协作精神，提高协作技能。在哈佛的课内外活动中，婷儿的这种能力得到了良好发挥和提高。

搜集信息能力——从信息的角度看，一切创新都包含着两大环节：一是搜集信息（掌握相关知识、观察、实验、交流、借鉴……），二是加工信息（思考、研究、讨论、筛选、重组信息……），以便产生新的思想、理论或产品。巧妇难为无米之炊，信息就是创新活动的"米"，不善于搜集信息，创新时就会耳目闭塞，困难重重。

可见，搜集信息是创新人才的一项基本功。

由于今天的大多数创新活动都具有国际竞争性质，即使解决国内的问题，也往往需要大量借鉴国内外的经验教训，这就需要具备熟练的外语能力。不仅如此，还要熟悉搜集信息的各种渠道，才能在创新竞争中耳聪目明、不失先机。

提高信息搜集能力并不难，只要经常为课内外的活动（如：办校报、校刊，搞社会调查、科技制作、小发明、写作……）多动脑筋多搜集信息，就会由生到熟再到巧。婷儿搜集信息的能力，就是通过这类活动培养出来的。

培养搜集信息能力，就不能不提及国际互联网这个重要的信息源。

如果要培养孩子独立研究的能力，勇敢地去触及一些研究式的"大"课题（如：入世后需要怎样的人才？保护可可西里环境的对策？速生树种的利与弊？亚洲四小龙的发展模式？……），网络肯定是个有效的信息库。可令人担心的是，网络还有不容忽视的副作用：近年来我国有不少高校对一些大学生作退学处理，其中受害于网络者的比例高达70%—80%，他们有的是中了网上黄毒；有的是整日沉湎于网络游戏；有的是受害于不良网友……对青少年来说，如何在上网时学会趋利避害，已经成了不可回避的课题。

我们的建议是：在"触网"之前，提前让孩子熟知各种"前车之覆"的后果，再共商有效对策，强化自律能力，形成"自觉避害＋善意监督"的机制，然后有节制地上网。这样更符合孩子的根本利益。若等问题大了再"病急乱投医"，往往就会难度倍增。

其他实施能力——有些创新活动还需要其他一些实施能力，例如表达能力（包括书面和口头表达）、管理能力、领导能力、实验能力、与人交流的能力等，都可能是创新活动的好"帮手"，因为表达能力强的人，容易调动方方面面的力量相助，越是复杂的创新活动就越需要出色的领导者去实施，善于与人交流有利于消除障碍获取信息……这些都是值得留意的培养内容。

如果结合孩子的兴趣和特点去考虑发展方向，未雨绸缪地开发各种辅助才能，未来的创新活动也会更容易成功。只是由于各专业领域的特点千差万别，这方面的内容一时难以尽述。

创新人才的六种类型

现代科技高度发展，社会分工日益精细复杂。在这一时代背景下，任何创新人才都只能在各自擅长的小天地里施展才干。俗话说：人怕入错行。根据自身潜能特点来选择发展方向，对孩子也就变得非常重要了。

下面列出创新人才常见的几种类型，以便帮助青少年朋友更好地认识自身潜能特点，主动开发优势潜能：

基础科学研究型：他们进行基础性的科学研究，发现重要的自然规律和社会规律，创造重要的新知识，极大地改变世界的面貌。世界一流的这类人才，是我国当前最紧缺人才。那些最著名的科学家，大都属于此类。

应用技术型：他们根据科学新知识和高新技术的新进展，做出应用性的发明创造，推动新知识和高新技术的实用化和产业化，直接造福于社会和大众。我国此类人才虽不少，但世界一流水平者却很短缺，因此这一领域的优秀人才，包括厂矿农村的革新能手，将有广阔的施展空间。在日本成为发达国家的过程中，此类人才曾做出重大贡献。

社会管理型：他们能通过制度创新和机制创新，解决社会运行中的重大问题，若能在适当岗位施展才干，将会产生不小的社会效益。例如上世纪70年代之前，香港的贪污现象曾十分猖獗。麦里浩和姬达二人创立并完善了独立的反贪机构——廉政公署，以制度创新的方式，使香港很快成为亚洲最廉洁的地区之一。我国的发展面临着许多重大课题，非常需要大批此类人才。

经济管理型：这也是一种应用型的创新人才，是各类企业活力的重要来源。中国企业要想在国际竞争中取胜，需要大批有创新精神的管理者参与其中。婷儿的能力结构、兴趣和发展方向都越来越趋向经济管理。相信她会结合机遇不断努力，强化这方面的知识和能力。

艺体技能型：文学、艺术、体育、广告、美容美发、烹饪、时装设计……和其他的技能型人才，特别是其中富有创新精神的人，能为社会发展做出独特的贡献，他们是当代任何文明社会不可缺少的建设者。

复合型：他们又可以细分为不同类型，例如有一种跨专业的复合型人才，往往能在两个以上专业的交叉点上取得创新成果。另一种"领导才能＋专业才能"的人才，可能成为各行业的领导骨干，甚至将帅之才，实施"集团军"式的重大创新项目。他们是我国各行业非常急需的中坚力量。

需要提醒读者的是：在培养孩子创造力时，一方面要对创新人才的类型心中有数，另一方面不要让孩子过早定向。过早定向会导致兴趣和知识面狭窄，容易在知识结构方面变成"跛脚鸭"，有损孩子的发展后劲。

怎样优化知识结构？

他为什么难成功？

中央电视台播放过一位农民试造直升机的专题节目，很能说明问题。那位正当壮年的宋师傅有着强烈的探索精神、百折不挠的毅力，更有对飞机近乎痴迷的兴趣，可是他的那架"直升机"却左摇右晃使劲挣扎，仍然无法离地升空。转念一想，飞不起来兴许还是好事，如果侥幸上了天，又缺乏起码的安全保障，后果真有点难以预料。

宋师傅探索失败的原因其实很简单：他并不具备直升机的设计制造知识，即使只是简单仿制，也难以成功。这个实例给人的启示是：知识结构对探索水平有非常直接的制约作用——知识结构不佳，探索往往也难成"正果"，在科技发达的当代尤其是这样。这类实例网上和报纸上也时有所闻。由此可见，要想成为创新人才，就必须具备良好的知识结构。

但若问到"什么样的知识结构才算良好"，却并没有一个万能的答案，因为不同的人需要的知识结构，往往是千差万别。但为了给孩子预留更大的创新发展空间，中小学阶段一定要坚持文理并重，确保全面发展。

优化知识结构的五点建议

一般说来，父母文科好，孩子容易文强理弱；父母理科好，孩子容易理强文弱，都需要有意弥补。另外，学校在文理方面的优势劣势和现行的高二文理分科制，对孩子的知识结构也有一定影响，也需要有意识地做一些相应的"补短"工作。

如果想在创造力方面有突出表现，可参考以下五点优化知识结构：

广度——课内文理并重，课外广泛涉猎。因为拥有跨学科知识结构的人，将具有创新优势和更大的成才优势，在应试教育向素质教育过渡时期，中小学生可依托家庭实施"通才教育"，把开发潜能和优化知识结构两者有机结合起来，在宽厚的基础上形成自己的中心兴趣和强势才能。

深度——抓好基础知识，挺进创新前沿。在基础知识扎实的前提下，掌握本专业最前沿的新知识和新成就，并把一切知识都看做可突破的，将有利于"站在巨人的肩上"去创新。爱迪生成功的秘诀之一，就是遵循了"从现有知识的制高点起步"这个重要原则。

适度——有所为，有所不为。在"知识爆炸"的时代，一个人即使穷其一生，也不可能通晓本专业的所有知识，更别说对其他专业"全知全能"了。因此，只有学会舍弃，只追求"适度的知识"，才能集中精力掌握好真正需要的知识。

新度——储备学习能力，不断更新知识。优化知识结构是一个动态过程，需要树立终身教育的观念，真正做到"活到老，学到老"。只要你基础知识扎实，又有学习能力（良好的学习习惯＋有效的学习方法），就能在知识结构方面与时俱进。

熟练掌握常用工具：数学和外语。无论文科还是理科，多数情况下，要想创新就不可忽视数学和外语这两大工具。因为要从量的角度认识事物本质，就需要数学工具，而较高水平的外语，则是参与高水平国际交流合作与竞争的不可或缺的"制式装备"。

自信心和自我纠错能力

对创新人才来说，坚定的自信心是事业成功的强大支柱，也是创新活动不可缺少的一大要素。不足的自信心就像看不见的"玻璃天花板"，会制约思维的空间，限制创新的水平，甚至导致错失科学发现的良机。

1900 年，德国物理学家普朗克在研究辐射现象时，发现受热物体的辐射只能以一份一份的"量子"方式进行,这与经典物理学理论完全不符。普朗克思前想后,颇感踌躇。他对儿子说:他感到要么自己做出了一个头等重要的发现,可以与牛顿的发现相媲美,要么也可能大错而特错。遗憾的是,在最需要坚定向前的关键时刻,由于缺少足够的自信和勇气,普朗克选择了退缩,转而去调和经典物理学与新发现之间的矛盾,这番努力当然只能是徒劳。5年之后,爱因斯坦对普朗克的量子理论作了深入研究,成功地解释了光电效应现象,并因此获得1921年的诺贝尔奖。这个殊荣,本应属于普朗克——假如他当初有足够的自信。

孩子需要哪种自信?

纵观科学史,有成就的创新人才几乎都是坚定自信的人,有的甚至不惜为信念而牺牲生命。可是通过分析创新人才的实例、观察众多孩子和成人,我们发现并非任何自信心都是有益的。

孩子的自信心至少有以下三种:

盲目的自信心——主要是在别人夸大其词的赞美中养成的,因为缺少实际能力而根基不牢,容易在现实生活中饱受打击而丧失。这种自信心是父母娇宠孩子的副产品。

虚弱的自信心——主要建立在周围的人不如自己的基础上(尤其是考试成绩),一旦有人超过自己,而自己无法再保持领先地位,自信心便轰然坍塌。这种自信心是应试教育褒尖子、贬众人的副产品。

坚实的自信心——主要来自孩子自身能力发展过程中的成功体验,以及扎实的才能与学识。它能够在进取过程中日趋坚定,是"成功型"的自信,这种自信心是素质教育的必然结果,也是创新人才的特征之一。孩子需要的无疑是这种自信心。

保护自信心,就是保护创造潜能

我发现,很多人都习惯于根据现状来评价孩子(或自己),而忽视潜能这个"大砝码",这有点像用小树苗的现状来贬低未来的参天大树,容易导致妄自菲薄。忽视潜能的评价方式对未成年人特别有害,因为他们的自信心更脆弱易碎,容易在错误评价的打击下受伤,妨碍日后潜能开发。

多年来的观察和见闻使我有一条基本信念,就是不能对孩子轻下断言，说他将来必定如何无能没指望。仅在我的记忆中，就有许多原本"不起眼"的孩子成才，究其原因，只是潜能开发较好，又抓住了机遇而已。

青少年朋友在评价自己时，与其妄自菲薄，不如对自己"看高一线"，甚至"狂妄"一点也无妨，只要你同时也积极开发潜能寻找机遇，把未来落到实处。

同时，每个成年人在跟孩子打交道时，也应注意多些鼓励，而不是轻易贬低。诸如"你完了"、"你这家伙根本没希望"、"你这个蠢材、小笨蛋"之类的话，万勿轻易出口。如果想培养人才，就更要保护孩子的自信心，别让未来的有用之才被信口"骂杀"。

善于自我纠错，以免自信成固执

坚定的自信心固然重要，但如果自信心强过了头，就会固执己见，抱残守缺，同样会妨碍创新。为了避免"真理多走一步，就变成谬误"，创新人才还需要具备一种可以对抗固执和思维僵化的本事，即自我纠错能力，以便消除过度自信带来的不利。

美国"氢弹之父"爱德华·泰勒（他也是杨振宁的老师）就有极好的自我纠错习惯。有时他会兴致勃勃谈起自己的某个最新见解，不久后又会毫不留情地亲自否定掉。尽管泰勒的十个新见解中可能九个半都错，可是他凭借有错就纠的好习惯，却能"沙里淘金"，做出不平凡的成就。

我们在培养婷儿自信心的同时，也很重视培养自我纠错能力。其一是鼓励婷儿追求客观真实，养成实事求是的习惯，形成发现错误的能力；其二是要求婷儿用理智调控情绪，主动消除维护面子的冲动，养成坦率认错的习惯；其三是鼓励婷儿向自身弱点挑战，通过增强实力提高纠错能力。这三点在本书第三章里都有专门的介绍，在此不再赘述。久而久之，婷儿不仅具备了良好的自信心，总是有勇气挑战难度更高的目标，同时也具备了防止自信变固执的意识，一旦被事实证明有错，总是有勇气自我纠正。

我国中学生的创造力排名为何落后？

儿童的创造潜能普遍高于成人，被视为"天生的科学家"，可是随着年龄渐长，我国学生的创造力却呈减退状态。据教育部1997年开始的一项调查显示，我国中学生的创造力在高二年级降至最低点。另据2001年报载，21个国家的中学生相比，我国中学生的创造力排名仅为倒数第五。

这种创造潜能衰减的现象，表明在幼儿和中小学生的成长环境中，不仅存在着许多损害创造力的因素，孩子们对损害也缺乏足够的"抵抗力"。例如：

——据心理学家调查，约70%的家庭属于过分干涉、过度保护或严厉惩罚型，而不是创新人才所需的"民主＋激励"的类型。

——有的家长过分强调孩子要"听话"，而忽视培养"知其所以然"的究理精神，久而久之，孩子难免变成思想懒汉，荒疏了独立思考。

——有人对学习喜欢搞"标准答案""标准模式"，不经意间，万紫千红的百花园便可能渐渐荒芜清冷。

——有的孩子重"主科"，轻"副科"，凡不能"拿分"的学科都尽量敷衍，课外知识更少涉猎，导致知识面狭窄、兴趣爱好单调贫乏，糊里糊涂便痛失了创造的原动力。

——有的父母只重成绩单上的"硬指标"，却忽视课余兴趣、动手能力、协作精神等不能挣分的"软黄金"，天长日久，孩子充其量只会成为捞分的高手，却多半是创新的"矮子"。

……

其实，中国孩子绝不比任何国家的孩子笨，但传统观念中积淀的压制创新的东西，却导致上述这些"无意识损害"每天都在发生，严重妨碍着创新幼苗的成长。

要想与上述种种损害创造潜能的因素相抗衡，仅仅教给孩子们各种创新方法和技巧显然是不够的。但如果孩子和成人都掌握了一些创造心理学常识，情况就不一样了。至少，它能使孩子具备必要的自我评价能力，明白自己的好奇不是不安分、好问不是"爱多嘴"、质疑不是"犯上作乱"、兴趣广泛不是不务正业……这样即使遇到小伙伴和成人的错误评价，也不致错把宝贵的创造幼芽弃之如敝屣。同时，它也能帮助成年人更清醒地分辨孩子的创造潜能，及时鼓励、激发、开掘，而不是忽视和"误炸"。这样，创造潜能就能受到双重保护。

有感于此，我特地写了下面这一节，希望能在保护孩子创造潜能方面多少起点作用——让各种潜能在有效保护中得到开发，这也是我们培养婷儿创造力的原则。

给中小学生和家长的几点建议

在分析不同的育才效果时，不止一位心理学家强调说：如果老师（我想应理解为"指导孩子的人"，包括家长和老师）有较高的创造力，学生就更容易取得较大成就，大量"名师出高徒"现象也证实了这一结论。相反，如果老师的水平在"创造力标杆"以下，创造潜能高的学生表现就反而不如潜能低的学生。这说明，成人掌握了创造理论常识并用于实践，有利于优化培养孩子创造力的环境，可避免让孩子陷入常见的"创造潜能先受损，后修补"的怪圈。

低龄儿童：鼓励正确行为，暗含创造学理论指导。对学龄前和小学低年级儿童，可以采取"鼓励正确行为，暗含理论指导"的做法，经常表扬鼓励他们身上有利于创造的行为，比如：爱提问爱刨根问底，喜欢动脑筋想办法，好奇心强、观察细致、做事不怕困难、想象丰富、求知欲强、乐于与人协作等等，以便起到保护、引导、强化这些创造素质的效果（对缺乏这些表现的孩子，可以手把手地教，作示范，并通过游戏使他们乐于仿效）。还要反复告诉他们：这些行为受表扬，是因为它能使人变得更聪明能干，能帮小朋友们实现自己的理想（比如当个能工巧匠、发明大王、常胜将军、科学家、服装设计师……）。在此基础上，常讲有趣感人的科学故事、发明趣史，有意渲染种种具体的创新行为，让孩子通过实例去领悟和接受其中隐含的创造理论知识。在此基础上，再搞点力所能及的科学实践小活动，就更有益。

小学中、高年级：讲解创造学理论须通俗。小学中、高年级的孩子，理解力和抽象思维能力有明显提高，已渐能掌握事物和概念的本质，也就可以对他们讲解一些创造理论常识了，但讲解需要通俗易懂有趣，一个道理应当辅以若干个生动实例和故事当"糖衣"。

对这个年龄的孩子，榜样的作用相当大。指导者不妨树立两种榜样来加以引导：一是杰出创新人才的榜样（通过讲故事、阅读科普图书），二是以身边同龄孩子的良好表现为榜样（先对孩子指出"小样板"们的值得学习之处，再一起分析讨论、找到学榜样的措施）。这样，孩子就有了明确的努力方向。在此基础上，顺势帮孩子开展力所能及的创造性活动（观察动植物和环境、手工制作、解决现实问题、搞小发明……），就能促进创新能力提高。婷儿小学阶段搞了不少这样的活动（请参见《哈佛女孩刘亦婷》里婷儿的多篇日记）。

学龄前和小学的孩子自我评价能力不足，既敏感，又易受伤害，很容易在受挫折后气馁消沉。成人有的放矢地多加鼓励，是他们非常重要的"精神能量"，有时一次有效的鼓励，其深刻影响甚至能持续一生。

中学生：熟悉创造学理论常识，大量参加实践。中学生的思维特点，是从经验型的逻辑思维向抽象思维和辨证思维快速发展，思维的预见性、借助理论假设进行思维的能力都有大幅提高，这就为深入掌握创新理论常识提供了良好基础，这时已能向他们直接讲解创造心理学理论常识和创造技法，但仍应辅以生动有趣的实例，使之更好"消化"。

不过，光掌握理论还远远不够，还需要把创新思维变成孩子的本能和习性，才可能培养出创新人才，这绝不是当个"活录音机"背几句理论就能做到的。为此，就要借助于另外两个途径：

一是与指导者或同学们一起，常讨论创新理论、创新素质和各种创新实践的心得。如果说听课主要是"单向接收"的话，那么讨论就是双向交流、相互启发和咀嚼消化，能达到更深的理解程度。因此，讨论的效果通常是"一加一大于二"。

二是亲自动手，大量参加创新实践，要学会游泳，就必须下水扑腾个够。在创新理论指导下的实践，具有很好的"熔炼效应"，能把所知的各种理论和方法变成自觉行为，久而久之，就可能成为融化在血液里的创新习性和本能。这与缺少理论指导的实践相比，效果会有很大区别。

这样的中学生进了大学，可不必再经创新启蒙，就能进入培养创新才能的较高阶段，即"专业化、高水平"的阶段。与初历创新启蒙的大学新生相比，这些"老手"，显然更容易成才，甚至成为高级创新人才。

在这种"理论引路，全过程有序深化"的培养模式中，创新潜能从幼儿期就得到保护和开发，各阶段有序衔接、逐步深化，既有理论指路，又大量积累实践经验，显然更容易成功。

第五章

刘亦婷的学习方法：小学篇

婷爸爸张欣武答读者问

　　在孩子的成长过程中，掌握有效的学习方法是形成优秀素质体系的重要条件之一。不然的话，"十大必备素质"的好几个方面都无法培养起来，尤其是与学习能力直接相关的"知识广、能力强、后劲足、发挥佳"。因此，我们从小学开始就非常重视引导婷儿掌握学习方法——用古代的话来说叫做"授人以渔"，用时髦的话来说就是"学会学习"。

　　小学生由于知识和经验不足，很难自己发明或发现系统的学习方法，主要靠成人传授（与此相对应的是，询问小学学习方法的读者以家长为主）。我们的体会是，只要让孩子尝到运用学习方法的甜头（老师和父母的表扬鼓励、攻克难关的成就感、获得约定奖品的愉快心情、成绩提高同伴羡慕佩服等等），就能提高孩子掌握学习方法的兴趣，还能培养发现问题和解决问题的能力。

　　随着知识和能力的增长，孩子会逐步过渡到自己独立探索和总结学习方法。这个过程若能在青春期逆反期之前完成，对亲子关系和孩子的中学学业都极为有利（婷儿就是如此）。到了这一步，部分孩子就可能在中学实现自主前进，或者在老师指导下较容易地胜任学业。

　　下面这些学习方法大都是婷儿小学用过的，它们既有数学、语文专用的方法，也包括各学科通用的方法。其中有些方法，基础好的学生也许不需要，但基础较弱的学生却很需要，也一并写在这里，供提问的读者朋友参考。

　　由于婷儿学习英语和作文的种种方法横跨婴幼儿和中小学这三大阶段，我们将在第六章和第七章分别详细介绍。本章暂不涉及，特此说明。

入学前，做好身心准备

在中国，从上小学开始，孩子的学习方式就进入了一个全新的阶段——学习内容不再以个别孩子的兴趣为中心；学习进度不再以个别孩子的快慢为依据；学习目的也不再满足于"唤起兴趣就行"。不论这些特点是否合理，都是孩子必须面对的现实。在学校的教学方式改变之前，孩子和父母与其抱怨抵触，不如像我们一样积极适应——和学校形成"互动互补"的关系，最大限度地优化孩子的成长环境。（请参见本书第三章里的《"积极引导"之三：高效利用教育资源》一节，那里有一段我们怎样跟学校"互动互补"的文字。）

这种"互动互补"的努力，从婷儿入学之前就开始了。为了让婷儿愉快地完成幼儿园和小学的过渡，我们在孩子的心理、安全、起居习惯、作业环境这四个方面，都提前做了准备。

提前熟悉校园，消除陌生感

在婷儿入学之前，妈妈特地带她到即将就读的小学去了两次。母女俩这里看看，那里玩玩，遇到低年级学生聊上一会儿，妈妈再有意赞叹几句……等开学之后婷儿单独进入校园时，因为对环境心里有数，加上对校园生活的热切期待，自然表现得从容不迫，活跃而自信。很快，她就被老师指定为代理班长。

提前熟悉环境是帮助孩子适应新生活的方法之一。婷儿在成都上第三幼儿园之前，也是事先和妈妈一起去参观玩耍了几次。等到正式入园时，婷儿早已喜欢上了三幼，巴不得去上呢，自然不会哭了。婷儿上学后，遇到在外校参加重要的考试或竞赛，老师也会提醒她和同学们提前熟悉考场。这样做，既利于消除隐患，又可减少陌生感给孩子的心理压力。

对性格内向或没上过幼儿园的孩子而言，提前熟悉环境更为重要。一回生，二回熟，有助于缓解这些孩子对陌生环境的紧张感，增加安全感和自信心。在没有心理压力的情况下，孩子更容易集中精力听老师讲课，有助于顺利度过"幼儿园——小学过渡期"。

特别胆小的孩子，如能和熟悉的亲人一起提前会会陌生的老师，效果会更好。如果老师能给孩子一个亲切微笑、几句欢迎的话，会大大增加学校的吸引力。

熟悉上学路线，增加安全系数

在熟悉校园的同时，可以顺便摸清孩子上学的路线，看有什么潜在的安全隐患需要防范。婷儿一年级是妈妈一天两次骑车送她上学，两次放学则是婷儿自己步行（那时社会治安较好）。婷儿二年级时，我们宿舍门口有了公交车站，婷儿就是自己搭两站车往返了。不论是步行或骑车、搭公交车去上学，我们都实地测算过大致需多少时间，这样既可防止上学迟到，又有利于了解孩子离校回家的路上情况是否正常。

在婷儿独自回家和独自搭车之前，妈妈都是事先和婷儿讨论了独自行动的注意事项，然后让她用"只当大人不在"的方式实地演练。先做到熟练地独自过马路、过十字路口、上车、下车，再演练独自走全程。经过演练之后，孩子安全得多，大人也放心多了。

需要特别提醒孩子的是：不要在路上玩耍，也不要到同学家去串门。因为孩子弄不清同学家的社会关系有无危险，很可能同学本人也弄不清。从安全角度考虑，孩子与同学一对一的交往应该局限于校园之内。当然，如果去同学家是经过老师同意的集体课外活动，或者去的是父母知根知底的家庭，还是允许的，但事先必须征得父母同意。

调整起居习惯，适应学生生活

婷儿没上过学前班，对她这种刚进小学的孩子而言，生活方式由"动"转"静"，是感觉最大的变化。为了适应一坐就是40分钟的上课方式，入校前半月，婷儿便开始调整起居习惯。首先是延长"静"的时间，有意让她连续地玩那些安静的游戏，如听录音看连环画书、装拆难度较大的智力积塑、下跳棋、折纸、画画、玩胶泥等。需要休息眼睛的时候，就坐着说说话，然后接着安静地玩。差不多坐够一堂课了，再跑跑跳跳"动"上一刻钟，然后又是下一段安静的时间……午睡的时间也逐渐推迟，缩短，睡不着就干脆起床，开学前一周就基本不睡午觉了。

为了让婷儿对小学功课有新鲜感，有兴趣听老师讲课，我们没让婷儿提前接触小学课本。但在亲子共读注音彩图童话书时，随机教婷儿学过拼音，以便她自己独立看书。婷儿上学前也没练过写字，只是因为喜欢画画而练习过怎样拿笔，并在开学前教她学会了写自己的名字。

我们还特意向婷儿描述过小学生的作息制度，包括要学哪些功课；每天上几节课；上课要尊敬老师、专心听讲；下课要抓紧时间处理喝水、上厕所这些杂事；和同学们一起玩时要团结友爱注意安全，有事要主动找老师等等。

上学伊始，培养专心习惯

环境简洁舒适，减少分心因素

从心理学的角度看，小学低年级的孩子注意力还很不稳定。如果学习环境中存在其他诱惑，特别是孩子喜欢的玩具、色彩鲜明的物品之类，孩子就难免会分心，久而久之，会养成学习不专心的毛病，学习效率下降。

有鉴于此，婷儿的尺、笔、文具盒都是图案漂亮、功能简单的类型。因为图案看熟了就不那么分心了，而"多功能"却容易让孩子习惯性地把文具当玩具，上课、作业、考试都有可能玩起来。

在出门选择文具盒之前，妈妈先和婷儿讲清上述道理，然后约定：在大人划定的价格之内（用价格排除多功能的类型），由婷儿决定选择什么花色品种。

孩子学习的桌椅高低要合适，方便孩子自然保持脊椎挺直，以免坐姿不当加快疲劳，老是想站起来，甚至养成"罗锅"的毛病。当年成都没有可调节高度的学生桌椅卖，婷儿先是用的茶几＋小圆凳，随后是用缝纫机当书桌，随着身高增加逐渐减少坐垫的厚度。

有可能的话，再买一个防近视台灯。婷儿用过一种专利产品，灯身伸出两只胳膊式的红外线探头，可以监测头部是否离桌面太近，头一低过界线，灯就会发出警报，用不着大人老是用"头抬高点"的提醒来打搅孩子。此灯效果很好，但不知现在是否还在生产？

两个小措施，帮助孩子专心

尚未养成专心学习习惯的孩子（指不能做到一口气专心学习 20 分钟再休息 5 分钟，如此循环），学习的时候最好能面对闹钟，背对大人，但又在大人的视线之内。孩子感觉到大人在静悄悄地关注自己学习，会减少脑筋"开小差"的次数，有利于促使孩子专心。

如果小学生做不到一口气专心学习 20 分钟，大人也可拿一本孩子没兴趣的书，坐在孩子的侧前方，做专心阅读状，给孩子提供榜样（看报动作大，又有图片，容易让孩子分心，不合适）。并抓住孩子专心的片刻夸奖孩子："你专心学习的样子好可爱哦！""再专心学习 3 分钟，就奖励你一个笑话（或玩 5 分钟等）。"

要求孩子专心的时间，可视孩子的适应情况逐渐延长，直到孩子习惯于一口气专心学习 20 分钟，大人就可以逐渐"撤退"了。

练字好处多，方法有讲究

初学写字，宜大而满格

婷儿刚上学，妈妈单位上一位饱学的老编辑就提醒说：要想把字写得又快又好，一开始就别管字写得漂不漂亮，只要写大、写满格就行。其他老编辑也这么说。我们觉得这至少对保护眼睛有利，可能还对记忆字形有利，就请婷儿照办了。我们只要求婷儿横平竖直写满格，不要求她把字写漂亮。婷儿写起字来没顾虑，即使在三年级暑假开始练字之前，速度也快于不少字写得很小的同学。

笔画不清，冤枉丢分

婷儿在小学低年级，不止一次遇到这样的事：明明会做的题，却被老师打了个叉。仔细一看，原来是答案字迹不清，横竖难分，要不就是把 0 写得像 6，1 写得像 7，连自己计算时都看错了，结果当然也不会对。在关键考试里如果出这样的错，岂不是太冤枉？事实上，每年升学考试中都有学生吃这样的亏，失去了应得的机会。

这个问题，婷儿是三年级暑假开始练字解决的。我的想法是，写字是一种手脑并用的精细活动，对大脑小脑都有一定的开发功能，还有利于培养做事有条理的习惯。不练字，岂不失去了一次开发脑功能的机会？

练字只求"对、快、清"

小学生练字不必像学书法那么讲究。学书法练字有"三步曲"——蒙帖、临帖、背帖，即：先在字帖上蒙上薄纸去照着写，然后看着字帖写，最后脱离字帖凭记忆背着写，还要讲点柳体、颜体、赵体什么的，是个慢工出细活的事。

但小学生练字的目的大都不是出书法作品，用不着这么讲究，蒙一段时间的帖之后，就可以脱离字帖，凭记忆和感觉去写了。美不美观，像不像某种"体"，通通不重要，只看是否"写得对，写得快，写得清楚"。除非孩子热爱书法，才另当别论。

写字慢，损失大

小学阶段写字慢，首当其冲的损失是考试做不完题。等上了中学大学，还要加上课堂笔记记不全。况且，随着一年年长大，作业和课堂笔记会相应增加，如果写字不快，怎能闲庭信步？

假设每天因为写字慢，要多花半小时，每年写字 300 天就多花 150 小时，中小学 12 年，稀里糊涂就白丢了 1800 小时！——这笔可观的资源足以再学好一门外语，或者多看几百本好书；或者参观无数次博物馆、科技展览，外加游泳、旅游、电脑比赛……多少有趣的课外活动都会因为写字慢而搞不成，自由发展的空间也会因此而大大"缩水"！

所幸的是，写字慢的问题并不难解决。古人常说"字无百日功"，一般人都能在两三个月内把字练出来，选个假期每天用几十分钟练字最为合适，而以后节约的大把时间，也足以许多倍地把这点"投资"挣回来。

保护视力：练钢笔字的大问题

古人蒙字用的字帖，每个字有孩子的小拳头那么大，看时眼睛不费劲，对视力的影响较小，但现在用钢笔字帖蒙字就不一样：一般每个字小于 1 平方厘米，有的还更小，即使是用很薄的白打字纸蒙上去，看起来仍很费劲，我试着蒙这样的帖，感到对眼睛的消耗不小。

为了解决这个问题，我试用过多种材料，后来发现，那种用来收藏正版邮票的透明版票夹，是最适合蒙字的材料。它虽然稍嫌有点硬，但透明度高，每次用钢笔写过后，用半湿的抹布一擦就掉，能反复使用很多遍。成本低廉又利于环保。于是版票夹通过了"技术鉴定"，成了婷儿蒙字的首选材料。

选字帖，字宜大

比较理想的字帖应该符合下面的条件：要钢笔字帖，字以大为好，这样对眼睛消耗才小。字体首先以楷体为佳，符合小学生不写行书和草书的要求。笔画要简洁，以不带"回锋"为好。有"回锋"固然更美观，但写起来却要花更多时间，一旦成为孩子的写字习惯，就会长期"蚕食"贵似黄金的时间。

婷儿练字，不仅包括汉字，还包括我为她特制的"数学字帖"：阿拉伯数字0—9、加减乘除号、大于小于等于符号……凡是常用的数字、符号，我都用规范的手写体写在一张带横格的厚纸上，让婷儿去蒙着练。

在小学三年级暑假，婷儿每天都坚持练半小时字，分两次完成。假期结束时，她写字的速度明显加快，做数学也写得又快又清楚。此后，练字的好处很快就在各方面显现出来：作业做得更快了，字迹不清造成的失误基本绝迹，遇到测验考试，写字快也使她更加从容自如，课外自己支配的时间也更多了。

这次练字所花的时间虽然不多，但给婷儿带来的好处却一直在延续。

巩固字词句，夯实"基础的基础"

语文是一切学科的基础。"字、词、句"，则是"基础的基础"。如果这个基础不牢，段落和篇章就成了"无源之水"，将会问题不断。要想提高语文的理解和运用能力，自然要从巩固字、词、句做起。

对婷儿这类学前没过"早期阅读关"的小学生而言，掌握字和词，一是靠老师在课堂上教，二是靠孩子回家来听写、练习。从婷儿的学习过程来看，利用录音机复习生字、生词；利用日常生活中的零碎时间练习组词、造句、缩句和扩句，都是有效的办法。

用录音机听写：

第一步，复习：让孩子把要听写的生字念一遍，先带拼音念，再尽量带上偏旁部首念，如"zhang，章，立早章"，并通过组词来区别同音字，如"章，文章，章节"，边念边"书空"——即用食指虚拟写字，书空的好处是快而不累。

第二步，录音：让孩子把要听写的生字录入录音机，注意不要只录生字的读音，还要把每个生字组成词录下来，例如，"蓝，蓝天的蓝；魄，气魄的魄……"，这样就能够避免同音字混淆不清。

　　第三步，听写：生字都录完后，把语文课本合拢，把磁带倒到开始处按下放音键，每听一个生字，就把它默写下来（考试前复习生字的时候要连拼音一起写，以便发现问题），写不出的字就把拼音写下来，以便迅速查对写不出的字是哪一个。

　　第四步，纠错：听写后打开语文书，逐一核对每个生字，看是否有错。若有写不出来的生字和写错了的生字，就每个字抄九遍，分三次抄（用"重复"的原理加深记忆），然后把这两类字再听写一遍，一般都能听写对了。由于出错的是少数，这一步会很快完成。对那些难以记忆的生字，最好再抄在专门的"错漏本"上，便于以后重点巩固。

　　婷儿小学时，平时的听写作业都是这样独立完成的。只有期末考试复习时，大人会看着她这样过一遍以前学过的所有生字，以便发现问题。

组词、造句练习：

　　第一步，组词：让孩子把每个生字尽量组四个词，要求孩子主要靠自己想，确实想不出来的词可以问父母，但主要靠自己查《现代汉语词典》，孩子掌握了使用正规工具书的方法，以后有问题就能自己解决。这是"授人以鱼，不如授人以渔"的做法。此举的目的，是把生字变成可用于说话和写作的词汇，丰富汉语词汇量，为句、段、篇、作文打下基础。除了个别的词以外，应尽可能让孩子独立完成。婷儿的组词练习以前主要是靠平时口头进行，仅在二年级暑假集中搞了一次单项训练。

　　第二步，家长检查：此时主要是检查组的词是否有错，如果发现有错，家长可直接告诉孩子正确的是什么。如果是错别字，则马上写到错漏本上。正确的词和错误的词对照着写，中间用破折号隔开，错字及相应的对字下面加点。这样复习时就一目了然。

　　第三步，口头造句：前面几步完成后，尚不知孩子对所组的词是否都理解、会用，要求孩子用所组的每个词口头造一个句，便可马上知晓。对造得正确通顺的句子，可给予简短鼓励："好，不错，正确，很生动"等等，就算通过了。那些有问题的句子是注意的重点，可在讲解示范后，让孩子再练几遍，并肯定其进步。那些仍然用不熟的词，可记入"错漏本"，以便今后提高。如果家长辅导能力不足也没关系，有问题不仅可以跟孩子一起查字典、词典，还可以让孩子记下来去问老师。

婷儿的造句练习主要是在平时的零碎时间进行的。当学校的语文课开始进行扩句、缩句训练时，平时的造句练习就让位于扩句、缩句训练了。

缩句、扩句练习：

扩句、缩句练习对培养孩子的概括能力和语言组织能力非常有用。妈妈把这种练习变成了她和婷儿之间的语言游戏。经常的，当婷儿放学回家等着开饭的时候，婷儿就和妈妈在随口描述身边情景的句子中找"谁怎样"（或"什么怎样"），以此练习缩句。熟练之后再用给"谁怎样"前、后、中间加词儿的办法，练习扩句。婷儿在缩句练习的时候学会了辨别主语（谁）和谓语（怎样），在扩句时顺便学会了辨别介语、定语、状语、补语。我们没有要求婷儿掌握这些超出教学大纲的内容，但婷儿对此兴趣很大，喜欢让句子中的词汇对号入座。我们也乐得和婷儿多一个有趣且有益的谈话内容。

再后来，扩句、缩句练习就让位于在一段话中找总括句，或用一句话浓缩一段话的内容（相当于概括段落大意）。时间则集中在三年级暑假的几个晚上，仍是用的大人和孩子轮着来的游戏形式。

要想孩子数学好，父母宜知道学什么

对在家庭或幼儿园受过早期教育的孩子来说，现在一二年级的数学课显得很浅，孩子很难对缺乏挑战性的学习内容产生兴趣。如果父母不能设法为孩子提供程度恰当的学习内容，孩子对数学的兴趣很可能在老师反复批评其"不专心"中磨蚀殆尽。到中高年级数学的难度提高之后，孩子能否跟上就很难说了——因为学数学的能力和习惯尚未形成，兴趣却已经转移到别处去了，"强者恒强，弱者恒弱"的规律也会体现在孩子的学习偏好上。如果父母知道学好数学离不开哪些能力和知识，能在课外用富有挑战性的学习内容吸引孩子自学数学，情况会好得多。

另一种情况是孩子早期没有开发数学潜能，数学显得难度较大，需要课外辅导。不论是哪种情况，要想孩子数学好，父母都宜知道数学究竟要学什么，以便更好地观察孩子的学习状况，及时提供有效的指导和帮助。

一般来说，数学的学习任务可大致分为四个"板块"：

一是数学基础知识

数学课本中包含的概念、公式、定理、定义、法则等，都属于基础知识的范围。它们在数学教材上大都以黑体字的形式出现（有时有极少数不是黑体）。基础知识是数学天地的"交通规则"，如果记忆不全、不牢，或者理解有偏差，都有可能在解题时出"交通事故"。对数学知识，应该在全面深入理解的基础上，做到无遗漏地记牢。

辅导建议：如果这方面漏洞很少，可采取"零星解决"的对策，学习中发现了一个漏洞，就解决一个。但如果抽样检查发现漏洞较多，最好对所学的知识再做一次全面检查，把漏洞都一一找出，然后采取"集中大扫除"的办法解决。

二是数学基本技能

数学技能，包括四则运算技能、运算的优化技能、使用数学工具、绘制图形和图表的技能等等，这些都是应用数学知识的必要能力，如果不扎实不熟练，就会妨碍数学知识的应用效果，使整体水平下降。

辅导建议：数学基本技能光会还不够，最好能以熟练为标准。在后面的《速算扑克牌，开发数学潜能》一节里，介绍了解决运算能力不足的训练方法，供遇到这类问题的家长和孩子参考，这是数学技能中较大的一块"硬骨头"。

无论心算、笔算、绘图，还是其他数学技能，都有"熟能生巧"的规律。如果这些方面不够好，需要先找准具体的薄弱环节，再实施相应的单项训练，使之熟练化，问题便迎刃而解。这类单项训练在本章还有不少介绍。

三是数学思维能力

数学思维能力，是导致学生之间数学实力拉开差距的核心内容，可分为"初级阶段"和"高级阶段"。

"初级阶段"的特征，是循规蹈矩，能按教材上的常规要求去思考分析，并顺利解出一般的数学题。但对难度较高，变形较大的题，由于抽象概括能力不足，就会步履维艰了。

"高级阶段"的特征，是勤于思考，思路开阔而灵活，善于从多种角度找出解题的最佳途径，还善于用已有知识解决未曾遇到的问题。尤其有价值的是，数学思维能力训练对开发创造力非常有效。在我看来，这也许是孩子能从数学中得到的最大回报。

辅导建议：

一、**"模拟出应用题"，帮孩子发展抽象概括能力**。婷儿1—3年级时，为了巩固记忆并检验她是否真的懂了新学的应用题，我们会把这些应用题的条件稍加改变，让她列算式（为省时间，可不计算）。举个最简单的例子：如果书上有道题是"60斤苹果分5筐，每筐多少斤？"既可以改成"80斤香蕉分成4筐，每筐多少斤？"也可以改成"100个人坐4辆车，每车多少人？"……如果孩子能顺利地解答，说明孩子已能理解"具体事物的数量"与"抽象的数学公式"之间变与不变的关系。如果有时间，还可让孩子自己模拟出题。在大人鼓励为主的气氛下，模拟出题能给小学生带来小小的成就感，提高对动脑筋解难题的兴趣。

二、**在成人指导下进行"一题多解、精题多思"的训练，帮助孩子开拓思路**。"精题多思"的方法，在第八章《学习方法：中学数学及其他》里有专节介绍，容后再述。

如果存在基础知识不牢固，基本技能不扎实，学习习惯不良等问题，还需要另外对症解决。

四是学习方法与习惯

学习习惯是一种"战斗力"，有效的学习方法也可看做好的学习习惯，它们对学习效果都会产生很大影响，因此，父母还应观察发现学习习惯中的不足。

辅导建议：小学生学数学的习惯涉及课前、课上、听讲、笔记、复习、作业等环节，如果存在不足，可以通过从旁观察、与孩子谈话、访问老师、分析作业等方法去发现。具体方法，本章后面将分别介绍。

重视开发空间想象力

空间想象能力，是学数学需要的四种重要能力之一（其他三种能力，分别是运算能力、逻辑思维能力、非逻辑思维能力），如不能及时开发，不仅对学小学数学有妨碍，而且会在初中和高中导致更多困难。据调查，有30%左右的初中生学平面几何时感到困难，并由此开始失去对数学的兴趣。究其原因，空间想象能力不足是一大原因。

空间想象能力不仅对数学重要，对其他能力的发展也很有价值。在很多重要的发明创造和艺术杰作中，都可以看到空间想象力的活跃身影。

空间想象力来源于人类共有的天赋潜能"空间智能"，它不是少数天才的专利。只要适当开发，每个孩子都能发展出良好的空间想象力。

两个对策，两种效果

培养空间想象能力有两种对策：一种可称为"临时抱佛脚"——小学不去考虑它，等中学感到不足了，再设法弥补。这个"马后炮"不能说无效，不过等洪水来了再修堤，可能先已"水淹七军"了。况且空间想象能力和很多潜能一样，开发晚了，效果就会较差。另一种对策是"未雨绸缪"，在小学，最好是在低年级就着手开发（甚至可以提前到幼儿园，婷儿是在婴儿阶段就开始了），其优点是：起步较早，开发效果好，费力虽少，对孩子却好处更多。

开发空间想象能力，实际上是让孩子认识各种形状的平面和立体（圆形、三角形、正方形、菱形、扇形、平行四边形、圆柱体、圆锥体、圆台、正方体等），能通过纸上画的简图准确认出相应的实物，而且知道图上的哪条线、哪个点表示的是实物的哪个部位，并能逐渐深入认识到点、线、面、体之间的内在关系，使孩子逐渐无须依赖实物，也能在大脑中想象和处理"抽象"出来的各种二维（平面）和三维（立体）的图形问题。

这就需要家长平时有意引导孩子认识上述种种与图形有关的事物。

婷儿开发空间想象力的途径

婴幼儿阶段：婷儿一两岁就开始玩老式积木，很早就开始接触和辨认各种形状的平面和立体。两岁多时，卫忠舅舅给婷儿买了一套新式"智力积塑"——彩色空心塑料插板。这种插板大小一致，结构相同，都是手指粗细的"三横两竖"，婷儿特别喜欢用它拼装各种六面体。婷儿上成都市第三幼儿园的时候，园方给孩子们提供的玩具也是各种各样的彩色塑料插板。需要注意的是，孩子越小，智力插板越要轻而大，随着年龄的增长，手的精细能力越来越发达，插板就要越来越小了。在幼儿园里，婷儿和小

伙伴们对这种智力玩具简直是百玩不厌。这种游戏和婷儿在家里玩拼图、走迷宫一样，都能激发潜在的空间智能。婷儿6岁时玩过三本纸塑游戏，经过一番聚精会神的剪、裁、折、粘，看得见的是一个个造型可爱的纸玩具、纸城堡，看不见的是悄悄发展的空间想象力。幼儿就是要通过具体的事物来发展各种智能。

小学阶段：在婷儿小学低年级，我跟她做过一些更为抽象的智力游戏，继续开发空间想象力。

首先是图形方面的游戏。聊天时，我会有意提一些趣味性的问题，启发婷儿在思考中建立各种图形概念。有一次我问婷儿："一张桌子有四个角，用刀砍掉一角，还剩几个角？"婷儿自信地回答："砍去一个小角剩5个角，砍去一个对角剩3个角。我5岁就做过这个实验（吃饼的时候），爸爸你难不住我。"我夸奖一句："答得不错！"接着说，"那就来个难点的。你看，用6根火柴可以摆出两个三角形，只许你移动其中的3根，怎样变成4个三角形加1个菱形？"婷儿顿时来了兴趣，马上就试来试去，在我启发下，终于找到了正确答案：用两个三角形反向重叠。我进一步提问："还是只能移动3根火柴，但要去掉菱形，变成4个三角形，你行吗？"我等婷儿试了几个方案之后，又点拨了一句：这里的关键是要把平面变成立体。婷儿恍然大悟，捏着三根火柴（放不稳）搭出了一个四面体，我趁机教给她画透视图的方法……通过这一类的游戏，婷儿对图形分解、组合和变形的兴趣大增，空间想象力也在游戏和笑声中不断提高。

还有手工制作。一个圆纸筒，用剪刀竖着剪开摊平，就成了一张长方形的纸。婷儿从中领悟到：原来圆筒的表面是这样的。一个扇形，把两道边粘在一起就成了一个无底的圆锥体，一个装牙膏的纸盒，剪开来摊平，再数数它由多少个面组成。这些简单的空间变化游戏，能直接促进数学抽象思维的发展。

切菜，也是培养空间想象力的机会。把萝卜、土豆随意切成各种块状（不能太碎），再组合还原，相当于立体的拼板游戏，又好玩又直观。立体思维的能力也随之增强。

利用数学"奥校"题开发空间想象能力。这对婷儿也很有好处（这也是我看重奥校机会的原因之一）。婷儿在奥校就遇到了不少图形题，例如：数一数图形中有多少个三角形？一块不规则的图形，怎样把它分成四块大小及形状都一模一样的小图形？怎样把一块不规则的图形剪开，再拼成一块标准的正方形？等等。

不仅是平面图形，对立体图形的训练，也是婷儿在奥校吸收的"营养"。如：一个正方体的六面写了五种不同的字母，请通过三个不同角度的视图判断，哪个字母被写了两遍？在一个六面体上，比较两只蚂蚁爬行的距离谁更短？等等。

在丰富、有趣、灵活多样的思维挑战中，婷儿的空间想象力得到了良好开发，对图形和立体问题的处理变得十分轻松自如，为以后的发展提前扫清了障碍。需要开发空间想象力的孩子，可以到正规书店挑选一些和年龄相当的智力游戏书，应能发现更多有趣的智力游戏。

速算扑克牌，开发数学潜能

婷儿在小学低年级，数学曾有一段爱出漏洞的苦恼日子：一些简单的计算总是出错，明明会做的题，却常被无情地打了红叉，让婷儿心不服口也不服，却又不知该怎么办。我分析了婷儿的问题，发现这是某些数学潜能开发不足的表现，既然这样，开发潜能就是最有效的对策。

我采用的方式，是通过算扑克牌来开发速算潜能。在三年级的暑假，每晚搞10分钟游戏式的训练，短短两个月里，婷儿的心算速度提高了将近10倍，一口气加完40张牌不到18秒，准确率也有极大提高，不再是个爱出漏洞的"小筛子"了。

这一瓶颈问题的圆满解决，补上了婷儿的数学"短板"——训练之后的那个期末，婷儿成了当之无愧的全班第一，与年级第一仅有0.5分之差。半年后转到水平较高的新学校，婷儿又取得了一个新战果：两个多月就学完别人两年多的奥校课程，并勇敢参加市里的"华罗庚金杯赛"，获得了四年级一等奖。数学就这样成了婷儿的优势学科，以后再也没有变过。此后，我把速算扑克牌训练用于别的孩子，也取得了良好效果。

就我所见，这个训练给婷儿带来了下面这些好处：

一是有效开发了速算潜能，使大脑对数学运算的反应变得十分灵敏，数学差错大大减少，数学的整体能力明显提高，成绩也明显提高。二是数学能力提高后，成功的体验大为增加，这样就强化了自信心和进取意志。三是数学的高效率，为其他素质的培养腾出了时间。四是数学学得好，物理、化学也有了好基础，实现了文理并进的目标。五是提高效率本身，也意味着减轻了学业负担。

下面就是实施速算训练的具体方法。

速算训练，重点是加减法

在实施速算训练前，我先对训练内容做了一次分析，目的是严格圈定训练范围，以便减少无用功。

通过对加、减、乘、除、乘方、开方这六类运算形式进行的逐项分析，我注意到：乘法实际上是"九九表"与加法的结合，除法是"九九表"与减法的结合，乘方和开方也大同小异。显然，只要加、减法和"九九表"过硬，乘、除等运算就很容易"达标"。根据这个分析，我把训练的重点锁定在加减法上，范围小，训练就容易见效。后来婷儿的训练效果证明，这样做不仅效果不错，花的时间也最少。

如果有家长朋友也想实施这个训练，请特别注意：对不同的孩子要提出不同的要求。基础好又练得顺手的，可以考虑适当提高要求，对进展不快的孩子，则可降低标准，要让每个孩子从头至尾都不断有"战果"可以自豪。保护孩子的兴趣和自信，比"技术达标"重要得多，否则很多目标都难以实现。

请注意：该训练是在婷儿已经熟练掌握"凑10法"的基础上进行的。具体做法包括以下三个步骤：

第一步，进行简易加法训练

拿同一种花色的扑克牌，从1到10共10张，点数相加共为55。让孩子把牌的顺序洗乱，然后拿在手里一张张地出。出第一张时，嘴里念出牌上的数字；出第二张时，直接说出第一张牌与第二张牌相加的和；出第三张牌时，说出跟前一个得数相加的和……一直到10张牌全部出完为止。得数应为55，其余的得数都不正确。

请注意：在连加的过程中既不要念叨也不要默想"几加几等于几"，而要直接说出两数相加的和。例如：第一张牌是3，第二张牌是5，要直接说"8"，而不要说也不要默想"3+5=8"。这样开始可能会慢一点，习惯了就能又对又快。需要进位时，要直接说出进位后的十位数及刚出的牌"凑十"后减剩下的个位数。例如：前一个数是17，下一张牌是6，要直接说出"23"。

就这样卡着秒表一遍又一遍地相加，每算对一遍，就把用的时间记在本子上，算错了的不记。从这个记录能够看出训练的进展，可以起到鼓舞士气、增强信心的作用。绝大多数孩子经过这个单项训练，运算速度和准确性都能在短期内迅速提高。

由于这个训练需要注意力高度集中，时间一长就容易疲劳，根据孩子的实际承受力，每一"回合"一口气进行三至五分钟就差不多了。兴趣大的孩子训练时间可以再稍长，承受力弱的孩子可适当缩短，以免孩子疲倦、厌烦、丧失兴趣。

每天训练所投入的时间，要根据孩子的承受能力、兴趣和可支配的时间来灵活决定。不必过于强求。我对婷儿的要求是：每天练习时间不超过10分钟，如果连续算对3次，当天训练便可提前结束。这个训练集中安排在一段连续的时间里为好，比如在寒暑假，或在功课不太忙的开学之初。如果是"三天打鱼，两天晒网"地安排，由于时间间隔大，不仅不易取得"迅速强化"的效果，需要时间总量也更多，属于"不划算"的安排。

一般说来，当孩子能达到每算一遍的时间稳定在6—10秒（婷儿当年的最高纪录是4.8秒），连续三天都能连续算对3遍时，就可以进入第二步了。

第二步，实施强化加、减法训练

先在前面的基础上进行"强化加法训练"，方法是：一副扑克从1到10，四种花色共40张牌，其点数总和为220。让孩子把牌拿在手上一张张地出，边出边做加法，等40张牌全部出完，总得数应为220，其余的都不正确。每天练习时间也不超过10分钟，如能连续算对3次，当天训练便可提前结束（根据不同孩子的情况，也可10张10张地增加至40张）。

当合格遍数能稳定在90%以上，算完每遍的时间稳定在20—40秒时（婷儿当年的最高纪录是17秒），就可以进入下面的"强化减法训练"了。

把40张扑克牌拿在手里，点数总和为220，每出一张就在心里减掉牌上的点数，并直接念出减后的得数。全部出完时，得数应该为零，其他得数都不对。减法比加法难度大，速度一般都比加法慢。所以，我们只求正确，不测速度（根据不同孩子的情况，也可从 10 张牌开始练习）。

训练游戏化，保持速算水平

为了使训练变得有趣，这个训练可以用游戏的方式进行：有小胜就画颗红星为奖，获大胜就画面红旗为奖，并注明日期。孩子回顾得"奖"的记录时，便容易产生成就感。如果遇到不顺利，就设一个"最佳毅力奖"，只要能败而不馁，就授予此项荣誉，并鼓掌鼓励和祝贺。等到"大功告成"之日，还可以召开隆重的"家庭庆功会"，让孩子美美地品尝一下成功之乐。

根据自然界"用进废退"的普遍法则，大脑的潜能或能力只要被长期闲置，就会逐渐衰退或丧失，因此，以下做法对学好数学有不利的影响：

一是没有认识到上述这类训练的总体效应是促使大脑快速反应，促进逻辑——数理智能的发展，而误以为心算速度和准确性的训练仅能改善计算能力，可以用计算器取而代之，于是大脑数学潜能未经有效开发，就过度使用计算器，从而导致潜能衰减。有些发达国家在这方面的失误，导致许多中学生从事理工专业的能力不足或丧失。

二是上述数学潜能虽经有效开发，但此后却因过度依赖计算器而被长期闲置，导致数学思维能力逐渐减退。

为此我想建议读者朋友：如果希望学好数学，不妨先通过算扑克牌之类的训练开发大脑潜能，然后仍保持适当的心算量，使大脑对数学问题始终保持敏感，这将会为学数学带来很多好处。

利用棋类，开发逻辑思维能力

逻辑思维能力是数学能力形成和发展的基础，也是大部分学科的重要支柱，如果开发得当，不仅对学业有利，整个素质发展都会广泛受益。

心理学家认为，孩子的逻辑思维能力起步于学说话时的词语分类概括能力（参见本书第三章里的《主动预防人生缺憾》一节的有关培养方法），关键期则一般处在 9—11 岁，基础好的孩子还会有所提前。换句话说，如果错过这个关键期，逻辑思维能力的发展可能会蒙受一定损失。婷儿的逻辑思维能力培养，起始于三岁半时的玩弹珠跳棋，强化开发于小学低年级和中年级的"逻辑思维关键期"，即 7—10 岁，比一般的孩子早一些。

开发逻辑思维的棋类

开发逻辑思维能力，需要借助于有效的活动形式。能够训练逻辑思维的形式固然很多，但是对 7 岁的婷儿来说，却并不是每种方法都适用。此时的孩子，更需要生动有趣而又经久耐玩的形式，才会乐此不疲。

根据儿童的特点，我选择开发逻辑思维能力的"工具"有三条标准：训练必须有游戏色彩、要简便易行、要有一定的深化余地。按这个标准，某些棋类比较合要求。

从智力开发的角度看，棋类大致可分为两种——"思维型"和"运气型"。中国象棋、围棋、国际象棋等，都属于思维型的棋类，胜负取决于棋手动脑筋的水平，参与其中便可开发思维潜能。而那些靠掷骰子撞大运的棋，则属于运气型，虽有娱乐功能，但思维训练的价值却很小。

在我看来，名不见经传的"五子棋"对当时的婷儿很适用。因为象棋、围棋之类虽有良好的逻辑思维开发功能，婷儿也容易入门，但下一盘棋的"周期"太长，婷儿时间紧缺，实在"无福消受"。五子棋就不一样，下一盘只要 1—5 分钟便可见分晓，很适合见缝插针地玩。

五子棋，在玩耍中开发潜能

所谓五子棋，就是在一份杂志大小的白纸上画出与围棋盘相似的方格棋盘，双方依次在上面下子，只要能使自己的棋子排成五子相连，无论是横排、竖排、对角线排列，都算赢。这使棋局十分灵活多变。下棋双方既要绞尽脑汁使自己成功，又要想方设法去"围、追、堵、截"，破解对方的棋路，对抗程度不算低，玩起来也就趣味横生。

婷儿用圆珠笔画出简单的棋盘，再翻出一把杂色的小扣子，按颜色深浅分作"黑白两军"，五子棋就这样土法上马，却更增添了自己动手的乐趣。一开始，婷儿是"孔夫子搬家——书（输）多"，为了不丧失玩棋的兴趣，我就一一教给她各种"窍门"："看，这种走法叫'双三'，有四处随便下一颗子，都可以走成'死'棋，谁也救不了。不过你可以早一步在交叉点下一颗子，就把它破解了。那种走法叫'四连'，堵住这头却堵不住那头，肯定也没救。所以你得仔细观察，提前看出来好堵住它……"不仅给婷儿讲方法，我们也会适时"放松警惕"，让婷儿有机会赢，体验"敢拼才会赢"的快乐，这使婷儿越玩越有兴趣了。

在摸索中，婷儿的棋艺不断长进。她学会了细心观察，学会了从对手的每一步推测其意图，再打乱对手的"如意算盘"，还学会了"下棋看五步"，预测棋局的演变：自己要怎么走，对方会怎么应，自己又该怎么办。渐渐地，婷儿真成了我的小"对手"，一不留神，就会败在她手下。她已能独自想出制胜的奇"招"，不动声色地摆好阵势，再投下关键的一颗子，然后兴奋地欢呼："耶！我赢了，我赢了！"

这些表现，标志着婷儿观察、分析、推理、判断等能力有了可喜的发展，逻辑思维能力明显提高，这些进展当然也会成为学习能力的来源之一。以数学为例：婷儿是四年级才进入数学奥校学习的，面对那些高于同龄人水平很多的方程、图形、数列、排列组合等内容，她不仅能轻松胜任，而且能只用两个多月就学完别人两年多的内容，显示了良好的数学潜力。

与婷儿当年比，如今的小学生课外活动的时间更多，空间更大了。有兴趣开发逻辑思维能力的孩子们，既可以选择五子棋、跳棋，也可以选择象棋、围棋、国际象棋，只是值得参加的各种活动很多，需要结合孩子兴趣和时间统筹安排。

不搞标准答案，鼓励一题多解

有些家长在辅导小学生时，喜欢让孩子向"标准答案"看齐。从考试得分的角度看，搞标准答案也许有一定的好处：做题时只消"依样画葫芦"，省力又省心，使不少人乐而为之。然而从素质培养的角度看，搞"标准答案"对中小学生却是弊远大于利。

"标准"二字，含有"样板、最佳、应该照办"等意义，提供标准答案的做法，意味着剥夺孩子独立思考的机会，时间一长，不仅做题习惯于照搬"标准答案"，还会让孩子养成一种行为习惯，凡事都容易迷信标准、照搬样板、遵循规定的模式去做。这样的人长大后，很难成为开拓事业、创造人生的人。

为了避免这种结果，就应该教孩子学会用辩证的眼光看待各种解题方法：一方面，那些好的解题方法中包含着各种优点，有的思路巧妙，有的步骤得当，有的解法简洁……都值得借鉴，以便掌握一些成熟的"套路"，丰富自己的解题经验和技巧。另一方面，数学也是一门千变万化的学科，解决同一个问题，往往有多种方法，聪明的孩子应该动脑筋独立思考，善于"一题多解"，而不要轻易把任何方法看做"惟一"和"最佳"。

从小学二三年级起，"一题多解"成了我对婷儿做数学题的一大要求，不仅数学不搞标准答案，其他各科也都照此办理，既重视前人经验又鼓励自主探索，婷儿通过这种做题方式，不仅养成了灵活解题的习惯，遇到学习以外的问题，往往也会打破原有的框框，寻找更多的解决办法。

练熟"公式恒等变形"

"公式恒等变形"的技能，是学好数学必不可少的本领，对日后增强物理、化学的解题能力也很有帮助。数学基础较好的孩子，不妨从小学高年级开始练习掌握这项技能。

理解公式恒等变形的推导原理并不难，任何会做加减乘除的小学生都能做到，但是一旦动手去做，效果却可能差别很大——有的学生训练有素，每个公式都能干净利索地变成所需形式，有的却慢慢吞吞，还老爱出错，成了数学中的一块短板。如果用做题的办法来提高这一技能，往往是费时低效。

如果采用可移动的卡片来训练，就能直观地演示操作过程，有利于掌握"变形"的操作要领。由于这样做适合小学生喜欢"直观"的思维特点，它能明显缩短熟练化的过程。

具体训练方法

第一步：先设计一个包含着加、减、乘、除四种运算关系的虚构的公式，例如 A+B−D/C−E=15，用来让孩子练习各种复杂公式的恒等变形（数学不够好的孩子，可以从简单的公式变形练起，如 A+B=C、A/B=C、A−B=C+5 等等）。把该公式中的每个数字、字母、+、−、×、÷、=号，都各写在一张小卡片上，分数线可以用一根牙签代替。另外再在几

张卡片上分别写上 +、−、×、÷ 和左右括号等，做备用符号，训练教具就算备齐了。

第二步：如果孩子不懂恒等变形的原理，可以在纸上用笔算的方式，讲解这样两个规则：一是加减关系的数字或字母搬到等号另一边，就要加号变减号，减号变加号；二是乘除关系的数字或字母搬到等号另一边，就要除号变乘号，乘号变除号。孩子确实弄懂后，即可进行下一步。

第三步：用卡片和牙签在桌上摆出上述虚构的公式，根据上述两条规则，轮流设每个字母为未知数，向孩子反复演示在等号左右两边直接搬动数字和字母的具体操作方法，并得到 $A=D/C+E−B+15$、$B=D/C−A+E+15$、$C=D/(A+B−E)$ 等变形结果。

第四步：让孩子在理解的基础上自己动手，反复操作，重点是练习按需移动字母和数字，并准确变换加减乘除关系。这是整个训练过程中最重要的一环，一定要练到非常熟练为止。

我用这个方法辅导亲戚的孩子，累计大约用了数十分钟，就达到了预期效果。

做作业，要先复习

有的孩子做作业倒很勤快，回家把作业本摊开，"唰唰唰"就开始动手干，不一会儿就完事。快是快，可是效果却不太好，老师改完作业一看，老爱出错。

他们做作业的方式，叫做"没嚼够，就下咽"，于是就出现了"消化不良"。这是因为，小学生学知识，需要经过比中学生更多的重复，才能真正掌握。这是他们学习的重要特点。

如果改成"先复习，再做作业"，就能解决这个问题。这样做，并不会花多少时间，知识的掌握程度却会明显提高。

复习方法有讲究：最简单的复习方法，是拿出课本来重新看一遍，虽然会有一定效果，却不是最佳方法。

对小学生来说，更值得提倡的是下面这一套复习方法。

先尽量回忆：要想取得更好的记忆效果，就应该先别看课本，而是尽量回忆课堂上所学的内容。在第十章"行之有效的记忆方法"里，我专门介绍了这种效率更高的记忆术。课上的内容不能都想起来也没关系，这往往有助于发现薄弱环节在哪儿。整个复习过程，都需要提倡独立思考和探索精神。

下一步再看课本：回忆后再去看书，记住了的知识会被再次强化，想不起来的知识会成为看的重点，这样就不容易出现漏洞。同时，还应该在书上勾画出知识要点，这是因为书中大部分都是解释性的内容，真正理解后就无须记住，而只须记住要点即可。这样做，有利于实现"把书读薄"的目标。看书时还应该重视看每一道例题，它们都是为应用知识做"示范"，真正看懂了，用起知识来一定更轻松。

最后还要看笔记：课堂笔记是老师对知识的阐发和补充，它们与课本上的知识加起来，构成了更完整深入的知识体系。

经过这三步的复习，就能把当天学的东西消化好，然后再去做作业，"命中率"一定更高。

打草稿，要有顺序

有的小学生做题打草稿时随心所欲，呈杂乱无章状，第一道题的草稿打在草稿纸上部，第二道题打在下面，第三道题把草稿纸倒过来用，第四道题又打在草稿纸背面……

这样打草稿看似自在，却不利于提高效率。学习的原则之一，是尽量把辅助性环节加以简化、优化，形成效率较高的习惯，到时候就不必额外费脑筋，使更多的精力集中用于主要问题，自然就容易见成效。可是上述这种无章法的打草稿方式，却会带来一些不必要的麻烦。

打草稿的目的，不仅在于计算得数，还有一个功能是用来查错。很少有孩子能做到一遍算对所有的题，中间环节出点错是常有的事，而一旦发现有错，就要通过检查草稿来找到出错的环节，这种时候，打草稿有无顺序，效果就很不一样了。试想如果各道题的草稿散布在草稿纸的上下左右前后，甚至在不同的好几张草稿纸上，查找起来该多么不便！

乱打草稿的另一个害处，是养成做事无条理的习惯，导致不必要的麻烦，降低办事效率，甚至可能连思维也受其影响，变得颠三倒四，这对成才和成功显然都没有好处。

正确的做法应该是：做题打草稿基本上按题目的先后顺序写，这样就可以知道每道题的草稿的大致位置，便于迅速查找。草稿纸上不要写得太密，以便发现有错时，能尽量利用先前的草稿重算、核对，可提高效率。如果有些难题需要不按顺序放到后面做，就随手注明题号，以利迅速查找。

会预估得数，答案不离谱

小学生做数学，有时会错得很离谱：300+20，他算出来可能得 500，求 15 为 40 的百分之几，他可能算成 266%……有些家长看了会很生气，觉得这孩子学习太不上心。可是几经批评，孩子仍然"我行我素"。

其实，孩子也想题题都对，人见人夸，只是苦于本事还不到火候而已。心理学家哈根等人的实验表明：儿童有注意某些信息线索而忽视另一些信息线索的倾向。这是一般孩子都会经历的正常过程，即使是苦恼不已的家长自己，当年多半也这样。

虽说如此，错得离谱毕竟不是好事，需要尽早解决。解决它的办法之一就是：在做题时增加一个"小程序"——预估得数，这样就可以避免很多"离谱"的答案。例如：1874+1325，在动笔计算前，预先估计一下大概得数，把它看做 1800+1300，很容易预估其得数为 3100 稍多。35×87，可以近似看做 30×100，预估得数为 3000 左右。7/8-2/3，可以近似看作 1-2/3，预估得数应该是小于 1/3……

这样预估得数的目的不在于知道正确答案，而在于知道正确答案的大概范围，一旦得数与预估数相差太远，就能马上发现，并重新计算，不难得到正确答案。这样就大大减少了出错概率，而不至于造成难以弥补的"马后炮"。

从素质培养的角度看，预估得数也有好处，通过这个习惯，孩子会变得更细心、认真、自信。

左手指右手抄，减少抄写错误

小学生做题出错，有时不是不会做，而是抄错了题。有些家长可能会把这归结为学习态度不认真，于是便通过批评指责来解决。

其实这样下结论，未免委屈了孩子——只要抄写方法不当，不光孩子会出错，连大人也未必能"幸免"，只是程度有区别而已。这说明抄错题主要不是态度问题，而是能力问题，是缺少正确方法导致的问题。

既然是能力问题，就不能用批评的办法来解决，而应该用"提供方法，提高能力"的办法解决。

很多孩子抄题出错，往往是抄题时"看走了眼"造成的。我发现，有经验的财会人员在做账时，都爱用"左手指、右手抄"的办法，以避免差错，效果很不错。在解决婷儿小学低年级抄题"看走眼"的问题时，我便借鉴了这个办法。

所谓"左手指、右手抄"，是在抄题时，或抄写草稿上的中间过程时，用左手食指指着要抄的地方，这样眼睛只要向左手食指尖一瞥，就能找到要抄的地方，省去了到处搜寻的过程，也避免了找寻时其他信息的干扰，可谓快而准。

婷儿很快适应了这个新方法，抄题出错的现象随之迅速减少了。

"错漏本"，防错漏

即使是最棒的学生，学习也免不了会有漏洞。如果从课本里海底捞针地去找漏洞、补漏洞，效率一定很低，因为这样做时，大部分时间是浪费在"查找"这个环节上了。然而漏洞的特点是"分散"和"少量"，大都不适合用集中查找的办法去发现。

小学时，婷儿有一个专门记录错别字的本子，发现用错字词，便用组词的办法把正确的用法记在上面，并在易错的字下打上彩点，提醒注意。然后再写个破折号，把错别字写在后边，下面打小叉备忘。婷儿有时间就由她自己写，婷儿没时间就由妈妈写，婷儿看。每次往上记新的错别字时便浏览一遍，考前复习时再浏览一遍，可大大减少再错的机会。

孩子的特点是注意力转移快，刚才说过的事，过一会儿就可能会忘个干净。小学高年级，我要求婷儿随身带上一个"错漏本"。无论什么时候，无论哪门课，只要出现错漏和问题，就随手往上记一笔。俗话说"好记性不如烂笔头"，记下来了，就等于把一百只水桶上的漏洞，都集中到一个筛子上去了，什么时候有空，就什么时候解决。一个错漏本，把分散存在的学习漏洞，变成了"集中看管"，给解决漏洞带来了莫大方便。这个措施帮婷儿解决了不少问题。

对学习成绩好的孩子来说，错漏本也很有用。因为他们不大有成堆成片的问题，各种小漏洞却是常见的绊脚石。借助于错漏本，就能更有效地堵漏，费力不多，效果不小，何乐而不为呢！

为何会做的题也出错？

不少家长在辅导孩子时，习惯于以"会不会"为标准，只要会了，就放心了。这些家长往往会为另一个问题而烦恼："明明这些题孩子都会做，怎么还是爱出错呢？"——如果不存在学习态度问题的话，这个现象往往与孩子的"注意"能力不足有关。

"注意"，在心理学里是指人的心理活动对一定对象的指向和集中，换句话说，就是盯住目标进行有目的的思维活动。

注意能力还可以细分为若干指标——"注意的稳定性"表明一口气能盯住目标多长时间，"注意的转移能力"关系到一门课后能否把心思迅速转向另一门课，"注意的分配能力"涉及同时面对多个目标和多个环节时，能否把每个目标和环节都处理好……这些都是对学习很重要的本事，可惜它们都无法从娘肚子里直接带来，而只能在后天训练中逐渐提高。

正是由于小学生的注意能力尚未充分发展起来，做题时才会顾此失彼而出错。这是孩子必然要经历的过程，与学习态度无关，但对学习效果的影响却非常大，很多小学生即使愿意认真学，也难免漏洞频出。大人若为此生气着急，只会让孩子更加手足无措，注意力更难集中到学习上。

要想真正解决问题，有效的办法是：以包容的心态对待孩子的不足，和蔼可亲地指导孩子进行有关训练。下棋和打乒乓球都是提高注意力的训练办法，两个人在球台上对打也好，一个人对着墙打也好，都能提高"注意的稳定性"和"注意的转移速度"。还有个非常老套也非常有效的改进办法，那就是下面要提到的"熟能生巧"。

熟能生巧，不熟生"不巧"

要想解决"会做也错"的问题，"熟练"是一剂良药。

杂技演员能一面飞快地抖空竹、耍盘子，一面轻松地翻跟头；飞行员能在起飞降落的短短几分钟里，注意力迅速转移 200 多次而不出差错……这些出色的注意分配能力、注意转移能力和注意的广度，都是严格训练的结果，也是绝大多数环节已被高度熟练化的结果。

如果你想同时做好几件事，最简单的办法就是让要做的事尽量变熟练，大部分环节不用多想就能做好，剩下一两个环节要动脑筋也不会顾此失彼了。

小学生学习的道理也一样。如果需要掌握的东西大都熟练到"自动化"的程度，学习时要啃的"硬骨头"就只剩那么几小块，对注意力的要求大为降低，做起来必定又快又好。

比如说，在 $365 \times 32 = 11680$ 这道并不复杂的计算题中，共有十一个环节需要处理，对"业务生疏"的孩子来说，已够他手忙脚乱了。可是由基本功熟练的孩子来做，大部分环节都被大脑和双手"自动化"处理好了，真正需要动一点脑筋的就只剩下三个环节，"硬任务"一下子减轻了 72.7%，"注意"的难度大大降低，准确率能不提高吗！遇到真正复杂的题目，熟练对提高正确率的作用还会更大。

根据这个原理，婷儿小学二三年级时，我对她提了这样的要求："光会还不够，熟练才合格。"婷儿理解了其中的道理后，开始照新标准去努力。不久，这个办法就开始奏效，婷儿学习上的漏洞越来越少，得以稳居于尖子生的行列。

熟练是减负，也是能力升级

可能有人会认为：既然仅仅让孩子学会知识都让他们费劲，如果得寸进尺还要求练熟，岂不是会弄得孩子雪上加霜吗？

可是在实践中，我看到的效果却是相反——掌握的知识技能越熟练，学习就会越轻松。这是因为练熟一项基本功费时并不多，而一切同类问题的劳动强度却都会明显减轻，花费的无用功也会大大减少，大脑的实际负担总量也就会减少，起到了"四两拨千斤"的作用。不仅婷儿是这样，我所知道的很多优秀学生都是这样。在应试教育条件下，婷儿之所以能挤出不少时间来干别的事，原因就在于"熟练"的减负作用。

熟练的好处还不止于此。就说"熟能生巧"吧，这个"巧"就是知识有突破，能力被升华，对孩子成长有开拓新局面的意义。熟练能帮助孩子在更宽广的知识天地里纵横驰骋，融会贯通地应用知识。当其他条件都相同时，基本功熟练的孩子显然有更强的综合实力，更容易实现创新。

直到今天，重要的东西"熟练才合格"，仍然是婷儿对待学业和能力的一条原则。

运用"水桶理论"，提高学习效率

孩子的学习任务很多，面临的问题通常也不止一个。如果眉毛胡子一把抓，往往会让人感到"狗咬刺猬——不知从哪儿下嘴"。我们解决这个问题的对策是：运用"水桶理论"（又称"短板理论"），缺什么，补什么。

什么是"水桶理论"？

过去盛水用的木桶，桶壁是用若干块长条形的窄木板箍成的，有人便借用水桶的这一特征，提出了著名的"水桶理论"，内容是：一只桶能装多少水，是由最短的那块木板决定的。如能加长"短板"——这肯定比造一只新"桶"容易得多，水桶的容量就能大幅度提高。

水桶理论启示人们：任何一个事物（包括学习），只要存在效能不足的问题，就必定存在某种"短板"。只要找出"最短的那块木板"是什么，集中精力和资源去解决这一薄弱环节，事物的整体效能就能明显提高，甚至跃上一个新台阶。

婷儿在小学二年级到四年级间，数学经历了两次"跨越式"提高（一次为她奠定了扎实的数学基本功，另一次使她从奥校新手一跃而成为奥校的尖子生），这两次提高，我都是以"水桶理论"为工具，通过"发现短板"和运用各种学习方法来"加长短板"而实现的。因此，当我写到婷儿小学的学习方法时，自然想要向读者介绍"水桶理论"。

掌握"水桶理论"，孩子终身受益

水桶理论用途很广，不仅可以提高学习效率，还可以用到时间管理、工作安排、资源分配、企业管理等各方面，孩子一辈子都用得上。所以，从婷儿小学二三年级起，我就向她讲解了这方面的知识。此后我们不仅常在一起用它分析问题，还经常用它解决各种问题，如：通过各种单项训练扫除学习障碍、强化奥数能力、训练写作基本功、强化语言能力、实现文理并重……不仅多次成功地解决了学习方面的大小障碍，还用于培养其他素质和能力，如：心理承受力、人际交往能力、认识社会的能力、自我保护能力等等。

就这样，水桶理论渐渐成了婷儿熟悉的工具。发现了"故障"，婷儿也学会了自己找短板、想对策，而不是坐等爸爸妈妈来"发救济粮"，自立能力也随之增强。进了中学后，水桶理论促进了自主学习和提高素质两大目标的实现。在婷儿申请哈佛的作文之一《继父的礼物》里，婷儿还特地写到了爸爸教她运用水桶理论的情节，呵呵。婷儿进大学后，水桶理论仍在继续发挥作用。学会运用这个方法能让孩子终身受益呢。

怎样用"水桶理论"指导学习？

在运用"水桶理论"指导学习的过程中，需要注意以下三点：

1.先找准"短板"，再集中兵力打歼灭战——如果学习中存在的问题较多，很容易使父母产生"百废俱兴"的冲动，可是这样就分散了力量，不利于打"歼灭战"，孩子老是看不到努力的成果，自信心和积极性就可能被挫伤。不如在众多短板中选择影响最大的短板（若基础较差，也可选择难度较小的短板），每个阶段重点解决一个薄弱环节更容易见效。如何诊断数学和语文的学习短板呢？后面再分别介绍。

2. **"短板"会有变化，需要定期检查**——对每个学生来说，学习中的"短板"是在不断变化的，上学期是简单计算爱出错，这学期却可能是题目要求审不齐全。一个"短板"加长了，又会显出新的"短板"。这就需要隔一段时间就用"水桶理论"分析一下学业状况，及时发现新"短板"。采用这个策略，不仅可以避免"一块绊脚石挡几年的路"，知识和能力也不容易出现重大不足。

3. **有时学习的"短板"在学习之外**——有的学生学习状况不佳，根子不在智力低或学习能力不足，而在其他方面。通常是因为学习兴趣未被有效激发、非智力因素开发不足、有心理问题需要疏导、存在外界不良影响等等。对这样的情况，单纯抓学习就不易奏效，而要摸清原因，对症下药。

在我们收到的读者来信中，就有不少的大、中、小学生诉说这类问题，例如：

"（小学）三年级以后，反抗就成了我生命的主流，我讨厌读书，讨厌考试，我不听课不做作业……现在想来真的很后悔"；

"我有种强烈的自卑感，我对理科学习有恐惧心理，看到物理化学头就疼。我几乎是带着悲愤学习的"；

"刚入初中表现也不错，常是年级前十名，可后来我却越来越不自信，可以说是软弱了。由于种种原因我成绩下滑，我认为这是心理因素造成的"；

"我的缺点就是做什么事都没有恒心，5分钟的热情，干着干着就干别的了。这是我学习不好的原因，还有就是也不用功，所以我现在很苦恼"；

"我为什么没有支撑自己学习下去的动力？我该怎样找到支持自己学习的动力呢？我很困惑"；

……

显然，对这些学生来说，最大的"短板"是厌学、畏学、自卑、缺少恒心等问题，而不是学习本身的问题。这些方面若能改观，学习自然会进步。

怎样"诊断"数学的薄弱环节？

中小学生所学的数学知识技能都呈"板块结构"，而不是一锅糨糊。此外，即使数学很差的学生，也只是其中某些部分没学好，而绝不会是一无所获。根据这两个特点，解决数学短板可以有两种不同的思路：一种是以全面补课为主，把以前所学的东西大体上全面重温一遍（可称之为"地毯式轰炸"），另一种是"缺什么，补什么"，集中解决薄弱环节（可将它比喻为"精确制导炸弹"）。显然，后一条路才是捷径。

要想做到"缺什么补什么"，就需要先对薄弱环节作出准确诊断，否则仍可能劳而无功。这时，就需要一些诊断短板的技巧和方法了。

"诊断"数学短板的四种方法

抽样检查法：此法适用于检查那些比较集中的、需要记忆和理解的内容，例如数学基础知识，包括数学公式、定理、九九表等。只消翻开数学课本，抽取若干处"黑体字"提问，看孩子是否记忆准确牢固，是否真正理解，是否会用，即可知道掌握的程度如何。

此法还可用于检查数学基本技能是否熟练：此时可让孩子做几道心算、笔算题；解几道应用题；用直尺、圆规等工具绘制几个图形，看他是否表现得迟缓、笨拙、爱出误差和错漏，即可知晓。分析作业本上的错漏情况，也能知道个大概。

提问评估法：此法可用于诊断孩子的数学思维能力，例如对复杂题的分析能力、认识各种数量关系的能力、一题多解的能力等等。此时只须选取几道难度较高的题，让孩子分析一下各种数量的关系，列出有关的算式，看他是否思路清晰、思维敏捷、方法灵活，能否想出点"妙招"。或者要求孩子"一题多解"，看他是否思路开阔，胸有成竹，点子多多。这样不必计算即可做出评估，了解其数学思维水平高低。如果显得方法较死，力不从心，今后最好能强化数学思维能力的开发。

差错归类法：小学生在作业、试卷中难免出现错漏，但在同样的错误背后，原因却可能各不相同，有的可能是根本不懂，这属于基础知识不足。有的却是粗心大意审错了题，这属于学习习惯问题。还有的是技能不熟或经验不足，属于技能方面的问题。通过对作业和试卷的中差错进行归类，可以从各类差错所占的比重上，发现孩子突出的薄弱环节是什么，然后才可能"开处方"。

现场观察法：有些漏洞仅靠提问、分析作业本和试卷，还不足以找出真实原因，还需要在孩子复习、做作业时在一旁细心观察，才能发现问题所在。例如有些孩子写字慢慢吞吞（基本技能不熟练），做作业东张西望心有旁骛（学习兴趣不足），题目没看清就动手算（学习习惯不够好）等，这些不足都需要在一旁观察，才容易发现。

上面这几种方法不仅家长可用，中小学生若也能掌握，更利于学会自己诊断短板，进入"主动扫清障碍"的境界。婷儿是在高小和初中逐步做到这一点的。

单项训练：化整为零，化难为易

单项训练是解决学习难点的有效工具，其设计原理十分简单：一门学得不够好的课，只要能补好大小漏洞，就能提高整体水平，而不需要把整门课重新学一遍。具体做法也很简单：把问题化整为零，每次只针对其中的一个小环节，找出适用于该环节的有效思维方法或操作方法，通过反复练习，直到熟练掌握为止。等一个（或一组）训练结束，原有的问题就各个击破，不复存在了。

需要注意的是：单项训练以目标单一为特点，不宜附加其他训练任务。单项训练能够一举多得当然好，但一举多得应该是巧妙设计的效果，不能是对孩子提出的要求。事实上，训练目标越单一越容易见效。因为单一的目标有利于孩子的注意力高度集中，以便做到平时可能做不到的事。如果让孩子兼顾多重目标，就变成综合训练了。

有一定教育经验的家长，可以自己设计单项训练，为孩子打造解决问题的"专用钥匙"。要想设计出一个有效的单项训练，需要两个前提：一是要能够准确地"诊断"出问题究竟在哪儿，二是要懂得解决问题的正确做法是什么。先做到这两条，再经过一番思考，就不难设计出有效的单项训练来。对这两条，本章中也介绍了我们的具体做法，供有兴趣的家长朋友参考。

单项训练由于以"缺什么补什么"为原则，不在多余的环节上花力气，就能避免或减少题海战术的重负。有利于高效地解决学习问题。由于不同的学生存在的问题各不相同，单项训练实际也是一种非常个性化的学习方法。

对中小学生来说，单项训练不仅适用于数学，也适用于解决其他大多数学科的难点、疑点、障碍。如果把思路再放宽一点，便可发现它还能用于素质培养的很多方面。

婷儿小学三年级做竖式运算时爱出错，我观察分析后发现，很多题她并不是不会做，而是列竖式时没养成相同数位上下对齐的习惯，经常导致看错位而算错。针对这个环节，我设计了下面这个单项训练：在草稿纸上抄竖式，只抄写、不必计算，专练"相同数位上下对齐"这个小小本事。由于有时一个竖式有三四个多位数相加的情况，在训练中我要求婷儿每个竖式抄五六个多位数，所有的相同数位都要上下对齐，毫无混淆。我先做了示范。然后婷儿用了三四天，每天仅练几分钟，问题就迎刃而解，此后婷儿的竖式运算就很少出错了。不难想象，如果走"题海战术"的路，这个问题将会迟迟难以解决。为此，我把单项训练的方法比做"精确制导武器"。

婷儿在小学阶段接受我设计的各种单项训练，也反复感受到单项训练的效果。进中学后，她也学会了自己设计这种"专用钥匙"，并亲手解决了各门学科的不少问题。她的实践说明，学会设计单项训练是有些中学生能逐步做到的，有利于实现自主学习的目标。

语文学不好，数学受拖累

有的家长在辅导孩子做数学时，可能遇到过这样的现象：孩子出错并不是因为不会，而是没把题目看懂。一旦把题目的意思讲明白，孩子就做得很顺利了。这样的孩子，可能存在"语文能力滞后"的问题。

一般说来，中小学数学的文字深度不会超出语文的正常水平，可是也会有少数孩子由于语文学得不够好，影响了数学能力的开发——既然连题目要求都看不懂，数学潜能的开发当然会障碍不少。

遇到这样的情况可不必急，因为这是可以解决的问题，具体办法有两个：

一个是临时性的办法：可以在一段时间内，专门找出孩子做错的题，让孩子自己讲解题意，看是否对题目的每一点含义、每一项要求都能准确理解，是否知道该如何做。遇到孩子理解有误的地方，就逐点讲解清楚。由于数学语言相对较少，经过一段突击讲解之后，孩子不懂的东西必定会大大减少。

另一个办法是从根子上解决问题：既然语文能力滞后，就要把这块"短板"补起来。由于这通常是一个"系统工程"，需要对"字、词、句、段、篇、作文"这六大板块逐一检查摸底，结合作业情况，找出真正的薄弱环节，然后再对症下药去解决。在做这些事的时候，一定要注意激发孩子学语文的兴趣。

诊断语文"短板"的方法

即使是基础最薄弱的学生，学的知识也不会等于零，他们与学习尖子的知识差距，主要表现在"漏洞较多、系统性较差、应用能力较弱"这三方面，只要愿意学、有时间，这些差距一般都是可以弥补的。

"诊断"清楚，才好"治疗"

只有确实找到了学习方面的短板，才可能对症下药地弥补差距，诊断的结论越精确，提高的过程就可能越省力。这个道理对每个想学习好的孩子都是相同的。即使尖子学生也不例外。我知道有一位获得国际数学竞赛金牌的中国学生，获奖后做的第一件事，就是分析某块"硬骨头"没啃下来的原因。

通过"诊断"漏洞来提高，不仅适用于语文和数学，也适用于其他大部分学科。在小学阶段，这个工作主要靠成人帮孩子做，但在进入中学前后，孩子如果学会了"自我诊断"，必定好处多多。

诊断语文"短板"的方法

诊断孩子语文学习的漏洞，可按照生字、词汇、句子、段落、篇章、作文的范围分别进行。

检查语文漏洞时，可根据不同情况，分别选用下面这些方法：

抽样检查法：此法适用于检查那些比较集中的知识，例如：书尾的生字表；用生字组词的能力；用组好的词造句的能力；要求背诵的范文、诗词是否会背等等。通过抽取一定的"样品"，例如生字表的几分之一，或者该背的课文中的一部分，或者口头造十几个句子，即可大致掂量出孩子的掌握程度，所花时间也不多。如果漏洞很少，对剩下的零星问题可以采取"碰上一个补一个"的办法，而不必"大动干戈"。但如果漏洞较多，最好再做一次全面精确的"诊断"，把漏洞基本上都找出来，然后采取"集中扫除"的方式解决。

提问评估法：对那些"思维含量"较高的知识和能力，例如：同义词和反义词辨析、段中分层、段落大意、归纳中心等方面，检查漏洞可以采取"提问考察"的方法，选出一些词汇、文章和段落，让孩子当场进行分析归纳，便可了解孩子的实际状况。若是出现错漏多、偏差大，同样需要较全面地找出漏洞，然后集中扫除。

追根溯源法：作业、试卷中难免出现错漏，在同样的现象背后，原因却可能各不相同。对这类错漏，可以采取分析现象、追寻根源的方法，找出现象背后的真正原因，然后才好对症下药。

现场观察法：有些漏洞仅靠分析作业本和试卷，还不足以找到原因，还需要在孩子复习功课、做作业时在一旁仔细观察，才能发现问题在哪儿。例如有些孩子字迹工整，但却写得太慢，这就会给记笔记、做作业、考试测验带来很多不利影响。这类原因只要在现场观察，便不难发现。

细心的读者会发现，这些方法也在诊断数学短板中得到了应用。其实不仅是语文数学，这些方法还可用于大部分学科，在学业之外的素质培养中也有广泛用途。

旧作业本：有用的"信息库"

每当一学期结束，有些学生和家长习惯于清理过期课本和旧作业本，扔掉这些废物，好干净清爽地过假期。可是且慢，这些"废作业"里可能藏着"宝"，至少最近两年的作业本，最好先别扔。

作业本，包括各种考卷和测验卷子，都是孩子的"学习档案"。如果学习十全十美，当然扔了也无妨，但只要还有某些漏洞，这些"废纸"就会有用，学习问题越多，它们的价值就越大。

在这些旧作业本、旧卷子里，至少包含了下面6类有价值的信息：

孩子的长处、学习的"短板"、错误的类型、各种漏洞的比例和主次、书写习惯的优劣、改错的习惯和效果……

一位细心的家长，只要把这些"原始材料"拿来仔细看过，再做些分析统计，就能得出不少有价值的结论，拿来指导孩子，往往有极强的针对性，能起到高效低耗的作用。我指导婷儿小学学业的时候，有很多重要结论，就是通过分析这些旧作业旧卷子得出来的。

旧作业旧卷子上的信息，不仅值得家长重视，最好孩子自己也能学会利用它们，学会从中发现问题，找到解决的措施。这样，对孩子实现自主学习一定有好处。婷儿就是在小学学会了从作业本中发现问题，促进了自主学习能力的发展。

知道学什么，学习更主动

跟很多中小学生打交道时，发现他们对学习的"战术问题"相对比较清楚，例如：某种类型的题该怎样做，某个公式适用于哪些情况等等，但是对"战略问题"却不甚了解，如：怎样才算学好了语文？学数学要达到哪些目标？音乐、美术既然不是主科，为什么还要学？等等。

其实，搞清"战略问题"十分重要，因为它关系到素质培养的大目标和学习自觉性，对孩子成长影响非常大。有不少青少年来信告诉我们，他们在中小学时对学习的价值知道得太少，长大了才明白自己的损失有多大，并为此深感悔恨。

为了让婷儿当一个"学习的明白人"，在指导婷儿的过程中，我们一直注意让她从战略和战术两方面认识每一科知识的价值。限于篇幅，下面只以部分学科为例，加以说明：

学语文，要认准七个目标

婷儿从小学二三年级起，我们就告诉她：小学语文有七大目标：生字、词汇、句子、段落、篇章、写作、吸收精神营养，并逐一说明它们各自的重要性——识字是基础的基础，词汇是语文的"砖瓦"，先把字和词掌握好，才能造出好的句子，领会段落和篇章的优劣，精神营养丰富了，下笔才能写出富有表达力的文章，开口才能说出有感染力的话。做好了这些事，语言潜能也就得到了开发。这就是学语文的目标。

正因为理解了这些，婷儿在学语文时就能始终抓住这七大环节不放：不仅字、词、句、段、篇都学得认真、扎实，还兴趣十足地扩大课外阅读面，坚持记日记练笔，一步步提高了写作能力，口头表达能力随之也水涨船高。

学数学，要抓好三件事

学数学，就要会做各种数学题，可是如果只知道这一条，孩子还难以自觉从数学中吸收"营养"。

从婷儿小学二三年级起，我就告诉她，要想数学能够"丰收"，就要做好三件事：第一，要懂得并记住学过的数学知识，这主要是指教材中的那些"黑体字"，即概念、定理、定义、公式、法则之类。没有这些，就没有解题的"工具"，遇到数学问题只有干着急。第二，要掌握数学技能，也就是活用数学知识去解决问题的能力，包括运算、推理、论证、画图等。不学会这套本事，数学知识就是没用的"死知识"。第三，要把数学当成思维训练的机会，不光要学会做题，还要开发大脑的数学潜能，这就需要对数学问题舍得动脑筋，掌握科学的思维方法，让脑瓜越用越灵。否则学数学就只能得到一小半好处，而丢掉一大半"珍宝"。

此后，婷儿学数学一直能自觉抓住数学知识、数学技能、思维训练这三大要素努力，最终顺利实现了预期的数学目标。

学会重视副科

小学还有些副科课程，如音乐、美术、自然、劳动等，学得好坏对升学没多大影响，在有些学生和家长看来远不如语文、数学那样重要。然而从素质培养的角度看，这样做很可能会剥夺孩子某些潜能的开发机会。

根据我的观察和体验，音乐、美术等艺术课具有多种潜能开发作用，包括开发智力，培养想象力、联想能力、创造力、形象思维能力、审美能力，陶冶情操等功能。我有一批从小喜爱艺术的朋友，他们的智力和才干都普遍优于周围的人。在很多发达国家，教育界也把艺术课看做开发潜能的必备手段之一。

自然课、劳动课也有重要的素质培养功能，例如：提高科学素养，拓宽兴趣面，强化动手能力，培养劳动观念、协作精神等等。仔细想一想，中小学的各门副科都有不可忽视的价值，不宜视为食之无味的"鸡肋"，否则将妨碍孩子的潜能开发和素质培养。

对婷儿，我没有给她讲很多大道理，而是着重鼓励她去体验每门副科的乐趣，把空洞的道理变成内心自愿的行动，这就避免了颇为流行的"副科无用论"的影响。在爸爸妈妈的支持下，婷儿走了一条各学科并进的路，用更丰富的收获充实着自己的学生生涯。

结束语：感谢所有在小学阶段教导和帮助过刘亦婷的老师们！

第六章

刘亦婷的学习方法：英语篇

婷爸爸张欣武答读者问

高二应邀访美时，婷儿（右一）跟同伴和邀请方
负责人席慕斯·拉瑞（Simms Larry L.）先生合影。

婷儿学英语有三个特点，一是兴趣浓，二是以将来的实际应用为目标，一开始就"听、说、读、写、译"五大能力并重，三是方法正确、系统、效率较高。

在这三个特点的共同作用下，婷儿从初一开始学英语，到高二寒假（四年半后）访问美国时，已能听懂美国大学（威尔斯利学院）的英语授课。高三上学期参加托福考试取得优异成绩，则标志着婷儿把英语作为交流工具的学习任务基本结束。这一过程历时 5 年左右。进入哈佛后，婷儿已不再需要专门花时间补习英语了。

婷儿学英语的实效，引起了读者朋友的很大兴趣。在众多读者来信中，有不少是大、中、小学生和家长们询问婷儿学英语"诀窍"的。本章就是应这些读者的要求，介绍婷儿学英语的有效方法，以期对读者朋友提升外语实力有所裨益。

好成绩 = 兴趣 + 方法 + 勤奋

婷儿对学英语有着强烈的兴趣。这种兴趣是用多种措施在 0—12 岁有意培养和强化而成的。

兴趣来源之一：熟悉产生好感——婷儿 1 岁 8 个月至 2 岁 11 个月，每天在姥姥家看一集生活场景化的英语电视教学节目《跟我学》。虽然没有人另外教她，但由于婴儿特有的"模式记忆"和"接触敏感"，使她从小形成了"外语敏感"。十年之后，当她在成都市外国语学校正式开始学英语时，婷儿欣喜地告诉我们："不知为什么，我总觉得英语是自己的语言，就像母语一样亲切。"

兴趣来源之二：快乐提高兴致——婷儿3岁回成都后，还和妈妈用演小品的方式学过几课《新概念英语》。可惜妈妈当时不知道幼儿学英语不必考虑背单词的问题，误以为不背单词学了也记不住，结果一上幼儿园就中断了。尽管如此，那三个月里用游戏化的方式学英语的经历，使婷儿说英语的兴趣倍增，经常自己编一些"英语"叽里咕噜地说来过瘾。

兴趣来源之三：新奇吸引注意——婷儿小学一年级暑假，我成为她的继父。当时我很想让她正式开始学英语，并准备好了《新概念英语》《英语900句》的书和配套磁带。无奈"减负"之前学校布置的作业太多，婷儿经常是中午也在写作业，晚上也在写作业，学英语的计划一等再等都无望"上马"！既然奈何不了大环境，我只好从可行之处着手，通过讲故事、看书的办法，一是让婷儿感受外国文化的趣味，二是通过身边的一个个真人实例，让婷儿懂得外语能力对人生的价值。以此继续激发她的英语兴趣，使婷儿对学外语始终充满了向往。

兴趣来源之四：爱屋及乌——我还告诉婷儿，虽然你现在没有条件学外语，但可以在日常生活中培养学外语需要的重要能力——对语音的敏感性。具体做法是：坚持跟讲四川话的人用四川话交流；跟讲普通话的人用普通话交流。平时随时纠正不准确的发音，也可提高对语音的敏感程度。由于有此意识，婷儿看电视听广播的时候也很注意播音员的语音，对练习绕口令也兴趣十足。

回想起放弃让婷儿在小学阶段自学英语的计划，还有一个重要原因：当时进重点中学主要靠数学难题拉开成绩差距，从升学策略来考虑，数学冒尖是更为迫切的任务。于是，婷儿极其有限的自学时间主要都用到学习奥数上了。这样安排的结果是，婷儿通过白热化的竞争，考取了成都外国语学校，得到了在中学阶段用先进的方法学英语的机会。

成都外国语学校的英语教学采用的是小班制，教材和教法既实用，又生动活泼。英语老师都很年轻，富有激情和爱心，和学生的关系就像兄弟姐妹似的。这些因素进一步强化了婷儿学英语的兴趣，对婷儿英语能力的发展起到了重要的作用。

进入外国语学校后，婷儿1—12岁所受的种种熏陶都显示了良好的效果。强烈的外语兴趣和对语音的高度敏感，让她一进中学就迷上了英语。周末回家后，婷儿经常兴奋地告诉我们英语老师又传授了什么新知识；英语课又做了什么新游戏；她正和同学一起改编或创作什么新的英语小品等等。对探索和应用各种学外语的方法，婷儿也充满了兴趣。从初一开始，婷儿就迅速成为年级的英语尖子，这一势头贯穿了整个中学六年，从未减弱，在高中还出现了加速。高三上半期，婷儿在托福考试中取得了640分的好成绩。这意味着她提前具备了与英语世界顺利交流的能力，在大学就不需要专门花时间去攻英语了。

婷儿从初一进校到高三考托福为止，前后历时五年多一点，累计用于学英语的时间大约在3500个学时以上（包括课堂、课外和托福学习），大大超过大多数同龄人，也超过了外语学校的很多同学。进入哈佛后，婷儿的英语实力带来了预期的主动局面——即使哈佛的学业对英语要求很高，婷儿仍可应付自如，使她能把全部精力投向学业和各种课外活动。

婷儿学英语的经历又一次验证了这个公式：

兴趣＋方法＋勤奋＝成功（好成绩也是一种成功）。

丢开拐杖，养成"英语思维习惯"

很多人学外语时都爱犯这样的毛病——听、读外语时，喜欢先在心里翻译成母语，再去理解；说、写外语时，则先用母语打个腹稿，然后再翻译成外语。婷儿的学习方法则与此相反，她的英语老师一开始就要求学生："不要先在心里翻译。"

"先在心里翻译"的习惯有两大弊病：一是速度慢，即使你在心里翻译得很熟练，速度也会比直接理解和表达至少慢一倍，这就把你的英语听说读写能力引上了"慢车道"。另一个弊病，是妨碍对英语的理解和表达。英语与汉语相比，语法形式和文化内涵的差异都很大，如果养成了处处翻译的习惯，不仅理解英语不会顺畅，也阻碍你按地道的英语方式去表达。

要解决这两大弊病，就要丢掉"翻译习惯"这根有害无益的"龙头拐杖"，尽快养成用英语思维的习惯。婷儿英语流利自如的秘诀之一，是在学英语之初就建立了英语思维习惯。

需要说明的是："英语思维习惯"仅用于学用英语时，目的是为了学英语更高效、用英语更地道，而不是以英语思维压倒汉语思维。理论和实践都证明，英语思维与汉语思维可以共存于一身而不相冲突，即使幼儿都能做到这一点。在母语占绝对优势的环境中建立英语思维习惯，无论是成人，还是青少年和幼儿，都不必担心它会妨碍学汉语，学中文。

下面介绍的这些方法，有助于培养用英语思维的能力：

初学英语，就尽量不用"中文拐杖"

很多人背单词喜欢中英文连起来不停地念——"dog，狗，dog，狗；hat，帽子，hat，帽子……"，这实际上是在强化不良的"翻译习惯"。

正确的方法是，从一开始学英语就应该尽量别让中文出现（除非要做英译汉的题）。在面对单词、短语、句子时，应该以实物、动作、场景、情节和英文词形、读音的方式去理解和记忆，而不是以中文为"中介"。

例如在读到单词 banana 时，脑子里出现的应该是一根真正的香蕉，而不是"香蕉"这两个汉字；在背单词 beat 时，不妨记住一个挥舞大棒的恶汉，而不是汉字"打"；在听、说、读、写英语时，脑子里也应该直接出现所讲述的场景、情节和有关的事物……这样久而久之，你储存的就全都是用英语方式"编码"的信息，不需要汉语做中介，就能直接理解英语内容。

如果你以前学英语一直是"中文拐棍不离手"，就需要用上述方法把一切英语信息"非中文化"，以利于英语思维习惯的建立。

每天用一段时间，让大脑进入"纯英语状态"

在从小建立的"汉语信息平台"上建立英语思维习惯，比在空地上盖房子更难，因为它就像在旧图上画一幅新画，需要有密集的信息持续输入，才能够渐渐"覆盖"成功。

所谓用密集信息覆盖，是指让大脑每天有一段时间(一两个小时以上)只接受"纯英语信息"，避免任何中文或汉语信息，让大脑逐渐习惯于"纯英语状态"运行，并延续一段时间（例如几个月），全英语思维的习惯才可能建立和巩固。如果信息量过小、中英文混合，或持续时间过短，都不足以对抗强大的汉语思维习惯。

对那些长期惯于"中英混合"学英语的人来说，利用寒暑假完成这个"信息平台转换"较好，假期既有大块时间，又能尽量隔离中文信息，往往更容易奏效。

养成用英—英词典的习惯

词典是学英语的重要工具书，同时也对思维习惯的形成有很大影响，因为它往往影响着很多词汇在大脑中建立印象的方式。用英汉词典者，必然会记住大量中文释义，这就挤占了英语思维习惯的"立足之地"。

对比之下，用英—英词典就有利得多：第一，它不会出现任何中文信息，这就提供了更理想的"纯英语环境"。第二，用英语解释英语，更直接准确，更原汁原味。第三，阅读其中的英语释义，本身就是在强化英语思维习惯，有"一石二鸟"之效。

如果开始学英语由于词汇量小，用英—英词典有困难，那么当词汇量达到一定程度后，就应当断然舍弃英汉词典带来的那点"小方便"，尽快改用英—英词典，以利于把英语学得更扎实。

选用权威的英—英词典，能避免不准确的释义，学到很多地道的英语表达方式。婷儿当年用的，是由英国朗文出版公司（Longman Group UK Limited）出版的《朗文当代英语词典》最新修订版。这是一本不错的英—英词典。

"词不离句，背、用结合"，单词记得牢

学外语特别需要记忆牢固。探究记忆良方，说一千道一万也离不开两个字——重复。每个外语单词都需要经过多次重复，才能在词汇与含义之间建立起牢固的联系。如果重复的方法科学有效，重复的次数就可能适当减少，学习效率也就提高了。

有人喜欢背课文后面的生词表，背单词卡片，或者干脆背整本的英语小词典。婷儿特别反对这种脱离语境背"死单词"的做法。这类方法至少有三个弊病：第一，由于它与脑子里已有记忆的连接程度最低，所以不仅耗时多，记忆效果也最差，忘起来很快。第二，这些生词背熟后，若是换个地方露面，往往会变成"似曾相识的陌生人"，不利于再认。第三，由

于背的是"死单词"，也就不利于掌握每个单词在句子中活生生的用法，这就大大妨碍了英语口语、听力、写作和阅读理解能力的提高。这种脱离语境背"死单词"的方法仅在"临时抱佛脚"时多少有点短期效果，不适合当成主要方法来用。

婷儿采用的词汇记忆方法是"高频率、多样化的重复"，具体做法有以下几种：

结合句子和课文，单词记得快

最有效的记忆方法之一，就是把较难记住的信息"挂靠"到容易记忆的事物上面去。这个原理用于学外语，就是结合课文去记单词。因为一篇课文有完整连贯的内容，往往还有一段有趣的故事，大多数单词又都是"老熟人"，读上一两遍，梗概和细节就很容易在脑子里生根，不易遗忘。这就像抓住了一张"鱼网"，很容易"捕捞"到网中的一个个生词。于是学外语背单词时，就有了"词不离句，句不离文"的说法。

跟背"死单词"相比，结合课文背单词的效果要优越得多——记忆速度快、效果较牢、花的时间却更少、再认起来也更容易，同时还能记住生词在句中活的用法。

具体做法是：在学每篇课文前，先花几分钟浏览生词，仔细注意每个生词的词形、词义和读音。然后在课文中每个生词下面用铅笔画一道杠，以便听课文或读课文时能特别注意到它们。在不符合读音规则的生词上方可标注重音或音标，但不要在词旁写中文词义。然后就开始逐句听课文录音，听熟之后，再把听课文与读课文结合起来复习。在一遍遍听和读的过程中，遇到每个生词都要清晰地在大脑中反映出它的形、音、义（但是请尽量记英语词义，而不是中文词义）和用法，以便不断加深记忆。这样，要不了多少遍，就能记住这些生词。再经过几天有计划地听、读课文复习，就能记得比较牢了。

"背、用结合"单词记得牢

观察力强的人也许会发现，如果动手使用或操作某物，不仅很容易记住它，而且会记得比平常更牢。这个规律用于学外语，就是把背生词和用生词结合起来，先记住，后应用，不仅记忆效果更好，还能进一步掌握生词的用法，也有利于全面提高其他的英语能力，可说是一石数鸟。

　　具体做法是：先用听、读课文的方法把生词及其用法记住，但此时记忆效果还不算牢固。然后在此基础上结合以前的词汇和语法库存，用新学的生词反复造各种各样的句，把生词编进各种各样的"故事情节"中，内容越古怪离奇越好。比如学了"吃"这个生词，不妨编出"我吃了一张桌子，我吃了一座山"这样的句子，以便留下强烈印象，让你想忘记都难。这样反复用的机会越多，就会记得越牢，用得越熟。

　　这种方法不仅有利于牢记生词，掌握词汇基本用法，还有利于让每批生词与以前储存的词汇加速"融合"，联成一体，提高全部词汇的可用度。

　　这是因为，要想掌握一门外语，除了要记住大量词汇外，还需要熟记词汇与词汇间的大量联系和搭配，甚至要记住很多现成的句子，这样词汇在大脑里才不是孤零零的"散兵游勇"，而是一张纵横交错的词汇之网。到了这一步，每用一个词脑子里就能想起一连串适合的词语搭配，冒出若干适用的句型，才会得心应手运用自如。

"多种感官交替复习"记忆效果好

　　无论用哪种词汇记忆方法，都以"多种感官交替复习"的记忆效果最好。心理学家赞科夫（Л.В.Занков）通过大规模实验发现，用多种感官交替复习，使二年级实验班学生的成绩超过了单一方法复习的三年级普通班。婷儿的实践也证实了这一结论的正确性。

　　具体做法是：在复习时交替使用听、读、写、背、说、看等多种方式，而不是一个单词翻来覆去地念上几十遍。

　　根据我对中学生学英语效果的观察，发现用这种方法的人，当每批生词在一周内通过听、读、说、写等方式反复记忆、重复达30—40次时，就能获得较好的记忆效果，连记忆带使用达50—60次时，就会记得更牢。如果再通过适当间隔的复习，就能形成长期记忆，并能熟练应用。

重视遗忘规律，合理安排复习密度

　　人的记忆就像一只有洞的桶，如不及时"堵漏"，辛辛苦苦记住的东西就会遗忘大半。可以说，遗忘是学外语的头号障碍！婷儿攻克"遗忘障碍"的方法是：重视遗忘规律，及时安排复习时间。

遗忘规律与"最佳复习密度"

艾宾浩斯等心理学家发现，遗忘速度有先快后慢的特点，及时复习可提高记忆效率。外语复习如果在 16 小时内进行，能明显降低遗忘率。另有资料显示，学习后 9 小时内复习 10 分钟，比 5 天后复习 1 小时的效果还要好。

这些遗忘规律给人的启示是：需要合理安排复习密度，缩短复习间隔，以便用相同的时间记住更多的知识。比如说，如果你每周有三个小时学英语，与其隔一天学一小时，不如在五六天里每天各学半小时。因为把复习间隔由两天变成一天，至少能提高效率 5% 至 10%。如果你每天都有一小时学英语，与其每次学一小时，不如安排为上、下午各学半小时，使同样的内容每天重复两次。因为在 12 小时内复习比 24 小时后复习，能更显著地减少遗忘。

效果最佳的复习密度，是一天之内与同一篇外语材料见面 2—3 次。对外语水平不高的人来说，这一点尤其重要，因为令他们感到生疏的英语，比其他类别的内容更容易忘掉。

值得推荐的外语学习时间安排

据我所知，我国大陆的一些外国语学校就是按"最佳复习密度"安排学外语时间的。它们平均每天都有两三节课用于英语（包括英语早自习、晚自习，或是其他英语活动），一般是从早到晚适当分散。这样一来，相同的英语内容每天大都能见两三次面，复习间隔缩短，遗忘便会减少。这是此类学校能高效培养外语人才的一大秘诀。它们的高效，不仅体现在词汇量上（为普通中学的一倍以上），更体现在全面扎实的基本功上——流利的口语、灵敏的听力、良好的语感、规范的英语写作能力等。因此有理由认为，学英语每周五天以上，每天 2—3 次的时间安排，是一种值得推荐的做法。这样的安排容易做到遗忘最少，效率最高。

婷儿在小学时，就多次跟我探讨过记忆规律，早就对遗忘现象留下了深刻印象。从一开始学英语，婷儿就养成了及时复习的好习惯，免得辛苦学来的英语被遗忘率白白"吃掉"。她不仅学会了在学校用英语课和自习课巩固记忆，周末回家也会明智地拿出一点"时间边角料"来减少遗忘，或是看一两段课文，或是听一会儿磁带，要不就回忆一下学过的内容。有时还拉我的差帮她当"质检员"。这种"夯实基础"的小措施平时虽然不起眼，日积月累却很见效。

精听与泛听——提高听力的两条路

精听先行，才能夯实基础

要想提高英语听力，必定少不了大量的听力训练，而听力的基本功，首先应该是"精听"。

精听的主要任务，是通过训练牢牢记住英语词汇的语音特征，使耳朵对它们产生灵敏反应，帮助大脑摆脱对眼睛的依赖，变为仅凭耳朵也能轻松听清听懂。所以，所选择的听力材料应该与自己的词汇量大体相符，而且为了听不懂时随手可查，一定要有与磁带配套的文字材料，最好能查到磁带上的每一句话。

提高听力的基本方法，是与所用的英语教材同步推进听力训练：每学一节新课，就按"听力先行"的要求，把这一课内容听得滚瓜烂熟，并结合说、读、写、泛听等训练反复交叉应用，各种能力齐头并进。这样做的好处是：循序渐进，不留"听力欠账"，基础牢固而全面，耗费的时间总量也更少。这是婷儿英语提高听力的有效方法，也是她全面提高英语能力的有效方法。

此外，有些英语爱好者以前听力较差，需要通过专门的听力单项训练来弥补。对他们来说，强化精听也是基础性的一步。

精听的原则是"宁可再听十遍，也不漏掉一个疑点"。具体程序是：先把选好的一段精听材料从头到尾不停顿地听一遍，听以前，尽量对文字材料一眼都别看，这样才有利于取得更强的听觉记忆效果，避免视觉记忆"先入为主"，对听力形成干扰。第一遍听下来，一方面看自己能听懂多少，更重要的则是找到那些有疑问的地方——它们将是你随后的"主攻方向"。从第二遍开始，就逐词逐句地向前推进，完全听懂一句之后，再听下一句，遇到任何疑点都要停下来反复倒带去听，而不要轻易看教材，实在听不出来才去看教材。遇到词义不明的词汇时，查阅英—英词典比英汉词典更利于提高听力。如果听到不熟悉的词汇，最好是用笔写出来以加深印象，强化词形与发音之间的记忆联系。这样听力就可以得到更多训练，看教材时印象也会更深。

在精听过程中，还要注意那些"变形"的语音，以及一切你原本以为"应该如此"却并未如此的语音（这既包括你读音不准确的单词，也包括弱读、连读、失去爆破等情况），"听时听不懂，一看全认识"，往往就是它们从中"作祟"。通过一遍遍反复听，把它们全都牢记在心，下次再"耳闻"时，它们才逃不过你训练有素的耳朵。

对一段精听材料，要听到哪一步才算合格？

下面这个衡量标准可供参考：当你不停顿地一遍听下来，能够轻轻松松听懂其中的每个词、每句话、每个语法现象和全文的意思，对每个单词的读音（包括所有"变了形"的音）都能无一遗漏地听清，那么在此基础上，继续听前面已听次数的一半加以巩固，这段材料的精听就算合格了。当然，此后仍需要安排适当的复习，才能使之变成长期记忆，或永久记忆。

精听训练，务必从最基本的对话和短文开始，扎扎实实地由浅入深，千万不要"不会走路就先学跑"，避免从难度高的材料开始。这是因为，那些简单基本的内容不仅是听力的重要基础，应用范围也往往很广，如果不幸被你忽视而没有精听，听起英语来就会到处遇到绊脚石。精听材料的选择，除了正在用的基本教材以外，还可以选择声誉高的权威教材，如《新概念英语》一至四册。

泛听——扩大战果之路

精听材料即使听得非常熟练，在听英语广播或跟"老外"对话时，仍会有不少已经听过的词汇不能迅速听懂。这是因为，精听的效果中包含着"整体联想记忆"的因素，有些记忆靠的是上下文联想，而不是对词汇本身的听觉分辨能力，如果把这些词汇挪挪窝就会发现：有不少还是"夹生饭"。

要解决这个问题，就要让词汇多"搬家"，到其他的听力材料中去频频亮相，给耳朵提供更多"异地辨认"的机会，通过在不同场合多次"喜相逢"，才能达到真正听熟它们的目的。通过泛听，还能接触到同一词汇的不同用法，掌握它们与不同词语的常见搭配，熟悉它们在不同句型中的作用。泛听搞好了，能进一步扩展你的听力。这就是泛听的价值。

关于泛听，有一条"清规戒律"——必须先精后泛，即在精听的基础上，再去泛听与精听层次相当的内容，精听进一步提高了，泛听随后再跟上……这样两者一先一后地交叉提高，才会有明显的收获。如果反过来先泛听后精听，先花在泛听上的时间就会收获甚小，是一种浪费。

泛听的方法与精听不同：精听强调"词词听清，句句无误"，需要听多少遍就重复多少遍；泛听却强调一口气从头听到尾，能听懂多少算多少，不求每词必懂，只求懂个大意。一般情况下只需仔细连听两三遍即可，重视"多换地方，经常见面"。如果听同一材料重复次数多了，变成了"精听"，那就失去了泛听的意义。

精听和泛听时都需要高度集中注意力，弦绷得很紧，这样大脑就比平常更容易疲劳。所以无论是精听还是泛听，每次时间都不宜过长，否则大脑就会因疲劳而陷入"自动保护"状态，效率将明显下降。一般每次连续听半小时至一小时即可。根据记忆法则，如果每听一遍都安排十多秒钟的短休息，闭上眼做做深呼吸，可以减轻听力材料前后互相干扰的弊病，训练效果会更好。

精听和泛听都需要天天不断，长期坚持，才会有明显长进，如果三天打鱼两天晒网，遗忘率就会使你投入的一部分精力化为无用功。所以一旦"上马"，就不要轻易中断。

如果你的词汇量已经不小，而且凡是掌握的词汇都能听个十拿九稳，听不懂的基本上都是生词，那么恭喜你，你的听力已经很不错了。如果还想进一步提高听力，就需要扩展词汇量才能实现，那已是更高层次的目标了！

强化听力的几种技巧

从具体操作的角度看，你在听英语时如果掌握了一些实用技巧，就更容易把所听的内容抓住、吃准，使听力发挥得更好；如果在考试时熟练应用这些技巧，也有利于取得更好的听力成绩。因此这些技巧具有实用和应试的双重价值。

下面是几种常见的实用听力技巧：

提高对重要细节的敏感度

听英语时，一般情况下注意力不应该平均分配到每个单词，而应该对那些重要的细节给予更多注意。这些细节常与英语的五个 w 有关（when、where、who、why、what），涉及时间、地点、人物、原因、事实、特征等，抓住了它们，往往就抓住了这段英语的"精华"，在交流时，就能准确理解对方的意思；对应试而言，就掌握了正确答题的"要素"。

为此，你每次听英语时最好在面前放一张纸一支笔，随着一连串的词汇和意群从耳旁掠过，把你听到的重要细节用最简洁方式随手记下，如：lw（上周）、nm（下月）等。数字可以直接写出，或加上字母表示，如：30k（三万）、5mi（500 万）、−10（十天前）、+3（三天后）等等。人名地名可用大写字母代替，较长的事实要尽量在心里记住其梗概，复述其特征，也可以写下一两个单词作为记忆线索。这样既不容易忽略它们，必要时也有据可查。长期坚持这样做下去，你的耳朵对这些细节的敏感度就会大大提高，就能更"自动化"地去捕捉它们。

这个方法不仅听力训练时很有用，我发现不少高水平的译员工作时也乐于采用，以减轻翻译过程的记忆储存量。如果你注意观察那些接见外宾的电视新闻画面，就会发现一个本子一支笔差不多已是译员们的"标准装备"了。

抓住梗概和中心思想

上述抓住重要细节的训练只是第一步，在这个基础上，你便不难完成下面的一步——抓住梗概，吃透全文中心思想，只有这样，你才不是一架"活记录仪"，而能对听到的内容作深入理解，归纳提炼，真正抓住其精髓。这是听力水平更高的表现，具有更高的实用价值。

从上下文猜词

在日常生活中，我们听人讲话往往并不是每个字都听得很清，很多时候要半听半猜来理解对方的意思。听英语也是这样，难免会遇到一些听不清或听不懂的情况。如果是搞听力训练，实在听不懂还可以拿出教材来看一眼，可是听广播、听力考试和某些实际交流时，就多半没有这种便利，所以需要学会根据上下文去猜词。

比如，在一个句子里出现了一个非常专业而生僻的词：myxomatosis

（多发性黏液肿瘤），听起来会使人不知所云，可是在上下文中却有这样的话：a fatal virus desease（一种致命的病毒疾病），由此便可知这个生词的大概意思，给理解和回答问题提供了有用的"钥匙"。

从开头预测全文走向

听英语时一个尴尬的局面，是竖起耳朵紧张地捕捉每个单词，然后在心里把它们逐个拼凑成句，再去理解。这种做法的缺点是"被单词牵着鼻子走"，十分被动，效果也不好。

如果心里有数，知道下面还会说些什么，就会从容不迫，而不至于"找不着北"。其实，一般情况下只要留心琢磨开头的一两个句子，往往能猜出后面要说的内容大意。这对你瞄准重要细节、迅速领悟主题有莫大好处，同时还能帮你放弃一些无关紧要的枝节，使你听得更轻松。

例如，当你听到开头说："How it came about that snakes manufactured poison is a mystery."（蛇怎样制造毒液，是一个谜。）就能预见，下面多半要大谈毒蛇制造毒液的事了，也就能把注意力主动调整到这方面，以便应对后面的内容。

再如，当你听到"When reports came into London Zoo that a wild puma had been spotted forty-five miles south of London, they were not taken seriously...（当伦敦动物园接到报告说，有一头野生美洲豹在离伦敦 45 英里处被发现，他们并未认真看待……）听到这里，不仅知道下面要讲的是这只流落在伦敦的美洲豹的事，而且还能猜出：伦敦动物园将不得不认真面对如山的铁证了。

注意抓关键词

听英语时，注意力不应该平均分配到每个单词上，而应该有所侧重。其中，首先要重视的就是抓住关键词，因为关键词对听懂英语往往有举足轻重的作用。

例如在有关美洲豹的那篇文章中，如果你忽略了"野生美洲豹、伦敦动物园、游荡、被发现、报告"等关键词，那么其他内容听起来就会晕晕乎乎。同样，在关于蛇毒的那篇文章中，如果你没抓住"蛇、毒液、制造、溶血毒、神经毒"等关键词，也会不知道文章中娓娓道来的究竟为何物。

在找关键词的时候，有这样一个规律——每段话中的关键词，往往也是说话人心目中的"重点",说到关键词时,他们的发音往往会有意无意变得更重,发音也更清晰,受过较高教育的人更是常有这种下意识的习惯。所以你听英语时,在那些被强调的音节中去找关键词,一般都不会错。

用这个办法不仅容易找关键词,也更容易抓住说话者的语气,对他的意思理解得更深更透。优秀的口译员在翻译对话时,也会利用这个规律,不仅准确译出对方的意思,还能表达出说话者的微妙语气。

学英语的口音选择

学英语,必然涉及口音问题。口音选择是否合适,对学习效率高低会有一定影响。

英语的口音,大致有英音、美音、澳(大利亚)音等。而中国学生学英语的口音,主要是指英音和美音,其他口音都不被看做标准音。

这里所说的英音,是指英国的"牛津音"。它既是英国的"国标口音",也代表了良好的教育背景和文化素养。至于英国其他地区的口音,则不能算标准音,即使同样是伦敦人,伦敦东区和牛津镇的口音也有差异。

美国英语的口音,东部、中西部和南部三地各有不同。一般认为中西部的英语最能代表美国英语,而东部"北美十三州"老殖民地的居民,说英语时往往带点儿英国音。

由于美音和英音的明显差异,即使掌握了其中的一种,要适应另一种也需要有个过程。我认识的一位旅游局翻译当初学的是英音,接触美音很少,刚开始接待美国游客时,对"儿化音"极多的美音就甚感吃力。这从一个侧面说明,学英语就应该熟悉英音和美音。不过,对这两种口音却不必同时并进,就像学汉语不必同时学普通话和四川话一样;如果先专心熟悉其中的一种,再熟悉另一种就很容易了。

多年来,我国英语教学一般都以英音为标准,这样做的好处,是从制度上排除了两种口音并进的混乱,有利于先实现"重点突破",然后再"扩大战果"。因此,在校学生学英语首先选择英音,就会避免与学校环境产生矛盾,有利于先打好英音基础。在起步阶段听磁带时,也应尽量选择较纯正的英音。

我国一些权威的外语出版社与英国著名出版社联手录制的磁带，一般口音都很标准，而市面上的其他英语磁带，却不一定都能做到这一点。

除了幼儿和儿童以外，其他人学英语要口音纯正，是一件很不容易的事。只要想想很多中国人说普通话都未必标准，就知道英语口音纯正的难度了。但是发音基本准确，让人听得清楚明白，却是一个理当争取的目标，一般人也不难做到。

当你的英语学到一定水平，听力较强，词汇量不少，与老外打交道的机会也增加了，这时就更需要能听懂各种不同的口音，在以英语为母语的人群中，说北美口音的明显多于英国口音。同时，对科技经贸和国际事务的影响力也是美国大于英国，既然如此，也就需要提高对美音的听力。

在扎实的英音基础上，你会发现听懂美国口音其实不难，只需买几盘有文字材料配套的地道美音磁带，例如美国之音英语广播之类，按照"精听"的要求一字不漏地听，一盘盘地啃，不要多久就会有一种豁然开朗的感觉，觉得美音和英音都很容易听懂，而美音的"儿化音"反倒是一种更容易辨认的"标志"。

如果你想把口音从英音改为美音，也不妨在这一阶段进行。有些中国学生的英语口音是英音与美音的混合物，但是若从交流的实效考虑，"一边倒"的美音或英音会更有好处。

当年婷儿学英语，口音就来回变了几次。初中时，她跟着老师和磁带说英音，进了高中，跟美国外教安迪和艾琳夫妇接近后，美音渐渐加重。高二访美，使婷儿的美音变得更重了。回国后，常跟新来的英国外教安迪和劳伦斯讨论切磋，婷儿的英音又开始变重。到美国求学后，婷儿的口音又开始"一边倒"，更接近美国东部口音了。

如果能说口音很地道的英语，在交流时能迅速缩短与对方的心理距离，那当然有价值，可也意味着要为此花很大精力。影星陈冲尽管是上海外语学院毕业，到好莱坞为了上银幕，还得专门花高价请专家矫正口音，可见口音标准并非易事。不过，对口音纯正也不必强求，应该结合自己的语言天赋和目标作一番"成本核算"，再下决心不迟，毕竟还有很多更重要的事等你去做。

英语口音，实际上涉及语调和发音两个问题。对它们应该区别看待：

语调，属于小问题，即使南腔北调，怪腔怪调，也能让人基本听懂。可是发音却不是小事，因为发音小小误差，常会说成另外的单词，让人不知所云。好在发音基本过得去也不难：只要初学英语音标磁带时，仔细听清，认真模仿，不懂就问，不长时间就能基本达到音标带要求。以后说英语也坚持按音标带要求发音，你的发音就不会有大错。

把英音和美音都听熟之后，其实你的口音适应任务还没完成，因为在现实生活中，你跟BBC和VOA播音员直接聊天的机会毕竟微乎其微，大量接触的都是口音不标准、不清晰的普通人，而且有不少是非英语国家的人，他们的口音对你的耳朵依然是个考验，需要你平常有意多听多适应。不过有前面的一系列严格训练垫底，这个适应过程就会容易得多了。

精读、泛读、背诵、语感

中国孩子学语文，光记住几千汉字不行，还需要从小学熟读不少古今佳句名篇，才能合乎规范地造句作文，否则很难写出通顺的句子和像样的文章。

学英语时，也需要类似的借鉴，要记住一批最基本的句子、常用表达方式、精彩语句和文章片断等等，否则开口提笔时，多半会闹笑话。这不叫死记硬背，但可以叫"死记活用"。

阅读，是学英语的重要环节，包含了借鉴和训练的功能。如果能把这一环做扎实，对提高听力、口语和写作水平都非常有利。

阅读可分为精读和泛读，两种读法各有各的作用。

精读——为听、说、写打基础

所谓精读，就是逐字逐句，反反复复，把一段文章读得烂熟，完全吃透，把它能提供的所有"营养"通通吸收进来，变成你自己的东西。

良好的精读具有多种功效，它一有利于从形音义和用法四方面记牢单词，二能熟悉词语搭配习惯和具体用法，三能深入掌握文中的种种语法现象，四能帮你从整体上把握全文，熟悉其布局谋篇行文之道，五能提高对英语词汇的敏感度和反应速度。所有这些收获，都将构成你听力、口语和写作能力的基础。可以说，学英语读得好，对"听得懂，说得顺，写得好"

有大益。

精读，对培养英语语感也很重要。良好的语感，是指那种由纯熟而来的语言感悟能力，使你能不假思索就说出流畅自然的英语，写出正确的英语句子，而不需要抠脑袋咬笔杆地冥思苦想。

精读所用的教材，一般是你正在用的基本英语教材，中小学生一般宜以学校的教材为首选。如果你的水平已明显高于学校教材，就应该精选程度更高的权威教材来精读。

精读的原则是"逐步推进，逐层深入"，它的具体方法是：对每一篇需要精读的文章，先从头到尾默读一遍，既看自己读懂了多少，也注意那些不熟悉的词汇、词语搭配和语法现象，以便看清"目标"，并在每个目标下用铅笔轻画一杠（以便此后读每一遍都能对它们格外注意），然后通过查生词表或词典解决各种疑问。从第二遍起，就开始逐字逐句"啃"文章，弄懂一句，再看下一句。

把全文基本弄懂后，即可以进入朗读阶段，在朗读中去提高。读一篇文章头几遍不必求快，目的是把课文理解透，不留"豆腐渣工程"，并在读每一遍时都注意每个生词的形音义和用法、每组词语的搭配习惯，以及每个不熟悉的语法现象，以便在大脑中反复留下清晰印象，把背单词跟读课文融为一体（同时也通过听磁带和练口语去加以巩固）。读过几遍之后，你不仅能借助课文的内容、情节记住生词、词组和语法现象，而且会发现很多原来没注意到的妙处——用词的贴切传神、语法的准确到位，以及种种深层的微妙含义和情感。比如，在"A gentleman is, rather than does."（绅士之所以成为绅士，家世比行为更起作用。）这句话里，在精练的文字后面，就能触摸到那种英国式的含蓄嘲讽和幽默。

如果读一篇文章的头几遍重在理解和记忆，那么后几遍读的重点就在于"全面吸收"。此时不仅应该加快朗读速度，还要做到每遍读下来都能一丝不漏地领会所有词汇、语法现象和全文的准确意思，最好还能领略到文中的种种妙处。初学英语者，可以读得较慢。而那些已经学了一两年英语的人，后几遍的朗读速度应当尽可能快，力争达到或超过正常语速（每分钟150—180个词），以便使思维能尽早适应正常语速。如果在正常语速下，你的思维仍能轻松达到上述要求，那么再读几遍巩固成果，这篇课文的精读就算过关了。

如果能坚持按精读要求一篇篇读下去，一段时间后，你会发现自己的英语能力已有改善，词汇、语法、听力、口语都会有提高。那神秘的语感，也会在不知不觉中"茁壮成长"，而且越往后，精读每篇课文花的时间就越少。如果能坚持精读主要教材上的所有课文，几年下来，一定会有不小收获。

当年婷儿在成都外国语学校的校友——省高考"状元"唐翔，据说在高三毕业前词汇量已达10000多个，听说读写能力也非常出色。进入北大之后，他仍然是英语最出色的学生之一。他的英语实力，就与长期坚持读英语的习惯密不可分。后来，婷儿也养成了这个好习惯。

精读这样有用，那么精读的对象是什么？如果把基本教材上的每篇课文都列为精读材料，就能充分吸收教材精心编排的一整套内容，而不至留下大的漏洞。如果你读课文时还能顾及语音语调的准确、意群的停顿，读出英语特有的韵味来，对提高口语能力就会有更大的好处。

背诵是更有效的精读

精读虽能为听、说、写打好基础，但总有些有用的东西会记不住，而且时间越久印象就越模糊，只好常翻书查阅，这在实用时就很不方便。如果能把有用的东西通通背下来，就有了一个不怕日晒雨淋的"便携式资料库"，随时随地都能"查阅"。此外，许多英语文章的精彩片段和好句子在脑子里"共聚一堂"，还会发生"聚合反应"，形成对英语更棒的语感，达到"读书破万卷，下笔如有神"的境界。

背诵的内容可有两种：一种范围较小，只背那些精彩片断和佳句，费力虽小收获也较小。另一种范围较大，主要教材上的文章大都"照单全收"背下来。花费的力气虽然较大，却囊括了教材能给你的所有馈赠，既系统又全面。而且越往后背，费力就越小。

背课文的最佳时机，是在精读之后，因为这时已读得烂熟，印象正深，离背诵仅有一步之遥，顺势背下它来，只不过多花一点小力气，效果却可以上一个档次，何乐而不为！

由于懂得了背课文的借鉴作用，婷儿从初一开始，就选择了"课文基本上都背"，周末回家时，经常拉我的差当"背课文特别助理"，然后就小嘴巴连珠炮似的背起来，她兴趣浓态度认真，通常很少有错。功夫不负有心人，后来婷儿在高二访美时，她的英语水平给所接触的美国人留下了很深印象，负责这次交流的美国朋友拉瑞也称赞她的英语"几乎无懈可击"，扎实的英语功底，为她后来的发展节省了大量时间。

泛读——扩大精读的战果

精读和背课文都能奠定扎实的英语基础，可是它们却有个共同的不足——范围比较狭小，不足以在英语天地中涉猎更多东西，使英语能力离实用尚有差距。

泛读，就是为了弥补这个不足而设置的辅助性方法。

与精读明显不同的是，泛读允许"不求甚解"，看懂大概意思即可，不必去字斟句酌。

泛读时，并不是所读的内容越深越好，也不必动辄看专业杂志或艰深的英文小说。试想如果翻开一篇文章时，到处都是生词看不懂，这样的泛读又能有多少收获呢？所以最佳的泛读材料，应该与你当时的词汇量基本相符，最好是内容广泛的短文、英语报刊，或是难度可选择的《英语拾级读物》之类。它们不仅能扩展英语能力，也能带来不少新知识、新观点，帮你了解英美文化，可谓一举多得。泛读材料的总量，应该是精读量的数倍，或者更多。

泛读时，可用"两遍法"去读：第一遍注意词汇、语法和文章内容，不求快，重点在"嚼透"，第二遍则尽可能流畅地读，重点在提高阅读速度和培养语感。刚开始快速阅读可能会感到不适应，但只要坚持"逼"着自己去适应快读，随着读的东西越来越多，就会逐渐习惯。这样不仅平时能节约不少阅读时间，对培养搜集信息的能力也很有利。不仅如此，考试时快读能力也很有用——它能帮你以最快速度领会考卷上的信息，省出更多时间解决真正的难点。在分秒必争的考场上，这显然是一大优势。

泛读遇到学过却又想不起来的词，先别急于查词典，只在词下用铅笔画一杠做记号引起注意。等几句话看过后，可能就会想起它的意思了，实在想不起来再查不迟。对这类"夹生词"可抄到专门的"补漏本"上，集中复习解决。如果遇到没学过的生词，一般不必查词典，除非泛读时碰上它达三次以上，说明这是个常用词，再查不迟。

泛读和精读，两者交替进行，精读领先开辟道路，泛读随后拓宽道路，然后是水平更高的精读、水涨船高的泛读……直至达到预定目标为止。

需要特别提醒的是：在精读、泛读和背诵时，脑子里最好别出现中文内容，更不要在心里把每词每句都翻译成中文；应该让你对英语的记忆和理解都以实物、情景、感觉或英文词句的形式出现，以便强化英语思维习惯。这个习惯若能建立，对你的英语听、说、读、写能力的提高都很有利。

多管齐下，让口语流利自如

如果对英语口语好的人作分析，通常可以发现，他们大都具备下面这几个条件：

一是敢于大胆开口，英语再蹩脚也"不怕丑"。二是大都有扎实的阅读、听力训练基础。三是较好地掌握了常用句型——如果想较为自如地说英语，大约需要熟练掌握 300 到 400 个不同句型。四是拥有必要的词汇量——对较顺畅的日常交流来说，词汇量大约要达到 5000—6000 个，如果想在专业层面具备良好的口语表达能力，词汇量还应该有较大扩展。词汇量如果不足，将直接限制表达的范围和深度。此外，常用词汇的熟悉程度对口语也有明显影响。五是在掌握基本的语法知识之外，还掌握了许多现成的英语表达方式，包括习惯的说法、经典的句子甚至很多整段的文章。有了足够的借鉴材料，才能有效地"照猫画虎"。

需要说明的是：上述条件的简单相加并不等于口语能力，还必须经历一段必要的口语训练过程才行。这些条件也并不是相互割裂独立存在的，而是词汇、语法、句型、阅读、听力、口语、写作等能力呈现出有机融合，互为支撑的状态。这就像铁矿石和焦炭并不等于生铁，还需要一个熔炼过程一样。

据我观察，有不少人是先用忽视听力和口语的方式学英语，然后再亡羊补牢，专门去提高听力和口语，并有不少人取得了成功。然而这种方式累计消耗的时间总量更大，往往得不偿失。而效率更高的方式，应该是听、说、读、写训练齐头并进，词汇、语法、句型的掌握过程融为一体。这样才能明显节省时间消耗，实现"高性价比"的学习目标。

阅读和听力都是口语的基础，有关它们的训练前面已有介绍。下面介绍的，是直接针对口语的训练方法：

复述课文，多让英语"出口"

每当精读、精听完一篇课文（包括背诵课文）后，都需要做复述课文的训练。由于读和听都属于"英语输入"训练，提高的是"接收功能"，却不会自动转化为"英语输出"能力。我们常看到有些人"能听懂，不会说"，原因就在于此。而复述课文则是打造"英语输出"的能力，目的是把读到听到的英语转变成可以说出口的东西。

复述课文不是背课文，而是用自己的话尽量完整地讲述课文内容，如果说死记硬背是"被动输入"的话，那么复述课文就是主动输出。复述课文时你会发现，大脑总是在积极搜索以前的英语积累，以便把刚才读到、听到的内容再现出来。这正是提高口语能力（还有写作能力）所需的"输出"状态。

坚持对主要教材上的每篇课文都做复述训练，会有两种收获：一是基本句型和常用词汇会越说越熟，甚至能脱口而出；二是新的句型、词汇和习惯表达方式也会不断丰富你的"出口仓库"，而且"一回生，二回熟"，逐渐变成自己的东西。它们就像一块块砖、一片片瓦，都是口语的"建筑材料"。显然，"建材"越多，质量越高，就越能盖出"好房子"。

当复述能力达到一定水平后，还可以进一步提高训练标准——不仅尽量完整地复述课文，还可对课文作缩写训练（这就要求能迅速理清课文梗概，或抓住最本质的内容）和扩写训练（这就要求在课文之外调动更多的英语储备，表达更复杂的内容）。

在身边找口语对手

口语环境是否具备，对口语训练很重要。一般说来，中国学生口语环境好的较少，差的较多。如果身处较好口语环境，只需利用它努力干就够了。下面为口语环境不够好的学习者介绍一些值得采用的方法，以便自创一个有效的口语环境。

练口语，一个重要的原则是每天开口尽量多说。不要因为英语像"鸟语"就不好意思。如果你能够在身边找到一位志同道合的对手，时间也合拍，就能大大增加开口的机会。好在现在想练口语的人相当多，做到这一点也不算难。如果能在身边有一群这样的人就更棒了，经常变换谈话对手，话题更广更有趣，好处就更多。如果把练口语和课外活动相结合，大家约好在特定的时间、地点只说英语不说汉语，还能在校园里形成一个小小的"英语角"呢——你愿意做这个发起人吗？

"换词练习"，使口语更流利

本章曾提到，英语的书、报、刊、广播和日常交谈尽管内容浩如烟海，可是常用句型却只有区区三四百个。如果能把这些句型都说得烂熟，你的口语会更流利。（如果没有更精练的教材，可以用《英语 900 句》作为句型教材。）要想把句型说熟，有效的办法之一就是常作"换词练习"。听过"英语 900 句"的读者对此一定都很熟悉。

具体方法是：每当遇到一个不够熟的常用句型时，就反反复复地说它用它，并不断更换句中的主、谓、宾、定、状等各种成分，直到你能用它来熟练表达形形色色的意思为止。

例如：看了句型 Someday I will visit Paris（有朝一日我会去巴黎看看）后，就可以把主语换成"张三、李四、杰克、托尼"，把巴黎换成"拉萨、伦敦、里约、敦煌"，把 visit 换成"rebuild（改建）、surprise（使…吃惊）……"等等。等说到各种意思都能脱口而出的地步，这个句型就真正属于你了。照这样嚼透它三四百句型，你的口语就有了足够而流利的"套路"，说英语也就变得像小学填空一样容易了。

巧用英汉对照读物

在练口语时，谁都希望身边有位精通英语的老师，能随时指出错误，并用地道的英语作示范。其实，有时英汉对照读物就能担此重任。

具体方法是：找一本与你的水平相近的英汉对照读物（如果刚开始练口语，建议最好从最初步的口语起步，循序渐进地提高），先只看汉语译文，并逐句口头译成英语，然后再去看英文部分，逐一找出自己的错误和差距，并找出造成错误的原因，例如语法知识有漏洞、词语搭配不当等等，还要在出错的地方用铅笔画上记号，以便复习时重温。然后再一次口译刚才的内容，并用心记住正确的表达方式。只要认真口译几本英汉对照读物，你的口语水平一定会提高不少。这种方法另一个好处，是能帮你避免说生编硬造的 chinglish（中式英语）。

"泛英语化"，增加练口语机会

如果练口语而没有对手伙伴，看来很难经常用英语交谈，在人们越来越忙碌的今天，很多人学英语都会遇到这个困难。可是如果采取"泛英语化"的办法，主动把日常生活中的很多内容都跟英语"挂钩"，依然能找到大量机会练口语。

例如，看电视、听广播等悠闲时刻，就可以边听边作口译，遇到明显偏难的句子可以跳过去不管，而遇到超出自己能力不多的句子，就值得动动脑筋琢磨一下。这时你会发现很多原来不曾注意过的口语难点，以后就会格外留心有关的表达方式。这样既练了口语，又发现和解决了不少问题，可谓一举两得。

又比如，上街闲逛，经常是"大脑资源闲置"的时候，此时不妨把所见所闻所思全都"英语化"——尽量用英语去自言自语，说长道短，叙事状物，发表看法等等。这不仅有利于提高口语，还能强化"用英语思维"的习惯，有多方面的好处。

还可以实行"每日话题"的办法，每天拿出十来分钟，对自己讲一段英语，难度可以根据自己的水平来定。从简单话题"我的家庭成员"，到复杂话题"废电池与环保""生活中的尴尬""我走了一次麦城"等等，可选择的话题非常多，而且很多都熟悉有趣，对自己有吸引力，这样既有利于记忆，又能训练有条有理的英语口语表达能力。

词根与前后缀——用"偏旁部首"背单词

常用的汉字有6000多个，如果一笔一画地死记硬背，就很不轻松。幸好学汉字有好帮手——200多个偏旁部首，能用它们像搭积木一样，方便地组合出数千汉字，这就大大减少了记忆量，提高了记忆效果。

如果英语也有"偏旁部首"，岂不也能方便记忆？

幸运的是，英语确实也有"偏旁部首"，这就是英语单词的词根、前缀和后缀。如果善于利用它们，背单词时的确能帮你省不少气力。

既然有如此妙用，就不能不对它们有个起码的认识。

英语单词的词根

词根是英语单词的主干部分或核心部分，一般都短小精干，很容易记住，如 bio（生命）、sid（坐）、cur（关心）等。它们代表着单词的基本意思，有的词根同时也是可单独存在的单词，如 act（做）、art（技艺）、cord（心）等。

那些常用词根，一般都有很强的构词能力。一个词根与数量不多的英语前、后缀七搭八配，往往能组合出数十个乃至数百个"同根词"来。

例如 part，就是一个来源于拉丁语的词根，意思是"部分"，它能与若干前缀、后缀一起构成不少单词，如 apart（分离）、partner（合伙人）、partake（分担）、department（部门）等等，同时 part 本身也是一个单词，词义为"部分、要素、分开"等。

再如 act 这个词根，名词后缀 –ing（含义为"事物"）可以与之构成名词 acting（表演），名词后缀 –ion（表示"抽象事物"）可与之构成名词 action（行动），形容词后缀 –ive（…的）可与之构成形容词 active（活跃的），名词后缀 –or（人）可与之构成名词 actor（男演员），此外还有 activity（能动性）、actress（女演员）、actual（实际的）、actually（实际上）等许多常见词。它们全都是各种前后缀与词根 act 搭成的"积木"，不仅方便易记，记忆量小，而且小葱拌豆腐——一清二白。

英语单词的前缀、后缀

英语单词的前、后缀，是位于词根前后的附加成分，一般也很短小易记。它们能和词根一起，构成许多意义不同的新单词。

其中，前缀是英语单词中位于词根前面的附加部分，例如在单词 discord 中，dis– 就是这个单词的前缀，意思是"分离"，它和词根 cord（心）一起，构成了新的词义"不和、不一致"，而且还挺形象——人心相离，自然"不和"。

后缀是位于词根后面的附加成分，例如在单词 biology（生物学）中，–logy 就是后缀，意思是"…学、学科"，它和词根 bio（生命）一起，共同构成单词的词义——有关生命的学科、生物学。

有的单词既有前缀，又有后缀。如 president（总统、校长）这个词，就是前缀 pre–（前面）+ 词根 sid（坐）+ 后缀 –ent（人）构成的，形象地显示出这位"坐在前面的人"地位既高又特殊。再看 computer（计算机）

这个词，它是由前缀 com-（加强）+ 词根 put（计算）+ 后缀 -er（…机、人）构成的，很简洁地表述了电脑能强化运算功能的特征。对该单词有了这样的理解后，要记住它就非常容易了。

从上述几例可以看出，英语词根和前、后缀相结合，能发挥跟汉字偏旁部首差不多的作用，让人一望可知其义，非常方便。

利用词根和前、后缀背单词的优越性

学英语最大的难点是背单词，词根词缀的作用，恰好是有利于记住单词。屈指算来，它至少有以下几样好处：

变死记硬背为理解记忆

例如单词 corrupt（腐蚀、使腐败）中，只要记住了词根 rupt 意思是"破"，前缀 cor- 意思是"强化"，就很容易记住"加强破坏"的近似词义。如果给这个单词加个后缀 -ion(抽象名词)，就构成名词 corrup-tion"贪污、腐化"。如果换成形容词后缀 -ive(…的)，就构成新词 corruptive"腐败的"。再换成形容词后缀 -ible（可…的），又构成了新词 corruptible（可收买的、易腐败的）等等。明白了这些意思后，是不是好记得多了？

这种方法能把逐个字母死记硬背单词，上升为理解基础上的记忆。据心理学家研究，理解之后再去记，比死记硬背无意义的字母，节省时间最高可达 90%。

减轻记忆负担

从词根的构词能力看，一个常用词根，可构成的"同族词"少则数十，多则数百。比如词根 act（动作），在一部数万词的中型英语词典中，由它构成的单词少说也有几十个。对这几十个同族词，如果逐个字母去"死记"，所花时间至少是词根加前、后缀记忆的数倍，而且牢固程度也大大低于后者。

在中小学阶段的英语单词中，有近 40% 的单词是"派生法"构成，也就是以"词根加前、后缀"的方式构成的。大学英语单词中，约有一半是"派生法"构成。常见的数万英语单词中，更有一大半是"派生法"构成。如果利于用上述搭积木的方式去巧记，既可节省时间，又能记得更牢。

化长为短，加快记忆速度

派生词往往是英语单词中较长的一类，长，也就意味着记忆量的增加。根据心理学家的实验，一条记忆材料的长度若是增加一倍，记住它的时间就要增加好几倍。如果能把派生词看做词根和前、后缀的"有序组合物"来记，记忆材料变短了，记忆负担就会明显减轻。

有利于扩展词汇量

掌握上万英语单词，是很多青少年的强烈愿望，可是如果一个个字母地死背，想记上万单词谈何容易！然而词根加词缀的方法，却提供了一条"快速记忆之路"。

如果能记住最常用的上百个词根和一两百个常用前、后缀，就能构成数以千计的英语单词，而掌握这些词根和前、后缀去记单词花的时间，比起逐个字母地"死背"单词来，至少可以减少50%以上的记忆量。知道了这一点以后，掌握上万单词的目标也就没那么令人生畏了。

凭借词根、词缀，能认出某些没学过的生词

在写这段文字时，我顺手翻了一下英语词典，看到下面几个从没学过的单词：flextime、futurology、cordiform，但通过词根词缀却能一眼看出，它们的含义分别应该是"可变的时间（弹性时间）"、"未来的学科（未来学）"、"心的形状（心形的）"。

有一位著名的英国作家兼政治家说过这样的话："学习一门语言最短最好的途径，就是掌握它的词根。"的确，不仅学英语可以借词根（和前、后缀）之力，学很多外语都可以用上这三根"拐棍"。由于词根词缀的上述功能，它们有资格成为学英语的"制式武器"，如果能得到普遍应用，一定能为中国学生学英语出一把力。

学英语时，在哪个阶段学词根词缀最好？我认为较好的时机是在掌握单词500—1000个时。因为此时在你所知的单词中，有不少都可以拿来当"例词"，有利于了解词根与词缀的构词规律。

婷儿学英语时，利用词根和词缀背单词是我向她积极"推销"的方法之一，对婷儿掌握英语词汇也发挥了良好作用。

为了方便读者，本书特地选择了一批常用词根和前、后缀，作为本书的《附录三》，供读者参考。它们不仅在背中小学单词时有用，还能在今后扩展词汇量时帮你不少忙。背下它们虽然会花一点时间，却可在今后背单词时节省许多倍的时间，可谓磨刀不误砍柴工。

充分交流，须跨越文化障碍

有时看英文报刊，会遇到这样的情况：句子里面每个单词明明都认识，就是不知道连起来说的是什么意思。这种时候，你遇到的很可能是"文化障碍"。

看看下面这些习语，也许能更真切地理解这一点：

lame duck（跛鸭），这不是在说真正的鸭子，而是指那些即将"过气"或者已经"栽了"的人物，尤其是曾经显赫得意过的人，例如任期快满的议员、证券交易所里破产的投机家、没能再次当选的官员等等。因为鸭子本来走路姿态就不潇洒，一旦跛足，就更是雪上加霜。

Me-generation（直译为"我一代"），这个词专指美国 20 世纪 70 年代成长起来的一代青年中的一部分人，他们成天把"Me（我）"挂在嘴上，以自我为中心而不顾及其他。所以，这个词的准确含义是"以自我为中心的一代"，折射出美国人对这一代人的关注和反思。

on the carpet（在地毯上），这不是走在红地毯上受到隆重欢迎，而是在说某人的处境不妙：在上司铺着地毯的办公室里，他正在垂头丧气地挨"k"呢。这个词组可以翻译为"受训斥"或者"被追究"，带有幽默色彩。

Plunkitt's technique（普兰基特方法），这不是指生产工艺，而是在讲政客手段。20 世纪初，美国纽约有一位名叫普兰基特的民主党首脑，热衷于通过合法方式用手中权力去谋利，给后世留下这个不怎么光辉的记忆。

pull the eagle tail feathers（扯鹰尾巴上的毛），这不是说淘气的小孩虐待野生动物，而是美国人在痛心地提及那些让美国面上无光的事。在美国国徽的中央，有一只爪子上抓着箭的鹰。扯老鹰尾巴，也就成了"扫美国面子"的同义语。

如果你不深入了解，就不会知道在这些看似平淡的词语背后，还有这样多的趣事。这些都是英语中的文化内涵。

顺便说一句：学英语要避免说它的俚语、土话，例如 john（厕所）、push around（蒙人）、hit the road（开路）、blow it（搞砸了事）、max out（累惨了）等等，因为它会被看做缺乏教养的表现，至少在正式场合说不得。

我们知道，广义的"文化"二字，既包含了物质的成果，又包含了制度、观念、习惯、行为模式和思维方式等要素。不同的民族有着不同的文化特征，用本民族文化的眼光去观察其他民族的情感和观念，往往难以充分理解对方。这种文化差异，也可以叫做"文化壁垒"，即使学会了对方的语言，这个壁垒也会妨碍你与之充分交流。

这样，就对学外语提出了更高的要求：如果你的目标是实现深层次的交流，或战胜国外强手，学英语的同时，就要重视与对方文化有关的知识。当它日积月累达到一定程度，你会发现在语言的表象下面，你往往能品出更丰富更深刻的含义来。这时，文化差异对你来说就不再是个大问题了。交流时，你不仅能避免种种误解，处理问题也会更为得心应手。

婷儿学英语的经历也许可以说明这样一个道理：如果把英语当成交流工具来掌握，而不是单纯考试的"敲门砖"，就会确立更长远的目标，在很多不能得分的地方也下功夫，到头来就既能实用，也能考出好成绩。如果把英语考试当成目标，很可能既不能用于实战，也不易应付考试。

影响成败的几个心理因素

学外语就像农夫耕耘，在投入了大量的时间和汗水后，理当期望丰收。然而学外语"减产、歉收"的人，在生活中也并不少见，究其原因，除了方法不当外，心理素质不足也很常见。

人们常发现，尽管大家都在同一间教室上课，受同样的老师教诲，大多数人的智商也很接近，但学习效果却悬殊甚大，有时反而是些不怎么聪明的人在遥遥领先。这个"落差"，往往就是心理素质的差异造成的。下面列举的就是需要调整的几个心理因素。

被迫学不如主动学，要有意培养兴趣

在知识经济渐行渐近的时代，在世界被称为"地球村"的大背景下，外语对中国人的价值经历了两次大的飞跃：第一次是20多年前改革开放的国策确立后，外语成为一部分中国人率先对外交往的有效工具，这不仅推动了中国的快速发展，也对这批先行者的命运产生了相当大的影响。第二次是中国加入世贸组织（WTO），使中国与世界的交往水平再次大面积

提高，中国人对外语能力的需求，也达到了前所未有的地步。而用途最广的英语，也自然被视为"第一外语"。

希望有志成才的青少年能主动培养外语兴趣，把外语当做一项基本功练好。历史经验证明，缺了这对翅膀，往往很难参与高水平的国际竞争，大都只能跟在别人后面爬行。

多给自己积极暗示："外国人能行我也行！"

婷儿在回答台湾《小说族》记者提问时说："学习英语，首先要树立信心。既然每个美国人和英国人都会说英语，说明英语并不难学。要在战略上藐视英语，有掌握英语的决心。另外一方面，在战术上又要重视它，注意安排足够的时间，采用有效的方法。要在情境中学习英语，尽量重现学习语言的正常过程。要学深学透，每次学的量要适当，因为贪多嚼不烂。学过的词汇都要会熟练应用，特别是那些常用的基本词汇。我在美国的感受是，生活中经常用到的往往是简单词汇的复杂用法，专业词汇相对较少。即使遇到生字，查一下字典就懂了。"

据我所知，学英语的难度小于别的很多语种。因为英语的基本词汇一般较短，记忆量小，英语语法也比很多语种简单易学。不仅如此，中国人学英语还有些天生的好条件。比如发音，由于汉语包含的音素相对丰富多样，中国学生的英语发音，也因此而胜过很多国家的人。只要英语教材好、学习方法对，每个中国孩子都有理由鼓励自己："外国人能行我也行！"

克服"厌战情绪"，提高自律能力

学外语不像看电影、品美食那样轻松惬意。特别是在词汇量还不多的前半截，它更像农夫种庄稼，每天都在"汗滴禾下土"，离"秋收万颗子"却那样遥远，日复一日都是看不见尽头的生词，劳累和枯燥很多，收获的喜悦却很少。这时候，最容易厌战，也最需要克服厌战之心。因为这会儿就像"黎明前的黑暗"，需要坚持，再坚持……除了给自己打气鼓劲外，不断总结和改进学习方法，也有助于消除厌战情绪，进入"越学越想学"的新天地。

倘若该复习时不复习，遗忘规律就会吞噬即将到手的记忆。该补漏洞而不补，漏洞就会不断扩大，撕裂你的成果。这些都必将增加你总的时间消耗，记忆效果也会变得更糟。所以，你需要有自律能力，约束自己按正确方法行动，像时钟一样"嘀嘀嗒嗒"稳步推进。

如果能始终以积极的心态对待外语，你不仅有把握拿下任何一门外语，同时也能培养出良好的意志力——这个"副产品"的价值已大大超过了外语本身，足以为你造福终身！

放弃"速成"幻想，培养恒心和毅力

婷儿说："学英语是个长期的过程，欲速则不达，要坚持多听多说多读，日久自然见效。我们外语学校的殷校长说过：街上有一些《教你五分钟学会英语》《一个星期成为英语高手》的书。如果真能够这么容易，英语好也就不算什么了。"

下面是我收集的海内外中小学生用于英语学习的时间，仔细看看，你就能明白，不能"外语速成"的不仅是中国大陆学生。知道了这些，你会丢掉"外语速成"幻想，持之以恒地学到成功之日。

学好英语需要多少时间？

究竟需要多少时间才能学好外语，达到实用水平呢？为了回答这个问题，我查阅了很多资料，并特地向一些与英语教育有关或了解情况的人士做了调查。他们是：香港教育署（教统局）英文总课程发展主任陈惠明先生、香港教育署官员郭麦凤娟女士、香港理工大学胡金莲副教授、成都外国语学校陈武主任、台湾某集团公司特别助理陈惠云女士及所咨询的台北市各位中学英语老师和大学英语教授。在此，谨向所有提供了宝贵帮助的专家学者和友人，致以诚挚的谢意！

不少人都知道，我国有一批普通中学性质的外国语学校，学生大都是初一进校，从零起步，到高三毕业时英语水平一般可达 PETS（教育部"公共英语等级考试"）的五级，相当于本科英语专业二年级结束时的水平。如果进行定量分析，算算他们学英语的"投入产出比"，就能对学英语需要的时间有个清晰印象，同时也能跟海内外英语教学效果作对比，从中发现规律。

海内外英语教学时间对比

中国大陆：以我调查过的几所外国语学校为例。它们每周一般有英语正课八节，外加各种英语自习七节，每周共约 15 节，每年学英语约 600

个学时（每个学时为 45 分钟）。到高二期末基本结束英语教学，转入高考"备战"。算起来 5 年共投入 3000 个学时，学习效果可达 PETS 五级。若按该级词汇量 7500 个来算，平均每投入一个学时，大约可以牢固掌握 2.5 个词汇（包括良好的听、说、读、写、译五大能力训练和各种复习）。

姑且把这个 2.5 看做"参照量"，与海内外其他学生作对比：

俄罗斯：一般从小学二年级开始学英语，每周两节正课。初中每周 4—6 节英语课，高中增至 6—8 节。合计英语正课 2100—2500 个学时。如果加上英语自习、英语作业时间和其他英语课外活动，总计应在 3000 个学时以上，俄罗斯学生高中毕业前要求掌握的英语词汇量约为 9000 个（以及良好的五大能力训练），平均每学时掌握词汇约 3 个。看来，尽管俄语中有不少与英语类似的外来词，但俄罗斯学生扎实的英语能力却首先与投入的时间量紧密相连，而从俄语学英语的种种便利，只起了很次要的作用。

台湾地区：从小学三年级开英语课，到五年级列入正式课程，外加各种英语自习及英语课外活动合计，台湾学生到高中毕业共学英语约 2200—2800 个学时不等。台湾高中毕业生英语词汇量要求为 6750 个，平均每学时约掌握词汇 2.3—2.9 个（包括其他能力训练）。可见台湾学生的英语能力同样与投入时间正相关。

香港地区：其学生可能是英语投入时间最多的一族。香港小学生从一年级起，每周约 6—9 节英语课，初中之后，每周可达 9—10 节英语课。即使不算其他各科的英语授课和英语课外活动，一名香港学生到中学五年级毕业前，总计学英语也可达 3200—4200 个学时不等，在本节所列各地可居榜首，学习效果也名列前茅。我在香港某大学招生简章中看到，该校对海外新生的英语要求为托福 580 分以上，已高于祖国大陆的公共英语等级考试五级。此外，很多中学从初一起就实行全英语授课，从大学预科起，更是普遍实行全英语授课。这也可侧面反映香港中学生的英语程度。

还可以举出一些国家中小学生学英语的时间为例，也都大同小异。

此外，一位美国朋友告诉我，美国国务院的外交官学一门新语言，训练时间为 6 个月。按他所说，我以每天 8 小时每周 5 天推算，累计为 1040 个学时。由于这种训练带有初步和速成的性质，程度不太高，我估计词汇量应在 3000—4000 之间。考虑到外交官通常有较高的语言天赋，并有十分优秀的老师和完善的训练条件，如果进度稍快于常人，平均每学时掌握3—4个词（含听力、口语等能力训练和复习），也应属正常，而不是奇迹。

不同的时间总量，换来不同的外语水平

知道了上述情况后，就可以从中得出一些有用的结论，可用来指导自己的英语学习。这些结论是：

——对大多数中小学生来说，在学习方法正确的前提下，投入时间的总量与达到的英语水平大致成正比，大约每投入一个学时，可牢固掌握英语词汇2—3个（含五大能力训练和复习），时间投入少，收获也小。

——一般认为，学英语要想初步实用化（即能够一般地读写，可进行非专业的交谈），词汇量大约应达5000—6000个，要想用于本专业学习、交流与竞争，词汇量则应达10000—15000不等。根据这两个标准，可以大致算出：英语要初步实用化，普通学生需投入大约2000—3000个学时，要想用于专业学习和交流，则应累计投入4000个学时以上，而且学习方法必须正确有效。对语言潜能不同的人来说，需要的时间可能有一定差异。如果投入时间明显低于初步实用化的需要，英语就难以达到实用水平，往往会被迫弃置不用，其结果肯定是渐渐遗忘。

按照上述标准去衡量，以往中学生学英语投入仅为1000个学时左右，明显低于实际需要，是难以达到实用化的主要原因。

——根据记忆规律，只有连续不断地投入时间（可有短的间隔，但不应有长时间停顿），才能有效减少遗忘，较快达到"实用化"。如果"三天打鱼、两天晒网"地学（如：每周学英语时间过于稀疏，中途出现长时间停顿等等），将会增加遗忘，造成时间总量的更大消耗，应属不合理安排。根据儿童语言潜能逐渐减退的规律，把学英语主要安排在小学六年和初中三年，才更加合理，不仅能使时间总量更为节省，学习效果也会更佳。

从这个"时间总量须充足"的规律看，学英语确实是无捷径可寻，如果不是语言奇才，只有一步一个脚印地走完全程！

正因为懂得了"投入时间要足"的道理，婷儿一开始学英语就不怕多出力。从初一进校到高三考托福为止，她累计投入的时间大约在3500个学时以上（包括课堂和课外），高于中学的一般同学，保障她高效率地提前解决了大学英语。

实行"一语多制"，适合多样化的现实

需要说明的是，我们绝不主张每个中国学生都花两三千个学时，把英语学到交谈自如或专业交流的水平。按照个性化培养的原则，我们主张每个孩子都根据主客观条件和就业方向，设定自己的英语目标，宜高则高，宜低则低，实行"一语多制"的教学标准，而且照拿同样的毕业证书不误（像某些发达国家一样）。这样才能避免"一刀切"带来的痛苦、浪费和压制潜能。

那些英语兴趣大的学生，特别是人生目标有涉外成分的(科技、外贸、旅游、文化交流、学术研究……)，只要时间允许，建议设定较高的英语目标，在高二之前词汇量就达到6000—7000，与日本、台湾地区基本相当，与香港地区、俄罗斯也相距不远，这样高三才能专心备考，进大学后才能集中精力猛攻专业知识，以更快速度成更大的才。显然，这是一种更有利的成才战略。

有些中小学生因未来的谋生方式对英语要求甚少，或英语兴趣不足，他们也应学一定程度的英语，以利于将来发展，这是对外开放的时代所决定的。尽管他们的英语目标可以定得较低，例如词汇量可在2000—3000不等（以便省下时间，多学点生存急需的知识技能），但同样也应该熟悉英语学习规律，掌握有效的英语学习方法——只有这样，才能在将来需要时迅速提升英语实力。这是一种"储备英语潜力，以观人生之变"的学习策略，既可进，亦可退，它与忽视英语的做法是完全不同的。

从学习方法的角度看，以上两类人的英语学习法，基本上是同一套方法——都是建立在相同的语言学习规律和记忆规律之上，只是各自"路程远近"不同罢了。这就像一辆性能良好的越野车，既可胜任长途远行，又可用于短途代步一样。

学习英语的黄金时期

近年来，我国的高等教育快速发展，进入了高教大众化阶段，考生平均录取率已超过50%，在北京、上海等大城市更是超过了70%。接受高等教育的机会迅速上升，使越来越多的中国家庭已经不必"走一步看一步"

了，而是有条件对孩子受教育的全过程作通盘考虑，以便更有效地开发孩子的各种天赋潜能。

为了高效地解决外语能力，参照脑科学研究的最新发现，把学外语的重头戏放在中学和大学的做法，就需要重新考虑。

学习英语的黄金时期，在未成年阶段

人们常说："小孩学外语比大人容易得多！"现代脑科学的发展已经揭示了这个常识的奥秘。各国科学家在研究中陆续发现：人的大脑中有一个专门负责学语言的区域，即布罗卡区（Broca's area），人们的母语就存储在这一区域。布罗卡区在两三岁时开始快速发育，到10—12岁时发育成熟。此后随着年龄的增长，布罗卡区的灵敏性却呈下降趋势。所以小学生学外语比初中生容易；初中生学外语比高中生容易，若进了大学再去猛攻外语，大脑已经无法把新语言直接储存在布罗卡区，只能在记忆区新建一个记忆结构。这个新的记忆结构没有布罗卡区灵敏，使用时还需要先与布罗卡区建立联系。因此，成年人学外语的速度比儿童慢，掌握得远没有儿童牢固，也较难形成基于布罗卡区的语感。

这一发现提醒人们，要想事半功倍地学好外语，就该充分利用未成年之前的语言学习敏感期。遗憾的是，中国学生学习外语的时间策略正好倒了个个儿——多数人都把学外语的时间重心放在大学本科阶段。由于本科生已经进入成年，已经过了学语言的黄金岁月，不得不多花几倍的苦功，才能达到预期目标。这种重心后置的安排有违大脑的发育规律，效果自然不理想，浪费的大好成才时光，让人想起来就心痛！

学外语的时间"重心后置"，效果少慢差费

到目前（2003年7月）为止，大多数中国孩子的外语学习之路都是这样的——

幼儿园，本应是培养外语兴趣、开发外语潜能的"洞天福地"，可惜的是，由于种种原因，大多数幼儿此时在外语上却一无所获。

小学生培养外语兴趣易如反掌，小学也应是学外语的"主战场"，例如香港地区有30%的孩子就是通过小学六年的英语学习，一进初中就能胜任全英语授课。可惜我们很多小学生在这一阶段不是所获甚少，就是两手空空。

初中本是外语能力大踏步前进的最后一个"黄金时段"，可惜外语课时太少，语言潜能难以充分开发。高中生的语言能力已有所减退，加上各

门功课都要备战高考，已经没有时间去开发外语潜能了。

等进了大学，语言潜能已明显降低，专业学习又形势逼人，情况却陡然一变——外语作为毕业、考研、留学等等的"硬杠子"，无情地挡住了去路，于是大学生们不得不废寝忘食，猛攻英语四六级和考"托"考"寄"。前12年的外语欠账，几乎全堆到这几年"限期偿还"。在中小学稀薄的词汇量"底子"上，凭着语言潜能优势渐逝的大脑，大学生为四六级和托福、GRE便不可能不疲于奔命。据我估算，大学生的英语要想实用化，所耗时间至少超过4—5门专业课所需。不难想象，作为大学核心任务的专业训练会面临多大冲击，人才培养会受多大影响！

如果能把学外语的"时间重心"往前移，婴幼儿期开始培养听、说兴趣；以小学和初中为"主战场"，效果就可能大不相同。

学外语的时间"重心前移"，效果多快好省

幼儿园和小学低年级的孩子，最容易培养出浓厚的外语兴趣。如果在小学能安排足够的学时，通过大量场景化的外语游戏活动，足以奠定听、说、读、写能力的良好基础，并掌握可观的词汇量。香港地区有1/3的学生能在初一就胜任全英语授课，就是可行的明证。

由于学外语的规律是"越熟越好学"，在小学的坚实基础上，如果初中再安排足够时间，便不难完成比小学更大的英语学习量，加上高中的辅助性学习，将有把握让愿意的学生在高中毕业前达到6000—8000的词汇量，以及扎实的听、说、读、写、译能力。这样，进了大学就能轻装上阵，借外语之力在专业领域深造。

若能把大学学英语的时间，大都改投到学习效率更高的小学和初中，学英语的时间总量不仅不会增加，反而可能明显减少，学习效果也更好，这就是"重心前移"的实质。

如果谁能在初中毕业前大体完成这一战略任务，就能在高中占据优势，在升学时更加主动，更能在大学加快成才进程。如果大多数孩子都能实现外语重心前移，必将增强我国的国际竞争力，使许多青少年拥有更精彩的人生。

回想起来，如果婷儿是从小学就开始学英语，初中就基本完成英语任务，也就犯不着高中连续数月超负荷运转地急补英语了——那种对身体条件和后勤保障要求很高的险棋，还是人人都避免为好。

"外语重心前移"的两种方式

如今，我国小学已普遍开设了英语课，培养幼儿和儿童的英语兴趣也不难，这就为英语主战场转移到小学初中，提供了良好的大环境。

对大多数家庭来说，要想实现"英语重心前移"，可能通过两种方式：

家庭作坊式——在条件许可的家庭里，只要孩子确有兴趣，可由父母给孩子提供所需的学习条件，包括英语磁带、放音机、光碟可视教材之类的硬件，创造语言环境。大人能教更好，若不能教，和孩子一起学也很好。婴幼儿哪怕是被动地听、看，都会有效果。中小学生进英语班学习或自己听磁带自学，也有不少成功先例。很多孩子就是这样在中小学就很好地掌握了英语，考级得高分的也多有所闻。

班级活动式——这种方式通常比第一种更优越，因为它能利用集体活动特有的优势，在有趣的游戏和活动中学，调动孩子好奇、爱玩、好动、好胜、喜欢模仿的天性，生动活泼地学英语，听、说、读、写并重地"玩"英语，在愉快的体验中掌握英语。不仅如此，在这些游戏和活动中，还可以同时渗透多方面的素质培养内容：如组织领导、协作精神、文明观念、异域文化、心理素质、表达能力等。这种一举多得的方式，将能把英语课变成受欢迎的娱乐课，让学生在欢声笑语中把本事学到手。

目前在小学英语课中，游戏与活动的方式已经受到了相当的重视，这对激发孩子的英语兴趣非常有利，只是学习量与多数中小学生的语言潜能相比，却是过于不足——我国学生到高中毕业时应掌握的词汇量，老标准约为2500个，新标准约为3800个，明显低于发达国家和地区的中学英语水平。听、说、读、写的要求也较低，总学习量仍不足实用能力所需的一半，"外语重心"仍将被迫放在进入大学之后。

如果能适当提高一部分小学生、初中生的英语标准，在有条件的地区，让兴趣大的孩子用难度高的教材，使至少1/3或半数左右的高中生英语基本达到较高标准，到大学能减轻外语负担。而其他无须多学或兴趣小的初、高中学生，则允许自选较低的英语标准。这样就既利于人才培养，又符合多样化的客观现实。

希望更多的中国孩子能快乐而有效地学英语！

结束语：感谢所有在英语方面教导和帮助过刘亦婷的老师们！

第七章

刘亦婷的学习方法：作文篇

婷妈妈刘卫华答读者问

先培养表达兴趣，
再学习作文方法。

不少读者来信咨询：如何培养或提高作文能力？问及的阶段从学龄前到高中都有。为此，我们专门安排了这一章，集中介绍婷儿的作文能力怎样从婴幼儿阶段的口头创作，过渡到小学阶段的写作训练，再过渡到中学的主动钻研，供有兴趣的读者参考。

我们非常赞同"先做人，再作文"的说法，但并不准备从这个角度来介绍怎样写好作文。因为我们已经用了许多篇幅来介绍如何教婷儿"做人"，所以，本章只介绍操作性的内容，特此说明。

不想当作家，也应学好作文

婷儿是喜欢作文的学生，但并没有喜欢到想搞文学的程度。当作家从来不是她的梦，她也不满足于写好作文在考试中拿高分。婷儿学习作文的动机，一是想提高自己的文学审美能力，二是想提高自己的书面表达能力。婷儿说："会审美，可以让人活得更有滋味。会表达，能让需要了解你的人迅速了解你。"

婷儿的话我们深有同感。学好作文的确能提高人的文学修养，让人更爱读书，也更会读书。在一穷二白的青春时代，多少人（包括我和张欣武）都在从各种好书中获取精神营养，使自己在物质贫血的同时不至于精神贫血。

除此之外，现代人还有更多的理由需要学好作文。即使你不想以发表文章为乐更不想以舞文弄墨为业，在你的一生中，仍然会遇到一些重要的关卡，只能通过书面介绍"我是怎样一个人"，或"我有一个怎样的方案"。审阅你书面介绍的人将根据读后感来判断："是否有理由给他（或她）一个机会？"在这种情况下，你将发现作文真是个奇妙的沟通工具，它能让素昧平生的人在几分钟之内了解你，甚至喜欢你。如果你是在求学、求职、或者求爱（征婚也可能结良缘哪），一篇好作文肯定能提高你的支持率。但如果你的作文写得很糟糕，这一切就会朝相反的方向发展。

这些"劝诱"话都是说给不喜欢作文的人听的。对喜欢作文的人来说，用不着劝他们更喜欢作文，也许还要劝他们不要太偏爱作文了，尤其是当他们在数理化课上偷偷看小说的时候。

我把作文看做传递心声、表达自我的交流工具，主张按"想说→会说→想写→会写"的顺序发展写作能力。在本章各节介绍方法的内容后面，大都选录有婷儿的一篇习作，以便让读者看到婷儿的写作能力是怎样发展起来的。

选录婷儿童话：花儿为什么会开？

——婷儿 3 岁时"写"

从前有一个小朋友，

看见路上有很多花。

小朋友问：花儿为什么会开呢？

花儿说：因为人们要看哪！

先培养表达兴趣，再学习写作方法

喜欢表达的孩子，容易学好作文

婷儿较强的作文能力来自多方面的积累。既然是积累，就有一个"从无到有，从弱到强"的过程。婷儿很小的时候，为了培养她的表达能力，我采取了一个策略：从小培养表达兴趣，长大再学作文方法。我当时的想法是：孩子对表达感兴趣，才会对表达的方式感兴趣。只要孩子喜欢表达自己的感受，就能设法引导孩子按文体要求来表达——所谓作文，就是把想说的话按一定的文体要求写出来嘛！等孩子进入"喜欢说，习惯写"的状态之后，自然会主动地收集作文材料，积极学习作文方法，写作能力和作文成绩也会水涨船高。

令人欣慰的是，婷儿后来的发展正是如此。从小学到高中，婷儿对作文始终充满兴趣练笔不辍；她的作文经常被老师选为范文；中学阶段她几乎每年都有习作在报刊上发表；申请哈佛的大小作文成功地展现了她的个性特点和心路历程；被选进《哈佛女孩刘亦婷》的婷儿日记和作文，也因其坦诚质朴而受到读者欢迎。

培养表达兴趣，方法要因年龄而异

婷儿的例子并不意味着表达兴趣只能从早期开始培养。事实上，培养表达兴趣的活动任何年龄段都可以进行，早起步只是更容易见效而已。

需要提醒读者的是：培养表达兴趣的方法要因年龄而异。如果是辅导"无话可写"的小学生，一是要尽量让孩子写自己最感兴趣的事；二是要鼓励孩子"像跟伙伴聊天"似的去写；三是要专挑孩子的"好词、好句、好段"来夸奖（夸奖是指明努力方向的好办法）。三者结合就是激发表达兴趣的有效措施。

还要注意的是：确定"好词好句"的标准不是跟别人比，而是跟自己比——比更差的部分好，也是实实在在的好啊！这样看起来是降低标准，实际上是以退为进。

中学生培养表达兴趣的生动事例

我在网上看到一篇文章，可以说是师生互动培养表达兴趣的生动事例，现摘引如下：

……全国著名教师魏书生新接的一个初中班集体中，有一个学生说他不会写作文，魏老师就问他："会不会写一句话？"他说："这个行。"魏老师说，那你的作文就写一句话吧。于是这位学生的第一篇作文只有一句话："今天开学了。"到第二次作文的时候，魏老师对这位同学说："这次作文能不能写两句话？"那位同学爽快地答应了。

就这样，从一句话作文开始，再到两句话、三句话……这位同学终于学会了作文。

　　我的情况与老师讲的那位同学太相似了，我为什么不像他那样从一句话作文开始呢？为了让自己进步更快一些，我决定缩短周期，也先从写一句话练起，然后写两句、三句……过了一段时间，我的作文已经逐渐成"篇"了，或者说，已经基本像个文章的样子了。

　　记得我写的第一句话是："我从今天起要学习写作文了。"第二天，我又在这句话的后头加了一句话："我相信我能写好。"说来也怪，似乎每次写都有一句话，后来就不只多写一句了，有了更多的话要写。我发现，一篇作文也就是六七十句话，把自己看到的、经历过的事写出来，并不是一件很难的事……今年5月份，我的一篇习作被校文学社采用，我的信心更足了……

　　（摘引自中小学生作文网转载《语文报·初中版》的文章：《你会不会写一句话》。可惜未能查到作者名字。）

　　这两个事例令人鼓舞：学作文不怕起步晚！只要培养起表达兴趣，任何年龄段的人都可以学好作文。很多人成年之后甚至退休之后才学写作，照样在报刊上发表诗文作品呢。

　　选录婷儿童话：滑稽的故事
　　——婷儿3岁多"写"

　　从前有一个巨人，他的手非常大，比房子还大。
　　可是他的手帕很小，比我的手还要小。
　　这个巨人用这么小的小手帕擤鼻涕。你说滑稽不滑稽？

培养表达兴趣，可与学说话同步

尚未学会说话，也可学会抒情
　　在婷儿还不具备语言表达能力的时候，我想出了一个培养表达兴趣的办法：先从抒发感情的形式学起。我曾在《哈佛女孩刘亦婷》里提到，"婷儿1岁零3个月的时候，我教给她一个'抒情'动作"：

……我让婷儿伸开双臂发出"啊!"的赞叹声。希望从此开始,教她学会表现的喜悦。她很快就学会了,做得好像真是有情可抒似的……

在婷儿0—8岁期间,我们一直以培养兴趣为主。我们教婷儿念儿歌、背古诗、读童书、反复听故事录音、讲故事、轮流编故事、编儿歌、开"家庭新闻发布会"……既提供模仿范本,又鼓励自由表达。

从小接触多种文学样式,有利于培养和熏陶良好的语感。如:诗歌的节奏和韵律;寓言的象征故事和篇末点题;漫画和笑话的不协调感和幽默感;童话和小说的娓娓叙述、曲折情节和生动描绘等等。在耳濡目染和"好奇、爱玩、好胜"的天性推动下,婷儿经常兴致勃勃地"发表"各种体裁的"作品",包括说过就忘的即兴之作和真的发表了的对话录:《幼儿园里的新闻》。

经常表演节目,引发模仿创作

和很多孩子一样,婷儿小时候也经常应邀在家里表演节目,每次都少不了背古诗和背儿歌。反复表演背古诗和背儿歌,使婷儿对古诗和儿歌的表达形式有了感性认识。当背诵别人的诗歌不能满足她的表达需要时,婷儿便开始模仿熟悉的表达形式,传达自己的心声。例如,在和舅舅、姥姥相依为命的日子里,有一段时间舅舅工作和自学都很忙,还要筹备婚事,陪婷儿的时间有限,两岁多的婷儿竟把自己的心愿编成了幼稚的儿歌:

亲爱的姥姥,亲爱的舅舅,陪婷婷;婷婷陪姥姥,陪舅舅。

爱说话、爱表演的孩子常会即兴"创作"这类"作品"。如果在家里办一个色彩鲜艳的墙报栏,展示和夸耀孩子的话与画,可以有效地激励孩子的创作热情。或者借鉴美国早教专家葛兰·道门的方法,把这些童言稚语写到纸上,再配上孩子的画或照片,就可装订成"孩子写的书"。孩子一定很有成就感,很愿意多说些可以写到书上去的话。婷儿是姥姥把她的话写在信里,寄给妈妈。听姥姥边写边念"婷儿又说了……",小婷儿也很有成就感。

鼓励自编自唱,习惯"出口成章"

我楼下曾是李累老师的家,他的孙女三四岁时特别喜欢自编自唱。有一次,她随着阳光在客厅的移动,用非常简单的调子把客厅的家具花草和人物唱了个遍（如"太阳照到了书架上，书架是爷爷的，上面有很多书，还有一个镜子在反光……"）。她那自信的神情和滔滔不绝的口语化唱词，给我留下了"幼儿也能出口成章"的深刻印象。

婷儿 3 岁从姥姥家回来之后，有一天，我说我们用唱歌说话好不好？然后就用非常简单的调子唱着说起来："我有一个可爱的女儿，她正在玩一个玩具，请你用唱歌告诉我，这个玩具叫什么名字？好不好玩？"婷儿马上接唱道："很好玩——很好玩——它——的名字叫母鸡下——蛋……"

婷儿非常喜欢这样"用唱歌说话"，因为唱着说有一种表演和游戏的味道，即使是用文绉绉的形容和比喻来描述事物，也不会感到别扭和不自然。在自编自唱的过程中，孩子特别喜欢描述鲜艳的色彩、生动的形象和热烈的感情。

描述惯了自然容易"出口成章"——当然，是幼儿水平的"章"。我印象最深的是，有天晚上，我想把婷儿哄睡着了再复习电大功课，就没关台灯，婷儿盯着我的逆光剪影看出了神，情不自禁地赞叹起来：

妈妈的头发多么金哪！多么金属，多么银属啊！

对妈妈而言，与其说这是病句，不如说是可遇而不可求的诗！

在孩子抒情的时候，没必要纠正措辞和语病（更不能嘲笑），以免扫孩子的兴。我只在婷儿说事儿的时候，才纠正她的语病。若是婷儿会的词，就让她选择"是××，还是××？"或"你是想说××吧？"若是婷儿不会的词，就直接教她正确的说法。

背诗背出了"写诗"的兴趣

三四岁左右，除了自编自唱谁都听得懂的歌，婷儿还不时"写"几句"诗"。在 1985 年 1 月 14 日晚上，婷儿兴致勃勃地通知我："妈妈，我写了几首诗，我背给你听……"我赶紧抓过一张稿纸做记录，却一句也听不懂，只能按语音和声调记成数字。等婷儿背完诗给我逐句解释之后，我才恍然大悟：原来是婷儿同志自发地研究了"古诗的文体要求"，并用来"指导写作"啦！（她以为"有音韵节奏但听不懂的诗句＋无音韵节奏但听得懂的解释＝古诗"呢。）

背诗背出了写诗的兴趣，真是始料不及！我马上夸奖："婷儿爱写诗，妈妈真高兴！"

还有一点值得一提：听故事也让婷儿听出了编故事的兴趣，而且越编越有创造性。婷儿3岁生日时记录的长故事纯粹是把听来的童话改头换面，4岁多记录的长故事则把她自己的想象、印象和经历都糅进了情节离奇的《纯洁的吻》。小婷儿的故事自然编得有很多漏洞，但讲得很有表情，语言也十分流畅，听起来就像是在放故事录音磁带。我从中领悟到：婷儿反复重听优美的故事录音，对培养语感效果显著；大人经常请婷儿编故事，则相当于她在不断练习口头作文。

从"一句话日记"开始，培养动笔习惯

作文的目的是传达心声。理想的写作状态是"我口说我心，我手写我口"。但如果没养成动笔习惯，很可能会嫌"动笔又难又麻烦"，以至于长期停留在"只愿说，不愿写"的阶段。

"写比说难"的原因，是因为不习惯

同样是传达心声，为什么人们会认为"写比说难"呢？究其原因，主要是不习惯。

整理过采访录音的人都知道，被采访的人在斟酌措辞组织语言的时候，录音里就会出现一些边说边改的"半截句"和"废弃词"。把录音变成文字的时候，需要补充或删除这些语言碎片，才能整理出通顺流畅的完整句子。即使要保留口语色彩，也要适当删除语言碎片才行。

对初学写作的孩子而言，要把可随时换词换句的口头讲述用笔固定在纸上，也会先在心里删除语言碎片，写出完整的句子。但如果一次要写很多句，还牵涉到如何安排句子的先后顺序，难度就变大了。若是一次只要求写一句话，事情就变得非常简单了。

有一个比婷儿小两岁的孩子，她刚进小学老师就规定每天必须写"一句话日记"，不会写的字可以用拼音，也可以让父母握着手写。老师则经常画个红五星或写句短评给予鼓励。结果，"一句话日记"带来的成就感极大地激发了她的写作兴趣，记日记也成了她最喜欢的作业。这孩子小学就开始发表习作，还数次在作文竞赛中获过奖。这些收获自然都得益于她

长期保持的动笔习惯。

婷儿记日记，是从小学二年级上学期开始的。在整个二年级，婷儿基本做到了每周至少写两篇日记。在时间方面我没设限制，只要求她想好了就一口气写完。

为了让婷儿找到"我口说我心，我手写我口"的感觉，并养成习惯，我教她主动进入一种亲切而兴奋的心理状态。方法很简单——动笔写的时候，心里常想着"我正在给好朋友讲这件有趣的事呢！"于是，心里话就迅速而自然地流到了笔端。

为了养成"迅速而自然地写"的习惯，婷儿的日记从来不打草稿，总是一气呵成。如果题材不错，但日记写得不好，我便加以讲评，并指导她在原文上修改，或者由她下一次重新写过。为了鼓励修改，改写或重写都算成另一篇，以免加重时间负担。

"一句话日记"的写作方法

我曾在《哈佛女孩刘亦婷》里写道，我给婷儿规定了几条写日记的要求：

一、最好能写成有趣的小故事，不要写成乏味的"流水账"。

二、可以只写一两句话，但必须让别人看得懂。

三、一天写不完，就分成几天写成一组。

四、不会写的字就留个空格注上拼音，以后会写了再填上字。

五、写一行，空一行，以便改正错别字和想修改一下的时候有地方可以下笔。

我本来只要求婷儿每篇写一两句话，但她为了把日记写成"有趣的小故事"，每次都会多写几句，形成一个自然段。如果遇到特别有意思的事，当天就会写出一篇可爱的小短文，为童年留下了许多宝贵的纪念（请参见《哈佛女孩刘亦婷》的《每天一两句，学着写日记》）。

婷儿写练笔日记，花了多少时间？

婷儿的日记从7岁半一直写到将近17岁半。小学阶段除了二年级坚持了每周至少写两篇日记，其后基本上只在假期里写。因为平时学校的作业已经很多，婷儿课余又在主攻数学。

从二年级暑假开始，我要求婷儿每天用半小时至少写250字的日记，随便她写什么。开学后就不再要求婷儿写日记，以免增加负担。从三年级暑假开始，婷儿主要是在爸爸指导下提高数学能力，写日记的篇数也缩减为每周两篇，老师布置的作文作业则跟日记合并。与此同时，写作要求有了大幅度提高：至少要一口气写 500 字左右（含标点符号。相当于把 32 开笔记本的左右对页写满，写一行空一行）。当时婷儿早已习惯于"迅速而自然地写"，不会拖拖拉拉，写多长时间我信任地让她自己控制。此后小学的假期都是照此办理。

在初一初二，李老师规定同学们每周写三篇周记。初三为了迎战中考，李老师宣布可以停止写周记，"但只要有同学愿意坚持练笔，我也很愿意继续给你们批改。"在初三上学期结束前，坚持练笔的行列中始终有婷儿的身影。高一高二婷儿也基本坚持了至少每周写一篇，高一暑假则做到了平均每天一篇。婷儿喜欢集中起来写，以便进入状态。有一天竟然一口气写了八篇！

高二会考结束后，婷儿在暑假里全力备考托福，随后又是在备战高考的同时申请留学，忙得连最起码的睡眠时间都无法保证了，这一长达 10 年的练笔活动才打上了句号。随之而来的是写申请留学需要的各种作文，婷儿的写作活动从此进入了实际应用阶段。

和其他功课相比，婷儿的作文学得最轻松。这显然得益于早期开发的语言能力和从小培养的表达兴趣。她在作文训练上投入的时间远没有数学和英语多，但一直是成绩拔尖的学生。婷儿平时只跟着作文课的教学进度走，寒暑假才结合语文老师布置的作业搞一搞作文强化训练——小学和初一的假期，有"家庭教练"指导，初二初三和高中阶段则是婷儿自己练。这种集中一周晚饭后时间进行的作文训练，每次都能让婷儿的选材眼光和写作能力提高一大步。

中小学阶段婷儿虽然不是天天写日记，但她却天天都在注意收集写日记的材料。即使是和小伙伴一起玩儿的时候，她也随时都在观察与思考。回来把观察到的东西一写，就是一篇充满童趣的日记。这些一边玩耍一边观察思考的时间，你说是玩儿还是学习？

选录婷儿日记：我的好朋友

——婷儿9岁时写

1990 年 8 月 24 日　　　星期五　　　大雨

我有一个特别要好的知心朋友，她的名字叫泱泱，她和我一样，今年满九周岁。

我们在幼儿园里，就是好朋友了，在读大班时，我读大二班，她读大一班。我的爸爸和妈妈与泱泱的爸爸和妈妈是好友，这也就增强了我们的友谊。现在，我们也都上了小学，而且，暑假一放完，我就上四年级二班，她就上四年级一班了。

在上学的时间里，我们只能够在星期六的下午玩上二个小时或二个半小时。可是，一到放暑假的时候，我们就可以每天玩上一个小时或二小时。我们每一次玩儿，都玩了一些新玩意儿，而且，没有一次不是玩得还想玩。

泱泱的性情比较特别，她不喜欢玩一般的女孩儿喜欢玩儿的绣花儿、跳舞、打扮自己、玩儿家家园等等游戏。她喜欢玩儿的一些都是男孩儿玩儿的游戏，比如说：骑车、滑旱冰、爬高、翻窗子等等游戏。滑旱冰和遛自行车还是她教我的呢！

有一次，我和她一起玩儿，她就带我到五楼去，翻窗子，好到楼顶上去玩儿，我看到她那么熟练地翻了过去，简直让我难以相信。

还有一次，当时，她们那儿在修房子，挖了很深的地基。上面有一根钢棒，我们找来了一根长绳子，那条绳子十分的结实。我们把绳子绑在钢棒上，丢在地基上，下去后拉住绳子往上面爬。她可是比我要快得多，她一下子就上去了，我却要很久。

这些玩儿的事情大部分她都喜欢干，我写的那两件事情对我来说，我记的是最深的，还有好多好多事情也都是非常有意思的，不过我也不多提了。（共 563 字）

写童趣日记练笔，只求"真实、具体"

前面说过，要尽量让孩子写自己最感兴趣的事。因为最感兴趣的事就是孩子观察最细、思考最多、体验最丰富的事。孩子往往会滔滔不绝地和小伙伴讲述或议论自己最感兴趣的事，把这些讲述或议论用笔写下来，就是一篇生动的童趣日记。

童趣日记不一定有什么思想意义，但能让孩子提高观察和练笔的兴趣，也能让孩子有话可说（仅此两点就极有价值，何况还不止于此）。孩子动笔的时候，很容易发现自己的观察有漏洞，下一次观察就会更细心。婷儿的日记《我的好朋友》就是观察眼光由粗变细的一个例子。

婷儿以前写过很多篇跟泱泱玩耍的日记，但大都是"见事不见人"，如《哈佛女孩刘亦婷》增订本里的《修"水上乐园"》。没想到，在四年级上学期开学前几天的日记里，婷儿在写人方面出现了一个飞跃：生动地写出了泱泱的性格特点。婷儿通过泱泱怎么带她玩各种"男孩子玩儿的游戏"，具体描述了泱泱擅长体育运动的个性特征。和两年前的"一句话日记"相比，《我的好朋友》进步是巨大的。

泱泱的特点是婷儿在观察对比中发现的。写日记的时候，婷儿如实写下了观察对比的结果：泱泱异常敏捷，自己不擅攀爬，无意中使用了"对比"和"反衬"的方法。把这层窗户纸一捅破，婷儿以后就知道有意使用"对比"和"反衬"的写作技巧了。婷儿总结的说法是："想让平地显得高，就先挖一个坑。"

由此可见，小学生只要先认真观察，做到心里有"货"，再坚持按"真实、具体"的原则去写，即使不懂写作方法，也可能写出好日记。随着年龄和知识的增长，孩子的观察能力和写作能力都会不断提高，即使现在写不出像样儿的作文，只要大人继续鼓励，孩子继续努力，就会实现一次又一次的飞跃。

若用更高的标准来看，《我的好朋友》的缺点也很明显：中心不突出，结尾也十分草率，没有写出泱泱的外貌和内心世界。中心不突出是因为浪费了一个重要的素材——"滑旱冰和遛自行车还是她教我的呢！"（这个素材很能表现泱泱热心帮助朋友的个性，如果详写，中心就突出了。）结尾草率则是因为字数已经写够了，刻画人物的兴趣已经被完成任务的暗喜所替代。如果做一番小修小补，把日记的结尾改成："虽然我的动作比她慢，但她从来不说什么，总是鼓励和帮助我。滑旱冰和遛自行车还是她教我的呢！"就是一篇很不错的四年级作文了（小学五年级才要求作文有中心）。

　　但我当时并没有指出上述缺点。因为我只要求婷儿做到"真实、具体、不少于 500 字"，她已经超额完成了任务，应该表扬，而不是提出更高的要求。如果大人"贪得无厌"，层层加码，孩子的兴趣就会变成负担。事实上，当时我和她都没有时间修改日记——婷儿课余的主要任务是搞数学训练，我则被俗务缠身。另外，我也非常喜欢婷儿真实地表达自我，相信她会继续进步，越来越好。婷儿也没有辜负我的期望，当她在两年零 4 天之后写《我的妈妈》时，中心、外貌和结尾都写得很好了（请参见《哈佛女孩刘亦婷》小学部分）。

　　为了保护婷儿写日记的兴趣，我也不要求她追求文字精练。我的想法是，在中学之前，只宜让孩子欣赏别人的精练，不宜要求孩子追求精练（也不阻挠）。在学前和小学，最重要的是让孩子爱说爱写，鼓励孩子在日记本上随心所欲地写（作文课则应按老师的要求写）。等孩子能兴致勃勃滔滔不绝地描述自己的所见所闻所感所思的时候，再来教孩子如何去掉多余的话，如何把几句话并成一句话，如何把口水话变成有滋味的话。如果过早用"精练"来难为孩子，孩子可能会对写作产生畏难情绪，一提笔，就不知道该怎么说话了。

选录婷儿日记：野炊
　　——婷儿 12 岁读初一时写

　　1993 年 11 月 14 日　　　星期日　　　阴

　　星期六早晨，我兴致勃勃地到塔子山公园去野炊。到门口，同学们已进去了一大半，我急忙和几个同学三步并作两步地直奔野炊区。

　　野炊区内人声鼎沸，原来，今天除了我们外语学校之外，还有其他几个学校也来了。赶快找个灶，这是迫在眉睫的事。嗯！就 57 号吧！于是我和同室的林玲跑向灶台。

　　灶台上尽是水，无法放东西，我急中生智，跑到小卖部买了一个纸箱，和后来的陈婷一起七手八脚把纸箱拆开铺在灶上。虽然不够，但也将就够了。后来曾娟又买了几个纸箱，又借了锅、锅盖、火钳等，我们才开始野炊。

生火可真是件恼人的事。我们先用点纸再点引柴的办法怎么也引不燃引柴，无奈之下只有另换办法啦！我们根据曹轶的建议用纸把一根细柴裹住，然后把纸点燃，希望能用纸把柴引燃，谁知那火红的、像一张飞舞着的小手帕似的小火苗烧到柴头上的时候忽然灭了。这可恼、可气、可恨的火，怎么就不肯燃呢？后来还是我们的救星——政治唐老师给我们帮了大忙。只见他把一些十分小的树枝堆在大柴上面，划燃一根火柴，伸进灶里点燃最细的一根柴。火燃了，接着这火种又引燃了其他树枝，"噼啪噼啪"火燃起来了，火光照红了我们大家的脸。

包饺子我可不在行。我把馅儿放在饺子皮中间，然后一捏，谁知馅太多，一下被挤出来了许多，只好把皮展开，挑出一部分馅儿，再捏紧。曹轶包的饺子不仅大小正合适，还有花边呢，真是可爱极了！

可惜呀，可惜，我们的饺子因为煮得太久，煮破了许多，所以没评上名次。不过我们吃着煮破了的饺子仍很高兴，因为是自己的劳动果实嘛。

袅袅的炊烟在野炊区上空缭绕，不时传出的笑声冲破烟雾在塔子山公园上空久久回荡……

弄清段落特点，练习谋篇布局

寻找写好记叙文的捷径

从小三到初二，学校的作文训练都是以记叙文为主。老师通过分析课文和教写作文的办法，让学生反反复复地练习怎样审题、记事、写人、状物。教学大纲之所以这样重视记叙文，是因为"叙述"是作文的重要基础，在写作中应用得非常广泛，除了记事和写人要用叙述，议论文中使用的举例法也要用叙述。婷儿练笔写得最多的就是记叙文。

记叙文一般有三个意义段：开头、过程和结尾。每个段叙述事物的一个发展阶段（或一个侧面）。在正常情况下，各种叙述方法都可在学校里学到（如叙述者的三种人称：我、他、你；叙述的方式：顺叙、倒叙、插叙、夹叙夹议；叙述的顺序：以时间先后为序、或以空间转换为序、或以时空交替为序等）。

只要在语文课上认真听讲，学会审题和叙述方法并不困难，但要想叙述得"头绪清楚、详略得当、中心突出"，就不那么容易了。因为这涉及布局和谋篇的问题，即使是作家也要为此颇费苦心，何况十来岁的孩子呢？

我曾就"怎样写好记叙文"请教过同事的妻子吴老师。吴老师说："小学生作文嘛，练好四段式就够了。起因、发展、高潮、结尾。高潮部分写一点细节和感想，中心思想也就有了。"仔细想想，这话说得挺有道理。因为任何事情都有个发生、发展和结束的过程；任何人都有一个成长和发展的过程，不论是大作家写小说，还是小学生写作文，只要把"起因、发展、高潮、结尾"四个部分写齐全，就能把人物和事物的发展变化表述清楚。

我以前自学过戏剧创作，习惯于从高潮开始构思剧本。我觉得从高潮开始构思有利于围绕中心选材和剪裁，可以帮助婷儿学会在构思的时候突出重点。我按这个思路整理了一套"四段式结构法"，并通过单项训练让婷儿理解并尝试运用。

"四段式结构法"的具体内容

为了强调记叙文的不同段落在结构中的作用，我把这四个意义段称之为"起因段、过渡段、重点段、结尾段"，并给婷儿讲解了各段的基本特点和通常写法。为了说起来方便，下面就以婷儿的日记《野炊》为例，逐段解释如下：

起因段，要简明：用一两句话交代清楚时间、人物、地点、事由。如果一时想不出比较巧妙的开头，可等修改时再回头考虑有没有更吸引人的交代方式，没有也不要紧。

把对作文开头的要求降低为"交代清楚"，可绕开"作文开头难"的障碍，有利于提高写作兴趣和效率。等孩子的作文能力整体提高之后，多见识一些巧妙的开头方法，自然会把开头写得更有艺术性。（如《野炊》的开头，如果没有"兴致勃勃"和"三步并作两步"这两个形容词，也能达到交代清楚的目的。婷儿的写法是在交代清楚的同时表现浓烈兴趣，这属于锦上添花，开始做不到没关系。）

过渡段，要概述：用一两个不长的自然段，简要描述事情或人物、景物大体是什么状态，为迅速而自然地过渡到重点段做一些铺垫。(如《野炊》里的选灶台和铺灶台。)

过渡段写细写长了最容易"虎头蛇尾"(因为篇幅不够，时间也不够，《我的朋友》过渡段就太长太细，以至于顾不上去写更重要的内容)，所以要尽量避免陷在这里具体描写。(如《野炊》就没有仔细描述两次买纸箱和铺灶台的过程，只用"急中生智"和"七手八脚"大概形容了一下，就一笔代过进入重点段学点火去了。)

重点段，要详述：用一个较长的自然段或几个较短的自然段，细致地描述事情的关键部分或人物的重要言行、景物的重要方面。必须有细节、有描写、有感受。最强烈的感受就是文章的中心(即主题思想)。(如《野炊》的关键部分是点火和包饺子，重点段就有点不着引柴和老师怎样点着引柴的细节描写，有学包饺子的细节描写；有各种动作描写；有火的动态和饺子的形态描写；还有为点不着引柴而懊恼的心理描写；还有享受劳动果实的愉快感受。)谋篇布局的关键就是要围绕中心构思好重点段。

构思要点之一：怎样突出中心？

A：重点段的功能是突出作文中心。一篇作文只能有一个中心，否则就会犯中心不突出的毛病(如：野炊既有劳动过程，也有评比过程，既可以选择"劳动使人快乐"的中心，也可以选择"增强集体荣誉感"或"胜不骄败不馁"等其他中心。但如果什么都想突出，就看不出谁是中心了)。

B：作文要选择对社会有益的中心。适合学生写作的中心可以分为几大类型，如：热爱美好事物类；批评不良现象类；记录成长进步类；描写天真童趣类……每一类还可进一步细分(如：热爱美好事物类可细分为爱祖国类、爱家乡类、爱自然类、爱美德类、爱学习类、爱劳动类、爱集体类、爱亲友类……总之，一切人类认为美好的事物都可以是热爱和歌颂的对象。其他几类也可如此细分，你可以自己归纳得更细更多)。

C：自由作文可根据想写的材料和感受确定中心，并根据中心拟出标题。如果一时想不出有吸引力的标题，可等修改时再回头考虑有没有更好的标题。命题作文则要根据题目的限制来确定中心和组织写作材料。

构思要点之二：怎样选择材料？

A：重点段的任务是具体描述"感受"的引发过程。先确定自己最想表达哪种感受，再考虑哪些过程和细节最适合表达这种感受，就能较快确定重点段写什么（"适合"的标准是：能让读者理解和信服你的感受。如：婷儿最想在《野炊》里表达"劳动使人快乐"，自然会想起学点火和学包饺子的具体过程，这个过程能体现"劳动果实来之不易"，足以让人理解和信服"吃着煮破了的饺子仍很高兴"）。

B：确定了用什么材料表达感受之后，可用"材料＋感受"的样式把重点段的内容写成一句话提纲（如《野炊》可写成"学点火和学包饺子的过程，使我体验到了劳动的快乐。"——这既是重点段的内容，也是作文的中心思想。有了这句话，起因、过渡、结尾该用哪些材料就有选择依据了）。

C：适合学生重点描写的内容大致有这几类：一是某种经历或见闻促成了思想感情的变化（如：获得体验、激起爱恨、促成看法或行为的改变、增进了解、增强友谊等）；二是某种活动和见闻促成了见识和能力的提高（如：发现奥秘、证实推测、学到知识、增长见识、掌握本领、总结经验等）；三是你可以自己归纳出更多种类。

构思要点之三：怎样安排结构？

A：重点段内部通常有几个层次。既可能是纵向的递进结构（如：先点火烧水，再包、煮、吃饺子），也可能是平行的并列结构（如：既爱自己钻研，又爱帮助同学）。

B：先把重点段的内容用"材料＋感受"的样式写成一句话提纲，再把重点段要写的几层内容按顺序写成提示性短语，有利于安排好重点段的层次（如《野炊》重点段的一句话提纲是"学点火和学包饺子的过程，使我体验到了劳动的快乐"。下面可分层列出①点不着、懊恼、老师示范、火着起来。②我怎样学包、同学包得好。③煮破落选，仍吃得高兴）。

C：重点段构思好了，作文就成功了一半。构思作文不妨先列出重点段的提纲，然后再列全文提纲，以便围绕中心考虑：如何交代起因、如何铺垫过渡、如何结尾。就像先调好美味的馅儿，再用大小合适的面皮儿来包一样。

结尾段，要点题：用一句话或一小段话，直接地或含蓄地强调重点段里写到的感受，目的是使中心更加突出。

点题的方法大致有几种：1. 感叹抒情式；2. 总括说明式；3. 议论评价式；4. 引用名言式；5. 人物说话式；6. 寓情于景式（如《野炊》的结尾）；7. 细节象征式。8. 揭开谜底式；9. 提问启发式……（这些写作手法既可以用在结尾段艺术地点题，也可以用在起因段巧妙地开头，如果你已经想好开头需要交代什么，不妨试试可以用哪种方法交代得更艺术。）

直接点题的好处是来得快，印象强烈。含蓄点题的好处是有嚼头，余味无穷。怎样确定该用哪种方法点题呢？一是要看表达中心的需要（如《野炊》和下面选录的《圣诞晚会》都是用"笑声飞上天空"来点题，但节奏感和情绪色彩却大不相同，前者绵长舒缓，缭绕着劳动后的愉悦，后者跳跃欢快，仍在尽兴狂欢）。二是要靠写作时的灵感（作文灵感可来自"平时多看多学＋写作时入迷地思考"）。

训练方法和效果

为了帮助婷儿熟悉"四段式结构法"，我和她在四年级暑假搞了一番化整为零的作文单项训练。一是我结合范文说明各段特点；二是她按四段式的特点口头给范文分段列提纲；三是按起因段的要求口头练习基本开头方法；四是按重点段的要求口头训练从材料（某事的经过或某人的行为）里找中心；五是按重点段的要求口头训练给材料分层次（即把事情经过的几个不同阶段划分出来）。

五个单项训练都要分开进行，以便化难为易。训练的材料有的是各种《作文选》上的范文；有的是婷儿熟悉的人和事（如上学路上、买早餐、我学会了××、我的××、我爱×× 等等）；也有报刊上的新闻报道特写纪实等等。

起因段训练难度最低，要求做到熟练掌握。练熟之后，列提纲时可只写"起因"两个字，如当时就有好的想法可马上写到提纲上，以免遗忘。其他几项训练重在理解，基本懂了，大概记住了，愿意实行了，就行了。熟练运用还有个较长的过程，需要坚持"先列提纲后成文"，才能逐渐掌握。列提纲要求每段写一句话，重点段每个层次写一句提示性短语。学校作文要打草稿，写日记则只打腹稿。

记叙文训练有点像聊天讲故事，比数学训练轻松，婷儿可以一次进行

30—60 分钟。因为婷儿的基础好，只花了几个晚上就达到了训练目标。

　　尽管婷儿的作文能力还有待发展，各项训练的效果还是非常明显。因为作者有没有"谋篇意识"差别很大。有"谋篇意识"的孩子就不容易犯"虎头蛇尾"的毛病。婷儿就是如此。搞过训练之后，婷儿学会了用"先确定重点段写什么"的办法迅速确定中心，选材和剪裁都据此取舍，重点段的内容明显变得充实。虽说她还做不到在每篇日记里区分过渡段和重点段，但过渡性的内容都能做到有意识地略写。这些进步在 10 岁之后的日记里随处可见（请参见《哈佛女孩刘亦婷》小学部分）。

怎样做到灵活应用？

　　我也没有忘记告诉婷儿："四段式"是帮助你构思作文的基本方法，并不等于所有的记叙文都是"四段式"。如果把过渡段和重点段合并为"过程段"，"四段式"就变成了"三段式"。如果把重点段和结尾段合二为一，就成了另一种"三段式"。记住这些结构样式，既可以用于阅读和分析，也可以在写作文时灵活应用。

　　相比之下，"四段式"更有利于写好重点段，文章层次也更清晰。所以我选用"四段式"来教婷儿谋篇布局。说起来《哈佛女孩刘亦婷》的总体结构也是四段式：引子是倒叙的"起因段"，孕期是"过渡段"，0—18 岁是递进式结构的"重点段"，附录是"结尾段"。这本《刘亦婷的学习方法和培养细节》的总体结构也是四段式，不同之处在于"重点段"是并列式结构。可见"四段式结构法"弹性还不错。

选录婷儿日记：圣诞晚会
　　——婷儿 12 岁时写

　　1993 年 12 月 23 日　　　　星期四　　　晴

　　唱吧！跳吧！尽情狂欢吧！

　　今年我们提前一天过平安夜。虽是中国人，不过因为在外语学校，所以欧洲的圣诞节我们也过。多一个节日，我们自然不亦乐乎。

　　从 5 点到 6 点这段时间我们布置教室，把彩带抛在灯上，赋予黑板生命，把桌子往四周推，留出一边空地……一句话，整个教室洋溢着欢乐。

嗬！我们盼望已久的晚会终于开始了。我们站起来，手拿蜡烛，在微黄的烛光中唱起了"Happy New Year to You"，一边绕着圈走。中间三位"圣人"数着"one，two，three……"每数到7的倍数大家就向右转，转错了方向的人就演节目。我们一边唱，一边十分留意倾听"圣人"们数数。哎呀！不好，我忘了转身，被罚唱歌。我唱了一首歌赶快回队，加倍小心，再没出错了。

接着，我们各自把礼物藏进桌子、碗柜、讲台、窗框……然后大家一起进去找别人的礼物。同学们冲向28个课桌，冲向讲台，冲向碗柜，东翻西找，一片混乱……哇！我找到二张贺年片，一个广柑，一包"金响饼"。这下可"发财"了！

后来我们又是击鼓传花，又打"排球"又是"抢"板凳……玩得可开心啦。

最后我们捉"猫"。"瞎眼猫"在黑暗中东摸西抓。一把抓着一个人，摸了半天，"是罗阗！""错了，错了，是文海莹！""哈哈哈哈……"笑声飞出窗户，笑上深蓝的夜空。

捕捉情感焦点，抒写满腔深情

抒情是作文中常用的表达方法，但孩子在作文中却不大容易做到以情动人。这并不是因为孩子的感情不够强烈，而是因为用文字表达感情需要掌握一些特别的写作方法。如果是直接呼喊"我高兴死了！气死我了！我爱你！我想你！我恨你！……"除了当事人之外，很难感染别的读者。但若是通过叙述、描写、议论等方式间接地抒发感情，反而能让读者感同身受，不由自主地与作者的感情产生共鸣。

婷儿在初中语文课堂上学到了这些抒情手法，如：通过叙述抒情时，要在客观叙述上加上主观色彩；通过议论抒情时，主观感情就是看法和判断的依据，不必用论据来论证；通过描写抒情的时候，情景交融才有强烈的艺术感染力……婷儿对这些表现手法很感兴趣，老师讲到什么，她都要仔细揣摩，并在日记和作文里写一写，试一试，学习捕捉具有"情感焦点"性质的生动形象。

初三上学期，婷儿写了一篇怀念外公的抒情日记，运用了多种抒情手法，宣泄郁积在她心头的思念之情。婷儿曾和外公一起生活过半年，有很多愉快的记忆和生活细节，但她只选择了"月季花前的老少对话"和"松林里的两行脚印"，作为多年积聚的感情的出口。婷儿在童话般的场景中重温过去的岁月，然而回忆中只剩下外公对孙女的爱，外公的音容笑貌却无处追寻，怎不让人黯然心痛！——难怪语文老师李晋蓉会写下这样的批语："很会表达自己的感情，让我觉得自己的鼻子都酸酸的。结尾部分很好，升华了'爱'，老师从你的眼中知道你是懂得爱的人。希望你这份纯真的感情直到永远。"

选录婷儿日记：外公，你还记得吗？
——婷儿 14 岁时写

1995 年 10 月 2 日   星期一   阴

"人有悲欢离合，月有阴晴圆缺，此事古难全。"——苏轼

同是在这么一个阴沉沉的傍晚，我的外公在湖北去世了。即使在最后一刻，也没见到我，没有见到一别十年的外孙女。甚至我的一张近照也是在两天之后才收到。

噩耗传来后，我心中不胜悲痛。但没有掉泪，我强把泪水包在眼里，不让它们出来。因为外公说过，我一哭他就难受，就心疼。我可不能让外公再心疼了，我只希望他能幸福地生活在冥冥之间。

蒙眬之中，只看见母亲红肿的泪眼，只听见她轻声的抽泣！

外公，你还记得以前的日子吗？还记得那穿白裙子的小女孩最爱的那盆月季花吗？当花儿的美丽弃她而去时，小女孩看着泛黄的花瓣伤心极了。是你，外公，拭去了那些晶莹的泪珠，听小女孩呜咽着说了一大套后，一边抚摸着小女孩的头，一边慈爱地说："别哭，明年你就又能见到它了。""真的？""真的，不骗人！""那，拉钩。""好，拉钩。"小女孩笑了，她相信那张面孔，觉得这张脸不会骗人。如今小女孩已经变成了大女孩，可绞尽脑汁也记不起那是怎样一张脸，只剩一个模模糊糊的印象。多希望能再看您一眼啊，外公！

您还记得那片松林吗？傍晚的夕阳会记得。那儿有一老一小两个身影，一大一小两串脚印。如今夕阳依旧，可松林不见了，有的是一幢幢楼房，脚印也不见了，大约随岁月一块儿旅行去了。外公您呢？您又在哪儿啊！

月季花谢了可明年又会再开，外公您走了，什么时候才能再见呢？

爱我们的人和我们所爱的人终会离我们而去。为了让这份爱不在世间消逝，我们要爱别人、爱自然、爱生命。

揣摩名作技法，提高表达能力

《裸猿》作者指出，人类能"借助模仿而飞快地学习"，青少年要像"吸墨纸"一样迅速汲取前人留下的精神财富。学习专家总结的写作技巧和名家名作的表现手法，都是提高写作能力的重要途径，既可在课内学，也可在课外学。在婷儿的中学日记里，有几篇写的就是评点艺术手法。虽然婷儿的赏析水平有限，日记也是匆匆草就，但一个稚气未脱的中学生肯主动探索写作技巧却值得称赞。在此特地选录一篇，为与婷儿有共同兴趣的读者们加油打气！

细节与心理
——婷儿13岁多读初二时写

1995年2月7日　　星期二　　多云

昨天，我看了《辛德勒的名单》这一部名片。

看了这部片子，我的感触很深。它第一次使我看到了纳粹们对犹太人的残酷，也感受到了辛德勒的人道主义行为的高尚。

我尤其佩服片中细节对人物的刻画作用。如最后，犹太人们把一个金戒指送给辛德勒做纪念时，要表达辛德勒的心情。导演没有安排华丽的言语和眼泪，而是辛德勒激动得发抖，使戒指掉进了土中，他忙趴在地上找，捡了几次才捡起来，一边抖，一边套在自己手上。

我从中得到一个启示：要表达某人心理，不必用那些陈词滥调来做不准确的描写。用语言，不如用一个细节、一个动作表达得真实而贴切。

从"口头议论文"开始，熟悉论证方法

从初三开始，学校的作文训练就进入了以议论文为主的阶段。我对婷儿学好议论文很有信心，这不仅因为老师善教，婷儿爱学，还因为婷儿从小就在学习思考和辩论。记得婷儿4岁的时候，一位子孙满堂的长辈曾劝我说："不要给小孩子讲那么多道理，免得她以后比你道理还多，你就讲不赢她了。"我嘴里应答着，心里却在暗暗高兴："那正是我想要的效果呀！"果然不出所料，婷儿奶声奶气的时候就挺会讲道理的了——议论文不就是把心里和嘴里的道理用笔写出来吗？从这个角度说，婷儿在学写议论文之前，已经无数次地作过"口头议论文"了。

利用"不服气"，发展思辨能力

我说的"口头议论文"正常的孩子都经常作，这种"作文"最容易发生在要求受阻和挨批评的时候，尤其是挨批评的时候。一般而言，孩子对批评的第一反应都是不服气，或者觉得被大人误解需要澄清，或者觉得大人说得不对需要辩驳。我们把这种情景看做发展思辨能力的好机会，只要当时没有危险或时间来得及，都会请婷儿用"摆事实、讲道理"的方式和我们辩上一通。有时候三五分钟就解决问题，有时候会辩上半个来小时。

这种亲子之间常见的辩论与写议论文的方式颇为相像——对批评不服气≈"提出问题，引出论点"；摆事实讲道理≈"分析问题，证明论点"；谁有道理就听谁的≈"确认论点，解决问题"。在辩论的过程中，既要谢绝孩子用撒娇的办法解决问题，也不能因为孩子胡搅蛮缠而失去耐心。比较有效的办法是搬出各种论据让孩子看清利害，或用换位思考的办法引导孩子体会是非曲直。跑题的时候则要互相提醒："我们最初是在争什么问题？"（大人在争论中保持冷静，才能做到这一点。）总之，要让孩子赢得有理，输得服气。

可以说，"不服气"对思维机器的推动力比"爱学习"还要大——"不平则鸣"是人的天性嘛。如果大人善于引导，孩子很容易在辩论中学会运用各种论证方法。如：摆事实（即"举例法"）；讲道理（即"说理法"）；引用公理名言（即"引证法"）；举出统计数据（即"数据法"）。——中学

生熟悉这四种论证方法就够用了。开始的时候婷儿并不知道她在运用这些论证方法，只知道爸爸妈妈喜欢用这些方法说服她，她也想用这些方法说服爸爸妈妈。这些论证方法和记叙文的写作方法一样，会用之后一点就透，点透之后就会有意识地运用了。比如说，婷儿在初二的这两篇日记里，就自发地运用了好几种议论方法：

"8"与"发"
——婷儿 13 岁时写

1994 年 8 月 8 日　　星期一　　晴

今天是 8 月 8 日，谐音"发月发日"。在我们这个经济繁荣的社会里，"发"是人们的一大心愿，8 月 8 日自然成了发财的大好日子，这个"8"也时来运转，成了人们喜欢的香饽饽了。

今天我上街去买东西，这一去一回几站路，就看见数家商店餐厅开张大吉，到处都是鲜花、彩带。几辆出租车飞驶而过，上面绑着大红的缎带、大花，贴着斗大的"喜"字。记得去年也是这样，那天 × 叔叔请我们去吃火锅，我一共见到 3 队"喜车"。

"8"就真那么吉利吗？宾馆 8 楼的客房加价，电话号码"8888888"能卖几十万上百万，商店里的衣服卖 88 块……

"8"这个人们心目中的财神爷，真有用吗？

9 月 18 日，是我们中国历史上血腥的一页，而按现在的数字翻译法却十分吉利，是"就要发"。这些什么"我要发"（518）、"一路发"（168）、"发要久"（819）可以称为现代迷信，如果一味地追求这些，而忘记成功真正需要的苦干，是很可悲的。

学习负担太重了！
——婷儿快 14 岁时写

1995 年 3 月 10 日　星期六　天气:（婷儿画了个太阳）

今天，我要对我的日记大声喊叫: 学习负担太重了！

　　我计算过我们每天在教室里学习的时间有9个多小时，还有时在吃饭的空余时间、课间，甚至寝室里学习。我们每天的时间有一大半泡在书本里。老师们或许要摇头，说我太夸张，其实不然。每个老师都只布置了适量作业，确实每科都不算多，但七门加在一起就能把人压得喘不过气来。除了每天的作业外，还有周记、练习册、习题集、小结等。就算哪天布置的作业少，也不敢贪恋玩耍，因为后面还有一大堆常规作业像一条无形的锁链在锁着我们。我曾试过每天抽出半小时打乒乓球，结果感到时间一下不够了，常要做到晚自习结束，根本没时间复习预习。

　　有个家长说：这一代是不正常的一代，这一代是纯粹的考试机器，不会下棋，不会体育运动，不懂音乐，更不懂如何解决实际生活中的问题。这一个个立体的人都被学习压扁了！

　　［老师批语：我们都期待着考试制度的改革，否则，永远走不出作业的阴影。］

　　由于年龄还小，也未经正规训练，婷儿的分析议论自然还十分肤浅，《学习负担太重了！》的结构也不完整（结尾没有"解决问题"），但论点符合事实，论据也够充分，还是颇有说服力。李老师的批语既帮婷儿补上了"解决问题"的环节，也说明她认为婷儿的这番议论还站得住脚。

　　在这个基础上开始学写议论文，只要认真听课，按时作业，成绩就差不了。

从"一事一议"写起，练习分析说理

　　婷儿初三的议论文写作是从"一事一议"开始的。这种小议论文，只要求表明对事情的褒贬态度，并摆出若干理由，难度并不大。例如婷儿在初三上学期写的《"人革"皮鞋》：

1995年10月14日　　　星期六　　　晴

　　前不久，在商店买了一双皮鞋，见鞋盒上赫然印着"人革皮鞋"几个大字，不由使我倒抽一口冷气。革者，皮也。人革便是人皮。难道这是用人皮做的鞋吗？很明显，这是我们的作者图省事，将其中重要的"造"字去掉了。

其实称之为"人革"的并非只有皮鞋一种,诸如"××人革制品厂"、"人革手套""人革皮箱"等触目皆是,殊不知省这一字,意思差之千里。

随着科技的发达,人造的东西越来越多,医学上有"人造心脏",纺织业有"人造纤维",科技上有"人造金刚石",食品行业还有一种"人造肉"。据说,这种人造肉含蛋白质高,营养丰富,倘若将此制成罐头,简写为"人肉罐头"的话,即便是味美价廉,恐怕也会令人毛骨悚然,想起孙二娘的黑店了。谁还敢买?

看来,如何正确使用祖国的语言文字并非儿戏,这么瞎用、乱用,会造成多少不良后果,应该认真考虑。因此,我们应重视这类问题,杜绝其发生。

[老师批语:为祖国语言的纯洁健康而奋斗。有敏锐的眼光,有简洁的语言。]

李老师的批语让婷儿很受鼓舞。等周末回家后,婷儿便主动向我请教"怎样才能写好议论文"。我说:"老师不是正在教你们吗?"婷儿说:"多一个人教不是更好吗?"——虽然那段时间我很忙,但婷儿想"学在前面"的积极性,还是要支持一下。

考虑到老师已经讲过了议论文的三要素,即:论点、论据、论证,还会反复训练学生审题和立意,我决定给婷儿讲讲议论文的结构方法。因为"口头议论文"一般都是即兴发挥,事先不考虑结构和层次,所以易求真实,难求严谨。我提前给婷儿讲讲议论文的结构方法,正好补上她当时的这块"短板"。

学搭"说理框架",有助于尽快入门

议论文的结构是抽象的"说理框架",比记叙文的结构要"虚"得多,因为没有"人物的不同侧面"或"事件的起止经过"可作依凭,相对较难把握。写议论文的时候,如果不先把说理框架搭好,就不知该根据什么来安排论证的顺序,也不容易说清论据和论点的关系。倘若能提前熟悉议论文的说理框架,就像学记叙文掌握了"四段式结构法"一样,有助于顺利地写出符合文体要求的作文。至于论点是否高明，见解是否深刻，则先不提要求。这样可降低难度，让孩子尽快学会"凭借说理框架梳理思路"，学会有层次地分析和表达。

我把我想到的告诉了婷儿，婷儿听说"对论点不提要求"多少有点意外，但她很快就理解了我的用意，注意力马上集中到了"三段式说理框架"上。

"三段式说理框架"的具体内容

我拿出一张卡片给婷儿边写边讲：议论文最常用的结构是三段式，即：提出问题→分析问题→解决问题。为了强调不同段落在结构中的作用，我把这三个意义段分别称之为入题段、展开段、结束段，并给婷儿解释了每个意义段的大致写法和特点。为了让读者看起来方便，下面就以婷儿的高中日记《战胜自我》和初中日记《"8"与"发"》为例，逐段解释如下：

入题段，快立论：用一两个简短的自然段来提出问题，引出论点。提出问题的目的，是引起人们的关注。开头通常是引用材料（或见闻、言论），简要概述之后，便要针对引文直截了当地发表你的看法。这个看法，就是你的论点（如选录在后面的《战胜自我》的论点是"要战胜对手，必须先战胜自己"）。也有人不用引文直接用论点开头。

展开段，细论证：用几个长短不一的自然段来分析问题，证明论点。分析问题的目的是：用各种论据来证明你的论点是正确的。分析方法有：用事实证明（即"举例法"）；分析推理（即"说理法"）；引用公理名言（即"引证法"）；举出统计数据（即"数据法"）等。搜集论据时可以有意从这几个方面去选择。

到哪儿搜集论据？学过的中小学课文、媒体的新闻报道、各种书籍资料、自己的经历见闻，都是论据的来源。一般情况下，只要能找出三个以上真实可靠的论据，并能说清论据和论点之间的关系，就足以论证你的论点了。当然，论据越充分越好。分论点也要有真实的论据做支撑。

怎样安排论证的顺序？中学生会用"并列式"和"递进式"就基本够用了。每段论证的开头最好有一点能显示并列关系或递进关系的标志

（如：相同的句式或排比句；表示承接、递进、转折的关联词或关联句型；小标题；序号或排序词等），以便使结构显得更清晰。在分论点的证明过程中，也需要交替运用并列或递进的议论方式。分论点相当于一篇微型议论文，通常都是直接以分论点开头，展开分析论证后，用结论句结束，或引出下一段论证。

并列式结构：一般适用于互相之间没有因果关系的论据，以便从各个角度证明论点的真实性和正确性。并列式可以是正面和反面的论据并列（先反后正或先正后反均可）；或古今中外的论据并列；或几条理由（即"分论点"）并列。

并列式的顺序安排，可以根据时间或空间的距离，由近到远，或由远到近（如《战胜自我》）；也可以按重要程度，由轻到重，或由重到轻。

递进式结构：一般适用于互相之间有因果关系或递进关系的论据，以便展开由此及彼、由表及里的分析推理——

或指出现象的实质（如在《"8"与"发"》里，婷儿用"9·18事变"证明"8"与"发"没有因果关系，指出宠"8"习俗是现代迷信）；

或理清问题的脉络（如：人心思富而宠"8"，是时代变迁观念变化的反映。婷儿当时未能理清）；

或挖出问题的根源（如：宠"8"反映了市场经济的不确定性，应通过学习研究掌握市场经济的规律，做市场经济的主人，而不是盲目宠"8"。婷儿当时还不懂这些道理）。

递进的顺序可"从因到果，顺藤摸瓜"（如《战胜自我》的第二个自然段），也可"从果到因，步步深入"（如《战胜自我》的第三个自然段）。

结束段，快结论：用一个不长的自然段来确认论点，解决问题。

确认论点的方法可以是总结强调，也可以是引申发挥（如《战胜自我》把"只怕自己"引申到"自己也不可怕"）。

解决问题的方式可以是发号召（如《"人革"皮鞋》），也可以是批评或勉励（如《战胜自我》），也可用表示担忧来提醒人们重视（如《"8"与"发"》）。可根据作文的论点和写作时的灵感而定。

当时，我曾提醒婷儿说："妈妈给你讲'三段式说理框架'，目的是让你了解构思议论文的一种方法，并不是说所有的议论文都是三段式。"

爸爸也特地提醒婷儿："掌握议论文的基本结构只能解决形式问题，不能解决论点高不高明的问题。"

"放心吧老爸，"婷儿胸有成竹地说，"老师说过，'功夫在诗外'！"

关于议论文我们和婷儿就只有这一次讲解，没有安排训练。因为中学生喜欢自主学习，只要懂了，就会尝试去用，至少会更加留心范文的结构。再者中国中学生的议论文教学和高考联系得极紧，经验丰富的老师们比家长更清楚应该怎样在初三至高三不断提高学生的议论文写作能力。

选录婷儿日记：战胜自我
——婷儿 16 岁时写

1997 年 7 月 18 日—20 日　　　星期五—日　　　晴 / 大雨

记得世界羽毛球女单冠军叶钊颖总结自己几年来打球最大收获时曾说："我不怕任何对手，但我却怕我自己。"可见要战胜对手，先要战胜自己。

众所周知，为了战胜对手，在交锋前应该把自己的状态调整到最佳。科学研究表明，人的情绪对于能力的发挥有很大的影响，比如，怯场会使一个平时成绩不错的学生考出难以置信的差成绩；过分激动会使一个巧舌如簧的人说话结结巴巴；而一种充满自信却不盲目骄傲，略带兴奋，同时保持平常心的状态能保证你正常发挥，甚至超常发挥。如果在与对手比试之前，先因为状态不佳输掉一截，其不利影响显而易见。难怪叶钊颖要"怕自己"呢！因此，临场前战胜自己就是要克服不良情绪，保持好的心态。

其实"怕自己"不光怕发挥不好，还怕自己的心理状态妨碍能力的积累。同学们是否有心不在焉地看了一上午课本后发现还没有全神贯注学40 分钟效果好的经历？是否也曾抗不过琼瑶柔情似水、金庸刀光剑影的"软硬兼施"，放下课本钻进小说？可曾考试前为一场可想而不可看的球赛实况转播而辗转反侧？……在积累能力的过程中，我们自己的各种弱点都会成为成功路上的绊脚石。因此，要战胜自己不仅要战胜怯场、轻敌等临场时易犯的毛病，更要战胜积累过程中表现出的惰性、骄傲或自暴自弃的消极态度，以及没有持之以恒的毅力等问题。此外，还要战胜把自己心理状态的作用极端夸大的倾向。那种以为只要心理素质好就可所向无敌的人，实际上跌入了唯心主义的泥潭，因为一个羽毛球初学者心理素质再好也不可能战胜叶钊颖。

想起我自己的一次经历：有一次参加讲演比赛，我自负口才好，事前准备不够充分。比赛时听到对手们一个比一个精彩的演说，自己一下就没了信心，演讲时又过分紧张，连连出错，连正常水平的50%都没发挥出来。沮丧之余我吸取教训，事先克服惰性，充分准备，临场时给自己良性暗示，排除紧张情绪，终于取得了好成绩。这不正是一反一正两个例子吗？既可看出"被自己战胜"的害，又可看出"战胜自己"的利。

又想起叶钊颖的话。我看对手不可怕，自己也不可怕。屈服于自己的惰性、恶习，固然会为其所害，但只要能战胜自己，化弊为利，发扬优点，成功的概率就会大大增加。

扩大观察范围，拓宽素材来源

古语云："器大者，声必宏。"这句话给婷儿的启示是：要想写出有真知灼见的文章，先得成为眼界宽广、胸襟博大的人。只要条件许可，就要"行万里路，读万卷书"，成为一个见多识广的人。

见多识广，参照点多，感受也多，思路就活，更容易见人所未见，言人所未言，文章自然能立意新而深，论据也新而多。从初三开始学习议论文到高中毕业，婷儿的语文老师都说她写作文的主要特点是"主题深刻"。这和她"观察范围广，思考问题深"是密不可分的——当然，这里所谓的"深"用的是中学生的标准。

婷儿的很多写作素材都来自校外。在中小学阶段，婷儿接触或观察过的人物，已遍及社会各阶层，包括普通工人、菜农花农、小贩、主妇、个体户、艺术家、记者、科技专家、大小老板、作家、演员、捡垃圾的老太太、走江湖的卖药人……回想起来，婷儿主要是通过以下几个途径去扩大观察范围的。

走出家门校门，观察社会人生

婷儿小时候，我曾多次在外面等车或乘车的时候和她玩"悄悄观察悄悄说"的游戏。观察的对象从眼、耳、鼻、发，到衣、裤、帽、鞋、包，还有动作、姿态、神情、语言等。为了不引人注意，每次我都先提醒她："现在我们开始说悄悄话，你仔细看看，那两个叔叔的头发有什么不同……"由于观察目标小，又是在比较中进行，很容易用语言描述观察比较的结果。说悄悄话的神秘感使观察变成了游戏，夸奖使孩子快乐和自信，婷儿就这样养成了观察描述各种人和事的习惯。

婷儿中小学阶段，每个假期，我们都尽量安排一些参观游览活动。只要出行，肯定要带上收集素材的任务。10岁那年婷儿跟爸爸妈妈到成都近郊的鲜花基地游玩了一天，一路上都在仔细观察，不断提问，回家后，便陆续写出了5篇系列作文——《花农大婶儿》《买花做客》《意外的礼物》《小小昆虫园》《我的宠物》。从那时起，"观察社会→系列作文"就成了婷儿强化作文能力的好办法。婷儿初一寒假去了趟广州、深圳，看得更多，也看得更细，想得更深，回来就写出了9篇系列作文。其后参加拍电视剧《苍天在上》、探亲旅游、参加军训、访问美国……每次外出大开眼界之时，也是婷儿大量收集素材之际，回家来必定有一次"作文大丰收"。这些作文都是记录婷儿成长足迹的原始资料，有的当年就在报刊上发表，有的后来被选进了《哈佛女孩刘亦婷》。

眼观各样事，笔录各色人

有的中学生朋友可能认为："我没有刘亦婷那么多好机会，也遇不到那么多好素材。"这个说法也不一定全对。有位名作家说过："每个人都是一部长篇小说。"只要有一双慧眼，任何地方都能发现丰富的素材。单是父母、亲友、老师、同学、邻居……都看不赢写不完呢！婷儿的日记就有很多篇是在写妈妈这样妈妈那样，因为妈妈是孩子最熟悉的人，只要愿意观察，可以写得很有特点。就说婷儿吧，把她写我的日记汇集起来，简直像是读短篇小说呢。对妈妈而言，还有比这更好的礼物吗？

上学途中和旅途中，也能遇到形形色色值得观察和描写的人和事。其中特色鲜明者，只需如实描绘，就是生动的片断练笔。这种情况下，练的是剪裁和描摹的本领。如能分析挖掘一番，又练习了思辨和议论。初学者刚开始学习观察，可从比较某个局部有什么不同入手，这样更容易发现特点和在对比中具体描述这些特点。

多搞课外活动，记述独特经历

婷儿的很多日记都是她课外活动的副产品，是素质教育的收获之一。这样一举多得地利用时间资源，也很适合中国学生的国情。

由于青少年各自所处的环境和条件不同，获取素材的途径也会很不相同。只要在确保安全的前提下走出家门校门，广泛了解、参与、观察、体验，你的收获就一定不会少。在广东省汕尾市一所普通的渔区学校，学生们开展社会实践的方式就很值得借鉴：

他们课余上码头，下滩涂，船上艇下，访问老渔工、实地勘察渔港，编写内容丰富的渔家史话。他们制作鱼类标本，调查鱼类生活习性、经济价值，举办展览，课余并自任小讲解员，向父兄宣传科学捕鱼的知识技术。他们还调查渔港的历史、水文、地理资料，甚至大胆提出渔港防波堤设计方案，而且与专家审定的方案竟十分接近……

在如此丰富的活动中，能接触到多少好素材，便不难想象。

没有机会出游的孩子，也可以通过书籍、报刊、电视、广播等观察外面的世界，就像婷儿经常所做的那样。

中小学阶段婷儿写过不少看电视的观后感，也写过不少书报杂志的读后感，还写过英语广播的听后感，更写过很多品味名言警句的随笔杂感。还摘抄过一些古今中外的名言警句，积累思想素材。在家经常进行的讨论式案例分析，则使婷儿接触到不少政治、经济、哲学、心理学的理论观点，这也是积累思想素材和人生经验的重要途径。

写下关键词语，保留记忆线索

积累写作素材，需要记录备忘。婷儿初次访美时，为了多搜集素材，随身带了个小本子，有什么发现或感受，能当场记的就当场记，不能当场解决的，就晚上回住地补上几笔。每件事大都是寥寥几个词组。例如"原最高法院，肃穆之感，红制服女士坐在门口，65% 物品是原件"、"Rock climbing（攀岩），签文件，表示知道有一定危险，感到自己的恐惧，学习怎样战胜恐惧"……这样记素材，简明扼要，节省时间，却十分有效，即使数年后的今天也足以唤起鲜明的记忆。

有目的地观察比随意游逛印象要深得多，收获也大得多。只要当时肯在小本子上记下要点备忘，回来再挤时间把备忘录写成日记，人生便会增添许多无可替代的纪念品。

广泛的见闻和参与，不仅使婷儿积累了大量写作素材，而且比一般孩子更早了解社会，更早开始立志——这正是婷儿作文立意比较深刻的内在原因。

选录婷儿日记：由"饥饿宴会"想到的
——1997 年 11 月婷儿 16 岁时写

今天偶然在 UDA 的广播中听到了一段关于"Oxfan"的介绍报道。"Oxfan"是一个由牛津大学组织的"反饥饿"的非营利性组织，他们不定期地举办各类"饥饿教育"活动，同时募捐。昨天，他们组织了一年一度的"饥饿日"。参加活动的人在这一天什么都不吃，把省下的钱捐给饥饿的人。Marry 第一次参加这种活动，她说："我从没感到像现在这样想为人们做一些事，去帮助那些受苦受难的人。"除了"饥饿日"外，"饥饿宴会"也是一个重要的活动。参加"宴会"的人先交 3 元钱，然后就得到一张卡。如果上面写 10%，你就可以大吃一顿，而且得到很好的服务。如果上面写着 75%，你可以吃水和面包，但是吃不饱。如果上面写着 15%，你就什么也吃不到。这分别代表世界上 10% 可以吃得很好的人；75% 在温饱线上下的人；15% 在饥饿线上挣扎的人。同其他活动一样，"饥饿宴会"也给参加者很深的感触。它给人对世界的饥饿状况一种形象的感性的认识。

我不由想到了中国现在的一些青少年，在饭食无忧之后，是否也忘记了饥饿危机的存在呢？在物质极度发达的国家，人们尚且不忘饥饿这一人类的大敌，在粮食问题是一大难题的中国，人们对粮食问题反而有些忽视了。一低头，不难发现咬了一口就被丢掉的水果、馒头，毫不吝惜地倒掉的可口饭菜，甚至还有没吃就扔掉的鸡腿！

我们是不是也该开开"饥饿宴会"，过过"饥饿日"，使我们在想浪费粮食时，更多想想那 75% 吃不饱饭、15% 饥饿不堪的人们！

针对高考要求，做好应试准备

婷儿一进高中，校领导就反复提醒高中生要绷紧高考的弦。语文老师也提醒同学们可以利用课余时间了解和熟悉过去的考题和考法，从中总结一些应试经验，有利于提高成绩。在接到哈佛的录取通知书之前，婷儿一直在为迎战高考积蓄能量，力争考出满意的成绩，包括写好语文试卷的重头戏：高考作文。

婷儿经过分析试卷和向前辈请教，发现高考作文必须兼顾两个方面：

一是要满足教学大纲对高中作文的要求，熟练掌握四种基本文体：记叙文、议论文、说明文、应用文，不论出什么题目，不论考查哪一种文体，都能写出合乎要求的好文章。

二是要适应集中阅卷方式对高考作文的非正式要求，让已经在卷山文海中"看麻木了"的阅卷老师能一眼看出你"观点正确、思路清晰"，不用费劲品味你的含蓄，或花时间琢磨你说得对不对。因为等着评分的卷子堆积如山，分配给每篇作文的时间都极其有限。

仔细想想，这两点的确都不能忽略。尽管这些年来高考作文的出题方式和《考试说明》都有较大变化，但只要中国仍然使用统一的教学大纲；大学仍然统招统考集中阅卷，高考作文就仍然需要兼顾这两点。

由于高考改革是发展中的事物，教学大纲和考试要求每年都可能有变动，所以每届考生都要认真研究当年的高考《考试说明》，看跟去年相比有什么变化。一方面要认真听语文老师的分析比较，另一方面可参考主流媒体上的有关分析文章——主流媒体一般都会请执教经验和评卷经验都很丰富的专家撰写这种文章。多一个参照点，就会少一点理解偏差。

在备战高考的过程中，婷儿除了紧跟老师的教学进度勤学苦练，也会选购一些口碑较好的教学参考书，包括作文参考书，从中借鉴一些有益的经验。同时仍在坚持写日记，婷儿回忆美国之行的系列日记，就是在繁忙的高二下学期挤时间写的。

调动作文积累，写好"个人陈述"

由于被哈佛录取后获准退出高考，婷儿的高考作文最终是备而未战。但是在申请留学的过程中，婷儿多年积累的作文能力经历了另一种方式的检验，那就是填写申请表时遇到的大大小小的作文，尤其是被称为"个人陈述"的以自我介绍为目的的大作文。

写"个人陈述"，原本是申请留学（或求职）的人才会遇到的问题，但随着大学招生制度的改革，一些申请国内大学保送生和自主招生的高中生，也被要求写"个人陈述"（有些名牌大学要求写1000—1500字）。从2003年秋天开始，来信询问"怎样写个人陈述"的读者便逐渐增多。回顾婷儿写"个人陈述"的经过，我深感她得益于多年的作文积累。

申请留学时，遭遇"个人陈述"

婷儿申请留学的时候，每家大学都要求申请人提交"个人陈述"。多家美国大学的"通用申请表"对"个人陈述"做出了这样的说明：

这份个人陈述能帮我们以与课程、评分、考试和其他客观资料不同的方式，了解作为个人的你。请写一篇短文（250—500词），题目自选，或从下列各题目中选择一个：

1. 评价一段对你有特殊意味的有意义经历，或成就。

2. 讨论一个你所关心的个人的、当地的、国家的或国际的问题，以及它对你的重要性。

3. 指出一个对你有过有意义影响的人，并描述其影响。

4. 描述对你有影响的一位小说角色、一段历史、或者一件创造性的工作（如艺术、音乐、科学等），并说明这种影响。

《哈佛女孩刘亦婷》里提到的千奇百怪的作文要求，则是不使用"通用申请表"的大学们富有创造性的表现。

比如说："假若你写了一本300页的自传，请提交第217页。"这其实是一个幽默的提醒：不要写得太长，不能超过1页。

又如："尽管葡萄酒越陈越香，但希望你这瓶葡萄酒的年代不会过于久远。"说明这家学校更重视申请人的近期表现。

再如："我们不在乎你写什么，只在乎你怎么写。"看起来像是在鼓励经历平凡的申请人，同时也表明这家学校对价值观和写作技巧要求都不低。

写好"个人陈述"，得益于多方面积累

婷儿把写好"个人陈述"视为表达自我的重要机会，为了在500个英文单词的篇幅内充分展示"我是一个什么样的人"，婷儿精心选择写作角度，把爸爸对她理性独特的家庭教育写成了短小精悍的记叙文《继父的礼物》。有些大学要求写更长的"个人陈述"，不少于800个英文单词。哈佛等大学还要求另写一篇补充作文，补充作文的篇幅也允许写得更长。婷儿便把写长作文和补充作文合二为一，以"遭遇垃圾山"前后的思想变化为素材，写成了夹叙夹议的大作文：《顿悟》。（请参见《哈佛女孩刘亦婷》的高中部分。）

《顿悟》的修改过程十分有趣。它的前身是一篇议论文：《农村剩余劳动力——我所关心的一个难题》。婷儿从"我看了一篇引起争议的中篇小说"开头，引出了部分农村剩余劳动力在城市沦为"垃圾虫"的时代难题。我觉得婷儿的文章虽然写得不错，但这个题材"丑感有余，美感不足"，不如换个有青春感的题材。但爸爸认为"垃圾山"题材内涵深刻，是最佳选择。尽管有爸爸"撑腰"，婷儿还是反复思考我的意见，希望找到两全其美的修改方案。苦思不得之际，婷儿参加了学校组织的一次作文比赛，在赛场上婷儿突然灵感迸发："何不写我从迷惘到顿悟的全过程呢？只要把文体从议论文变成记叙文，把重心从'问题'变成'经历'，不就可以用我在青春期的迷惘思索来表现遭遇垃圾山的强烈冲击了吗？这样能兼得思想深度和感情色彩的表现力，还能充分表现我的个性特点……"婷儿这

一改，赢得了老师和爸爸妈妈的齐声喝彩。

从婷儿的"个人陈述"可以看出，写好作文需要有多方面的积累。以《顿悟》为例，就有课外阅读的积累；观察社会的积累；剖析事物的积累；长期练笔的积累，还有锲而不舍的修改习惯，这也是一种自我完善能力的积累。

做好"压缩饼干"，有效地表达自我

《继父的礼物》是婷儿"个人陈述"的主打作文。它篇幅虽小，但传达的信息却十分丰富、全面。既刻画了继父睿智慈爱的形象，又生动具体地表现了"我是在什么环境中怎样成长起来的具有何种特点的学生"。这种"一石三鸟"的表达效果，得益于婷儿"做压缩饼干"的习惯。

在初三暑假，我给婷儿传授了一条写作经验："信息量要大，要像做压缩饼干一样写作文"。婷儿对"做压缩饼干"的说法印象深刻，一直在朝这个方向努力。她中学日记本上有多篇数次重写的短文，重写的目的之一，就是练习"加大信息量，做压缩饼干"。

"做压缩饼干"并不是单纯追求精练，而是尽量选择具有"全息效果"的写作素材。以《继父的礼物》为例，继父的心愿；旧的显微镜；培养孩子的思路和方法；"我"对"礼物"的评价等细节，都具有"窥斑见豹"的全息效果，有很大的想象空间。如果篇幅允许，都可以发展成另一篇文章。这就像压缩饼干一样，营养成分密集，所以能以少胜多。

选录婷儿"个人陈述"：继父的礼物
——婷儿 17 岁时写

我的继父是个擅长家庭教育、富有爱心和责任感的知识分子。从他决定做我的父亲那天起，他就打定主意，要把我培养成一个杰出的人。

我 6 岁那年，继父送我的生日礼物不是漂亮的布娃娃，而是一台旧的显微镜。继父教我用显微镜观察那些植物和动物的切片，我惊讶地发现，树叶、水滴和所有的观察物在显微镜下都与肉眼看见的完全不同。可以想象我的好奇心受到多么强烈的刺激——就这样，继父成功地培养起我探索

未知领域的兴趣，这种兴趣随着年龄和学历的增长越来越浓。

继父说："光有兴趣是不够的，兴趣只能带来一个开始，综合能力强才能赢得成功。"为此，他和妈妈想了种种办法来培养我的道德情操和基本素质，就连洗碗和拖地这样的琐事，也负有培养我的耐心、细心、责任感和条理性的多重使命，也必须做到"该干就干，干就干好"。干到什么程度才叫"好"呢？继父的要求是：消灭航天飞机上的每个坏零件。写着这个要求的纸条，从"挑战者"号爆炸那年到现在，一直贴在我的衣柜门上，经常提醒我注意重要计划的每一个细节。为了让我的努力更有成效，继父很早就对我讲解了"短板理论"（一只木桶能装多少水，由最短的那块木板来决定），并指导我运用"短板理论"来解决上学后遇到的种种问题。无数次寻找"短板"和加长"短板"的经历──那是很多伴随着眼泪和欢笑的故事，使我养成了从关键部位入手解决问题的能力与习惯，并且不断强化着我积极进取的性格特点。

在继父的督促和鼓励下，我从小就习惯于按时或提前完成各个阶段的奋斗目标，在不断扩大的范围内力争领先于同龄人，而且始终是一个快乐的、受欢迎的人。上高中之后，我日益强烈地意识到，继父在我的少儿期培养的高情商，和妈妈在我婴儿期开发的高智商一样，都是世界上最宝贵的礼物。我只有加倍努力，争取成为杰出的、造福于社会的人，才能不辜负爱我的人们对我的殷切希望。

结束语：感谢老师！

在结束本章的时候，要特别感谢婷儿的中小学语文老师。如果没有你们的循循善诱和鼓励督促，婷儿的作文能力就不会发展得如此顺利。我清楚地记得，小学五年级的一天，婷儿回家后津津有味地说："今天我学到了一个作文方法：'一波三折写事情'……"小学二年级暑假半小时写250字日记也是跟商业场小学的廖丽琼老师学的。从初中到高中，尽管老师要批的作业和日记堆积如山，但婷儿的很多日记后面仍留下了老师的简短鼓励或回应。当高二下学期考试越来越密时间越来越紧了的时候，婷儿想起易国良老师说的："我在等着看你的下一篇访美日记哦！"便又盘算起写日记的时间该从哪里挤……

　　还有一些婷儿从未谋面的语文老师们，婷儿从你们编写的语文辅导书中也汲取过不少营养，在此也深深地道一声谢！

第八章

刘亦婷的学习方法：中学数学以及其他

婷爸爸张欣武答读者问

同学之间，互相切磋。

许多中学生读者给我们来信，急切地探询学好数学的方法。为此，我特地把婷儿学数学的一些方法加以整理，介绍给需要的中学生朋友作参考。

需要提醒读者注意的是：本章所介绍的中学数学学习方法，是建立在本书《刘亦婷的学习方法：小学篇》中关于小学数学学习方法基础上的，数学的小学方法与中学方法相加，才更加完整。为了避免重复，凡是在小学方法中已介绍过的内容，本章不再赘述。

有些中学生数学没学好的原因，是小学基础有欠缺。建议这部分读者在阅读本章内容之前，先细心读一读"小学篇"中的有关内容，这样将更能看清自己存在的问题，也就容易找出有效措施。

由于物理、化学的学习方法与数学的相同之处甚多，为了避免重复，本书将不再详细介绍物理与化学的学习方法，而改为在数学学习方法的基础上，介绍物理学习方法的特点，并对学好其他学科提出一点建议，供有兴趣的读者参考。

下面就以数学为主介绍婷儿中学阶段的理科学习方法。

婷儿学数学，收获真不少

在婷儿的学业中，数学是一门立下了汗马功劳的学科。十几年来我看到，学数学得法，给婷儿带来了很多有助于持续发展的收获。例如：

——数学是一门基础学科，更是一种思维方式。数学所训练的量化的思维方式，是现在社会上很多行业重视的能力，也是学好物理、化学的基础之一。婷儿就是在牢固的数学基础上文理并重，为未来的发展开拓了更大的发展空间。

——与历史和政治相比较，数学是比较容易自学的学科。由于从小学开始自学数学，婷儿较早具备了理科自学能力，有助于从老师的讲课中获得更多的营养，既为适应大学学习方式提前做了准备，也为终身学习储备了能力、方法和自信心。

——灵活的数学学习方法促进了婷儿创造潜能的开发，并通过"迁移效应"影响数学以外的领域。婷儿喜欢以不拘一格的方式处理问题，与数学不无关系。

——数学思想方法（集合与对应、观察与实验、比较与分类……）的训练，帮助婷儿掌握了不少科学的工作方法。到高中时婷儿已是思维活跃而有条理，既有海阔天空的自由想象，又重视可行的现实依据。这些对未来的发展无疑有很大好处。

——数学使大脑潜能得到良好开发。其中仅以快速心算能力为例：婷儿经过训练后速度提高几近 10 倍，使数学思维的迅速和准确程度大幅上升，并促进了整体思维能力的提高。

——数学也是培养良好心理素质的"炼钢炉"。长达十几年的数学训练，使婷儿的细心、耐心和毅力都有了很大提高。

从这份"清单"可以看出，学数学对提高人的综合素质帮助很大，是一门值得喜欢的学科。

学好数学，天赋正常就行了

在中学和在哈佛，婷儿都见识过数学智能特别发达，堪称数学天才的同学。她据此认为自己的天赋属于正常，主要靠后天激发培养。婷儿一贯认为，她的好成绩不是来自天赋高，而是"兴趣＋方法＋勤奋"。

婷儿说："我对数学之所以有兴趣，就是因为巧妙数学题中的智慧的闪光让我欣赏。"婷儿对生物、化学、物理的兴趣，也使她渴望拿到数学这把"金钥匙"。

除了对知识本身的兴趣之外，学哥学姐们传授的升学策略也提醒婷儿：要重视学好数学。因为文科生的文科成绩都比较好，高考主要靠数学成绩拉开差距。

另外，以数学为工具的文科专业越来越多。如果不学好数学，无异于放弃相当多的选择事业的机会，缩减自己的发展空间。婷儿也不想做这种"跟自己过不去"的事。

婷儿也经历过很多中学生遇到的困惑——书上的例题都懂，平时的作业都会，但一上考场，试题却面目全非……初中时有次周末考过数学回到家里，婷儿羡慕地告诉我："有几个同学几分钟就能解出来的题，我要花十几分钟才能解出来，可见他们的数学天赋要超过我！"我还没来得及开腔，婷儿已经坦然地笑了："有人数学天赋比我高，这太正常了。还好我多花点时间也能把题做对，这就叫熟能生巧，勤能补拙呀！"

婷儿知道来信询问理科学习方法的读者不少，尤其是询问数学学习方法的来信较多，她非常理解这些读者的心情。尽管婷儿看到"数学方法"这一章的草稿时（2003 年 10 月底），已经投入到繁忙的工作之中，经常加班到深夜一两点还不一定能回家。但她仍主动提出，由她从学生的角度补写一节，介绍她攻克中学数学的实战经验。有感于她对读者的这份心意，我把婷儿在中学学数学的心得体会放在学习方法的最前面。

我认为，婷儿总结的学习方法言简意赅，更加适合基础较好的读者。基础不够好的读者也可先从我写的更为循序渐进的内容看起（即从"婷儿的话"之后的"初中学数学，当心脚下的'坎'"开始），然后再参考婷儿提供的"实战经验"。

婷儿的话：我的"实战经验"

中学生怎样提高数学成绩？

我过去是从这三点入手攻克数学堡垒的：学懂知识，练熟题型、掌握考试方法。

关于考试方法，我爸爸在第九章会专门介绍。在此，我主要谈谈我在中学怎样学知识和练题型。

怎样掌握数学知识？

我的做法是"兵分两路"：一是理解和牢记书上的公式、公理、定理；二是自己总结常见题型和常用结论。

需要掌握的公式、公理、定理，数学教科书上有现成内容，只需在理解的基础上牢牢记住。不懂的地方一定要问老师，或查可靠的参考书。理解之后，还需要下一番"背功"（主要是经常应用和定时复习），做到烂熟于心。

需要掌握的常见题型和常用结论，书上没有现成内容，需要自己总结。我以前向几位"高手"请教时，他们都提到了自己总结常见题型和常用结论的重要性。我的体会是：总结的过程，就是消化吸收的过程，也是数学思维训练的过程。

需要总结哪些题型？

一是教科书上的基本题型——以阐述公式、公理、定理的内容和基本用法为主。细心研读教材，就很容易掌握。老师讲的好例题，也是总结题型的好来源。

二是辅导书上的各种题型——以说明数学知识点的常见变化为主。不了解它们，就不知道基本题型会有哪些变化形式。这就像学会了基本驾驶技术后，还必须知道开车上路会遇到的复杂情况一样。

怎样总结常见题型？

做题不是为了记住题目本身，而是为了总结题型。通过"由表及里"的分析和"去粗取精"的概括，可以取得"以少胜多"的效果，避免被"题海"淹没。

具体怎样总结呢？我的做法是，做每道题都要：

一、总结"该题包含了哪些知识点？" 一般说来，很少有题会直接指向需要的公式、公理。题目中的知识点大都经过"包装"，以曲折的方式隐藏着，找到题目中隐藏的知识点和它们的隐藏方式，也就找到了解决同类题目的方法。

二、总结"解题步骤"。 请注意：解题步骤指的不是运算过程，而是思维递进的过程。

三、总结题目中的"陷阱"。 特别是自己错过的题型要记下来，下次遇到时，不要再"掉"进题目中的"陷阱"。

四、总结出来的题型要写下来。只在心里想一想是不够的。因为：①数学的题型复杂多变，既有单个知识点的题，也有融合了多个知识点的综合题，还有同一"考点"（或基本题型）的多种变化；②需要保存下来，以便练习和复习。

怎样知道题型总结得够不够？

我主要是通过做以前的考题（比如中考和高考的历年试题）来检验。

这样做的理由有三点：

一、数学的知识点毕竟是有限的。几年的考题中，基本上囊括了各种常见题型。

二、常考的知识点，主要是"有桥梁作用的知识点"。出题人想要考查的，大都是对进一步学好数学有桥梁作用的知识点。这些题型中的"精华"，总会以各种面目出现在历年的试题中。

三、基本题型的变化是有规律可循的。在历年的考试中，各种题型的基本变化也都有体现。

既然如此，对以前考卷中出现的题型就有必要"全部熟练掌握"。需要强调的是，所谓"掌握"，指的是"理解考查什么知识点，并记住考查方式"，而不是记具体题目，或记数据。

到了这一步，可以认为对题型的掌握已基本到位。

记住一些常用结论

除了总结题型之外，如果能记住公式、公理之外的一些常用结论，对解题也很有帮助。例如：$(A+1)/(B+1)$ 与 A/B 的大小关系，如果 $A/B \geqslant 1$，那么 $(A+1)/(B+1) \leqslant A/B$。如果 $A/B < 1$，则 $(A+1)/(B+1) > A/B$。再比如：三角形三边长 a、b、c，那么 $a+b > c$，$a-b < c$。这些都是很常用的结论，这一类的结论做过之后如果能记住，能为以后解题带来很多方便，可提高效率。

做题宜精不贪多

做练习题要精，不要贪多，要有针对性。自己总结的题型要反复练习，掌握各种变型，对常见"陷阱"要了然于胸。已经掌握的题不必做了又做。做题合格的标准是：要做到"会做的题永远会做，错过的题再也不错"。

同时要注意：开拓思维的难题不一定是艰涩的题，而多半是巧妙的题。

所谓巧妙，或是对似乎"不搭界"的知识的组合，或是通过观察题目的特殊性，采用了很简单的方法解答繁琐的问题。这类题目特别富有启发性。

学在前面，可争取主动

凡是解决了的问题，回过头去看，就会觉得很容易。这提示我们：如果能先学一步，对要学的新知识就不再觉得困难。那些希望数学拔尖的中学生，不妨在掌握好以前内容的基础上更进一步，考虑学习奥校数学的内容。若学在前面，有利于打开思路，做到数学题"见多识广"。这样学习或考试时遇到"拉差距"的难题，往往能顺利解决。

磨炼敏锐的眼光也很重要。对各式各样的题型虽然知道了相应的解法，仍然不够，因为考试的时间非常有限，中等水平的人往往做不完所有的题，这也是选拔性考试拉差距的手段之一。这就要求对题型的眼光要非常敏锐，能够一看题就判断出它是哪一种题型，并知道怎么解题。

（爸爸的话：敏锐的眼光从哪里来？这就需要从怎样适应初中与小学的数学"落差"说起。）

初中学数学，当心脚下的"坎"

有些小学生进初中后，在某个阶段（一般是初一至初二）可能数学会学得比较艰难。他们上课如"腾云驾雾"，做题如身陷"迷宫"。这常使他们感到挫折、沮丧，日渐丧失对数学的兴趣，如不能及时解决，就可能影响高中学业，殃及升学和选择理想专业的实力，对孩子成长十分不利。

造成这一现象的主要外因，是小学和初中数学的"落差"较大。主要内因，则是面对新局面，孩子的学习方法还没有调整到位，而不是数学低能。只要对初中学数学的几道"坎"心中有数，及时调整方法，就不难赶上去。

小学阶段主要是学习具体的数，即12345的加减乘除之类，老师讲课是"慢工出细活"，讲解多而细，少量知识伴随着大量练习，学生"吃"

一口就"嚼"半天，很容易消化。进了中学却风云突变，字母a、b、c、x、y、z成为象征着数的新符号，一步就跨进了"代数天地"，有理数、方程、不等式……各种新内容接踵而至。量大了，进度就不能不快，老师讲课只能更加精练，而不可能像小学那样手把手、反复教，学生也不可能像小学那样大量操练。如果有的学生感到吃力，也是非常自然的反应。

但不幸的是，他们当中有些人没有及时调整适应，第一步没走好，第二步就根基不牢，导致后面问题越积越多，雪球越滚越大。这使一部分学生的数学从初中就开始掉队了。

问题既然由多种原因引起，就需要多种措施来应对：

提前打"预防针"

心理学家发现，对即将来临的困难如果提前做好思想准备，就较容易承受它、战胜它；相反，如果碰上意料之外的障碍，就不易承受，也会受到更多的心理"煎熬"。

根据这个规律，孩子小学毕业要进中学前，家长就需要安排几次讨论式的谈话，告诉孩子：进中学后不光能学到更丰富多彩的知识，学习标准也会理所当然地提高，包括数学在内。每个学生都应该主动适应不断提高的标准。让孩子知道将会出现的困难是：内容增多，进度加快，难度提高，但却没有任何困难是克服不了的。

然后跟孩子讨论"遇到困难该怎么办"，通过引导和鼓励，最好跟孩子达成这样的共识：只要不怕困难，有干劲，掌握学习方法，世上就没有学不好的课。

我看到，即使是有些小学基础好的学生，也可能在中学学习受挫。有鉴于此，对优秀的小学生也打打"预防针"，将会有利于孩子心理健康、学业顺利。只是要注意，别让孩子留下"中学数学很可怕"的错误印象。对很多自信心不足的初中生来说，经常鼓励往往相当重要。

掌握正确的学习方法

小学与初中的数学虽有"落差"，却无"鸿沟"，如果抓好下面四个环节，就能很快适应初中数学。即：一是课前预习，以便提前发现难点和疑问，上课能有针对性地学。二是学会听课，在课堂上弄懂预习中发现的问题。三是学会记笔记，把课堂上的收获"记录在案"，才能免受遗忘之苦，有利于课后"反刍"消化。四是学会以"精题多思"的方法做题，并重视做题出错后的反思补漏工作。

（有关这四个环节的具体做法，后面还会详细介绍。）

学会"及时问"

中学数学的任何一个知识点都不难，一旦发现都好解决，怕就怕问题日积月累，形成盘根错节之势。因为数学是一个逐渐递进的知识体系，已学的知识大都是新知识的基础，如果不能及时消化每节课的内容，就容易学成"泡沫数学"，有量而无质。

"及时问"，就是挤掉"泡沫"的有效措施，不仅可以问老师，还可以问学得好的同学。

小学时我多次告诉婷儿："老师都喜欢勤学好问的学生。"婷儿记在心里，一有不明白的就毫不犹豫跑去问。果然，老师们讲完问题，还夸婷儿爱学习。有了这个好习惯，婷儿的"自我消化能力"大大增强，即使没有我的辅导，问题也不容易积压了。

只要能消除孩子通常的羞怯心理，这个措施对每个孩子都会有用，还能顺便锻炼与人打交道的能力。

夯实小学基础

有些孩子初中数学困难，是因为小学数学基础不扎实，比如有理数运算，只是在小学四则运算的基础上增添了一个正负号判断程序，可是如果四则运算有问题，有理数运算也容易出错。这类"欠账"一多，就可能成为中学数学的绊脚石。

对这样的孩子，可以由家长自己或请人给孩子补补课，不过，最好能先准确找出存在的具体问题，然后再采取"缺什么就补什么"的做法，尽量避免"大面积追肥"或者"地毯式轰炸"的补课方法。

高中，预防数学"滑坡"

经过一番拼搏，好不容易进了高中，还来不及喘口气呢，有不少高一学生就发觉自己的数学开始走下坡路了。他们上课似乎还懂，一做作业就犯糊涂，很多题不是不会做，就是老出错。自己并不是不努力，可为什么成绩老往下"出溜"呢？他们百思不得其解，自信也开始动摇……这幅"数学滑坡图"是不少高中生都体验过的，尤其是高一新生。

对婷儿，我采取了完全不插手的"政策"，相信她凭借训练有素的学习方法和探索能力，足以自己找到对策，很多基础好的中学生也能做到这一点。

但有的高中生还不善于应对这样的挑战，以至于拖到高中毕业也没能摆脱数学困境，不仅理科学业蒙受损失，也降低了升学实力和事业实力。对这样的中学生朋友，更适于采取"扶一把"的做法，提前告知将要出现的困难和解决之道，帮他们主动调整以避免损失。

高中数学究竟会有哪些变化？

大体上说，将会在下面三方面出现明显改变：

第一，学习内容趋于抽象，注重理论深度、严格论证和渗透数学思想方法。初中时"直观、形象"的思维习惯已不适应新内容。

第二，知识密度明显增加，老师讲课变得量大、内容精、速度快，用初中"多听少思"的听课方法，已不足以"捕获"授课内容。

第三，掌握每个知识点的时间周期被明显"压缩"，原来通过反复练习达到熟练的方式，客观上已难以实施。

这些，就是造成一部分高中生数学滑坡的原因。但是客观地说，高中数学的要求与高中生心理发展水平却是相符的。换句话说，原因主要是"暂时不适应"，而不是无能。

找到了根源，就不难想出对策。如果能做好下面这几件事，对适应高中数学会有帮助：

调整心态和时间安排

在我看来，心态调整是最重要的对策。有些高中生朋友不能过好数学关，就是因为产生了不自信、畏难、退缩等不良心态，使暂时的困难被长期化了。他们是自己打败了自己，而不是败于数学。

为了握牢数学这把"金钥匙"，婷儿从来没有表现过畏难和退缩，而是积极采取措施，把困难化整为零，各个击破。1996 年初中升高中的暑假里，婷儿根据自己的特点和李响哥哥的建议，从时间安排上把数学作为重中之重。在姥姥家探亲的那一个月，婷儿提前把高一的数学预习了一遍。婷儿在电话里告诉我的时候，兴奋地欢呼着："耶！开学后再上数学课，我就进入复习了！"

高中开学后，为了把整块的自习时间优先分配给数学和英语，婷儿尽量把她学得较为轻松的几门文科"解决"在课堂上，考试之前再安排时间复习这些突击有效的课目（如记忆量比较大的政治、历史、地理等）。

弥补以前的知识漏洞

学数学就像盖房子，上面的楼层要以下面楼层为基础。如果小学、初中的数学基本功不扎实，高中问题就多。

此时，应该充分发挥"错漏本"的功能，发现漏洞一定别懒，先随手记下，有空就自己钻研，或与人探讨，务必尽快解决。

重视数学思想方法

数学思想和数学方法（数形结合、转化、数学归纳法、比较与分类……）是高中数学渗透性的重要内容，也是学好高中数学的一把"钥匙"。学好数学思想方法之后，高中数学的很多疑点、难点也会迎刃而解，在整个高中阶段都要重视它的作用。

强化"摄取功能"

由于高中数学的知识量大增，老师不得不采用"少而精"的方式授课，这就对学生的"摄取功能"提出了更高要求。预习、听课、记笔记这三大环节都是知识的"入口通道"，需要逐一强化，以适应新的要求。

有些学生学不好高中数学，并不是课程难懂，而是因为缺乏良好的学习习惯。他们初中时课前不预习，听课不得法，记笔记也抓不住要点。倘若高中还这样"七折八扣"，学习效果可想而知。

只有尽快改进上述环节，建立更合理的学习习惯，他们才可能摆脱数学困境。

课后按"不留欠账"的原则复习

课后复习，就像人体吸收营养的小肠，课堂上学过的知识需要通过它，才能达到"加深理解、巩固记忆、学会应用"的目标。在高中数学里，任何一个知识点只要多"嚼"几口，都不难掌握，怕就怕不求甚解，留下"豆腐渣工程"，欠账多了，偿还起来必定费劲，况且前面的知识是后面知识的基础，漏洞一多，还会生出更多的"豆腐渣工程"来。

这就需要坚持"不留欠账"的复习标准，每节课的"账"都及时结清，建立"先复习后做作业"的好习惯。有自己解决不了的问题，也要随手记下来，第二天找老师同学探讨个明白。通过这样的复习，难题将会明显减少。

做题坚持"精题多思"

数学"滑坡"的高中生，一个较普遍的原因是做数学题缺少思考，如同吃饭习惯于不嚼就咽，当然易患"消化不良"。解决的办法是改变做题习惯，建立"精题多思"的新习惯。

采取了上述措施后，情况会有明显好转，但作业和练习中仍可能出现错漏。好在它们已属"散兵游勇"，只要随手记入"错漏本"，及时解决就是了。如此稳扎稳打地推进，一口一口地吃透，相信你学数学会越来越顺，也越来越有兴趣。

课前先预习，掌握更透彻

在前面的英语学习方法中，曾提到预习的作用，其实数学和其他很多学科也都需要预习。

跟英语不同的是，数学的记忆量更少，但思维水平和复杂程度却更高，从加深理解的角度看，预习确实是极好的开始方式。婷儿从小学起就学会了"凡事预则立"的工作方式，预习新课，是她学好数学的"一招"。

"理解式"预习法

这是一种较简单的预习法，特点是先掌握数学知识，然后再用于解决数学问题。通过它能较好地掌握知识，它具体包括以下三个步骤：

第一，先细读新课的知识部分，用笔把其中的概念、定理、定义、公式等在书上勾出来，以便更醒目，并尽可能从两个层面去理解它们：一是"知其然"，即弄懂这些知识讲的是什么意思；二是"知其所以然"，即"为什么是这样"。在实际预习中难免有不懂的东西，只要自己解决不了，就做个记号，或用铅笔简单注几个字（便于擦掉），当成听课的重点。

第二，接着再看例题，进一步弄懂数学知识的实际用法。教材上的例题都是精选出来的，能较好展示数学知识的实际用法和要求，而且是由简至繁，由浅入深的展示。只要一道道挨着看下去，你将会领悟到越来越深的含义。前面不懂的知识，也可能在看用法时就能理解了。看过后，最好动手把例题都做一遍，领悟会更深。

第三，不妨试做几道练习题，体会一下用新知识去"实战"的感觉，这样就能知道你究竟是否真正掌握了新课内容。能够顺利解题固然好，解不出来也没关系，因为通过"碰壁"有助于发现症结所在，如果自己还是想不出来，第二天与老师同学探讨，就能迎刃而解。

老师指导下的研究式预习

近年来，有一批数学老师在中小学开展了"研究式教学"的可喜尝试，其预习方法就与上述方法不同，一般是课前先思考老师精心选出的若干问题或数学现象（而不是数学知识），然后在课上探索解决问题的途径，在研究过程中"发现"解决问题的途径，即新的数学知识。也有的老师采取课前不预习的做法，而在课上展开发现知识的过程。对这样的数学课是否预习和怎样预习，主要依老师的构想而定。研究式学习除了能更好地掌握知识之外，对培养研究能力和创造性思维也非常有利。到时候，你只要当一个积极的参与者，就会有收获。

记课堂笔记的正确方法

课堂笔记记得好不好，与学习效果关系甚大。

因为老师熟悉教学大纲，明白要让学生把知识掌握到什么程度，才能从数学训练中全面获益，所以会讲一些教科书上没有的东西。记课堂笔记的重要性就在这里。

一般来说，不善于记课堂笔记的学生容易出现两种偏差，一是"贪多求全"，老师讲什么就记什么，一堂课下来，大部分时间都在写个不停，本该"细嚼慢咽"的东西却没有好好听。这还不算，由于笔记内容太庞杂，看笔记成了"海底捞针运动"，有用的信息不突出，查找起来很费劲。二是该记的没记，使很多有价值的信息都"水土流失"了，需要用时就只有干着急。

如果按下面的原则记笔记，就会从容得多。

其一，只有在认真预习的基础上，才容易做到"听课、笔记两不误"。因为只有预习过，你才能提前知道老师讲的哪些东西是你需要的，才能有针对性地细听细想，或举手发问，弄清就里，也才能有选择地记下对你真正有价值的内容。

其二，对老师课上讲到的数学基础知识（这里具体指概念、定理、定义、公式这一级别的知识），只要是书上有的，原则上可以一个字不记，只需在书上有关内容下面画杠就够了。如果老师追加了书上没有的数学定理、定义、公式之类的知识，可记在笔记本上，也可记在书上有关章节的页边空白处，其好处是：绝大部分数学基础知识都集中在书上，便于集中查找和复习，也利于减少笔记量，提高听课效果。

其三，中学生面对的各种数学问题大都是前人经历过的，留下了很多有益的经验。讲课时，老师常会提到这类经验性的东西，如解题技巧，实用方法、某种思路，某些有启发意义的例题等。这些东西，正是要记在笔记本上的"重头戏"，它们虽不像数学法则和公式那样"经典"和"名垂千古"，却是前人总结出来的巧办法，往往很实用，能解决某一方面的实际问题，或者扩展思路，而正规教材上却一般不会介绍，如果全靠自己摸索，就要走不少弯路，不如采取"拿来主义"更便捷高效。换句话说，笔记本上主要是记那些经验性、技巧性的东西，以便在"数学实战"中也做到高起点。所以对前人的经验你务必手勤，别让好东西从手指缝里漏掉。如果你既善于借鉴他人的经验，又重视独立思考，就更容易把数学学好。

其四，还有一类东西，也值得记在笔记本上——那就是你自己学数学的心得、自己发现的小窍门、从他人借鉴来的好办法等。这些不仅是实战经验，而且经过亲手运用往往理解更深。

其五，课堂笔记本上不仅要记当堂课的内容，很可能以后还会有新东西要补记，所以记笔记时最好采取"先只记半边"的办法，即每课的笔记先只记在笔记本右边的页面上，让左页暂时空着，便于以后插入补充的新内容。

按照上面这套方法记数学笔记，笔记量会较小较精练，数学书上基本汇集了所需的基础知识，笔记本上又收集了丰富的实战经验，两者相加，就构成了一个完整实用的"资料库"，具有良好的参考价值。如果你还能养成课后勤读笔记多思考的好习惯，就更不难做到理论知识深入全面，又善于"实战"解决问题。

当天复习有技巧

做作业，目的是把所学的数学知识变成实战能力，并使大脑潜能得到开发，不过，如果对新学的东西还知之较浅，做作业就难有理想效果。

先复习当天所学的知识，再去做作业，才会有更大收获。

一堂数学课是 45 分钟，但其中大部分时间都用于讲解有关知识"为什么如此"，一旦理解之后，真正需要记忆的东西并不多。数学知识的一大特点是记忆量少，这就为及时消化新知识带来了方便。

对数学课上所讲的知识点，原则上应该当天复习不过夜。这样"趁热打铁"地复习，不仅印象更深能抓住更多东西，而且复习后再做作业，也会"命中率"高收获大。

有些同学复习数学的习惯，是拿出教材和笔记反复翻看，这当然会有一定效果。不过，如果采用下面的复习方法，会有更好效果：

在本书《行之有效的记忆方法》一章中，我曾提到心理学家盖茨的记忆方法实验。他通过做实验比较效果后发现，采用 80% 试图回忆加上 20% 诵读的方法，效果最好。与全程诵读的方法相比，记忆传记文章时效率高出 60%，记忆无意义音节时高出 300% 以上。

这种"试图回忆＋诵读"的记忆术，用来复习数学的具体做法如下：

先不看书和笔记，而是逐一回忆课堂上学到的东西，包括理论知识、例题、解题思路、技巧和经验等，边回忆边动笔把公式之类的重点内容写出来，以帮助记忆。凡是想得起来的，说明留下印象原本较深，并再次得到了巩固。实在想不起来的，可以看书查笔记，然后继续回忆，直到当天所学内容都已了然于心为止。由于一节课的知识点不会多，只要认真听讲，这个复习过程一般可在几分钟内完成，并能为以后复习和作业节省时间。

这时再去做作业，效果就会明显不同，障碍更少而收获更大，日积月累，效果就更好。

这种复习方法不仅对数学适用，对其他很多科目——如物理、化学、生物等也完全适用。

整体掌握，融会贯通

饭要一口口吃，学数学的路也只能一步步走——每堂课讲一点理论知识，学几道例题，课后再做点练习和作业，然后又是下一堂课……这样学当然非常必要，可是由于一两节课里不可能把与该知识点有关的横向纵向联系都讲到，例题和作业题的类型也很有限，于是有些学生脑子里往往就会形成一种错觉，好像某一数学知识仅适用于某课、某章的作业和单元复习题似的。

这种错觉割裂了完整的知识体系，束缚了思维的广度和深度，对数学能力和思维训练有害而无益，这就需要通过融会贯通加以矫正。

正确的做法，是把所有的数学知识和技能都看做一个统一的整体，学数学时从整体上去掌握，解决数学问题时，也应该从整个数学知识体系里去寻找思路、方法和工具。

要想做到这一点，就需要做好这样几件事：

整体梳理

每学完一个阶段的课程（一章、一个学期或一册教材），就对所学的数学知识进行一次"梳理"。例如对初中几何，共可梳理为4大板块（直角三角形、相似形、圆、作图题）、13条脉络线（直角三角形、圆的性质等）。高中有关不等式的知识，可梳理为两大板块（基本不等式、不等式的基本方法），并细分为4种基本不等式和8条具体方法等等。

在梳理的过程中，有一条重要的原则——要做到心中有"数"，即需要弄清哪个板块中有多少定理、定义和公式，内容分别是什么，各有什么用处等等。只有心中有了这本"账"，才能使学过的知识无所遗漏。这一点很重要，因为知识的遗漏必然带来能力的欠缺和思维的死角。如同一位将军，如果连手下的兵员、作战特点和武器装备都心中无数，他多半只会成为常败将军。

集中记忆

在真正理解的基础上，把梳理过的定理、定义、公式、法则等内容集中抄写在一张大纸上，贴在墙上（也可集中抄写在一个小本上，更便于记忆），并按"心中有数"的原则牢记于心。以这种方式记住的数学知识与零敲碎打学到的相比，不仅对整个数学工具库的"家底"了然于心，而且便于使用时作全方位快速检索。同样是这么多知识，但可用程度和有效范围却大不相同了。

有的学生在记忆数学公式等知识时，抱着"能推导出来的公式就不用背"的想法，认为否则就是死记硬背。这种想法混淆了必要的基本功和死记硬背间的区别。须知那些临时推导的东西往往是不熟练的，而基本的东西不熟练，则极易导致失误。只要设想一下：当你急需游过一条大河时，还得临时去"推导"左手该怎样划，右脚该怎样蹬，会带来怎样的后果，便可知临时推导的想法是否可行了。

掌握数学知识的内在联系

整体掌握了数学知识，并不等于就知道了各知识点之间千丝万缕的横向和纵向联系，而如果不能掌握这些网络状的内在联系，你的数学就不容易学到"思维灵活、思路开阔"的境界。

一般说来，学生在"逐步推进"式的学习过程中，不大容易仅靠自己"挖"出现有知识与以前知识间的深刻关联，更无法预知现有知识与未学到的知识间的种种联系。不过，对知识体系内在联系的回顾和展望，往往是老师讲课的内容之一。如果你善于"借脑"，听课时就会敏锐地抓住这些内容记好课堂笔记，就有了一个很好的资料库。这样"借脑"不仅不等于盲从，而且还能提高数学的水平，前提是对老师的经验要善于独立思考、举一反三，发现老师没有提及的更多内在联系，这样一来，你就朝着融会贯通的方向前进了一大步。

掌握了数学知识体系的内在联系，如同心里有了一张"路线图"，一旦面对复杂的数学问题，便容易一眼看清就里，迅速找出最佳思路和方法。

全方位运用数学知识

所谓全方位运用，是指在解决数学问题时，可不必拘泥于常规的解题方法，而应该打开思路，在自己所掌握的全部数学知识中去找方法，找工具、找思路。

在全方位运用数学知识方面，数学家高斯儿童时代的一段轶事很是经典。高斯上小学时，有次数学老师给全班出了一道难题：1+2+3+……+100=？当其他同学都在老老实实一个个数往上加时，高斯却放眼于更多的数学方法，很快就找到了更简便的思路——他发现 1+100=101，2+99=101，3+98=101……从 1 到 100 共能凑出 50 个 101，于是繁琐的加法变成了简单的乘法，算答案也变得易如反掌，是 5050。全方位运用的优越性由此可见一斑。

为了达到全方位运用的境界，就需要充分利用各种机会，如平时解题、阶段复习、期末复习、升学总复习等，打破原有章、节、板块的局限，尽量灵活运用更多的数学知识。当你渐渐习惯于从全部数学知识的角度去考虑解题思路，而不局限于眼前正在学的某章某节后，才算是领悟了"整体掌握，融会贯通"的原则，与此同时，你的创造力也将在全方位灵活运用中悄然提升。

"题不二错"，强化批判性思维

错题也是一种资源

错题就像阳光下的棱镜，它能折射出知识、技能、数学方法……方面的不足。既然不足，若不及时消除，问题就会由小变大，积少成多。与其在相同的地方反复栽跟头，不如看见绊脚石就随手搬开，每跌一跤就换来一段坦途岂不更妙？因此从效率的角度来看，"题不二错"才符合"高效低耗"的原则，有利于尽快解决数学"短板"。

所谓"题不二错"，就是一旦发现错题，就要用"挖地三尺"的精神穷追不舍，直到找出了有关的原因，并逐一解决为止。只有这样，才能做到同样的错误只出一次，而不是两次以上。

"题不二错"的具体做法

A：一看到错题，就逐环进行"追查"，找出造成错误的那个具体环节。

B：看出错的这个环节是由哪方面的原因"催生"出来的。一般不外乎是基本知识、运算、解题方法和思路等方面有漏洞。

找到了根源，再去看看书、琢磨一阵、练一练，问题就解决了，而且解决的是一批同类问题，岂不愉快！

"题不二错"好处多

从素质培养的角度看，"题不二错"的做法有利于培养批判性思维。这种思维不是对任何事物都"横挑鼻子竖挑眼"，而是根据客观规律对事物提出质疑、评价和改进措施的思维习惯。在知识经济时代，批判性思维是创新能力的组成部分，被看做推动社会前进的主要动力之一，是创新人才应有的重要素质。

"题不二错"之所以能强化批判性思维，是因为在消除错误原因的过程中，包含着打破思维定式、独立思考、科学理性地评价事物、灵活改进原有方案这样一些思维活动，它们都是批判性思维形成的要素。而且被数学强化的批判性思维不仅可用于数学，还可用于更广泛的领域。善于批判性思维的人不盲从权威，善于从客观事实和科学规律出发独立思考，再用灵活有效的方法处理问题。无疑，这样做更利于成才。

"精题多思"与创造性思维

在介绍"精题多思"的做法之前，不能不先提到"题海战术"的训练方法。

题海战术的弊病

题海战术，是一种常见的数学训练策略，它指的是通过反复做大量的同类题目，以便"量中求质"，达到熟练掌握的目的。这是一种弊病较多的办法。

仔细分析"题海战术"的每个环节可以发现，其中有相当多的时间都被浪费在同类内容的无效重复上了，真正的难点疑点却被"惠顾"得太少，难以得到有效解决。此外，刻板而缺少思考的重复，往往会导致僵化的不良思维习惯，妨碍创造性思维的培养。因此，"少慢差费，妨碍创造"，也许是题海战术的最大弊病。

可见题海战术不是一个好的选择，面临升学的学生尤其不宜搞题海战术，因为他们是"一寸光阴一寸金"，更赔不起时间。

如果能采用"精题多思"的训练方法，就能较好解决题海战术的弊病。

"精题多思"的做法

与题海战术相比，"精题多思"是反其道而行之，它做题数量以"少而精"为原则，做题方法以深而透为特点，其原理是把每一道题都当成一种类型来深入研究，嚼烂、吃透，以收以一当十之效。这就像通过解剖一只麻雀，不仅可知天下所有麻雀的结构，而且能举一反三，推知喜鹊、乌鸦、老鹰……的结构一样。可见，"精题"之所以能以少胜多代替"题海"，全靠对每一道题都有较为深入的了解。

"精题"的选择范围，主要是那些常见、典型、生疏、困难或复杂的题目，而"多思"的具体所指，则是在做题时要习惯于思考下面这些问题：

这道题有哪些解法？常规的解法是什么？非常规的解法又是什么？你试过纵向、横向、逆向的思维角度吗？是否能化生为熟、化繁为简？最简捷的思路是什么？有哪些数学思想方法对它适用？解题时你是否走了弯路？为什么会走弯路？暴露出你哪些基本功还"欠火候"？如何解决？做这道题你有什么新的收获？以前有哪些经验可以借鉴？……

深思的内容里，不仅有核心的解题思路、关键的解题步骤，也应该包括对普通运算过程的思考，因为有不少中小学生即使在普通运算中，也存在着不尽合理、不尽高效的毛病，妨碍数学整体水平的提高。如果能对此也常动脑筋，看自己的运算技能是否可进一步优化，应该怎样优化，一定很有好处。

当然，并不是每道题都需要思考所有这些问题，而是应该根据不同情况区别对待：一般来说，生疏的题型应该尽量作全方位思考，复杂的题型应该反复深思，半生不熟的题型要善于发现不足，把脑筋动在需要的地方，而对那些已经吃得很透的题，就不再需要这样做了。

尽管"精题多思"能够取代题海战术，成为数学解题训练的主要方式，但做题仍然需要达到一定的量，才能变得熟练起来，只不过这个量会明显少于"题海战术"，也能较好地剔除题海战术中的无效的机械式重复，使训练尽可能聚焦于薄弱环节本身，因此可以节约时间，较快提高水平。

精题多思的思维训练功能

本书中曾强调：数学和物理是培养创造力效果较好的两门学科。这里要进一步说明的是：用"精题多思"的方式做题，也是数学开发创造潜能最方便、最主动的方式之一。也许正因为这样，有不少科学家在青少年时代都通过这种方法而得益。例如，数学家华罗庚从小喜欢数学，不光白天花大量时间钻研数学，睡到半夜想起一道难题的解法，也会爬起来点亮油灯，把它记下来。这便是典型的"精题多思"的训练方法。

婷儿从小学起就养成了"做题要多想"的习惯。虽然平时我会跟她讨论各种解题思路和技巧，可真要遇上障碍，我却一般不会轻易帮忙，而是要求她自己先把脑筋动够。即使婷儿把题解出来了也不算完，根据情况，我会要求她再想出更多解法。小学四年级婷儿上奥校，为了赶上比别人少学两年的差距，"精题多思"的方法更是被大量应用，也很见效。她虽然没时间去大战"奥校题海"，却凭着对做过的题的深入理解，迅速冲到了奥校尖子生行列。

为了让婷儿避免僵化的思维模式，在指导她数学的过程中，我的原则是不搞任何形式的"标准答案"，而是强调"条条大路通罗马"的道理，这使婷儿不仅对数学习惯于"一题多解"，对其他问题也变得思维更灵活，思路更开阔了。在本质上，这就是创造心理学所说的"经验转移现象"，是创造力有所提高的表现。

值得一提的是，不仅数学需要"精题多思"，大部分学科做题都应该这样。如果你希望所学的各科知识都能学以致用，就要把"精题多思"的好习惯用到各科学习中。

"精题多思"时，尽量多用数学思想方法

数学思想是解决数学问题的指导性思想，是战略层面的认识工具；数学方法则是实现数学思想的具体方法，是战术层面的操作工具。它们渗透在所有数学知识里，反映了庞大数学体系最本质和最深层的规律，所以在解决数学问题时，往往能够起到"路路通"的作用，揭示无数难题的解决途径，使抽象问题化为直观，复杂化为简单。因此，数学思想方法也是"精题多思"的"千里眼"，是解决"题海战术"的良药之一。

此外，运用数学思想方法的过程也是极好的思维训练，它能使思维变

得深刻而灵活，更善于抓住事物的本质。而且这种思维能力还可从数学转移到其他领域，成为开拓事业的利器。比方说"分类讨论"的思想，就能帮你把一个复杂的大问题分解为若干简单的小问题，再一口一口"吃"掉。由此可见其用途之广。

运用数学思想方法，对培养创造性思维也很有利。由于数学错综复杂的深层联系被一一揭示，思维就有了灵活驰骋的广阔空间，各种奇思妙想当然会更多涌现。

此外，数学思想方法还是连接中学数学与大学数学的一大纽带，能使你一进大学门，学高等数学很快就"进入状态"。

正因为如此，当你掌握了一定的数学思想方法后，就应该在"精题多思"时尽量多用，发挥其特有的功效。

中学物理学习方法

学物理不仅是为了具备科学常识，更重要的是接受科学的思维训练，开发多种潜能，包括开发创造潜能，掌握多种有用的科学方法（观察、实验、建立模型、分类、综合、演绎等）。在我看来，它是值得文理两科学生都认真学的重要学科。认识到这一点，有利于主动强化物理兴趣。

由于数学学习方法的很多内容都可以转用于物理（如预习、听课、笔记、复习、总结题型等方法），所以凡是可从数学方法中借鉴的方法，这里一般不再重复，而着重介绍一些与数学方法不同的物理学习方法和原则，主要内容如下：

要读透课本

善于读物理课本，是学物理的一项基本功，对学习效果影响不小。如果按下面两条原则做，有利于增加读课本的收获：

全面掌握书中信息：要想读课本收获大，首先要重视课本中提供的所有信息，而不是只关心与作业考试有关的那点内容。要读的信息包括插图、图表、注解、说明、阅读材料等。全面掌握这些信息，有利于把抽象的概念、公式和各种结论变成具体形象的物理过程，可加深对概念的理解，提高物理思维水平。

以研究的态度去读：所谓研究，首先是带着问题去思考，要边读边想：这个概念是怎样来的？那个规律的适用条件是什么？某个物理现象是怎样抽象成物理模型的？某公式的推导过程是怎样的？某个知识点与其他知识点有什么内在联系？等等。此外，做题时也会遇到各种疑难问题，其中有不少也可通过研读课本解决。一开始这样读课本也许会较慢，可是随着对物理的领悟不断加深，就会越来越快，解决物理问题的实力也会悄然增强。

怎样记忆物理知识

如果不能记住所需的知识，就谈不上得心应手地应用，用正确的方法记忆知识，是学好物理的重要环节。

由于物理学习是在数百节课上逐步完成的，容易给不善整体思考者造成支离破碎的印象，而这些知识本身却是一个完整的体系，于是在记忆时，就有了"让知识整体化、系统化"的任务。

具体方法是：

第一步，对所学的每个知识点都要做到真正理解，会用。这里所说的知识不仅包括教材内容，还应包括听课所知的规律、经验总结、知识的横向纵向联系，自己的心得体会等内容（如：合力不一定大于分力，具体物质的密度不由其质量或体积决定，物体在液体的各种深度中所受浮力相等，洛伦兹力不做功……），它们能为学物理和解题带来很多方便，都属于物理知识的有机组成部分。

第二步，每当学完一个单元或一章，都要及时做一次"整体记忆"工作。做法是：把这个小板块（单元、章）里所学的知识集中到一起，思考其内在联系，然后用"心中有数"的办法去记忆，也就是要记住这个小板块里有多少定理、定义、公式和其他知识点，各自的用途、适用范围和相互关系是什么。这样不仅能把所有知识（解决物理问题的工具）囊括无余，还有两个好处：一是能及时把知识小范围系统化，使当前学得更深入。二是为下一步的"整体总装"奠定了基础。到期末复习时，只要把这些"小板块"全部"组装"到一起，就形成了这个学期的"中型板块"，既利于平时提高物理水平，到中考或高考复习时，又很容易快速"总装"出整个物理知识体系。

这样记忆的物理知识不仅能从整体上加深理解，而且解题时能更快找到有效"工具"，在解决学科内和学科间综合题时，也比支离破碎的记忆方式更优越。

（记忆物理知识还需要其他的记忆方法，对此可参考本书《行之有效的记忆方法》一章。）

计算题不熟练，可作"三查"

用数学方法解决物理问题，是一种重要能力，也是不少中学生最感困难之处。要提高这方面的能力，可从下述几方面查找原因，然后采取针对性措施解决：

一查数学基础是否有漏洞：解决物理问题常用的数学知识不少——比例、函数、三角、不等式、几何图形……还需要熟练准确的运算能力。如果数学基础不扎实，需要的数学工具不熟，解题就会遇到各种困难。如果存在这方面问题，可以从两方面着手解决：首先平时要下功夫学好数学，有漏洞要及时补。其次是平时做物理题如果因数学能力而受阻，要把问题找出来，尽快采取措施解决。只要坚持这样做，数学漏洞就会越来越少，不至于再影响大局。

二查物理知识是否有漏洞：有时做物理题不会用数学工具，根子在物理知识有漏洞，例如概念不清、对原理理解有误、思路不正确等等。比如有些斜抛运动的题看似麻烦，但只要弄清"水平方向是作匀速运动"的概念，就很容易解决了。对此类问题要见一个解决一个，解决之后再把原题做一遍，以加深记忆。其次也要反思：是否学习方法不对？听讲、记笔记、读课本等方面需要怎样改进？

三查物理问题转为数学问题的能力：数学方法解物理题的过程一般有三步：1. 分析题目并建立物理模型；2. 把物理模型转化为数学关系；3. 数学求解，并把结果转化为物理的表述。这些能力并不能从物理和数学知识中自动具备，而只能像大多数能力一样，靠反复做题来获得。正确的做题方法可加速它，但却无法省略它。下面两个措施可供做题训练时作参考：

——**积累典型题型**：要想起点高、弯路少，就要透彻掌握常见的典型题型。这方面的一条捷径，是在课堂上记下老师讲的典型例题，而且把它们逐一吃透：这道题涉及什么物理现象？该用哪条规律去解决？怎样抽象为物理模型，再转化为数学模型？……平时遇到解得巧的题，也都留心收集，尽量"站在巨人的肩膀上"，才会提高快。

——**养成"精题多思"的习惯**：做题时要尽量把每个环节都想透（怎样找出隐含条件？怎样建立物理模型？怎样分析归纳？……），而不是算出答案就丢开。此外，也要常做一题多解和多题一解的练习，尤其是努力寻找最佳解法，长期坚持这样做，每做一题，效果往往胜过几题。如果做题出了错，就更值得多思，一定要真正发现问题并及时解决，因为这可能就是你的短板所在，补一个就少一个，而且不会补错地方。

这样一步一个脚印地走，就容易提高数学方法解物理题的能力。

做题要注意的一些事

★做物理题可达到三种不同的水平。一是熟练：拿到题目一般能按常规方法较快解决。这只要掌握了该掌握的知识，再多做题常练习就能做到。二是灵活：解决物理问题往往能在常规方法之外找到思路，其基础在于平时就对物理知识做到了融会贯通，能找到各部分知识的内在联系，解题时才可能灵活。三是巧妙：解决问题时有所创造，能想出不同凡响的高招来。这是富有创造力的表现。

尽管不能以"巧妙"去苛求众人（因为能做到这一步的人毕竟不多），可是最低限度应该以熟练为标准，才能顺利完成物理学业，并获得物理给你的那份馈赠——科学的思维训练。一部分中学生还可对自己"看高一线"，以"灵活"为目标，以获取更丰厚的思维训练成果，包括创造力的提高。

★做题，是把物理知识升华为能力的主要途径之一，而且只有做题达到合理的数量和难度后，才会拥有这种能力。所以做物理题绝不是越少越好，而是要重视做题效果，即：通过"精题多思"、一题多解、多题一解，做一题就有几份收获，以此避免题海战术中的低效重复。

★做题时要尽量把题中物理过程具体化、形象化、分步骤化，这是培养物理思维的需要，也能给解题带来很多方便。具体方法是：做题时，对简单题至少要清晰想象出实际状况和物理过程，而且要清楚其中每一步的变化。对稍复杂的题，要尽量画出准确的示意图，并在心里推演其整个过程，必要时不妨把所给条件一一列在草稿上，边看边想，往往有助于抓住本质，找到解题思路。

★解物理题时，逆向思维很重要，因为物理的信息量很多，正向的发展方向很多，不像数学通常只有一个解。如果你正向思维受阻时，不妨倒过来思考，根据所求的答案决定分析问题的角度，往往能解决问题，同时也掌握了一种有价值的思维方法。例如有这样一道题："一架飞机在北京上空盘旋，问机翼的哪一端电势高？"如果只看条件，你会不知所云，可是从所求答案逆向倒推到条件就会发现，这是有关导体在北半球磁场条件下切割磁力线的题，解题就只需举手之劳了。

重视物理实验

做物理实验不仅是学好物理的必经之路，还能开发实验才能，掌握科学方法，提高动手能力，培养出可用于其他领域的科学能力。所以应该尽量对教材上的实验无一不做，对实验的每个细节都熟悉过程、明白原理、能熟练操作。如果想让创造才能开发得更好，还应该学会自己提出实验目标，设计实验手段，并实施完成。常做实验必定有益——这是很多科学家中小学阶段走过的路。

强化创造力的另一途径

我在周昌忠编译的《创造心理学》中看到：前苏联著名物理学家卡皮查（П.Л.Капица）认为：物理和数学是培养创造力最合适的学科，而且由于物理更贴近生活，也就更能学到"对自然界中的过程进行科学研究"的能力（就我所知，有大量事实证实了这个观点，包括丁肇中、费米、爱因斯坦等大师的成长史）。这位诺贝尔奖得主还特意编写了一本极好的《物理学习题》集，其中的题往往没有明确的答案，需要既灵活应用物理知识，又要在实践中调查研究，才可能解决。例如："为了扑灭发生在六层楼上的火灾，水泵电动机的功率应该多大？""为了把太阳光聚到焦点上来烧红铁丝，透镜的尺寸应该是多大？"这些习题与实际的创造过程非常接近，因而受到很多前苏联中学生的喜爱，是一本育才的好书。

显然，这样的好书我国中学生也非常需要，相信我们的专家也有能力编写，或者直接翻译引进也不错。当它尚未问世时，建议有志于创造又有余力的中学生：不妨先做做中学物理奥校题——在我所知的各种物理题集里，它是开发创造力功能较强的一种，婷儿也曾从中受益。

此外，如果物理爱好者能适当读点物理课外读物，对物理的理解将会更具体深刻，对大学阶段的深造好处很多。少则可浏览《科学画报》，多则可读专题性的物理科普读物。

对学好其他学科的一点建议

还有一些读者来信，询问历史、政治、地理、化学、生物等课的学习方法。考虑到这些课的教学内容和考查方法正处在调整变革之中，建议首先争取在各科老师指导下掌握学习方法，因为他们既熟悉教学要求和改革动态，又了解你的学习现状。

也可以考虑采取这样的对策，那就是：优化每个学习环节。一般来说，学好一门"知识＋能力"类型的课，大致有九个环节——预习、听课、笔记、复习、记忆、练习（作业）与应用、自学与探索、总结题型、纠错补漏。此外物理、化学、生物三科还包括实验操作环节。若有一环不足，便可能减损能力训练的效果，降低该科的综合实力。

怎样优化每个学习环节呢？亦婷的做法是：既要认准各个环节的基本功能（这方面可参考本章数学、物理方法中的介绍），又要紧扣各科的具体要求（这只要认真听课，做好笔记，多研读教材，便不难在老师指导下解决）。

若首先优化自己的薄弱环节，往往可收事半功倍之效。

衷心祝愿每位青少年读者学业顺利！

结束语：感谢所有在中学阶段教导和帮助过刘亦婷的各科老师们！

第九章

掌握必要的考试方法

婷爸爸张欣武答读者问

多给自己积极的心理暗示，有利于充分发挥实力。

考试，是受教育阶段的重要环节。

同是考试，素质教育与应试教育有着重大区别。福建有位老师说得好："应试教育是为考试而教育，素质教育是为教育而考试。"既然考试在素质教育中有着检验学习效果和选拔人才的双重作用，掌握必要的应试方法，对孩子的发展就有价值，并可减轻学业导致的心理压力。

以上就是我们培养婷儿应试能力的动机，也是我写这一章答读者问的动机。

调整竞技状态，需要科学知识

应试能力既是一种适应能力，也是一种综合能力。在考场上，考生的脑力活动强度和心理压力均明显高于寻常，不仅需要一定的心理调适能力，而且需要一套合理的辅助措施，才能以最佳状态应对挑战。

然而，相当多的青少年在这方面却所知甚少，往往被迫在不佳状态中应考，饱受紧张、焦虑、疲劳的煎熬，导致信心动摇进退失据，使平日实力难以发挥，甚至在关键性的考试中遭受重创。

一位经贸专业的本科毕业生告诉我们，她曾三次考研，尽管老师公认她完全有此实力，却三次都因不会调整紧张心理，导致发挥失常，每次都落得铩羽而归。其他遭遇相似而受损较小的，更是大有人在。他们的经历说明，考试的调适能力不容易无师自通，却又不可不通。

考试的调适能力，要借助于心理学、脑科学、营养学、记忆术等知识来打造，很明显，中小学生大都是心有余而力不足，当然很难无师自通。成人没有理由苛责他们，坐视他们受损，而应该主动传授有关知识，在最需要的时候帮他们一把。

按照这个思路，我从小学开始向婷儿传授考试之道，培养自我调适能力，以解决她考试出现的紧张。我们所花时间很少，却有效提高了婷儿的考场胜算。其后至今，她已创下了"关键之战全胜"的好战绩，这也包括那些考场之外的重大挑战。同时，这些措施中的"主动调整心态"、"两军相逢，智勇者胜"、"多因素综合治理"、"优化每个环节"等内涵，也内化为婷儿的眼光和能力，被她广泛用于考场之外。

下面所介绍的，是一套适合于中小学生的考试原则和措施，希望感兴趣的青少年能有所收获。

进考场前，先做"热身"

当你来到考场，还有半小时或者 20 分钟就要开考了，在这一切似乎已成定局的时刻，还有没有办法增加胜算，提高得分？

有，办法就是进考场前先适当"热身"，把你已经掌握了的东西及时"激活"，进入较好的竞技状态，这样你就容易发挥出正常水平，抓住本应得到的每一分。运气好的话，它也许能帮你发挥得更好，给你一个惊喜。不过，前者常可期，而后者却常难求。

所谓"热身"，具体的做法很简单：利用进考场前的一点时间，可做这样几件事，第一，用本书的"框架记忆法"的原理，把整个学科的框架迅速回忆一遍，以便使大脑的相关功能区被全面激活。第二，迅速重温一下薄弱环节，以尽量减少漏洞。第三，试着做几道题，让大脑进入适度兴奋的状态。记不清的东西，还来得及翻翻书。

为什么"考前热身"能起一定作用？

根据心理学家耶尔克斯等人研究，只有当大脑的兴奋程度达到适当的"激动水平"时，才有最高的工作效率，激动水平过高过低，效率都会下降。这就是心理学的"耶尔克斯－多德森定律"。如果在进考场前，能主动用相关信息刺激大脑，使激动水平早点儿"到位"，那么一进考场，大脑就能高效运转，这当然有利于提高成绩。

此外，从记忆的角度看，这样做也有必要：经过一夜睡眠，记忆信息尚处于"休眠"状态，而通过"热身"，就能使它早点儿被唤醒，进入兴奋状态。显然，这对考试是很有利的。

在"热身"时要注意的是：既要"热身"，又不要使情绪过于紧张，以免妨碍考试效果。

拿到卷子，先做三件事

拿到考卷后，在第一时间，应该做下面三件事：

第一，立即填写好姓名、准考证号等重要内容，切不可"等会儿再说"，因为在此后的答卷过程中，你的注意力必将高度集中于考试内容本身，等考试快结束时，很可能又会为难题而苦思，为改错而忙碌，使你完全忘掉写姓名这档子事。如果你不想白考一场，当然以先做这件事为妙。

第二，写姓名时，要顺便检查卷子是否有重发、漏发、印刷不清、破损等情况，如果发现，请监考老师更换，以避免做任何无用功。

第三，快速把卷子从头到尾浏览一遍，对要做的事心里有数，以便根据全局作安排。这样做，还能提前"告知"大脑将要完成哪些任务，使大脑的有关功能区早点儿进入兴奋状态，把所需的知识和经验激活，从而提高胜算几率。

这几件事不应该等到重要考试时再做，而应该在平时的大小考试中养成习惯，这样，在关键的考试中才会习惯成自然，无须额外占用思考时间。

多数题目，力争一次成功

考场上的时间，分分秒秒都很宝贵，重要的考试由于题量较大，常可能出现做不完题的情况，至少也是没有足够时间去回顾检查，于是"做题一次成功"就成了必然的选择。不这样，就无法省下查错的时间，去解决真正的疑难环节。

尽管很少有人能做到所有的题都一次成功，不过，大部分题一次成功，却不是很难实现的目标。

争取一次成功的措施

下面这些措施，有助于把一般难度的题一次做好，避免重复返工，浪费时间：

——平时把基本功练好，重要的东西一定要熟练，进了考场再"练兵"就晚了。熟能生巧，不熟则会生出笨拙和错漏。

——平时就养成稳扎稳打的好习惯，看题、审题、抄题、打草稿、写答案，每个环节都不留漏洞。做题时要以此为目标：凡是我完成了的每个环节，肯定不需要再检查（少数疑难问题除外）。

——做题时，往往需要中等速度，不可太快，因为做题像开车一样，"十次事故九次快"。对复杂程度高的题，速度还应该再慢一点，以免忙中出错。

——凡是抄写环节（抄题到草稿纸上，抄计算结果到卷子上等），"小学学习方法"中的"左手指、右手抄"很有效，能够避免看走眼，有兴趣的中学生不妨参阅。

——有些题如果步骤复杂，光凭心记不易做周全，此时不妨在草稿纸上写个简要的"备忘"，然后再"按图施工"，就能避免出错。

——凡是觉得做得不扎实的环节，要马上回头核对弥补，就地消除隐患。这与全部做完后再检查相比，花的时间要少得多。

——草稿要按从上到下，从左到右的顺序打，这样才便于随时核对，减少查找时间。

把这些环节做好后，大部分难度一般的题就可能一次成功，省下的时间就能用于少数疑难问题，提高胜算。如果还有更多时间，再去全面检查不迟。

难题暂放后

即使是非常优秀的学生，在考试中也会遇到难题，在选拔性的考试中，这就更难避免，于是就产生了一个对策问题——遇到难题怎么办？

此外，重要的考试往往题量较大，有可能无法全部做完，怎样确定哪些题该做，哪些题该忍痛放弃呢？

这些问题，都涉及做题的顺序和取舍，可以按下面四个原则去确定：

一是"按顺序推进"：做题基本上按先后顺序进行，以保障首先拿下大部分会做的题。

二是"难题暂放后"：遇到一时不能解决的题，切忌"顿兵于坚城之下"，以免花掉过多时间，使更多能做的题没时间做。但此时一定要在仔细看过该题，并放开思路做了一定思考后再去"暂放后"。此举的作用，是激活大脑的相关知识，为激发灵感创造条件，能够提高解出难题的概率。由于此时大都无须动笔，不必计算，这一步花的时间会很少。

三是"剩题看把握"：容易的题做完后，剩下的题要先选择把握较大的去做，因为把握大不仅意味着胜算较大，花的时间也会较少。其中把握较大，分值又高的题，就更要优先。

四是"结尾看分值"：当时间已经不多，仍有几道题尚未解决，把握又都不大时，尽量先选择分值较高的题，去做最后一搏。如果有幸成功，所获就能更大。

实际上，后三条对策都涉及难题的处理。

鉴于难题对成绩的影响甚大，青少年朋友便需要对它建立科学的概念：凡是上了考卷的"难"题，都不会超出多数人的知识范围，本质上都不难，只是需要更广阔的思路，或是综合运用各科知识。所以要解决难题，首先是不必畏难，然后是打开多条思路，激发灵感，灵活运用各种知识。这套真功夫，当然主要靠平时练好。

不轻易放弃每一分

现行考试升学制度自有其游戏规则，在没有更好的制度代替它之前，青少年们大都只能立足于现实去面对它。"多得一分，领先一群人"，就是其中的一条规则，它尽管对选才不尽合理，但却正在起作用。那么，应该如何去面对它呢？

办法就是：养成"不放弃每一分"的习惯，因为这一分之差，将能使你比很多考生更具优势，在选拔性的考试中，它可能会影响得失，决定成败。

以重庆市高考为例：该市 2003 年考生总数为 84000 余人，假设有 60% 的考生得分集中在 450—550 这个落差之中，那么大约每多得一分，就能将 504 名考生抛在身后。在分布密集的分数段，差距还会倍增。若是在山东，该省 2003 年高考考生为 485000 余人，若按上述方法估算，每多得一分，便能超过 2910 名考生。竞争如此激烈，不得不多拿一分是一分。

三条措施，拿到应得的每一分

在考试中，只要你没漏掉可得到的每一分，便可算做成功，如果连平时拿不到的分都到手了，就更是超水平发挥了。为此除了专心做好每道题之外，还需要做好下面三件事：

其一，别放弃"部分得分"的机会。重要的考试，常按"知识点"的方式评分，例如某道题要答够三个知识点才能得全分，每答出一个知识点，能大致得 1/3 的分。根据这个规则，对任何一道题，能做多少就做多少，能答几个知识点就答几个，一个标点也别少。

其二，不会做的题也不轻言放弃。如果考试中碰上了知识盲点，不必心慌意乱，而应该采取"临时堵漏"的措施，大致方法是：若有明确的直觉的，可按第一感觉去做。如果答案不够准确的，可多答一些有可能沾边的知识点，以扩大得分概率。不过，这只是在发现漏洞时的临时补救法，最根本的还是靠平时多下工夫。

其三，坚持到最后一分钟。如果你做题十分顺利，答完卷还剩一把时间，不要提前交卷，而要不厌其烦继续检查，鸡蛋里面挑骨头，弥补一切可能的漏洞，直到结束的铃声响起为止。

如果你只剩下少得可怜的时间，面对的难题却毫无进展，也不要轻易放弃，也许在最后一分钟你会豁然开朗，答出一两个知识点。就算你劳而无功，至少也磨炼了意志。

这些原则，最好是平时就多多实践，以便尽早养成好习惯。

中途小休息，精力消耗少

有不少考试长达 120 分钟，甚至 150 分钟。也许有人注意到这样的现象，那些参加大考（中考、高考）的考生，出考场时的脸色往往是第一天发红，第二天发白，第三天就有点发青了。这不仅说明考试对人的消耗很大，还说明如果善于节省体力，就可能考得更好。

考试中途的小休息，是节省体力的一个有效措施。

在考试的全过程中，如果让大脑一直处于高度紧张状态，大脑就会很快进入疲劳状态，于是就会降低效率，容易出现失误。这种时候，最好是中途插入几次短暂的休息，每次5—10秒钟。虽说只有短短数秒，对缓解大脑疲劳却很有效。

休息的方式，是闭上眼睛，尽量让大脑停止一切思考，也可以闭上眼睛做几次深呼吸。

这种休息不应该等很累了再安排，而应该主动安排，隔半小时左右就休息一次，这样就能减轻大脑疲劳程度，提高整体竞技效率。

自我暗示，保持考场好心态

根据前面的耶尔克斯－多德森定律，在考试时，情绪应该保持中等的激动水平，既不过高也不太低，才会有最佳效果。该定律还指出：在解决复杂问题时，最佳状态时的激动水平比解决简单问题时更低，这说明面对内容复杂的考试，既要干劲十足，情绪又要较为冷静才好。

可是不少人在考试时，却更容易陷入不佳的两极状态——不是过度紧张，就是过度松懈，直接影响了考试效果。

种种不良情绪，也常在考场上作祟，最常见的是见到难题就畏"敌"如虎，遇到容易题就盲目轻"敌"。还有各种不合时宜的杂念，也是考场常见的"导弹"（捣蛋）——父母的期待、考砸了的后果、面子……老想着这些，哪能专心拼搏？

只要看看每场考试下来，有多少人捶胸顿足，摇头叹气，就知道受不良情绪之害的人有多少。

对这些不良状态和杂念，有的需要调节控制，有的需要直接"删除"。

调控心态的利器——自我暗示

要想把考场心态调整到最佳，最方便的一招就是"自我心理暗示"。

专家发现，合理的自我暗示不仅能调节人的情绪，而且能通过中枢神经的传递，间接作用于整个躯体，使肾上腺素迅速而大量地分泌，心跳加快，大脑供血量明显增加，这样一来，神经系统的承受力便得以增强，"战斗力"就会增强。

下面是几种最常用的自我暗示方法：

我难人亦难

没遇上过难题的学生，恐怕天下难找，关键看你会不会面对。

有些人考试见到难题，便会顿时脑袋发晕，甚至像当头挨了一棒，这对考试心态的影响非常不利。

为此在进考场之前，需要先把"难题"二字的道理想透：

首先，决定考试优劣的不是表面的分数，而是实力。难题人人都同样面对，最终还是实力强的领先，实力弱的落后，这是在进考场前就已定了的。所以，此时应该安下心来，充分发挥好你的实力。

其次，这些难题绝不是"千古之谜"，而只是基本知识和技能的"变形虫"而已，用基本功去冷静着手，"乱麻"大都能解开。所以你若能冷静去做，反而可能比别人表现更好。在某种程度上可以说：难题的作用，就是给心态好的人加分，给心态差的人减分。

把"难题"想透了，就会发觉它不是坏事，面对难题，应该这样提醒自己："我难人亦难，冷静去拼搏"，做到了，你至少能发挥出应有水平，甚至可能有意外的惊喜。

我易人亦易

根据同样的道理，如果考卷难度偏低，也不值得高兴——你能得高分，别人照样能得，最终的胜负还是由各自实力决定！

相反，如果你盲目乐观轻"敌"，搞得"欢喜乌鸦打破蛋"，就不仅得不到好处，反而会损失惨重。这样的教训可不算少：看错题目条件，算错简单算式，漏写单位，心里不错手上写错……这些不应有的失误总是屡见不鲜。

所以遇到容易的考试，更应该提醒自己："我易人亦易，千万要心细"，然后一丝不苟地去做好每一步。

出现失误，保持镇定

在考场上，还会发生各种情况，影响你的考场心态。

比如：有人在旁边唉声叹气，有人在教室里不时咳嗽、打喷嚏，有人向监考老师发问，有人迟到，监考老师在周围走动，甚至可能站在身后看你做题，有人考到一半要求上卫生间，有人提前交卷等等。甚至你身边可能有人突然晕倒，引起一片惊呼，一阵忙乱。所有这些，对一个不善于集中注意力的人来说，都是干扰，都可能影响考试结果。但通过适当的自我暗示，却能帮你排除干扰。

用这样一些话在心里反复自我提醒，有助你把注意力拉回到考卷上：

"别受干扰，我的任务是集中精力做题。"

"进了考场，我的决心是全力以赴！"

"每秒钟都很宝贵，走神是干蠢事。"

"第 × 题的条件是什么？应该从哪儿入手？我要把它找出来！"……

需要强调的是：所有这些自我暗示，都不应该在大考时才用，而需要平时就大用而特用，不仅用于小考小测验，连平时做作业也不妨多用。只有这样，在关键的考试中才能轻车熟路，一自我提醒就奏效。

考完一门，丢开一门

每场考试后，不少人会迫不及待地找人对答案。这番心情虽可理解，但如果下面还有考试，这样做就不大明智了。

既然要对答案，说明没把握，没把握的人，当然可能出错，一旦发现了自己的失误，心情能好吗？带着懊恼、沮丧的心情，怎会不影响下一场考试！

不妨说，考完试对答案，无异于自己给自己扣分。

更好的做法是：考完之后，不对答案，不回顾考试中的任何内容，即使发现有了失误，也绝不要懊恼，没有失误的学生在这个地球上即使不是没有，也是"珍稀动物"，大可不必为已有的失误去浪费时间，而应该把注意力立即转移到下一门考试上去。

当然，等全部考试结束后，还是应该好好回顾、总结一番，以便让失误和教训通通"变废为宝"，在下一次做得更好。

关于写字速度

写字速度，是应试能力的一个重要因素。字写得快，考试就能先快速解决会做的题，然后腾出更多时间去对付难题。这对提高成绩，当然大有好处。

可是，由于极少有人去考核写字速度，像考核常规学科那样，所以它也是最容易被忽视的"战斗力"。

我的主张是：写字速度最好在小学解决，这样，以后就能享受到至少10年的胜利果实。万一在小学忽略了这件事，也要亡羊补牢，在初中或高二之前解决。解决得早，就得益早。

解决写字速度的具体方法，可参看本书《刘亦婷的学习方法：小学篇》的有关内容。

模拟考试：练出考场好心态

考试时心情紧张，妨碍自身实力的发挥，这是很多青少年的苦恼事。

更糟糕的是，有些人因为考试紧张屡屡失误，渐渐陷入了恶性循环，越紧张就越考不好，考不好就更紧张，最后演变为"考试焦虑症"，逢考就大脑运行失常，思维经常短路，不仅成绩大受影响，连正常学习和健康状况都受拖累。

不过幸好，无论是考试紧张心理，还是考试焦虑症，都有方可治，绝非"不治之症"。其解决之道是：心理减压，心理脱敏。

搬掉心中的"三座大山"

引起考场紧张的认识误区通常有三大类，只有先逐一清除，代之以合理的思维，才会拥有对抗考试紧张的坚定信念。这些认识误区和解决途径如下：

误区之一：害怕考不好会导致外界的各种压力（父母失望，老师批评，同学看不起……）。如果压力是来自父母等人，就需要他们主动减压。

建议：家长不要为考试定"硬指标"，只要求"平时学习要努力，考试随便考多少"，让孩子轻松进考场，实际效果往往更好。

误区之二：因为考场屡次受挫，就对自己的实力和前景产生怀疑，动摇了拼搏的决心。这是一种内源性压力，需要通过强化自信心来解决。

建议：青少年身上普遍蕴藏着可观潜力，这是早已被教育理论和实践验证的规律。你只有先打破自己心中误设的种种藩篱，坚定自信心，不懈努力，潜力才可能真正显现。到了那一步，区区考试，哪在话下！

误区之三：担心考不好会影响前途，误以为重要的考试受挫，或者升学落榜，就会终身失去机会，这是对人生规律缺乏了解。

建议：要坚信每个人一生都有多次机会，青少年更是拥有机会最多的一族，包括再次升学深造的机会。惟一可怕的，只是不愿努力而已。

对这三大误区，当你认识透彻，内外减压之后，就可以开始实施模拟训练了。考试焦虑症较重的，还可以进一步咨询心理医生。

模拟考试，练出考场好心态

俗话说"见惯不惊"，是说原本对人刺激较大的事物，经过反复见识后，就能"心理脱敏"，容易冷静面对了。模拟训练，就是矫正考试紧张的"心理脱敏"训练，其具体做法是：

在家设置一个模拟的"考场环境"，以尽量"仿真"为佳，比方说：选难度较高的试卷，把时间限制得无法做完全卷，由父母宣布"考场纪律"，来回走动"巡视监考"，不断提醒"还剩分钟"，有意制造种种干扰："那位同学，不要东张西望！""你的准考证呢？""有人昏倒了，赶快抬去急救！"等等，以便反复打断"考生"的思路，提供"保持好心态，集中注意力"的训练机会，气氛越紧张越好，干扰越多越好，而且时间一到就收卷，不管做完题没有。

在面对这一切的时候，"考生"要主动运用本章介绍的那些考场心理对策，反复要求自己沉着应战。对每次训练结果的评价，主要看"考生"是否冷静，是否拿到了应得的每一分。"考生"的自我调整活动，是训练中最重要的环节。每次训练后的分析总结，也是强化效果的必要环节。

这样的训练如果做得少，将无法形成良好的心理反应新模式，有时训练要反复进行才能奏效。为了节约时间，不妨结合做作业的机会经常训练，直到处变不惊，次次都能轻松面对为止。此后，还要把模拟训练获得的经验主动用于真实考试，直到表现良好为止。

合理的作息制度，充足的睡眠和运动，科学的饮食安排，对消除考试紧张也不可少。

模拟考试的训练时机，以小学或初中效果较好，尽量不要拖到紧张忙碌的高中才做。婷儿就是小学经历过这样的训练，练出了较好的考场心态。

考试期间的饮食与作息

考试期间的饮食和作息安排，是影响考试效果的一个因素，如果安排得好，就能提高胜算，反之，也会对考试产生一定不利影响。

考试期间的饮食

在第十一章《强身健脑的生活方式》里，介绍了有利于用脑的食物，它当然也适用于考试期间。有兴趣的读者朋友不妨参阅。除此之外，由于考试的特殊性，在饮食方面还需要一些针对性的措施，如：

——考试期间要格外重视饮食卫生，以免病从口入误了事。

——考试期间不宜吃过咸的食物，以免口渴多饮，影响考试和休息。

——从考前几天起，就要避免饮食过于饱胀，以免血液过多流向肠胃，影响思维，妨碍睡眠质量。

——从考前三五天起，晚上不要饮用有兴奋功能的饮料，如茶、咖啡等，以免干扰睡眠，打乱合理的生物节律。

——进考场前，要适当控制饮水量，以免进场后尴尬。但是在考完每场之后，却又需要适当多喝点水，以便尽快排除身体的代谢物，帮助大脑保持高效状态。

考试期间的复习和作息

人的生物节律各有不同，有的属于"百灵鸟型"，喜欢早睡早起，有的叫做"猫头鹰型"，习惯于熬夜晚起。在备考复习阶段，大家都顺着习惯作息，到临考前，作息时间跟考试常有不同步的现象出现，繁重的复习也会使人疲惫不堪。这种时候，就需要提前调整、主动适应。

正常复习期： 在这个阶段，复习强度不妨高一点，以便全面巩固知识，疲劳也就在所难免，不过一定要掌握好疲劳的底线——哪怕你干劲冲天，也不能让大脑落到"保护性抑制"的地步，其表现是疲劳困倦感明显，头昏脑涨，工作效率锐减。这时若继续复习，已是得不偿失。如果出现了这类征兆，你要及时停止，采取措施帮大脑快点消除疲劳。

考前过渡期：重要考试开始前的三天左右，一般要作为过渡期，以便做好另外两件事：一是减缓复习强度，增加睡眠，以便恢复脑力体力，精神饱满进考场。二是调整作息时间，使之与考试时间同步。在这几天里，复习虽仍在进行，但应该服从于上述两项任务。否则，你将会在疲劳不适的状态中进考场。

如果此时还有不少东西没复习好，你要拿得起，放得下，要看清时间和精力给你复习划的界限，若越位搞"高疲劳复习"，只会使总体收获更小。相反，如果精力充沛应考，充分发挥现有实力，其收获往往更大。考完后再总结教训，下一次你会做得更好。

考试进行期：如果考试已经开始，体力脑力正在被大量消耗，为了避免劳累使各门考试成绩递减，应该十分重视消除疲劳，要有足够的睡眠时间。两场考试之间，复习仍应进行，但只能是有多少时间做多少事，不必期望过高，只要能保持现有水平，再解决少量疑难问题，就算复习得很好，只要考场能充分发挥实力，就算考得很成功。这样去想，就不会增加心理压力，而会坦然面对每场考试。

在上面这三个阶段，都需要科学用脑。具体做法是：每段复习时间一小时左右较好。两段复习之间，要安排5—10分钟的积极休息，比如散步、体操之类的和缓运动，听听轻松的音乐等等，让大脑也喘口气。各科复习内容一天之内最好交叉变换，让大脑不同功能区得到"轮休"。要交叉应用看书、默写、朗读、讨论、背诵、思考、回忆、问答等方式，以推迟疲劳的来临。要坚决排除沮丧、悲观、自卑之类的消极情绪，乐观而自信地去复习。

这些措施只要认真去做，可使整体实力更上一层楼。

其他注意事项

交通和考场

重要的考试，往往不在本校进行，为了届时能准时到达，就需要事先安排好交通，看清楚自己的考场。

在考试前一天，一定要亲自走一趟，了解第二天该走什么路线，用什么交通工具，路上是否会有堵车，天降雨雪是否会受阻，如何解决等等。

到达考点后，要找到自己所属的那一间教室，如果可能的话，最好是找到自己的座位，看看桌椅是否能正常使用，是否需要修理调换。这样即使不能调换，你也能想出点补救的办法。

提前备齐需用之物

几乎每年高考都有这样的"马大哈"，他们到了考场才发现忘带准考证，于是便心急如焚，转身往家里狂奔……

小疏忽也能坏大事，这提醒我们，考试前夜要留点时间，把一切需用之物全部备齐：准考证、交通费、文具、还想看两眼的资料等等，而且钢笔要灌足墨水，要有备用钢笔，圆规要装好铅芯并削尖，也要有备用铅芯。最好再听听天气预报，以便准备好第二天的服装，也许还有雨具。如果是骑自行车赴考，当然还要检查车况打足气，也许还需要雨披。总之，要做到毫无遗漏，再去安心睡觉。

到了这一步，第二天可以不再花任何心思，伸手一拿就能出门，有利于把精力全都用到考试上。同时，这也是很好的"零漏洞备战"能力训练。从小小考试到航天工程，这种能力将有广泛的用武之地。

第十章

行之有效的记忆方法

婷爸爸张欣武答读者问

掌握记忆方法，是一项有战略意义的措施。因为每个人的时间都是一个恒量，用掉一小时就少一小时。如果记忆方法变科学了，一分钟能起到两分钟的作用，可以有效支配的时间总量就增加了。这不仅有利于学好功课，还能腾出时间更全面地发展自己。

在《哈佛女孩刘亦婷》里，我曾简略地介绍了向婷儿传授记忆方法的事：

"婷儿在小学五六年级时，就掌握了一些初步的记忆技巧。可是进入初中就显得不大够用了。为此我专门抽时间，把那些对她有用的记忆技巧精选出来，从理论原则，到具体事例，为婷儿逐条作了详细讲解。不仅这样，还要求她记笔记，并通过复习加深印象。然后，有机会就拿来用，直到习以为常为止。此后，按科学的记忆原则去学习，渐渐成了婷儿的自觉安排……"

这段文字引来了很多读者来信，他们想更详细地了解这些记忆技巧，希望像婷儿一样用宝贵的时间记住更多的知识。为了满足这部分读者朋友的需要，本章特地介绍了一些有关记忆的科学知识和适合于中小学生的记忆方法，供读者朋友参考。这些知识和方法，曾帮助婷儿在中小学阶段明显提高了学习效率。

"遗忘曲线"给婷儿的启示

在婷儿初一暑假的一天，我告诉她：

很早以前，大脑的"遗忘现象"就引起了科学家的研究兴趣。1885年，德国心理学家艾宾浩斯（H.Ebbinghaus）对记忆的要害问题——遗忘现象作了系统研究。他以自己为实验对象，用无意义的音节为记忆材料，把记忆材料识记到刚好能正确背诵，然后按时间推移记下遗忘的程度，再把得到的数据连成一条曲线——这就是著名的"艾宾浩斯遗忘曲线"。

"遗忘曲线"显示：人的遗忘具有"先快后慢"的特点，在最初的20分钟内，遗忘率即达41.8%，一小时后为55.8%，8小时后为64.2%，24小时后为66.3%，不到一个星期，原本记得清清楚楚的内容就只剩下四分之一了！

"遗忘曲线"的知识给婷儿的启示是："懂得快不等于记得牢！"

当时，婷儿恍然大悟地说："过去我一直感到奇怪：为什么有些理解知识比我慢的人考试成绩却比我好？现在我明白了——那些同学因为理解知识慢，所以一直在复习、琢磨这些知识，遗忘的比例就比我小。这就是老师说的'学得扎实'。我却因为当时就理解了，过后想不起来要复习这些知识，等到考试的时候，才发现原来掌握的知识已经记不清楚了。怪不得我以前总是单元测验比半期考得好、半期比期末考得好呢！原来不是记性差，而是记忆方法不科学啊！看来'复习'和'科学的复习方法'太重要了！既然我的特点是学得快、遗忘早，那我就提前开始复习吧！"从此之后，婷儿就开始主动安排复习计划，学习的效率明显提高。

花多少时间去记，才不至于遗忘？

时间，是记忆的成本。如果毫不吝惜地投入时间，当然很多东西都能记住。问题是婷儿中小学阶段一直处于时间紧缺状态，不能不作"时间成本核算"。那么，每次投入多少时间，才能得到比较理想的记忆效果呢？

那天，我接着对婷儿说：

心理学家在实验中发现，在刚能全部记清时就停止记忆，四小时后还记得64.8%的内容，但如果在刚能记清之后，再追加50%的时间去巩固它，四小时后便能记得81.9%，效果最好。如果此后继续投入时间，效果就不再显著提高。

如此看来，大于150%的投入已属浪费。

婷儿兴奋地说："知道这些规律就好办了。当我需要牢记什么的时候，就先用重复的办法把它记熟，看要用多少时间才能做到不出错，然后再追加50%的时间去巩固它。时间一到，本次记忆活动就停止。"至于效果，婷儿的体会是"还不错"。

这种投入时间的方式，不仅初次记忆时可用，此后每次复习也均可照办——当每次复习能达到完全记清的程度时，接着再追加50%的时间去巩固即可。而每次复习所需的时间，也必定会越来越短。若干次复习之后，记忆就会比较牢固了。

"多通道记忆"效率高

当学生多年，很多青少年都有了一两种习惯的记忆方式：有的只爱大声读个不停，有的只喜欢闷头看个不休，有的不写就记不牢，有的不听就心里没数。

这些方法都没错，会有一定的效果，不过，效果却不算最好的，原因就在于它们都属于"单通道运行"，信息主要是通过单一的渠道进入大脑，这就不利于提高记忆效率。我曾告诉婷儿：

心理学家曾做过这样的实验：让三组学生去背同样的10张图片，第一组只用听觉记忆，记住了60%；第二组只用视觉记忆，记住了70%；第三组同时运用视觉和听觉去记，记住了86.3%，效果最好。

前苏联心理学家赞科夫为了验证多样化复习的效果，动员了数百名学生参加实验，结果发现：采用多样化（即"多通道"）复习的二年级学生，效果超过了单一方式复习的三年级学生，明白无误地显示了多通道方式的优越性。

心理学家认为，单调的记忆方式不仅效率低，也容易带来消极情绪，导致心理疲劳，而多样化的记忆方法，就能避免这些问题产生，容易让人感到新鲜有趣，激发起更高的积极性。

婷儿本来就是性格活跃的孩子，对多样化、综合性的记忆方式，自然是特别感兴趣。

婷儿的多通道记忆方式

婷儿从小学起，就学会了记忆方式多样化的技巧。如果是在家学习，面对需要记忆的材料，婷儿会综合采用这样一些方法：

独自朗读、默读、动笔抄写、听有关录音、回忆要记的内容、默写、请父母当听众或提问抽查、跟父母讨论、通过做题等方式应用知识以加深记忆、背诵时请父母当"检察官"等等。

明眼的读者会发现：这些方法包括了眼、耳、口、手、脑等各种"信息输入渠道"。它们交替使用，全面调动了记忆潜力，效果一向不错。

如果知道自己的智能结构优势何在，还可以有意采用一些个性化的记忆方法。比如说，婷儿属于人际智能优势明显的孩子，她最喜欢用这样的方式加深记忆：看过之后给别人讲一遍；或用挑错的心情给同学当"检察官"。那些内省智能优势明显的孩子，则更适合用独思默想的方式来加深记忆，同时也综合运用其他记忆通道为辅。

还有些记忆方式很适合在学校里用，只是婷儿当年学校里还很少组织这类活动，比如：开展"记忆友谊赛"，开展"灵活用知识比赛"，设擂台"辩论"知识，互相帮忙挑记忆漏洞，把某些知识编成节目来演……这样，不光知识记得牢，还能顺便提高其他素质。

"及时"复习，效果才好

婷儿在记忆知识时，及时复习是她的基本原则，因为她知道，只有这样才能把消耗的时间总量降到最小。对婷儿讲解复习的功能时，我提到过心理学家的这一研究成果：

心理学家斯必叟（Spitzer）曾让两组被试者去背同一段文选，甲组在熟记后及时复习了一次，乙组则不作任何复习。一天后测试，发现甲组记住了98%的内容，乙组只记住了56%，一周后再测，甲组还记得83%，乙组却只记得33%。区区一次复习，就造成了两组效果如此差距，及时复习的优越性不言而喻。

婷儿曾问："那什么时候复习才算'及时'呢"？答案是：情况不同，复习的时机也各有不同。

有两种情况较常见，分别说明于下：

年龄小，复习间隔应较短——从年龄特点看，小学低年级学生的特点是机械记忆成分较重，对记忆内容的理解往往不足，记忆时不够专心，影响记忆效果（这是心理成长的必经阶段，而不是"学习态度不好"），背过的内容若能在半天到一天内及时复习，就会遗忘少，记得牢。如果隔得太久，则会遗忘过多，不得不增加额外的时间再记。而小学中高年级后，理解记忆发展起来了，专注程度也不断提高，复习的间隔时间可适当拉长，但初次复习仍以相隔一天左右为好，后续复习可酌情拉大间隔。

难记的材料，复习间隔应较短——从记忆材料的类型来看，不同的材料会有不同的遗忘率，初次复习的间隔也不同。其中越难记忆的材料，复习间隔应越短，需要复习的次数也越多。按这个原则，外语类最需要在短时间内复习（每批材料的首次复习，最好在 16 小时以内，至多不超过 24 小时），而且此后还需要多次复习。数理化公式、定理、定义、古文、古诗词，首次复习的间隔时间可稍大，复习的次数也可较少。现代散文、现代诗歌的复习间隔可更长一点，重复的次数也可更少。一切具体的安排，均应以实际记忆效果为转移。

"试图回忆"法，使复习增效三倍

婷儿无论复习英语，还是重温其他知识时，都要先尽量回忆已经记忆过的内容，而不是想不起来就看书。这样不是在浪费时间，而是在运用一种有效的记忆方法——"试图回忆"。其中的道理，可从心理学家的一次实验中看出：

心理学家盖茨（A.Gates）做过一个实验：他要求被试者分别识记无意义的音节和传记文章，时间都是 9 分钟，并且有意安排了各种阅读与回忆时间的比例，有的只诵读不回忆，其他人用于试图回忆的时间则分别为1/5、2/5、3/5 和 4/5。于是，他们的记忆效果就有了明显区别：

在记忆无意义的音节时，那些用 4/5 时间试图回忆的人，记忆效果为只诵读不回忆者的2.1倍。四小时后再做测试，4/5时间试图回忆者的优势更加突出，竟为不回忆者的3.2倍。这说明，试图回忆的方法对远期记忆更有效。

这个实验给我们的启示是：背外语时，试图回忆的时间比例应该较大，不妨以20%—30%的时间读、听、看、写，而以70%—80%的时间试图回忆。

在记忆有意义材料（如传记文章）时，情况会略有不同，但试图回忆的优越性依然明显：那些用一半时间去试图回忆的人，4小时后做测试，效果为不回忆者的1.7倍。这说明在记忆有意义的材料时，用近一半的时间试图回忆，可以取得较好的记忆效果。

"试图回忆"为何如此有效？

在记忆时尽量试图回忆，能产生两方面效果：首先，"试图回忆"是一种主动性思维，它使大脑积极搜索已经记住的内容，而这种搜索和提取信息的过程，本身就具有加深记忆的良好功效。很多人都有这样的体会：在向别人讲述了某件事情的来龙去脉后，自己的印象也会变得更清晰，原因就在于此。其次，"试图回忆"还具有很好的"查错、纠错"功能，能迅速发现错漏和模糊之处，有利于发现问题及时补漏。在这两种功能的共同作用下，记忆效果当然更好。

相比之下，只诵读不回忆的方式只是一种较为被动的接受过程，缺少上述两种良好的功能，记忆效果较差也就不奇怪了。

需要说明的是：采用"试图回忆"的方法，并不是要求回忆时把什么都想起来，而是只要求把大脑积极开动起来，尽可能回忆出背过的东西，即使想不起来也尽量去想，就会有好处。实在想不起来，照样可去翻书看资料。

补漏法：使记忆更完整

拿到一份要记的东西，经过一段"全面扫荡"式的记忆后，绝大部分内容都会记得较牢，可总会有些"散兵游勇"漏网，如果不管它们，记忆就会留下缺口，但如果继续全面扫荡，又会做不少的无用功，为已经记牢的东西白花时间。

这种时候，最合适的记忆术非"补漏法"莫属，因为它专门针对零星漏洞，采用"化零为整，集中看管"的方法，既能圆满补漏，用的时间也最少。

具体的做法是，随身带一个"错漏本"，凡是没记住的零星漏洞，只要发现就动笔写下来，等有空再集中解决。这样费时不多，却能使记忆变得完整无缺。

框架记忆法，系统掌握知识

要记住少数几个公式、几条定理，任何学生都不会怵头，可是要记住整本教材、整门学科的知识，特别是三大关口（小升初、中考、高考）要掌握的各科知识体系，难度就要大得多了。这种时候，框架记忆法具有特殊的作用。

所谓框架记忆法，就是在记忆大量而系统的知识时，首先去记忆这些知识的大框架，然后再去记忆大框架下面的小框架和细目，最后才是记忆具体知识，并把具体知识都分别"存放"进各自的细目内。这种提纲挈领的方法通常对期末总复习、毕业总复习最为适用。例如：

在记忆整个中学物理知识时，首先要记住它包括力学、热学、电学、光学、近代物理等五个"大框架"，有的大框架下面还可再分为若干小框架，例如电学可细分为电场、恒定电流等五个小框架，另有些大框架下面直接就是细目，比如热学，下面只有分子动理论、气体状态参量等八个细目。在理解的基础上，首先记熟这些大、小框架和所有细目，再进入书中，去记每个细目的具体知识，就不难把整个中学物理知识无遗漏地抓在手中。

这样去记忆知识，至少有两大优点：

首先是整体性强：经过"框架化"处理之后的知识，在脑子里将不再是一团乱麻，而会成为一个有序的完整体系，很利于深入理解和掌握。

其次是便于知识的应用：打个比方说，在一个乱糟糟的武器库里，你很难迅速找到所需的十八般兵器，但在一个井然有序的库房里，却很容易随心所欲大量提取，能够明显提高应用知识的效率。

怎样运用"框架记忆法"？

对中小学生来说，框架记忆法的应用大致有以下三种情况：

其一：数学、物理、化学、生物、地理、政治等学科，应用框架记忆法非常简单，只要先把每本教材最前面的目录背下来，就算是掌握了大、小框架和细目。再去逐节记忆书中的具体内容，把每条知识都"塞"进各自的细目，就能达到使知识条理化、有机化的目的。

其二：对历史知识来说，最值得记忆的框架不是书前的目录，而是书后的大事年表，因为书前目录有过多的"相似面孔"，就算你一字不漏背下来，也多半是一锅糨糊。而大事年表却不同，几乎每一条都富有个性特征，也许还包含着情节或故事，例如"刘邦攻入咸阳、秦亡、张骞两次出使西域、北魏孝文帝迁都洛阳"等，很好记，也条条都该记。记住了大事年表后，再去记一个个历史细节，并把它们分别"塞"进大事年表的框架里，就能把历史知识掌握得脉络分明了，再去分析、对比、发宏论，手里就有了大把的事实。

其三：对外语的记忆，属于另一种类型。学外语时，只有语法知识小部分地适用于框架记忆法，占的比重很少，其他主要仰仗"能力养成"型的记忆方法，对此我在本书《刘亦婷的学习方法：英语篇》一章中有较多介绍，可供有兴趣的读者朋友参考。

强化记忆的三种状态

科学家们在心理研究中发现，有三种状态可以明显地提高记忆效果：专心致志、充分理解、操作应用。婷儿曾从中深受启发。现列举如下：

专心致志

有人做过这样的心理实验，显示出注意程度如果不同，记忆效果也不同：

甲乙二人都被要求做同样的数学题，也都听同样的故事，但顺序安排不一样——甲先专心听故事，然后再专心做数学题，乙却是边做数学题，边听故事。结果是甲记住了整个故事，也基本上做对了数学题，乙却是故事情节记不完整，数学题也没做对。

这个实验说明：只有专心致志，才会有较好的记忆效果。

我见过不少青少年有一心二用的习惯：有的边做作业边听音乐，有的边听老师讲课边玩东西，还有的边复习功课边聊闲天……知道了注意力集中的好处后，你是否也打算改掉这些习惯呢？

充分理解

心理学家曾做过这样的实验，从中可以看出：对材料的理解程度，很影响记忆的效率：

参试者先记忆 15 个无意义的音节，平均要重复 20.4 次才能记住。然后把记忆材料换成 15 个有意义的词，但各词的内容无不相关联，结果只需 8.1 遍就能记住，效率提高一倍多。第三次再把记忆材料换成 15 个内容相关的词，于是效率又提高了一倍多，仅用了 3.5 遍就能记住。

这个实验带来的启示是：凡是记忆，都应尽量避免死记硬背，力争先把要记的材料"嚼烂吃透"，充分理解，然后再记便不难取得良效。

这个原则不仅适用于语、数、外、理、化、史、地等各学科，而且广泛适用于工作、生活中需要记忆的场合。

操作应用

前苏联心理学家查包洛赛兹等人的实验，证明了操作应用对记忆的作用：他们安排了两组学生，每人都得到了一个同样的圆规，第一组得到的是完整的圆规，第二组得到的却是圆规的全套零件，要靠自己把它装配出来。然后把所有圆规收走，要求每个人都尽量准确地画出刚用过的圆规。其结果是：拿到完整圆规的一组，画出来的图并不准确，靠自己装配出圆规的那一组，却画得非常正确。

这说明，动手操作能明显提高记忆效果和理解程度。

知道了有效的原则，我们就能把它推而广之：

要记住理化实验，与其对书空背其原理、步骤和用品，不如尽量去动手操作。对与地图有关的地理知识，与其望图念经般地死记，不如自己动手画画草图，更能获得深刻印象。对数、理、化公式，与其大背而特背，不如尽量多去应用，推导一下，边做题边注意公式的具体用法，就能记得更牢，用得更活。对外语句型，与其逐条背诵，不如逐条应用，大量造句，在应用中便可自然熟记……

还有很多操作应用的机会，只要你多留心，便不难发现。

影响记忆的几个心理因素

孩子的记忆效果好坏，与所处的心理状态关系甚大。同一个孩子，对数学知识可能一问三不知，对自然课却"门儿清"，原因也许只是觉得自然课"好玩"，数学课"没意思"而已。

这说明：要想记住该记的东西，就要先调整好心理状态。影响记忆效果的心理状态主要有下面这些方面：

兴趣越大，记得越牢

兴趣是最好的老师，只要能激发起兴趣，记忆效果便能倍增。心理学家的一次实验，证实了这个规律：

在这次实验中，先安排一个人去记一连串无意义的音节，直到能够背诵无误为止，记下他总共背诵的遍数。过一阵，再让此人做一次同样的实验，背诵同样长短的无意义音节，所不同的是，上次无报酬，这次却有奖赏，于是参试者的兴趣明显提高，背熟这些音节的时间便差不多缩短了一半！

这个实验，显示了"带着兴趣记"很有必要。

按现有中小学教材的难度，要记住所学的内容并非难事。有些孩子之所以记不住，其"第一病根"往往是缺乏兴趣，所以，激发他们的学习兴趣是一件大事，其具体方法，可参考本书的有关内容。同时也要说明：尽管物质奖励可暂时提高学习兴趣，但副作用大，不如"轻物质，重精神"的奖励效果好。

目标越明，记得越清

在每次记忆之前，你是否习惯于先确定记忆的目标？如果没这个习惯，请看下面的内容，或许会有收获。

国外心理学家做过这样的实验：让两组实验者记忆十几张不同的图片，甲组被要求记图片的形状，乙组被要求记图片的颜色，然后进行全面测验，结果发现，甲组大都记住了图片的形状，但忘记了颜色；乙组则大都记住了图片的颜色，却忘记了形状。

这说明，事先确定不同的记忆目标，就会记住不同的内容，不在目标之列的内容，将会大都被漏过。它提醒我们：在每次记忆之前，应该先想想：这次我应该记住的东西是什么？才能记住真正需要的东西。

动机越强，记性越好

动机对记忆的作用，可以从法国人维克多·格林尼亚的经历中看出来：

此君在中小学一向游手好闲，以不学无术闻名。可是在21岁那年的一次舞会上，他因恶名而被人当众斥责，受到了极大震动，终于使他猛醒。他决心重新开始，战胜自己，并开始顽强拼搏。他时时鞭策自己"努力、再努力"，终于创造了真正的奇迹——八年后，他竟然成了杰出的化学家，后来还获得了诺贝尔化学奖。

不用说，在学业突飞猛进的8年里，他的记忆效率肯定低不了。

可见，不佳的动机使人畏难厌学，记忆难有良效，良好而强烈的动机，却能带来极好的记忆效果。

有很多动机，无论是为不服输，为奖项，还是为使父母高兴，都能不同程度地提高记忆效果。不过，其中还有这样的规律：动机越是崇高、持久、强烈，效果就越好。若能帮孩子尽早拥有这部"大功率推进器"，往往可以"一好带动百好"，而不仅是记忆受益。

此外，还有一些心理因素也能影响记忆效果，值得重视。规律大致如下：

自信心越强，就越容易记牢。

心态松紧适度，既不漫不经心，又不过度紧张，记忆效果较好。

昂扬乐观的情绪有利于记忆，消极沮丧的情绪会妨碍记忆。

知道这些后，婷儿在进行记忆时，都会自觉调整好自己的情绪。

除了心理因素之外，下面的记忆技巧，也很有用。

三个常用的记忆技巧

字头法，一把能抓一串

记忆是有技巧的，若能适当运用，常能明显提高效果。

记得当年上自然课，学到 24 节气时，老师在黑板上顺手写了四句"字头口诀"：

春雨惊春清谷天，夏满芒夏暑相连，

秋处露秋寒霜降，冬雪雪冬小大寒。

其中每句话，都包含了六个节气中的六个关键字，例如第一句中的"春、雨、惊、春、清、谷"六个字，分别代表立春、雨水、惊蛰、春分、清明、谷雨六个节气。这短短四句话，竟帮我把 24 节气牢记了许多年，任何时候再考，都能不错分毫，可见"字头法"的威力不小。

就是外语，也能用"字头法"记——有位美国记忆专家在记北美五大湖名称时，把湖名的第一个字母相连，组成了缩写 HOMES，恰似英语单词"房子"的复数，变得非常好记。

如果你遇到可以用字头法记忆的机会，无论是文科、理科、外语、中文，不妨自己也编一个可以牢记的口诀来用。你会发现，这其实并不难。

化长为短法，可变难为易

有一家日本公司的职员友寄英哲，背圆周率达到了 2 万位，被载入 1979 年的吉尼斯纪录，虽然这个纪录不久就被印度人马哈代蒙打破，但友寄英哲的记忆方法却值得一提：他用了化长为短的技巧，把一字长蛇阵似的 2 万位数字切成了若干小段，每段的开头都有一组特征明显易记的数字，这样一来，事情就好办了。

他的做法与这个心理学实验有异曲同工之妙：

心理学家艾宾浩斯以自己为对象，做过一次记忆实验，结果发现：要记住 12 个音节的无意义字符，只要重复 19.5 遍即可，音节增加到 24 个，就要重复 44 遍才能记住，记忆 36 个音节，更需要重复 55 遍才记得住，记每个音节的时间净增了 180%。

尽管很少有人要去背几万位的圆周率，可是在青少年的学习、工作中，要记住的东西却是大量存在，"化长为短"的技巧也会有用武之地。

如果要记一篇长文，一定要先在心里把它"砍"做几段，牢记每段的开头，就容易抓住全文。在背英语单词时，要尽量利用词根和前、后缀，把单词分解成几块"语言积木"，就很好记。记数理化知识，要把每门课的知识体系看做若干"板块"的组合，分开来一块块地"啃"，就不会消化不良……

只要记忆时遇到了较长内容，就尽量把它切成短段，你将会费时更少，记得更牢。

列表对比法，先研究后记忆

有很多需要记的东西，由于相互间区别不明显，记时便容易混淆。这在文理两科中都不少见，搞得所记的内容张冠李戴，似是却非。

对这类问题，若能列表对比后再去记，通常效果会更好。此外，列表记忆时往往也做了"专题研究"，所以这也是一种研究式学习方法。

以历史为例：当你对中国历史的任何一方面（历次变法、历代赋税制度、历法……）的异同和变化心中无数，便可把它们挑出来按先后列出，逐个对比，等弄清异同后再去记，就会了然于心。这类工作对进一步分析研究，将有不小的好处。

地理、化学、生物、物理等学科，也可如法炮制，既可牢记知识，又能加深理解。

此外，还有些其他技巧能增强记忆效果，可在适合时应用。它们是：

押韵歌诀法——把要记的东西变成押韵的歌诀，一定好记。比如初中化学的金属活动顺序表：钾钙钠镁铝、锌铁锡铅氢、铜汞银铂金，即属此类。

捆绑式记忆法——把要记的东西与别的事物相"捆绑"，形成记忆链，提起一个便会想起一串，个个都不易忘记。例如在记扇形公式时，也主动回忆圆形、三角形、四边形……的公式，就能形成这样的记忆链。

具象记忆法——把要记忆的文字材料加以想象，使之变成具体的形象或场景，更容易记住。比如生物课的"细胞的内吞和外排作用"，与其死背文字，不如先想象一番那幅吞进吐出的具体情景，就不会难记了。

强身健脑，辅助记忆

除了记忆方法和技巧，还有一些科学的辅助措施，能使记忆效果更上一层楼。为了增强记忆效果，我们采取的辅助措施通常有下面这些：

定时休息，有张有弛——很多人都有这样的体验：走远路时，如果一口气不停地走，很快就会累得走不动路，但每小时休息几分钟，就能走更长的路。这个"途中休息"的策略，也完全适合于用脑。

学校上课每45分钟休息10分钟，这是十分科学的安排，能帮助大脑消除疲劳，以利整军再战。不过，有些青少年对这小小10分钟却不重视，喜欢在该放松时接着用脑，于是大脑缓不过劲来，没到时候就宣布进入疲劳状态，实在得不偿失。

营养充足，利于记忆——有人做过这样一个实验：

让一个人躺在特制的跷跷板上，并保持平衡，然后问一个极简单的问题："一加一等于几？"躺着的人回答："2。"就在这一刻，跷跷板便向大脑的一端倾斜。

这个实验显示：大脑需要消耗某些物质，才能顺利完成思维活动。

另外的科学家在实验中发现，有几种营养素对大脑至关重要，它们是蛋白质、类脂、碳水化合物、维生素、矿物质（详见下一章：《强身健脑的生活方式》）。此外，微量元素和水也是重要的健脑物质。一般的孩子只要不偏食、爱锻炼，从正常饮食中就能获取所需的微量元素，若需要额外补充，最好在医生指导下进行。至于水，由于一切大脑活动都有水的参与，而且在用脑过程中，大脑会产生各种代谢后的废物，如不及时排出，会妨碍用脑效果，加之运送营养的"运输大队长"也是水，所以，每天适当多喝点水，将利于记忆。

睡眠充足，头脑清醒——在我们的第一本书里提到：大脑有一种自我保护功能，叫做"保护性抑制"，每当过度疲劳，就会自动拒绝工作，昏昏欲睡，效率低下。而睡眠不足者也最容易陷入保护性抑制的泥沼。为此我们特地提醒青少年朋友：除了短暂的突击外，别用剥夺睡眠的办法去增加学习时间，而应该通过提高睡眠质量的办法来提高学习效率。

在学习任务繁重，无法保证足够睡眠时间的情况下，需要从提高学习效率和提高睡眠质量两方面来想办法。提高学习效率可以少占睡眠时间，提高睡眠质量则能通过"入睡快、睡得香"，更有效地消除身心疲劳，保证大脑正常运转。具体做法，请看下一章：《强身健脑的生活方式》。

第十一章

强身健脑的生活方式

婷妈妈刘卫华答读者问

　　婷儿是个健康、快乐、很少生病的孩子，这一点得益于科学理性而又简便易行的生活方式。这种生活方式不仅使婷儿长期保持精力充沛、头脑清爽，而且让她很早就学会了自己照料自己。婷儿的很多性格特点和好习惯，都是在实行这种生活方式的过程中养成的。

　　充沛的精力和清爽的头脑来自"均衡的营养、适当的运动、充足的睡眠、通畅的呼吸"。做到这些并不难，也不需要很多钱，但需要足够的理性和坚持性。

营养均衡，保持健全的脑力

　　据科学家研究，人脑占人体重量不足3%，却要消耗人体40%的养分。日本营养学专家饭野节夫认为，青少年的脑力发展80%以上取决于营养，有8种营养素对大脑至关重要：蛋白质、类脂、碳水化合物、钙、维C、维B、维A、维E。另外，美国医学家经过多年研究证明：蛋白质含有的两种氨基酸（色氨酸、谷氨酸）、一种微量元素（铁元素）和一种维生素（维C），对大脑和智力发育有极为重要的影响。

　　我们对大脑的物质基础十分重视，即使在1992年以前经济很不宽裕的时候，也想方设法地在穿和用上省，尽量保证婷儿吃到发育必需的各种营养素。

物美价廉的健脑食物

　　不少读者来信询问：《哈佛女孩刘亦婷》里提到的"健脑的食物"是什么？答案很简单，主要是足够的优质蛋白质，如蛋、奶、瘦肉和豆制品，外加富含维 C 的苹果、西瓜、柑、橘、橙等物美价廉的时令水果。

　　鸡蛋的营养特别丰富，是健脑食物的首选。饭野节夫列举的 8 种健脑营养素，绝大部分鸡蛋里都有，蛋白质和卵磷脂（类脂的一种）鸡蛋里尤其丰富。1985 年，我在食堂排队打饭时遇到利索精干的八旬老学者肖崇素，便向他请教健脑之道。肖老说："我的秘诀就是吃鸡蛋，因为鸡蛋里的胆碱 15 分钟就能到达大脑。"那会儿我正在紧张的工作和考试期间，试用此法，明显感觉到脑力大增。

　　当时我只知道蛋白质是脑组织发育代谢的物质基础，是完成脑细胞兴奋与抑制过程的主要物质，在记忆、语言、思维、运动、神经传导等方面都有重要作用，但并不明白"鸡蛋里的胆碱"为什么能增强脑力？后来查了不少资料，才弄清蛋类健脑的奥秘。原来，蛋黄里的卵磷脂能在体内水解，生成胆碱，随血液循环进入大脑，在乙酰辅酶的作用下，生成乙酰胆碱。当大脑中乙酰胆碱含量高时，记忆脑区神经传导功能就强。脑细胞之间的信息传递速度加快，记忆与思维的形成也加快，大脑因此而变得主动、灵活、耐久，此时的自我感觉就是精力充沛和记忆力增强。

每餐要有足够的健脑食物

　　我们列举的健脑食物大家都经常吃，但做到"足够"二字的孩子并不多。除了部分家庭是为钱所限，更多家庭是因为实行传统的中餐共菜制，不知道孩子到底吃进了多少该吃的东西。我们家一直实行的是分菜制，这样可以确保每人吃到足够的蛋白质和蔬菜。小学期间，婷儿早上喝一杯白水吃 1 个煮蛋和一些点心、水果（早上不点火做饭），午晚两餐每顿保证吃到相当于两个鸡蛋的优质蛋白质——或是 2 两净瘦肉，或是半斤酸奶，或是豆筋、豆腐、豆干等豆制品。最常吃的就是两个蛋，什么韭菜烘蛋、番茄炒蛋、蒸蛋羹、做蛋汤、拌皮蛋、烤蛋糕、烙蛋饼、卤鹌鹑蛋、香菜皮蛋瘦肉粥、醪糟荷包蛋……尽量换着花样做，始终没让婷儿把蛋吃厌。每逢考期，婷儿都会主动想到："考试前那顿饭要吃两个蛋。"当然，如果时间和金钱许可，可供选择的优质蛋白质还很多，如海鱼、海贝、海虾等。对不怕胖的人来说，芝麻和核桃也是很好的选择。

　　婷儿中学住校后，指望食堂的大锅菜达到每人每顿 2 两瘦肉是不现实的。为了保证婷儿摄取足够的蛋白质，我们动了不少脑筋。开始是每周从家里带咸鸭蛋去做早餐的蛋白质，后来班主任联系好在食堂集体定购煮鸡蛋，减少了带蛋的麻烦。为了补充午晚两顿的蛋白质，我们每周都给婷儿准备好烤海鱼片或猪、牛肉干带回学校（别的都不易存放）。另外，婷儿每天还要吃2—3个自带的水果补充维生素C。

除了蛋白质和卵磷脂，我们对铁元素和维生素C也十分重视。因为铁元素是构成人体血红蛋白的主要物质之一，足够的铁元素可保持血红蛋白的生理活性，保证大脑中营养素及氧的供应（有个有效的补铁方法，为了叙述方便，在"睡眠"一节再讲）。维生素C可使脑细胞结构坚固，不仅使大脑功能灵活、敏锐，还能促进整个身体的新陈代谢。

不重口味重成分

需要强调的是，健脑食物并非越贵越好，也不是做得越精细越好。不论是山珍海味还是家常便饭，只要含有必需的营养素，对大脑的意义都一样，区别只是味道、成本和吃的心情不同而已。

我们家平时吃饭只讲究成分，不讲究形式。为了节省时间，通常只做一个提供蛋白质的菜，再做一个提供纤维素的蔬菜，其中一样做成汤菜。有时候干脆就是饭菜汤三合一，或用时令水果代替蔬菜，因为水果是生吃，能够提供更多的维生素C。

蔬菜经过高温维生素C就基本破坏完了，但足够的纤维素对保持大便通畅却功不可没，因此，蔬菜不必追求"嫩"。另外，每顿至少应吃50克以上的淀粉类食物（可根据自己的饭量，吃到饱而不撑），因为淀粉在体内分解为葡萄糖后，即成为大脑活动的能量来源。但糖质过多易使大脑感觉疲劳，还会消耗体内的钙，婷儿希望尽量长高点，又不想长胖，所以，除了逢年过节，她基本不吃糖块，也极少喝含糖饮料。

由于国情和饮食传统，中国的家常便饭往往具有高脂肪（油多）、高热量（米面多）、低蛋白质（肉蛋奶豆少）、低纤维素（蔬菜水果少）的特点。我们建议，如果家里没有需要增肥的人，最好还是把脂肪减下来（用不粘锅可以少用很多油），把蛋白质和纤维素加上去。

科学调理，保持旺盛的食欲

别看我们家饭菜简单，婷儿总是吃得很香。"吃嘛嘛香"，是一种世俗的幸福。获得这种幸福的办法很简单，那就是"让孩子感到饿"。

怎样让孩子感到饿？

在正常情况下，让孩子感到饿的办法有三个，A：吃饭定时；B：食物定量；C：增加运动量。如此调理半个月，保证孩子食欲大增，要不了两个月，没其他病的瘦孩子就会开始长肌肉，变结实。

A：吃饭定时。即"不在吃饭和加餐之外的时间吃东西"。只有设法做到不零星进食，孩子才有机会感到饿。不吃零食不等于不吃小食品，孩子爱吃的小食品可以安排在吃饭的时候吃，加餐最好是吃水果。各种小食品无非是坚果、肉类或米、面、糖做的，拿它们当饭吃的时候折算成相应的蛋白质或淀粉类食物，就知道是不是摄取了足够的营养。这样做既可满足孩子对小食品的心理需要，又能让胃有时间休息。胃有劳有逸，才能长久保持食欲。

如果孩子吃饭拖拉，不专心，可用提前约定结束吃饭时间的办法来矫正。吃饭的地方可放一个指针式的钟表，告诉孩子必须在 30 分钟之内把饭吃完，时针一指到点，就不能再接着吃了，待会儿饿了就只许喝白水（含糖饮料既败胃，又消耗钙，弊多利少），再饿也得等到下一顿再吃东西。如此严格执行几天，孩子吃饭爱磨和吃饭不香的问题就能彻底改变。俗话说："好吃不过肚中饥。"大人应该给孩子体验饥饿的机会。

B：食物定量。这是为了既让孩子吃到足够而均衡的营养，又不至于吃撑吃腻。小孩在吃干香脆的食物时，如果不定量，很容易发生干食在胃里吸水发胀把胃撑伤的情况（症状是头也疼胃也疼，只有尽量吐出来，头和胃才能同时变轻松），暴饮暴食胃压太高也会如此。

胃被撑伤之后，最有效的对症疗法是让孩子自己催吐（把手洗净消毒后去按压喉咙口），最重要的恢复方法是禁食疗法：禁食 12—24 小时，让胃彻底休息，禁食期间可半小时喝一次糖盐水，防止脱水。禁食结束后要试着从流质食物开始让胃逐渐恢复消化各种食物的功能，3—5 天后，孩子就什么都能吃了。如果父母不忍心采取禁食疗法，就有可能让孩子的胃长期带伤工作，食欲一蹶不振，体质也越来越弱。为了预防这种情况，一是食物要坚持定量分配，二是吃干食前要先喝水或汤。我们曾帮助亲戚成功地调理过长期"胃弱"厌食的瘦孩子，用的就是定时、定量和伤胃之后的禁食疗法。婷儿从小定量进食，所以没有发生过撑伤胃的情况。

另外，为了防止吃腻，越是孩子爱吃的东西或喜欢的烹饪方式，越不要连续提供，以便保持各种食物对孩子的吸引力。

C：**增加活动量**。这是增强食欲和增强体质的重要措施。对学习任务紧张的孩子来说，多想些见缝插针式的锻炼方法，不仅对体质、食欲、睡眠、脑力都有莫大的好处，还可发挥创造性，增强计划性和自律能力，可谓一举多得的好事情。婷儿上中小学期间，我们要求她课间一定要离开座位出去跑跑跳跳。小学 3—6 年级，婷儿放学回家先做运动，开始是跳绳 15 分钟，后来改成 50 个仰卧起坐，然后洗洗手、说说话歇一会儿，再吃饭。中学时，婷儿自发地利用学习间隙跳劲舞或做起蹲。每次 20 个起蹲只需要几分钟，又不吵人又不要求场地设施，每天做 5 次就是 100 个起蹲，运动量不可小视。放假期间，婷儿夏天晨泳，冬天晨跑，下雨天就在家里做起蹲、仰卧起坐或跳劲舞，有机会还要打打球……总之，不论条件好坏，每天都要设法保持一定的运动量。爱运动的好习惯一直保持至今，好身体和好胃口也一直伴随着刘亦婷。

婷儿还有个与吃有关的好习惯：十分注意饮食卫生，防止病从口入。她总是认真洗手洗瓜果；不吃不合卫生要求的食物；如果在餐具消毒不可靠的地方吃饭，都坚持自带餐具（现在是带纸餐具）……我们家在预防疾病方面可谓不怕麻烦，因为预防疾病再麻烦，也比万一得病好得多。

合理安排，保持足够的睡眠

不同的人需要的睡眠时间是不同的，应该以能保证持续正常工作为衡量标准。我们一贯反对今天预支明天的时间，更反对用每天只睡 3—4 个小时的办法来挤时间学习。因为打"疲劳战"往往得到的不是预期成果，而是难以治愈的神经衰弱。婷儿除了在申请留学那段非常特殊的两三个月睡得太少之外（当时实属无奈，不宜提倡），平时她的睡眠时间，大体可以保证每天的睡眠需要。

为了让大脑得到足够的睡眠时间，我们采取过下面这些措施：

定期补觉，消除脑疲劳——小学期间，婷儿一般是早上 7 点起床，晚上 10 点睡觉。基本不睡午觉，但每个周末要补睡一大觉，消除一周积压的脑疲劳。婷儿中学住校后，早上 6 点一刻起床，6 点半出操，一般中午眯半小时左右。初中晚上 10 点半睡觉，高中晚上 12 点睡觉，每周仍坚持补睡一大觉。婷儿大三期间曾经有过连续苦干 43 小时的经历，但随后一定会有补觉的安排。

我家还备有一小瓶调节植物神经功能的药——谷维素，万一忙到用脑过度一动头就疼的地步，吃一片就可缓解（这是我年轻时一位军医给我开的药方）。

该睡就睡，定期补觉，头累到疼时吃一片谷维素，都是为了及时消除脑疲劳，防止积劳成疾。

自我催眠，提高睡眠质量——在学习任务繁重，无法保证足够睡眠时间的情况下，需要从提高学习效率和提高睡眠质量两方面来想办法。提高学习效率可以少占睡眠时间，提高睡眠质量则能通过"入睡快、睡得香"，更有效地消除身心疲劳，保证大脑正常运转。

若想"入睡快"，除了让身体感到不冷不热之外，还可运用《哈佛女孩刘亦婷》里提到过的这一招：用心理暗示的方法自我催眠。具体做法是：

1. 闭眼平躺，全身放松，想象着两眼从两脚之间去看遥远的海平线（或地平线）。如果意念盘旋在大脑不肯转移到脚头，就用动作帮忙，边勾脚趾头边数数——数勾脚趾头的次数，大约两秒钟勾一下。以此排除杂念，把意念集中到脚头。

2. 开始长呼气，呼气的时候想象潮水从头顶流过身体表面，从脚头流向遥远的海平线，并随着呼气的频率默念"远……远……"只要全心全意去内视远方和体会呼气时身体的感觉，就能驱赶各种各样的思绪，渐渐沉入梦乡。

这个办法对入睡困难的我很有效，希望对同病相怜的人也有效。

另外，有人是"百灵鸟型"，有人是"猫头鹰型"。百灵鸟型晚睡不如早起，猫头鹰型早起不如晚睡。观察自己是哪种类型，也有利于更有效地安排睡眠和工作的时间。

还有一些常见的助眠措施，效果也很好，如：

晚饭不过饥过饱：过饥或过饱，都会使大脑在睡眠中受到不良干扰，影响睡眠效果。

避免刺激因素：包括某些刺激性的食物和饮料，如巧克力、咖啡、浓茶等，也包括一些刺激性的精神因素，如过于兴奋、悲伤、大脑疲劳过度等。

睡前要放松：如果在紧张的学习工作后，倒头便睡，大脑的兴奋点会久久挥之不去，妨碍睡眠质量。如果睡前有 10 多分钟的放松活动，常能帮助大脑趋于平静，睡得更好。这些活动可以是散步、深呼吸、用热水泡脚，或听点轻松的音乐，使大脑的兴奋点逐渐平静下来。

试用保健食品"螺旋藻"——很多读者来信询问：《哈佛女孩刘亦婷》里提到的"具有恢复疲劳功效的保健食品"是什么？答案就是"螺旋藻"（Spirulina）。它帮助我们做到了"睡得香"。

本来我很排斥维生素之外的保健品，但婷儿的姑姑（学过医）一家老少都明显地得益于螺旋藻，引起了我的重视。搜集研究了很多资料之后，我从 1996 年 11 月开始，为了改善睡眠而试吃螺旋藻。正如婷儿姑姑所料，我很快就解决了入睡难、易惊醒、多梦魇等老问题，感冒的次数明显减少，血色素也从 12 克上升到 13 克。于是，我让婷儿从高一寒假也开始吃螺旋藻。吃了两个月左右，婷儿的脸蛋就总是红红的了（过去只有运动时或激动时脸才是红的），吃到暑假之前的期末考试，抗疲劳的效果已十分明显，婷儿说："考到最后，不少人抱怨累得想跳楼，我觉得还能再考一场。"我也感觉精力比过去更充沛，更能熬夜。这也难怪，睡得香，血色旺，自然会增强体力和脑力的耐受性。

中国卫生部对螺旋藻的保健功能的正式认定是"有调节人体免疫机能的作用"。因为螺旋藻含有不少增强免疫力的宝贵物质，如 γ 亚麻酸、β 胡萝卜素、藻蓝素、藻多糖等，还有在食物中含量最高的可吸收性铁元素和其他微量元素，以及超过 60% 的蛋白质。从我们和亲朋好友的亲身体验来看，螺旋藻增强免疫力、改善睡眠和补血的效果都很明显。

对不想长胖的人来说，螺旋藻有增强食欲的"副作用"。尽管有此"不足"，我和婷儿还是每天坚持吃 1 克螺旋藻——比商家建议的数量少，是因为我们的体质好，营养足，每天吃 1 克，每人每月的费用并不高，睡眠、精力和食欲就都见效了。

需要提醒读者的是，刚开始吃螺旋藻时有一段日子会犯困，因此不适合在学期中间开始吃。经销商说犯困是身体内部在调整的表现，每个人的调整期长短不一样。有位朋友犯困的时间长达两个月，我和婷儿也有十多天坐下来就想睡，调整期过去后就显出抗疲劳的作用了。

螺旋藻是天然食品，不是药物。1996年国家卫生部审批的第一批保健食品里就有螺旋藻。用中英文在网上查，近年来研究开发螺旋藻的科学文献很多，除了有人对它过敏，尚未见到它本身有什么副作用的报道。不过，如果养殖螺旋藻的水质被污染，就可能有重金属残留超标的问题，因此购买时要选择可靠的养殖地和生产商。中国是世界三大螺旋藻生产地之一（另两处是墨西哥和美国加州），牌子很多，愿意试用的读者最好到大药店的保健食品柜去咨询和购买。不知螺旋藻对您是否同样有效？

防治感冒，保持通畅的呼吸

对学生而言，感冒是最常见也是很讨厌的病。我10岁左右因为感冒转为慢性鼻炎，在29岁治愈之前，经常因鼻塞而感觉头昏脑涨。我年轻时的同事（现任中国歌舞团乐队指挥），曾因同样的原因没能通过空军科研部门的体检——该机构的人说，长期鼻塞妨碍高强度的思维活动，只能割爱。这两个因素促使我特别注意让婷儿防治感冒，以免重蹈上一代的覆辙。另外，感冒容易并发各种疾病，潜在的危险很多，是健康和学习的大敌，不可掉以轻心。

我们预防感冒的4条措施

A：用睡袋，防止夜间着凉。婷儿12岁之前每年有6个月用我做的睡袋，夏天前后用睡袋嫌热，则是把薄棉被或毛巾被的四个角拴在床框上，怎么都蹬不掉。12岁之前，婷儿从来没有因为睡觉着凉感冒过，大人也可放心睡觉。12岁住校后，婷儿怕冬天晚上踢被子感冒，加上早上想动作快一点，干脆穿着毛衣睡觉，也算是没有办法的办法吧。

B：看温度穿衣，防止寒流着凉。从婷儿上幼儿园起，我每天都要关注天气预报和家里的寒暑表，摸清在成都什么温度穿哪种厚薄的衣物最适合。婷儿爱运动，易出汗，我就尽量给她提供前面开合的衣物，并教会她热的时候敞开，不热了就扣好，不要等冷的时候才扣。

C：冷水洗脸冲脚，增强抵抗力。众所周知，坚持冬泳的人很少患感冒。我们没有这个条件，采取的是变通的办法——春夏秋冬早上都用冷水洗脸洗鼻腔，3—11月都用冷水冲脚（天冷时吃完晚饭就冲，然后穿上保暖的鞋袜，一会儿脚就会发热），这样可增强对冷刺激的适应性，即使着凉也不容易感冒。只有在成都最冷的冬夜（12月、1月、2月，最高温度大都在12℃以下），晚上用热水洗脸、捂耳朵、泡脚，防治冻疮。

D：流感期多熏醋，少去公共场合。 婷儿在3岁之前，冷天都是边熏醋边洗澡。后来是每逢感冒流行期，或家里有人感冒的时候，我们就用熏醋的办法来预防感冒。用半斤普通的醋，对点水，在电炉上煮沸一刻钟，可以减少或杀灭空气中的感冒病毒。如果不可避免地要到公众场合去，我会让婷儿含一片"溶菌酶喉片"或"杜米芬喉片"，预防通过呼吸道传染的疾病。也许是因为利润低，这两种喉片现在都很难买到了。

除了用睡袋和拴被子睡觉之外，我和张欣武也在用上述措施预防感冒。从20余年的实践来看，这些措施对我们和婷儿都挺有效。尽管如此，婷儿每年还是会有一两次感冒，但每次都治得很彻底，没有留下常见的慢性鼻炎、慢性支气管炎或慢性咽炎。

我们治疗感冒的4条经验

A：注意观察，发现炎症就吃消炎药。 凡是遇到上感发烧、咽部充血痒痛、有黄鼻涕、咳嗽等症状，表明咽部或鼻腔或气管已被细菌或病毒感染而发炎甚至化脓了，此时就需要医生开些对症的药来治疗。如果不及时消炎，会把病程拖得很长，增加不必要的痛苦和并发症的危险。消炎药不是越贵越好，也不是越新越好，而是要对症。有些药适用于细菌快速繁殖期，有些药适用于细菌慢速繁殖期，有些药适用于病毒性感冒。建议做父母的多少学一点医药知识，好让孩子少遭一些罪。

B：消炎要彻底，以免转成慢性病。 所谓彻底消炎，指的是治疗到咽部不再充血，黄鼻涕彻底消失。如果急性症状（如发烧、咳嗽、咽喉痛）一缓解就停止吃消炎药，往往会反复发作，久治难愈。我本人就有过这样的教训，也常常看到别的孩子和大人遭受这样的痛苦。

C：缓解鼻塞，不用收缩血管的药。 感冒鼻塞堵得难受，妨碍睡眠，让人烦躁不安。如果用麻黄素或滴鼻净（萘甲唑啉、鼻眼净）等药水来滴鼻，开始能使鼻黏膜血管收缩，从而缩小鼻甲，改善鼻子通气，但很容易养成对滴鼻药的依赖性。时间一长，就会出现"反跳充血"现象，使鼻甲更为肿胀，鼻子通气更差，甚至引起鼻黏膜的病理改变，继发肥厚性鼻炎或萎缩性鼻炎。所以我们坚持采用物理通气的办法，从来不用滴鼻药。

婷儿很早就知道，感冒引起的鼻塞是鼻黏膜充血造成的，越烦躁情况会越严重，不如平心静气想办法。办法之一，是用湿热的毛巾在鼻子上热敷，鼻黏膜遇热收缩后，鼻腔会比较通畅，同时黏稠的鼻涕也容易水化而流出来。办法之二，是侧着头睡觉，用一只手捂住整个鼻子，让呼出的热气加热鼻腔，过一会儿就会使上面一侧的鼻黏膜收缩，只要有一个鼻孔通气，就可以闭着嘴巴睡觉了。办法之三，是捏着鼻子憋一会儿气，然后猛地放手，趁着气流冲出时赶紧用鼻子呼吸，即使感到憋闷也尽量用鼻子多呼吸几下，如此反复进行，往往能使鼻黏膜逐渐恢复收缩功能。这个强迫通气法适合坐着或站着进行。

D：**过敏性鼻炎也鼻塞，治法与感冒不同。**还有些鼻塞与感冒无关，是过敏性鼻炎造成的，如果把过敏性鼻炎当感冒治是不会见效的。据统计，约有1/4的成人和1/3以上的儿童患有过敏性鼻炎。典型症状是鼻黏膜发白、鼻痒、鼻塞、喷嚏连连、清鼻涕不断。有些人春天会因花粉而鼻子过敏，我在秋天降温时会因冷空气而鼻子过敏。这种季节性过敏往往吃几天脱敏药就能解决问题。但如果是常年性过敏，或单吃脱敏药仍不能缓解鼻塞，还可试用近年来引进的类固醇鼻喷剂。据中华医学会的专家介绍，这种20世纪90年代发明的局部应用类固醇的方法，既可解决鼻腔过敏又可以解决鼻腔通气，由于鼻喷剂不经口服，直接作用于鼻黏膜，全身吸收量只有百分之二左右，副作用比长期吃脱敏药更小。

如果长期鼻塞无法缓解，应该到正规医院的耳鼻喉科去检查治疗，看是否有器质性病变，或者是哪种类型的鼻炎，只要能确诊，现代医疗技术还是有不少办法能帮孩子找回神清气爽的感觉。

综上所述，都是从物质层面介绍强身健脑的方法。我们在实行这些保健方法时，都会尽量对婷儿讲清科学道理。婷儿深知"身体是一切的本钱"，总是积极配合，主动实施。随着年龄增长，强身健脑早已成为婷儿的生活习惯和行为方式。

不可忽视的是，"心理健康"也是科学理性的生活方式的重要内容。在婷儿的成长过程中，我们经常做的一件事，就是在她感到自卑或困惑时，及时为她提供"心理支撑"，并教她学会自我开导，自我安慰。我们深知，再健康的身体也挡不住精神崩溃，而精神强大的人却能在身体不适甚至残疾的情况下，依然保持乐观向上的心境。

第十二章
家庭性教育的方法与时机

婷妈妈刘卫华答读者问

1999 年秋，我和张欣武在讨论《哈佛女孩刘亦婷》的写作提纲时，曾反复考虑：要不要专门写一章我们对婷儿的性教育？商量来商量去，总感觉时机不够成熟。现成的教训就在一年前。1998 年 8 月，我所在的杂志社策划了一个特别话题："你敢公开谈性吗？"我约作者方刚写的述评《怎么了，中国人的性教育》被选作这组文章的头条。没想到，我们刊物差点因为这期话题而……！

为了避险，我们决定暂时不踏这个雷区。

但性教育又是人格教育的重要环节，对整体素质培养的成败极为重要，对孩子的人生道路有着深远的影响，远不是告诉孩子什么是"月经、遗精、性交"那么简单。平时，我们对关系密切的亲友都会主动提醒这一点，如果在书中一字不提，心里总是感到不安。

最终，我们商定了一个折衷方案：先在《哈佛女孩刘亦婷》里零打碎敲地涉及一部分性教育的内容，等写第二本书的时候，再系统地介绍我们在家庭性教育方面的经验和体会。于是，我们仅从防止孩子落入性陷阱的角度，在《爸爸的礼物:逆反期的家庭教育》这一章里安排了这样两节——《早恋，预防在萌芽前》;《女孩漂亮，就有几分险》，并在《熟知骗子花招，确保人身安全》一节里预埋了这样一个伏笔："由于妈妈在婷儿 3 岁的时候就对她进行过性知识的教育，婷儿接受这种（防骗）教育比一般的女孩容易得多……"

可以说，这些性教育的内容主要是属于防范性质的，更多的建设性质的内容，将在本书的这一章里逐步展开。

写到这儿，心里不禁涌起一阵感叹："现在的中国，变化真是快呀！2000年，性教育还只敢点到为止，如今已可以畅所欲言了！"就在我动手写这一章的时候（2002年春），教育界的有识之士已经先行一步，大中小学都出现了性教育课的试点，而且官方和媒体的反应都是认同和支持。不知不觉间，历史老人的大脚丫就跨过了这道长达千年的坎！

现在，轮到中国家庭在性教育方面"与时俱进"了。

婷儿的性教育，灵感来自鲁迅

我对婷儿进行性教育的动机，完全是出于母爱的驱使。

1981年春天，当我从分娩的极度疲惫中睡醒之后，马上想到护士说我生的"是个妹妹！"刹那间，一个女孩一生中可能遭遇的一切，都奔涌到我脑海里……

坦率地说，我有点沮丧——并不是因为重男轻女，而是想到女孩有那么多机会遭遇性侵犯，父母培养得再好，也有可能被坏人毁于一旦。除了暴力性侵犯，还有花言巧语的性诱惑，搞不好"被人卖了还在帮人数钱"。还有男权社会给女性设置的种种藩篱，也会使女孩的成长和成功更为艰难。倘若数得清世上有多少人哀叹"都怪我的命不好"，可以肯定，绝对是女多于男。

可我不甘心把女儿的一生拜托给命运。

我相信，父母可以采取一些措施，最大限度地保障"女孩不被人害，男孩不去害人"。为此，我要让女儿拥有鹰的眼睛，海的胸襟，云的情怀……总之，让她健康又快乐，可爱又会爱。

这一切，指望学校来完成是不现实的；我的育儿指南《早期教育和天才》里也没有涉及这些。不过，我还是在月子里有了一个大概的思路。那个启发了我的人，正是我青年时代的精神导师鲁迅先生。

鲁迅先生不仅是中国伟大的思想家，也是性教育的先行者。早在1909年，鲁迅先生就在努力倡导和普及科学的性教育。除了在浙江初等师范学院开讲性知识，他还主张父母洗澡时不要避讳幼儿，应该让孩子从小就看到和熟悉人体。

做了母亲之后再想起父母洗澡不避幼儿的主张，我不禁心里一亮：对呀，从小熟悉人体的男孩子，对性器官没有神秘感，长大后肯定不会去偷窥女厕所。同样的道理，如果女孩从小就知道雄性对雌性的原始欲望，也不会轻易被衣冠禽兽骗进没人的小屋子啊。仅此一点，就能避开很多潜在的危险，有时甚至是生命危险呢！

问题是，怎样才能既让孩子明白与性有关的危险，又不让孩子误解和厌恶人类的性行为呢？为了孩子一生的幸福，我还得动很多脑筋。

躺着琢磨这些事儿的时候，就显出爱看小说和经历丰富的好处了。我7岁起开始看长篇小说，从小就在了解各式各样的人生道路和各色人等的爱恨情仇，积累了不少间接经验。当妈妈之前，我自己也不止一次地品尝过爱情和婚姻家庭的苦涩与甜蜜。这些直接和间接的经验，在我摸索家庭性教育的过程中，几乎都派上了用场。

另外，我15岁开始自学和从事舞台剧创作，喜欢从剧情的结尾来构思剧情的发展过程，并通过有限的台词和动作来表现人物的性格和命运。由于这个原因，我对命运走向及生活细节的含意十分敏感，习惯于从既成事实去追溯发展的脉络，或从不起眼的小事去预见可能的后果。这种注重因果关系的习惯，又一次促使我在确定目标之后，积极寻找通往目标的途径和方法。

锁定三大目标，找准实施途径

由于产妇太多，两个人挤一张床还安排不下，医院动员我第二天就出院了。在等待婷儿从婴儿观察室回家的日子里，我人闲心不闲，一直在用"因果倒推法"反复梳理纷繁的思路。琢磨了好几天，我逐渐明确了我想在性教育方面达到哪些目标，以及实现这些目标的途径和大致的时间表。

目标之一：让婷儿远离性侵犯的危险，平平安安地长大。

这个最最基本的目标，可以通过讲解性知识和性法律、制定安全措施和传授社会经验来保障。这方面的教育必须在上小学之前开始。因为从孩子上小学起，每一天都存在遭遇性侵犯的危险，不论是在路上，还是在学校。（我的小学同学就遇到过来自男老师的性骚扰。前不久，北京通州有个小学教师以补课为名猥亵小女生 16 名，强奸其中 3 名，被判无期徒刑。可悲的是，他为害两年都无人告发！男孩面临的危险虽然要小得多，但也不是完全没有，各种媒体曾不止一次地报道过性变态者猥亵男孩的案件，男孩也需要掌握防范性侵犯的知识。更重要的是，父母还要确保男孩将来不会走上流氓犯罪的路。）

讲解性知识的时间应该越早越好，最好两三岁就开始，因为人类最初的性意识两三岁就开始了。这既是现代心理学的常识，也是我的亲身体会。我清楚地记得，两岁多的时候，邻家那位比我大两岁的小男孩曾经带着几个小不点儿做模仿结婚和性交的游戏。他教小女孩们身贴玉米须，坐在竹筒上。我因为困惑不解感到不安而退缩了，"结婚典礼"之后就只肯站在一旁看他们大呼小叫地玩后面的把戏。但那天的困惑是如此强烈和持久，竟成了我人生的第二个记忆！这个记忆提醒我，婷儿和小伙伴集体玩耍时，一定要有大人监护，以免见过性交场面的孩子发起类似的游戏。（看到孩子们玩此类游戏应该怎么办？在本章的《怎样称呼性器官，亲切自然为宜》一节还会专门论及。）

目标之二：让婷儿喜欢自己的性别和身体，快快乐乐地长大。

不论男孩女孩，如果不喜欢自己天生的性别，只能终身与痛苦为伴。那些同性恋和易性癖患者，不少是因为小时候父母只顾自己的喜好，故意"把男孩当女孩养，把女孩当男孩带"，以至埋下祸根。为了避免这样的悲剧，我倒是早有对策：从婴儿期就按女孩的模样打扮婷儿，遇到要表扬她的时候，捎带赞美几句"多可爱的小姑娘啊！"就足以让她高高兴兴地当女孩了。

我认为，婴幼儿的性别教育主要是为了预防将来发生性变态；青春期的性别教育则是让孩子预知：下一阶段的性别角色怎样扮演才理想——我个人欣赏的是"绅士"和"淑女"的类型（即有知识、有教养的男女），我希望婷儿将来也是这样。需要注意的是，孩子的基本素质培养不必区分男女，决不能把现代女性往封建仕女的模子里装。

如果孩子的外貌和身体出现较大缺陷（生命如此脆弱，谁知道会有什么意外呢），要孩子喜欢自己也有办法。小时候可以用爱与夸奖帮孩子找到自信，长大后可从价值观的角度帮助孩子接受和喜欢自己（"赏识教育法"的倡导者周弘先生把聋女周婷婷培养成快乐的大学生就是最好的例证）。当然，更好的办法是从强健体魄和安全措施两方面来避免陷入这样的困境。

身为女性，还有一些难免的隐忧。由于生理和社会的多重原因，很多女孩都不喜欢自己的性别，虽说不一定发展到想做变性手术的地步，但内心深处总有些时淡时浓的遗憾或自卑。为了让婷儿快乐地长大，我要引导她更加积极地看待女孩的劣势与优势，通过扬长补短，让她拥有更多来自竞争实力的自信心，成长为既有能力又有魅力的新女性。

目标之三：让婷儿可爱又会爱，顺顺利利地长大。

从性教育的角度来说，所谓"可爱又会爱"，主要是指在不同性质的男女关系中"懂分寸，知进退"；所谓"顺利"，则是指按照理想的人生时刻表，"该发芽的时候发芽，该开花的时候开花，该结果的时候结果"。如果培养得法，孩子就能主动避开早恋、早孕、前途早夭等人生陷阱，将来也有能力从痴迷错爱的情感泥潭中自拔。

可以说，这个目标难度最大。但也不是没有达到的办法。我根据自己的经验，把男女关系按距离远近分为四种，并为每种关系的理想形态找到了两个标明特征的关键词——

A：互相宽容与尊重的一般关系；

B：互相理解与支持的朋友关系；

C：互相爱慕与吸引的情侣关系；

D：互相体谅与忠诚的夫妻关系。

孩子若能认同和分清这四者的界限，男女之间的"分寸感"就不难把握，何时该进，何处该退，也游刃有余了。

虽然说这个目标离刚出生的婷儿还十分遥远，但这四种理想关系的共同基础——人与人之间的互相宽容与尊重，却要从婴幼儿时期的人际交往中开始培养。朋友之间的互相理解与支持，从小就要在亲人之间来体验。情侣和夫妻虽然是未来的角色，但相处的原则和技巧父母每天都在示范，早早地就在言传身教。所以，幸福家庭的孩子对婚姻更有兴趣和信心，问题家庭的孩子对婚姻则易有各种顾虑和心障。

除了父母每天的好榜样，孩子自身还必须具备"认识事物的能力、自我控制的能力和表情达意的能力"。这些能力则要靠早期教育和后继教育的长期培养。对此，我倒是很有信心。理由嘛，在《哈佛女孩刘亦婷》里已经写得很详细了。

提前思考到这一步，平日里无心犯错的可能性就大大降低了。

讲述孩子出生，渲染爱与欢欣

心里有了尽早开始性教育的意识之后，随时随地都可能遇到恰当的教育机会。家庭性教育可随机进行的优势，是学校或任何教育机构都无法比拟的。我第一次和婷儿谈及与性直接相关的知识，就是偶然抓住了一个好时机。

1984年春，我把3岁的婷儿从姥姥家接回了成都。那时候，婷儿跟姥姥学了一口河南湖北的混合腔，为了让婷儿尽快学会普通话和发展语言能力，只要有时间，我就会用普通话教她说一些完整的句子。有一天，我带着婷儿在院子里的花坛边散步，路过原来住的平房时，我教婷儿说："这是我以前的家，我搬到三楼之前就住在这儿。"也许是这个新学的句式引起了婷儿的兴趣吧，她好奇地模仿着追问起来："我住在这儿之前住在哪儿呢？"

"你住在这儿之前住在奶奶家。"

"住在奶奶家之前住在哪儿呢？"

"你住在奶奶家之前住在妈妈的肚子里。"话说到这里，性教育就开始了："妈妈的肚子里呀，有个儿童宫殿。你出生之前就住在妈妈的儿童宫殿里。刚开始你比一颗米还要小，然后你长啊长啊，越长越大，儿童宫殿再也住不下你了，你就推推儿童宫殿的门，给妈妈发信号说：小宝宝想出来见妈妈了。妈妈就赶紧到医院把你生出来了。"

……"从哪儿生出来的呀？儿童宫殿的门外有一条通道，出口挨着尿尿的地方。你使劲从通道里面往外钻，医生和护士阿姨轻轻地把你往外拉，你就出生了。妈妈就可以抱着你亲你的小脸蛋了，你说高兴不高兴啊！"说到这儿自然就抱在一起亲起来了。

这一次谈话的收获，是用"儿童宫殿"的说法让婷儿大致了解了子宫和出生的过程，最成功的地方是强调了生孩子的喜悦。在爱意浓浓的情景中，既增进了母女亲情，又让婷儿对性与生命留下了积极印象。下一步再讲与性器官和性交有关的问题时，就容易从"性让生命延续"的角度去解释了。

三岁左右的孩子询问"婴儿是哪里来的"是十分普遍的现象。虽然提出问题的方式和情景各不相同，大人都可以很自然地把话题引到"子宫"和"孩子出生"的过程上来。我觉得，先讲孩子脱离母体的过程，孩子的参与感更强，听的兴趣更大，再讲"受孕"的过程也更易为孩子理解。

也许因为婷儿童话听得多，对"宫殿"较敏感，后来曾几次问到自己在"儿童宫殿"里的生活细节：吃什么呀？喝什么呀？怎么玩呀？我都是本着引导孩子热爱生命热爱科学的原则，用容易理解的说法进行解答。

对于"我肚子里有没有儿童宫殿和小宝宝"的问题，我的回答是："女孩子肚子里都有儿童宫殿，但小时候儿童宫殿都还没修好，所以不会有小宝宝。"……"怎么才能修好啊？好好吃饭，多吃鸡蛋豆腐和蔬菜，快点长到妈妈这么高，就修好了！"

启蒙性知识，花儿是最佳"教具"

在摸索家庭性教育的过程中，我和张欣武把孩子成长过程中的性心理分为四个阶段：幼儿无邪期、少儿无意期、少年好奇期和青年憧憬期，并根据孩子所处的不同阶段，采取不同的引导办法，去接近性教育的预定目标。婷儿幼年性教育的内容，也是根据年龄特点分为两大部分：一是养成形成健康性心理的好习惯（详见《培养"性美感"，从每天换内裤做起》），二是把智力开发和性知识教育结合在一起。

前面已经提到过，人的性意识两三岁就开始了。这个时期的孩子求知欲旺盛，对所有的事情都很关心，对人体的各种器官都很好奇，可能会有意无意地玩弄生殖器，也可能提出与性有关的种种问题。但这个阶段的幼儿并没有成人的性概念，这时讲阴茎、阴道、性交就像讲耳朵、鼻子、吃饭一样自然，不会起到刺激性欲的作用，教的人和听的人都不会感到尴尬。随着年龄增加，再逐步开展性心理和性伦理教育，就可以促成健康的心灵和人格。因此，幼儿阶段是性知识教育的最佳期。

性知识教育的第一步，是认识男女身体的构造和机能。婷儿两岁多就知道"有鸡鸡的是男孩，没有鸡鸡的是女孩。男孩站着撒尿，女孩蹲着撒尿"。但"鸡鸡"除了撒尿还能干什么，我却没有随便告诉婷儿。尽管我认为，了解人类的性交方式是性安全教育的内容之一，应该设法在上学之前让女孩明白。但为了避免性安全教育使孩子形成性抑制心理，必须先让孩子对性的正面价值形成好感，并留下深刻印象。所以，我没有轻易告诉孩子"性交"这回事儿，而是先引导婷儿关注生命的形成过程，让她观察和理解"性让生命延续"的自然现象，以便从热爱生命的角度认识人类的性行为，并大致了解人性与兽性的区别，初步建立"爱使人兽不同"的观念。等婷儿能够用"兽性发作"来看待流氓非礼的时候，就可以避免性安全教育的副作用了。

至于具体的生理知识，如精子和卵子的产生、构造、运动以及由此而来的月经和遗精等等，可晚一步再讲，留待青春期临近时再讲也不迟。

由于城市里很难看到性器官明显的牛马猪等大家畜，我们家又没有养猫或狗，我首先选择了花儿做婷儿的性教材。花儿随处可见，花儿们"性器官"齐备，又不会乱动，解剖方便且代价极小，生命循环的周期又短，果实又得孩子欢心，是很好的低成本性教具。

《哈佛女孩刘亦婷》里有一节《快乐的星期天，到野外去学习》，里面写到我带小婷儿到田野里玩耍时，和她一起辨认各种花儿，比较花的形状色彩，顺便把花的构造讲给她听。

讲花的构造，主要是让孩子认识花的雄蕊、雌蕊和子房，并以花为例现场演示和讲解植物怎样授粉和孕育果实。平日里，我引导婷儿观察过很多种花，让她知道：不论雄蕊、雌蕊的外形有多大差别，它们的功能和作用都一样，都要通过授粉来让雄雌结合，好结出果实，留下后代。虽然每棵植物都会老，会死，但它们的后代却会继续活在世界上，开花结果，一代又一代地传下去。植物是这样，动物也是这样，人也是这样。比如说，妈妈是姥姥的后代，你是妈妈的后代，等你长大以后，你也会有孩子，你的孩子也会有后代，我们的后代也会永远活在世界上。当孩子懂得了这些，又记住了雄蕊、雌蕊、花粉、授粉这些名词之后，任何时候孩子问到动物或人的性行为，都可以方便地用花来引导孩子联想了。

适合用来观察和演示的花很多。比如说，我们院子里有很多城里常见的胭脂花，这种花每朵只开一天，第二天就闭合起来，此时剖开，可见雄蕊和雌蕊挨在一起，使雌蕊得到更多雄蕊的花粉。过几天花一脱落，就能看到子房已经鼓胀，解剖几朵不同阶段的花和子房，可以清楚地看到种子的孕育过程。胭脂花的颜色又多，有的色纯，有的色杂，可让孩子清楚地看到花粉在生命延续过程中所起的作用，是很好的观察对象（只要是花蕊明显又会结果的花，都是很好的观察对象）。让孩子采集花种第二年亲手种植培育，更是一件既好又容易的事。这些观察和实践的活动，对孩子的智力开发和性格培养也是好处无穷。

玉米的雄蕊长在秆顶，雌蕊露在穗苞外，极易辨认，特别适合做教具。在田野里玩耍时，婷儿曾要我把她举得高高的，她好给玉米人工授粉（婷儿对这项"科研活动"很感兴趣，8岁的时候，还写了一篇为朱顶红和令箭荷花授粉的日记呢）。我告诉婷儿，授粉是为了帮助花蕊雄雌结合，过些日子，刚授粉的这几个小穗苞就会长得像那些颗粒饱满的玉米棒一样了。后来吃煮玉米棒的时候，小婷儿很快就想起来："我帮玉米授了粉的。"

这时候，正是性教育的好机会。

"你还记得吗？"我边吃玉米边提醒婷儿以前讲过的知识要点："人或昆虫帮植物授粉，是为了让雄蕊和雌蕊雄雌结合。请重复，雄雌结合。"——每次讲到关键词，我总是要求婷儿及时重复，以加深印象。婷儿早已养成习惯，马上奶声奶气地重复了一遍。我鼓励一句"重复得很好，再乖乖地听啊！"便接着说，"植物雄雌结合之后，花儿会长出果实，对不对？动物也是这样哦。鱼儿雄雌结合之后，鱼子会变成可爱的小鱼苗；公猫和母猫结合之后，母猫会生出可爱的小猫；公兔和母兔结合之后呢，会怎样？婷儿你猜不猜得到？"

婷儿想了想说："会生出小白兔。"

"哈，猜对了，真聪明！来亲一下，再猜一个，公狗和母狗结合之后会怎样？"

"会生出可爱的小狗。妈妈我想要一只小狗。"

"想要小狗啊，我们待会儿再商量好吗？刚才你又猜对了，再亲一下！最后猜一个，男人和女人结合之后会怎样？"

"会生出小人。"不管她答的是小人还是小孩，这一次谈话的任务已经完成了。下一步就可以告诉婷儿，动物和人是怎样"雄雌结合"的了。

借助动物交配，区分人性、兽性

小婷儿很爱吃鱼，也爱吃鱼子。当她知道鱼塘里游玩的小鱼苗是鱼子变成的之后，马上说："我以后不吃鱼子了，让鱼子都变成小鱼苗。"我抓住机会告诉婷儿："不是所有的鱼子都会变成鱼苗，鱼子要先被鱼妈妈生到水里，然后鱼爸爸来让鱼子受精，鱼子受精之后才会变成鱼苗。"……"受精就是鱼爸爸把肚子里的精子洒在鱼子上面。精子就像雄蕊的花粉，花儿用授粉的办法来雄雌结合，鱼的办法却是把精子洒在鱼子上，让鱼子变成有生命的后代。你吃的鱼子都是鱼肚子里的，没有鱼爸爸让它们受精，就不会变成小鱼苗，是专门用来吃的鱼子。你想想看，这种鱼子可不可以吃呢？"忘了婷儿是怎样回答的了，只知道她至今仍然爱吃鱼子。

1985年初夏，我和婷儿在菜市场遇到有人卖刚孵出来的小鸡。婷儿喜欢得不得了，我就给她买了三只养在阳台上。那几天的话题自然离不开这几只毛茸茸的小雏鸡了。婷儿很快就问到了："为什么农民伯伯的鸡蛋能孵出小鸡，我们家的鸡蛋却孵不出小鸡？"（即使孩子没有主动问到，或者家里没有小鸡之类的活物，大人也可拿着小鸡出壳的画片，主动问孩子："你知道为什么……吗？"同样可以方便地进入讲解交配的话题。）

回答"什么样的蛋才能孵出小鸡？"自然要请婷儿联想和复习鱼子受精的知识，启发她用已有的知识去推导可能的答案。通过类比，孩子不难看出鱼子和鸡蛋问题的共同点：受没受过精。需要我直接指出的，则是两者的差异：鱼子是生到水里之后再受精，鸡蛋却是在鸡妈妈肚子里受精。强调差异的目的，和此后讲解的新知识，都是为了让话题一步步地接近人本身。我告诉婷儿："公鸡雄雌结合的办法叫交配。交配的时候公鸡把精子送进母鸡的肚子，让母鸡肚子里的蛋（婷儿早就见过）受精，母鸡交配之后生的蛋也叫'受精卵'，卵和蛋是一个意思（请婷儿重复'受精卵'）。请记住，只有'受精卵'才能孵出小鸡，或者变成小鱼苗。现在请你告诉妈妈，我们家的鸡蛋为什么孵不出小鸡呢？"婷儿回答得很简洁："它们都不是'受精卵'。"

生活在都市的孩子们，很难遇到观察动物交配的机会。婷儿因为经常在留心观察花草和昆虫，倒是在夏天遇见过几次蜻蜓、蝴蝶或蚂蚱交尾。头一次是我先发现两只黑蜻蜓正在阳台的胭脂花旁交尾，我赶紧把婷儿叫过来："你看，蜻蜓正在交尾呢！"……"交尾是昆虫结合的办法。上面那只是雄蜻蜓，它把尾巴尖伸进雌蜻蜓的尾巴，好把精子送进雌蜻蜓的肚子里。交尾之后雌蜻蜓会把受精卵生到水塘里。你还记得蜻蜓点水吗？那就是蜻蜓在产卵。这个星期天我们去看看蜻蜓卵是不是变成小蜻蜓了，好不好？……"

在郊外的水塘边，我们又遇到了蜻蜓交尾。我先用提问的办法让婷儿确认交尾的知识要点："雄蜻蜓把尾巴尖伸进雌蜻蜓的尾巴，好把精子送到雌蜻蜓的肚子里，让卵子受精，"然后告诉她，"人类受精的办法和蜻蜓差不多，也是要在身体里面让卵子受精。女孩长大以后，肚子里的儿童宫殿就修好了，里面会有卵子等着受精。男孩长大以后，鸡鸡里就会生出精子，如果把鸡鸡伸进儿童宫殿的通道，把精子送进去，卵子就会受精。"关于人的性交方式我就这样讲过一次。主要目的是在比较受精方式的过程中，自然地点明性交的动作和部位（讲"出生过程"时已有意让孩子记住"儿童宫殿通道的出口"在哪里），为下一步的防止性侵犯教育做铺垫。

婷儿明白了人也是受精卵"变"的之后，我就开始引导她注意人与动物的不同了。我问婷儿："人类可不可以像蜻蜓和鱼那样，把受精卵扔在水里不管呢？"

婷儿回答说："不可以。"

"为什么呢？"

"会被别的动物吃掉的。很多鱼的受精卵和蜻蜓卵都被别的鱼吃掉了。"

"你说得很对。人类可不会像蜻蜓和鱼那样，把受精卵扔在水里不管。人的受精卵会像你一样在儿童宫殿里长成可爱的小宝宝。小宝宝被妈妈生出来之后，会有亲人来爱他，保护他，还给他准备了一个可爱的家，让小宝宝有地方吃饭睡觉看书讲故事。所以呀，大人总是先相爱，再结婚，有了家以后再生孩子，你说对不对呀？"婷儿想了想说道："卫忠舅舅不是的。他先有家（他与婷儿姥姥同住），后和丹莉舅妈结婚，生竞竞弟弟。"这个"挑刺"的答案，让我满意极了！

经过这些有意识的引导，幼儿期的性知识教育基本完成任务了。剩下的就是寻找一个合适的机会，把性侵犯的潜在威胁告诉婷儿。这个机会出现在 1986 年初春，婷儿快满 5 岁的时候。

我的宿舍楼对面，有一排与平房相连的自行车棚。在拆迁重建之前，每年春天，都有一些发情的猫们在那片房顶上彻夜叫春，追逐交配。

记得那天晚上，猫闹得特别早。婷儿还没睡着，凄厉的怪叫吓得她不敢闭眼，眼巴巴地望着我说："妈妈我怕！"我不得不放下手里的活儿，上床安慰她说："别害怕，这是公猫在唱歌，它在告诉母猫，它想当爸爸，想和母猫交配呢。"婷儿一听，恐惧渐渐变成了好奇："公猫唱歌怎么像哭呢？为什么不咪喵咪喵地叫呢？妈妈你听，它们好像在打架！"外面的响动的确很大，我看婷儿睡意全无，心想机会难得，不如利用一下，便问她："你想出去看看吗？"婷儿连忙点头，我把她连睡袋一起抱起来，摸黑走上阳台。

月光下，竟有四五只猫在那排长长的人字形屋顶扑上蹿下。婷儿悄声说："它们真的在打架！是不是母猫不想和公猫交配呀？"我本想告诉婷儿是公猫在争夺和母猫的交配权，转念一想，不如从更重要的角度来利用这个机会。于是，我边往回走，边顺着婷儿的思路说："是啊，可能是母猫不喜欢这些公猫，不想和它们交配。也可能是母猫还没有长大，肚子里的儿童宫殿还没有修好，不想和公猫交配。这些公猫却不管母猫愿不愿意，非要强迫母猫交配。你说讨不讨厌？""讨厌！"我在被窝里搂着婷儿接着说："我们人类是不允许发生这种事的。谁要是强迫女孩交配，他就是坏人，就要被警察叔叔抓起来去坐牢！如果有人把手伸进小女孩的衣服裤子里乱摸，也是坏人，也要被警察叔叔抓起来去坐牢！"说到这，我用提问和提示的办法，把"我们人类是不允许发生这种事的……"到"抓起来去坐牢"，和婷儿对答了两遍，然后告诉她："你看，这就是人类和野兽的区别。既然我们有警察叔叔保护，你就放心地睡觉吧。"

我清楚地知道，人性与兽性的关系远不是这样简单。但对学龄前儿童来说，能够对人性与兽性有一个简单而本质的印象，已经足够了。婷儿上学后，我们还结合案例和侦破类电视剧分析过：正常人是怎样兽性发作变成强奸犯的？在人性与兽性的关系上可以跟进的教育内容很多，尤其是人格的自我完善和看问题的深刻程度，都可从这个角度顺势发展。

如果您需要对幼儿进行类似的教育，不必要求类似的情景，用画画或讲故事的办法一样有效。需要提醒读者的是，要想确保孩子远离性侵犯的危险，光让孩子知道了危险在哪儿还不够，还得有具体的防范措施。

设计安全措施，当好监护人

我国的《未成年人保护法》第八条规定：监护人对未成年人有抚养教育的义务，使其安全、健康地成长，并在德、智、体方面全面发展。

可这"安全"两个字，常常是灾难发生之后，才浮现在家长的泪眼里！

和"机遇总是喜欢光顾有准备的头脑"相反，灾难总爱降临在不设防的家庭。就说 2002 年 3 月震惊全国的"变态狂用刀锯残害少女案"吧，如果监护人决不允许女孩晚上单独外出（我们家就有这个规定），或者女孩晚上非出门不可时，每次都有大人陪同（小男孩也应有人陪同，以防被拐卖），惨案就不容易发生。

正视这一点，对当事人是一件十分痛苦的事。但为了减少夜幕下的罪恶和悲剧，仅是声讨罪犯、参与募捐还不够，媒体和公众还有责任提醒每个孩子的监护人：破除侥幸心理，切实履行自己的法定责任。

在安全问题上，我和张欣武一贯主张"有备无患，从制度上解决问题"。从小到大，我们总是通过各种可操作的措施，让婷儿远离各种可能发生的险情。除了在《哈佛女孩刘亦婷》里提到的预防火电灾害和防拐卖的措施之外，我们在防范性侵犯方面也设计了不少具体措施。

婷儿上幼儿园的时候，我给她的规定是："任何时候，妈妈都不会让别人来接你，你不许跟任何人离开幼儿园。"并经常提醒她。我每天告别时必说："下午等妈妈来接你啊！"

婷儿上小学和中学的时候，我们给她的规定是："任何时候都不许单独到男老师的宿舍去。"

"如果老师非让我去呢？"婷儿上小学前和我讨论这条规定的时候问。"你就说，妈妈不许我单独跟男老师在一起。然后你转身就往人多的地方走。不要怕老师不高兴，学校本来就不允许男老师和女同学单独待在宿舍里。你也不必去想：'这个老师到底是不是坏人呢？'因为坏人并不是天生的，尤其是在男女单独待在一个房间里的时候，有些好人也可能兽性发作，变成坏人。谁遇上了谁就会被伤害。坏人干了坏事担心被发现，害怕去坐牢，有时候还会杀人灭口。你想去冒这个险吗？"

"放心吧妈妈，我才不想冒这个险呢！"孩子多半都会这样回答。但这条规定每个新学期都要重温一遍，低年级时更要多次提醒。因为孩子会麻痹，会忘记。

还有：上学放学的路上尽量走大路，避免走小路，因为人多的路上坏人的麻烦要多些，顾虑也要多些，作案的概率则要小些。晚上决不许单独外出，更不许在同学家留宿。

还有：不许给陌生人带路，也不许跟任何陌生人走；单独在家时不许给任何外人开门，以不变应万变，杜绝被坏人骗开门的可能性；不许因为贪小便宜而跟男的走；不许捡路上的钱或钱包，以免落入坏人设的骗局，拾金不昧局限在校园以内……

我们采用严厉的措辞"不许"，而不是较温和的"不要"，就是为了让婷儿执行起来的时候没什么可犹豫的。而且，为了让婷儿避免在这些情景中被对方说服，我们要求婷儿不论对方说什么都不接话茬，一概回答："家长不许！"并迅速离开。

让低年级学生学会自我保护，光说不练是不行的。为了让婷儿在需要自保的时候知道该如何做，我们每提出一项新措施，都要进行模拟演习。比如说，媒体每报道一种新的拐骗手法，我们就要演练一种新的防拐骗办法。有时候，这种演练纯粹是为了消除婷儿的心理障碍，比如说，如何应对熟人敲门（"有事请直接跟父母打电话"，或"等父母回家后请您再来"，等等）。另外，为了及时发现问题，婷儿放学回家后，我们总要顺便问问："今天有情况吗？"（好坏都在内，婷儿都会讲。）有些被害人的家庭就是因为缺少这样的交流，错过了把悲剧消灭在萌芽中的机会。

婷儿上中学前后，模拟演习基本上被案例分析所取代。我们从媒体上看到那些有代表性的案例报道，便会留下来，等婷儿周末回家时与她一起分析讨论：这个案例本来可在哪些环节上避免或减轻危害？那个当事人本来可用什么办法自救或救人？……关于各种贪欲对个人、家庭及社会的危害，关于性病和艾滋病，关于嫖客和妓女普遍短寿等知识，也是在案例分析的过程中逐渐了解的。

我们的这些训练并没有让婷儿变得胆小怕事，而是让她增长了社会经验，锻炼了应变能力和自我控制能力，并因为"总是心中有数而更加自信"。随着年龄增长，婷儿的辨别能力和自我保护能力越来越强，成了一个既热情大方又不失机警的人。

怎样称呼性器官？亲切自然为宜

细心的读者也许注意到了，我在婷儿的幼儿期性教育中，极少使用性器官的学名。婷儿上学之后，我们谈到性话题时还是这样。倒不是我有心理障碍开不了口，而是我有意采取了这一措施。因为中国的国情就是"谈性色变"，我不想在形式上去反潮流，也不希望小婷儿在外面无意中说出令人尴尬的话，更不希望她被人误解为对性很关心。我只要她悄悄得到家庭性教育的实惠就行了。

看过《哈佛女孩刘亦婷》的读者也许还记得，我们强力推荐直接教给婴幼儿准确规范的词语，从来不用"吃嘎嘎（吃肉）""咕咚咕咚（喝水）"之类的"奶话"来浪费婷儿发展语言能力的时间。但在幼儿期性教育的用语上，我觉得可以例外。因为性教育难免要谈到性器官，性器官毕竟是与旁人和社会没多大关系的个人隐私，还是用"奶话"代称更自然，更文雅，也更符合家庭性教育特有的亲昵气氛。再说，相爱的大人情到浓时也会不由自主地做小儿态、说小儿语，这也说明与性有关的"奶话"与其他儿语不同，不会随着年龄的增长而成为无用的语言垃圾。

我认为比较合适的做法是，在孩子2—10岁之间把性器官的学名告诉孩子，以便孩子在别的场合遭遇性名词时不以为怪，平时在家里仍然使用代名词。至于用哪种儿语来称呼性器官较好，可以各人随意。不管用什么代名词，只要让孩子知道指代的是性器官，而且亲切自然，没有亵渎感

（脏话则有亵渎感）就行。

需要强调的是，任何时候孩子问起性器官的学名，大人都应坦然地满足孩子的好奇心。在青春期来临之前，大人更应该找机会专门给孩子讲解一次性知识，并且大大方方地使用性器官的学名。因为青春期的性教育要突出科学理性的色彩，与幼儿期的性教育倚重情感熏陶有较大区别。

在性器官的问题上，中国父母最容易犯这样两种错误：一种是把成人的性意识强加在孩子身上，遇到孩子提出性问题、玩弄性器官或模仿性行为的时候，马上"以成人之心度幼儿之腹"，或是嘲笑："好不要脸哦！"或是斥责："不许动！""脏！不要摸这个地方！""羞死了！以后不许摸！"甚至把孩子当做"下流坯"连打带骂揍一顿。这种做法必然给孩子留下这样的印象：性器官是脏的、见不得人的、下流的，凡与性器官有关的活动也是肮脏、下流、见不得人的，要受惩罚的。在这种氛围里长大的孩子，轻者会成为"谈性色变"的人，重者会形成难以改变的性抑制心理，对今后婚恋家庭极为不利。

中国性教育专家陈一筠教授说："我研究了很多家庭、婚姻危机的个案，明显地感觉到问题源于青春期甚至更早。为了让更多的人不再走向咨询室痛苦地倾诉，为什么我们不能早一点抓源头呢？"

我认为，源头之一，就是从小用亲切、自然、科学的态度处理与性有关的一切问题；源头之二，则是结合早期教育，为婴幼儿安排各种有趣的活动，避免让孩子无所事事地闲着，因为无聊而玩弄自己的身体。

遇到小孩子们玩结婚之类的游戏，不要训斥，而是高高兴兴地参与游戏，说些"祝新郎努力工作准备当个好爸爸，祝新娘努力学习准备当个好妈妈"之类的话，并用其他事物（如讲故事、吃东西、到别处去玩）转移孩子的注意力。如果遇到孩子玩弄性器官或模仿性行为，也不要训斥，只说手上有细菌，会把干净的性器官弄脏，弄脏了可能发炎，会很疼，同时用其他事物转移孩子的注意力。

另一种与性器官有关的错误，是拿小男孩的"鸡鸡"恶作剧。在亲友相聚的时候，常有人以拉下小男孩的内裤为乐，而且乐此不疲。这种极不尊重孩子的行为，对培养孩子的隐私意识十分不利，既可能使有些孩子对性器官更好奇，玩弄它的兴趣更大，撩女孩裙子的愿望更强，也可能破坏有些孩子的安全感，降低孩子与成人交往的欲望和勇气。

培养隐私意识，从快上小学开始

有没有隐私意识，是人和动物的一大区别。但隐私意识和高尚情操一样，是人类文明的产物，孩子不会从娘肚子里带来，只能由后天习得。保护和尊重个人隐私，就是应该由父母教给孩子的文明守则之一。

隐私意识包含的内容很多，与家庭性教育密切相关的，主要有这样四点：一是性器官要遮羞，二是性行为要隐秘，三是克制对他人隐私的好奇心，四是保护自己的个人隐私不被侵犯。

培养隐私意识，最好从快上小学开始。因为从上小学开始，孩子上厕所就要分男女了，家长正好利用这个机会对孩子进行安全教育和隐私权教育。（顺便说一句，上幼儿园时孩子需要有见识异性性器官的机会，加上有老师监护孩子们上厕所，所以不分男厕女厕为好。如果孩子提出了来自厕所的问题，正是讲解性知识的好机会。中国有句古话"七岁不同席"，也可说明隐私教育不晚于 7 岁就行。）

我曾利用小学分厕的事儿对婷儿说："男女分开上厕所跟人要穿衣服一样，是人和动物的区别。动物没有羞耻感，所以不分公母都把生殖器官暴露在外面，而且随处交配，随处大小便，一点也不讲文明。人是要讲文明的。所以小朋友两三岁就要穿连裆裤，不让外人看见自己的屁股，六七岁就要分厕所，这样对女孩子才安全。如果男的躲在女厕所里，肯定是想对女孩子干坏事，遇到这种情况要赶快跑出来告诉老师。平时最好和女同学结伴去上厕所。"

孩子在家里大小便或洗澡、换衣服的时候，家长也要提醒孩子："关上门再……啊，你就要当小学生了，开着门做这些多害臊啊！"习惯与孩子同浴的父母也应以"你长大了"为理由，让孩子学习单独洗澡。父母在可能裸露身体的时候，也要开始请孩子回避。

那些还没让孩子单独睡觉的父母，也可趁此机会与孩子分床睡觉。分床的问题在单亲家庭更要引起重视。有些妈妈因为没有夫妻生活的干扰，也因为感情没有寄托，儿子都十几岁了还和妈妈睡一个被窝，这对孩子的心理成长是很不利的（恋母情结太重的男子不容易爱上适龄女青年）。分床后一般不允许孩子又来和父母睡在一起。如果不坚持分床睡觉或不提醒孩子入厕及裸体要避人眼目，以后会有很多麻烦。

我在网上看到这样一个案例：有个女孩从小长得就胖，外出时总是由力气大的丈夫抱着女儿，女儿也一直喜欢跟父亲亲昵。女儿12岁时，妈妈认为无论从心理上或是身体上女儿都进入了青春期，但女儿还是经常以怕黑或冬季怕冷、夏天怕热为由跑到父母的床上，一来便习惯地拥着父亲入睡。女儿从小就不喜欢穿着衣服睡，大了仍裸着上身，只穿个小三角裤睡在父母中间。上厕所从不关门也不拉上窗帘，洗澡也不知道回避大人。常常是洗完澡后，光着身子从卫生间跑出来，让母亲或父亲给她找衣服。妈妈多次说女儿，你怎么没有一点儿羞耻感？可女儿说："是我自己的爸爸，又不是别人，怕什么？"而过于迁就女儿的爸爸也从不拒绝她的请求（正确的做法是：从小教孩子先准备好干净衣物再洗澡）。

这位妈妈写道："一想到我不在家的晚上，女儿的身体全部裸露在她正值壮年的父亲面前，我就脸红心躁。身为母亲也作为妻子，我认为，女儿是纯洁的、无邪的，丈夫也是正直和坦荡的，我绝没有半点儿想曲解他们的意思。但我仍感焦虑和担忧，12岁的女儿为什么没有一点儿性别意识呢？"

专家对此有一段点评，现摘录在此，供大家参考：

在对孩子进行性别认同教育的同时，还要对孩子进行性羞怯感和羞耻感教育。

羞耻感是一个人对自己的行为或他人的行为感到害羞与耻辱的表现。对人类来说，羞耻感也并非天生的，而是随着在家庭、社会中的成长，受文化背景影响而逐渐形成的。所以婴儿就没有羞耻感。婴幼儿与父母之间的肉体接触是无可非议的。一旦进入幼儿园，就要让孩子懂得如何避开别人，谁可以触摸自己，以及怎样触摸，身体的哪些部位不可示人等。

正因为人类有了羞耻感，才对性器官有一种隐私和隐藏的要求，对性行为有一种自私和个人的认识，使性活动在一个特定的、安全的、隐蔽的、个人的场所中进行。正因为人类有羞耻感，才有尊严和人类文化的发展。

目前，存在于孩子身上的性早熟、中学阶段的早恋现象已成为社会关注的热点，但我们也不能忽视孩子的性别意识和性羞耻感缺失的现象，它们和性早熟一样，都应该引起家长和老师的关注。（点评者：郭村荣）

其实，中国人原来是知道该怎么做的，但在独生子女家庭，父母常常会因为爱而乱了方寸。这对父母就是忘了（或者本来就不知道）"男大避母，女大避父"的古训。

让孩子学会关门的同时，父母和孩子还要共同培养一个新习惯——进屋先敲门，允许才能进。这是避免发生尴尬局面的最好措施。在习惯养成之前，婷儿每次忘了敲门询问"我可以进来吗？"我们都要让她退出去重新来过。尽管当时的那道"门"只是一帘落地布幔而已，还是让婷儿养成了尊重他人生活空间的习惯。

在此基础上，我进一步要求她尊重自己和他人的"身体范围"。一般情况下，谈话的时候两人的身体至少相距半米到一米，这样才合礼仪。这种礼仪意味着对他人的安全感和隐私权的尊重。男孩对此更要格外注意。

另外，不轻易谈性，含蓄地谈性，也是尊重隐私的一种表现。

也许有人会说:现在的中国人已经开化多了，各种拿性关系搞笑的"黄段子"满天飞；婚外恋、一夜情和变性手术早已不是新闻；专业和非专业网站的涉性栏目里都在详细传授性技巧；小学生的"口头文学"内容已经十分色情……既然如此，还有没有必要用含蓄的态度来对待性呢？

我们的看法是，在性教育的课堂之外，仍然有必要保留含蓄的表达方式。因为"谈性色变"的国情依然没有变，只不过，过去是人人都变得很尴尬，现在则分化出一些"谈性色喜""谈性色迷"的人。如果你不希望孩子随便与外人讨论性话题，就该在向孩子讲解性器官的时候，顺便提醒孩子："性器官是应该尊重和保护的个人隐私，随便提到它的名称，也可能被误解为冒犯别人。性方面的问题最好只和父母谈，或是在性教育课堂上参加讨论，以免惹来些不必要的麻烦。"

不必担心这种提醒会让孩子更好奇或性压抑，因为这只是主张隐私权，与封建的性禁锢没有任何关系。无论东方西方，除了在医疗、教学或其他适合谈性的特定场合，有教养的人都不会把性器官和性行为直接或随意地挂在嘴边。学习文雅的习俗只会使孩子更不容易轻率地对待自己和他人的性。

当孩子学说指代性器官的脏话时，从尊重隐私的角度劝孩子放弃这种做法也很有效。婷儿上小学后也曾在玩耍的时候和同学一起说脏话，我听到之后没有生气，也没有批评她。因为我知道小孩子学说脏话并不是因为下流无耻，而是不知所云，盲目模仿。婷儿回家后，我平静地问她知不知道那些词汇的含义是什么？不出所料，婷儿被问住了。等我把那些脏话的具体所指告诉她之后，婷儿再也不用这些粗俗的字眼了。因为她在此前的性教育中已经形成了保护和尊重隐私的意识，她很清楚："性器官和性行为属于个人隐私，除了和妈妈之外，不宜随便谈论，以免别人尴尬和反感。这就像内裤不宜晾在客厅里一样，尤其是家里来客人的时候。"

培育"性美感"，从每天换内裤做起

触发我"培育性美感"的想法的，是中国人常说的两句名言："情人眼里出西施"和"旁观者清，当局者迷"。古人留下的这两句话精辟地点明了人们在性美感上的千差万别。想想那些难以被亲人们接受的同性恋者，以及在择偶问题上与亲人反目的情侣，矛盾的起因大都与此有关，即："把什么人看成西施？"和"被什么人看成西施？"如果父母在性美感方面对孩子引导得法，孩子原本可以避免性取向的偏差，或在婚恋过程中减少看错人的可能性。

我所说的性美感，其实是人的价值观在性方面的具体表现。这种性美感以直觉（而非理性思考）的方式判断与性有关的善、恶、美、丑，并以情感的力量影响我们在性的方方面面做出各自的选择。当我们被性美感所左右的时候，判断事物的标准不再是"对不对"，而是"喜不喜欢"。有时候明知"不对"还是"喜欢"，或者明知"对"还是"不喜欢"。如果太喜欢或太不喜欢了，都可能让我们做出不顾后果的选择。然后，实践会检验我们随心所欲的选择对不对。各种正确的选择最终会构成幸福的人生，各种错误的选择则会构成乏味甚至痛苦的人生。

我想，如果孩子心里喜欢的就是真善美，选中假丑恶的概率就会大大下降，离幸福人生也就更为接近。为此，我在通过性知识教育增加安全系数的同时，也不忘细心培育婷儿的性美感，希望她的直觉和情感也能推动她向"可爱又会爱"前进。

既然性美感是通过直觉和情感起作用，就可以像培养性格一样，通过习惯养成和行为体验来培育。在婴幼儿阶段，最重要的就是按孩子生来的性别来养育婴儿，让孩子在"好闺女"或"好小子"的赞许声中，反复体验与性别相联的愉悦感，自然而然地以自己的性别为美。

如果父母因为"喜欢"和"好玩"，就把男孩当女孩养或把女孩当男孩带，很容易把孩子推进心理变态的群落。据中国新闻网报道，中国整形外科医院性别重塑中心的主任陈焕然博士说，他每周都要做两例变性手术，目前预约登记已经排到了5年之后，其中30%的变性人都是因为从小被父母"性别错误指定"所造成的。可以想象，还有更多的"后天易性癖"患者，因为没有钱或没有勇气或两者都没有，终生都将在痛苦中煎熬。为了避免这样的人生悲剧，父母切记不要把对性别的偏爱强加给孩子。

儿子难得见到父亲的家庭，妈妈要特别注意为孩子提供理想的男性榜样。这个榜样可以是爸爸、亲友或同事、邻居，也可以是文艺作品里的人物。妈妈经常对男性的好言行赞美一句："这才是真正的男子汉！"对儿子就是很有效的性教育。女儿难得见到妈妈的家庭，爸爸也需要做类似的事情，以弥补缺乏性别角色模仿对象的损失。

在幼儿期，"以身体洁净为美"是培育性美感的一条捷径。由于性美感与多次重复的愉悦体验密切相关，要让孩子以自己的身体为美，最好多多体验由脏臭变干净的舒适愉快。可以说，习惯于让身体保持清洁的孩子，很容易培养起"珍爱自己、体贴他人"的德性。大人在孩子洗手洗脸洗头洗澡时的夸奖和赞美，就是在培育孩子对洁净美的敏感和好感。

以身体洁净为美的核心是"以性器官的洁净为美"。这种美感，可以从每天换内裤开始培育。能让孩子每天洗澡当然最好，即便做不到每天洗澡，也要每天都把性器官洗干净，并换上干净的内裤。男孩女孩都应该如此。从小养成了每天换内裤的习惯之后，不得已再次套上穿过一天的内裤时，就总觉得不干净，心情不舒畅。这种不干净、不舒畅的感觉，就是性美感发出的负面信号。它说明，孩子已经把"干净"看成了性器官的属性之一。对于性教育来说，这是十分重要的收获。

日本儿童性教育专家武川行男认为，以洁净为美的习惯会产生各种预期的连锁反应：习惯于保持性器官干净的人，自然不会用无所谓的态度来看待与性器官有关的行为；那些对一条内裤连穿几天都没有抵触感的人，多半是对性器官及其周围脏了也不太在乎的人；一个对性器官满不在乎的人，对性行为也可能会满不在乎，滥交和得性病的危险就大大增加了。反过来说，一个重视性器官清洁的人，更容易慎重对待性行为，更不容易在性上面摔跟头。

保持卫生间的清洁，对形成"性是清洁的"意识也非常重要。婷儿3—6岁期间，我们一直和寄宿在隔壁家的几位农村小伙共用一个4平方米的卫生间。为了让卫生间保持干净明亮、空气清新的好感觉，我特地在卫生间安了一个60瓦的大灯泡（当时流行的是安3瓦的荧光灯），并在卫生间贴了一张如厕指导，上面写着："大便时要边拉边冲才不臭，小便后别忘了刷洗池边。"于是，几位刚进城的邻居很快养成了新的卫生习惯。外出的时候，我们也多次使用过阴暗、窄小、臭烘烘的厕所（成都厕所的更新换代直到婷儿上高中时才基本结束），但婷儿始终认为明亮干净才是厕所应有的特征。

另外，**告诉孩子小便不脏**，对形成**"性是清洁的"**意识也很重要。我告诉婷儿：因为小便是肾脏过滤出来的，所以小便很干净。唐山地震的时候，有位大妈被埋在地下13天，就是靠喝自己的小便，坚持到了被人救出来的那一天。医生在没有消毒药和干净水的时候，还可以用小便清洗伤口的脏东西。大便却是很脏的，因为大便里有各种细菌和蛔虫卵，所以，女孩子用手纸不能从后往前，要防止大便弄脏性器官。

不要小看这些婆婆妈妈的细节，人生之路就是由通向幸福或通向痛苦的种种细节连接而成的。

指点"美、妙"境界，追求持久魅力

性美感包含的内容很多，除了在幼儿期通过性知识教育和良好的生活习惯来陶冶性情，帮助孩子摆脱"性是美还是丑"的传统困扰之外，从上小学起，还可通过教孩子分辨仪表和行为的雅俗美丑，让孩子学会用得体的言行举止展现美好的内心世界。

我仔细回忆了一下，为了让孩子获得鉴赏性美感的能力，我和张欣武先后从九个方面指点过婷儿，包括她将来才会面临的婚恋方面的内容，也用分析案例的办法提前讨论过。为了表述方便，我把我们对婷儿的点拨梳理成"美、妙、差、糟"四种境界，我们希望婷儿做到的是："避免差，远离糟，达到美，争取妙。"

现将性美感的"九个方面，四种境界"列举如下，供读者参考——

身体：以洁净为美，以灵敏为妙；以笨拙为差，以肮脏为糟。
语言：以文明为美，以风趣为妙；以乏味为差，以粗俗为糟。
表情：以自然为美，以生动为妙；以呆板为差，以做作为糟。
举止：以大方为美，以优雅为妙；以局促为差，以粗鲁为糟。
行为：以正常为美，以高尚为妙；以自私为差，以鬼祟为糟。
态度：以坦诚为美，以幽默为妙；以暧昧为差，以狡诈为糟。
服饰：以合身为美，以得体为妙；以错位为差，以致病为糟。
恋情：以专一为美，以圣洁为妙；以勉强为差，以玩弄为糟。
性爱：以隐秘为美，以和谐为妙；以招摇为差，以滥交为糟。

很明显，这些要求没有一条是针对先天条件的。正常的男孩女孩通过小小的努力，就可达到"美"的境界，追求"妙"的境界虽然要难很多，但也不是没希望。

可以想象，如能全面达到"美"的境界，"可爱"的感觉就会像花香一样从孩子的音容笑貌中自然散发。若还有一两个方面能达到"妙"的境界，定会有人感觉到"可爱极了！"而且，由于物以类聚，孩子鲜明的价值取向也更容易吸引来趣味相投的男孩和女孩，更容易遇到适合深入交往的人。

孩子在"避免差，远离糟，达到美，争取妙"的过程中，必然会加深对这"九个方面，四种境界"的领悟和认同，父母的引导和要求，也会逐步由他律转化为自律。到了这一步，性美感就会成为孩子的鉴赏眼光、取舍依据和进退分寸，父母所希望的"会爱"，就不难实现了。

培养方法

除了前面介绍的如何培养"洁净美感"之外，我们培养其他美感的具体方法主要有四点：

1. 保持舆论导向——大人统一口径，随机褒贬，但以正面宣传、赏识鼓励为主。

家庭内部正确的舆论导向对孩子具有极大的影响力，在很多时候都能构成孩子为人处世的心理支撑，尤其是在家长的要求与孩子伙伴的流行做法有矛盾的时候。

除了一般性地保持舆论导向之外，那些比较虚的审美观念和道德评价，主要是靠平时耳濡目染起作用。比如说，体态纤细瘦弱与健康丰满哪个更美更重要？不同的季节和场合怎样着装才"得体"？（"得体"指兼顾礼仪和功能两方面的需要。）行为正常与自私或高尚的区别何在等等。这种方法的成败主要在于大人能否统一口径，言行一致，贯彻始终。

2. 提供参照榜样——包括实例、影视和阅读。

很多童话和传说都是极好的儿童性美感教材。如《牛郎织女》《花木兰》《天鹅湖》《海的女儿》等等。适合做青少年性美感教材的文艺作品也很多。如张贤亮在中篇小说《绿化树》中描绘的爱情，曾深深地感动过婷儿，情不自禁地发表了一通对比言情小说之肤浅的言论；池莉的《来来往往》等小说对婚内婚外感情纠葛的微妙描绘，对婷儿理解爱情与生活的复杂性，也具有突出的启示效果。

在现实生活中，我给婷儿提供的参照榜样是我原来的同事郭彦（现为时尚杂志《优雅》的主编）和她的丈夫易丹，他们一个是好教授，一个是好编辑，而且是年龄相当、感情很好的作家夫妇。婷儿从小就很喜欢他们，我经常把他们作为优秀、幸福而成功的榜样来激励婷儿。易丹教授是"文革"后第一批公派留美的硕士，他在第一个中篇小说《梦里的港湾》里，透露过他拒绝美国女同学的爱情的经历。易丹归来时郭彦正在四川大学读本科，此前她也不止一次地拒绝过很有才华的追求者。他们的罗曼史，成了我对婷儿宣扬"真爱要等待"的好例子。婷儿能在中学阶段保持头脑清醒，除了《哈佛女孩刘亦婷》里写到的"早恋预防针"之外，郭彦夫妇的活榜样也是很有影响力的参照系。

另外，一些好的电视连续剧也是难得的性美感教材。如香港的《义不容情》和《流氓大亨》，都曾被用来让婷儿增加跟性与爱有关的正反两方面的经验教训。

3. 进行适当训练——如语言、表情、举止等外在的方面。

语言：语言文明不难做到，语言风趣则需要思维敏捷、善用比喻。我在婷儿上学前给她念《阿凡提的故事》时，经常和她讨论"这个故事为什么好笑？"这对于培养孩子对滑稽、荒谬及不和谐的敏感性是很有帮助的。如果能用比喻或"归谬法"把事物的不和谐与滑稽、荒谬凸现出来，风趣自然不成问题，但如何把握分寸不伤当事人的自尊心，则很"考手艺"。相比之下，还是较"笨"的做法更为妥当。比如说，记住一些有趣的格言警句和高明的歇后语，学讲一些机智的笑话，只要说得正是时候，用得恰到好处，就能让语言变得风趣而不伤人。需要注意的是，暗示性行为的"黄段子"是粗俗的标签，不学为宜。

表情：表情的自然美和化妆的自然美有点相似，这两种自然美都是摆脱了原始状态的结果。改善表情，一是要在亲友的帮助下发现和改掉一些原始的猥琐表情，如挤眉、皱鼻、歪嘴、龇牙、眼珠子乱转等；二是可对着镜子发现一个最适合自己长相的亲切微笑，作为自己的基本表情；三是要诚实自信，如此才能有坦诚清澈的目光（五官越不漂亮这一点越重要，这是赢得好感的起码条件）。在这个基础上放松面部肌肉，就可能具有自然而生动的表情了。如果想让目光更有表达力，不妨对镜凝视着自己的眼睛，在心里默诵动人的诗——这是我刚想出来的训练方法，希望对目光缺乏神采的孩子有所帮助。

举止：举止大方也需要发现和改掉一些原始的小动作，如东张西望、抓耳挠腮、坐立不稳、东倒西歪、弓腰驼背、腿脚乱颤等。训练举止也需要亲友帮忙观察和指出存在的问题。一般说来，自己注意到了就能改掉。如果还想使举止变得更为优雅，不妨参加一个风度举止方面的训练班，或舞蹈基本功训练班，强化训练一段时间，应该大有改观。不过，我们只要求孩子的举止大大方方，是否追求优雅，得看各人的兴趣。

4. 分析讨论案例——利用媒体报道的社会新闻，辨析行为、态度、婚

恋方面的善恶美丑。

这种方法并不需要多少技巧，但要求家长观点要积极，态度要平等，就事论事，不要随便把话题往孩子身上扯，也不要奢求立竿见影解决问题。讨论案例的意义主要是让孩子在分析探索中形成正确的观念，为独立分辨善恶美丑，增长经验和能力。

由于我们要求的性美感与先天条件无关，一旦获得"美"与"妙"的魅力，大都不会随着年龄的变化而消散，只会像佳酿一样越陈越香。这就是所谓的"持久魅力"。这种魅力不会和年轻俊美一样弃你而去，它将跟随你直到生命的最后一刻，让你的一生都充满自尊与自信。为了下一代的幸福人生，我们真心希望每个孩子都能在性美感方面"避免差，远离糟，达到美，争取妙"，大家都成为独具魅力、可爱又会爱的人。

偶得日本性教材，对照一番多惊喜

1989 年，婷儿已经 8 岁。我无意中在书摊上看到一本 1988 年 10 月出版的《五分钟性教育》，是四川外语学院集体翻译的，原作者是日本儿童性教育专家、东京都小学校性教育研究会副会长武川行男。据译者介绍，《五分钟性教育》在日本初版于 1986 年 4 月，当年就再版 5 次，是日本父母对儿童进行性教育的必读书。

买回家去翻阅一遍之后，我不禁眉开眼笑：原来我做得很对、很好呀！

对在哪里？好在何处？看看这位日本性教育专家的主张就知道了。

日本专家武川行男把性教育视为"与心之关系密切的教育"，其根本目的是为了日本儿童"人格的完善"，这个目的需要家庭、学校和社会共同努力才能完成。换言之，孩子的性教育，不能全靠学校，父母必须早日承担起家庭性教育的责任。

武川行男认为，要想顺利进行性教育，教育者必须与孩子建立亲切友好、互相信赖的关系，因此，家庭性教育具有特别的优势。他的理由是：

一般来说，教师很难和每个学生心心相通，孩子们的尊敬、感谢、思慕之情也不是能够轻易得到的。假若心灵的接触不够而进行性教育，不仅没有多大效果，还会产生相反的效果。比如，说了与性有关的话，学生们就嗤笑着，不能集中于教学的内容，因此也就不能充分理解，还有可能产生误解。

但孩子与父母亲却是天然的组合，性教育也不是什么特别之物，并非只能由特定的人或受过专门教育的人才能做。早晨起床、洗脸、换衣服、上厕所、吃饭……这些日常生活的每一细小环节，都可以成为性教育的机会，日积月累，就会构成无可挑剔的性教育。比如，即使在家里人面前，也决不裹着睡衣一副邋遢相。粗俗无礼的行为，忽视对他人的体贴、羞耻感、清洁等，都是与性教育不相容的。还有洗干净脸，好好刷牙，整理好头发以后才就餐等，如此之类的良苦用心，都是性教育的良好基础……

本章在前面写道，除了从生活细节入手随机进行性教育之外，我还采取了以花鸟鱼虫为例讲解性知识的办法，事后才知与日本专家不谋而合。不同的是，我针对的是三四岁的幼儿，用的是早期教育与性教育相结合的办法；日本专家针对的是中小学生，用的是精心设计的课程计划。另外，由于针对的对象不同，日本专家涉及的面比我们更广更系统，我们的家庭性教育则更深更细，更加个性化。

最让我感到高兴的是，我们和日本专家在性教育的目的方面做到了"殊途同归"。虽然我摸索家庭性教育的原始动机是防止女儿"被人害"，但为了抵消性安全教育的副作用，我为婷儿的性教育制定了"三大目标"，使得婷儿的性教育幸运地变成了一种人格教育。后来，我和张欣武更是把青春期性教育作为整体素质培养的重要环节（部分内容已写入《哈佛女孩刘亦婷》中《逆反期的家庭教育》一章），对婷儿的自我完善起了不可替代的作用。

但专家毕竟是专家，武川行男多年从事儿童性教育的教学和研究，非常明确学校性教育的出发点就是"儿童人格的完善"。为了便于读者对比，现将日本专家为性教育课程规定的五个目的摘录如下：

（一）使孩子们认识和了解人的性器官，理解身体的性成熟。

（二）使孩子们理解性心理和性意识的变化。

（三）使孩子们理解生命创造的机制，养成尊重生命的态度。

（四）使孩子们思考男女之间人际关系的理想状态，培养男女之间的协作精神。

（五）使孩子们对社会上的性现象具有批判能力，对性信息具有选择能力，并掌握防止遭受性迫害的方法。

日本专家的书不仅使我坚定了继续进行家庭性教育的信心，还给我提供了可以借鉴的好办法。比如说，教孩子从摄影艺术的角度去评判裸体照片的美与不美。又比如说，遇到电视上"儿童不宜"的场面怎么办？武川行男写道：

这种时候，不应该用上厕所什么的来逃避，而应该凝视着画面自言自语地说："如果那样做两个人是不会幸福的。""那男人不见得是真心地爱那女人。""好像没发现自己被欺骗了。""男人可真是嘴甜啦。""聪明的女人一般不做那种事。""两个人都没有辨别能力。""最重要的是心，是心灵呢。"

声音大小以能让小孩听见为宜。这是问题的窍门所在。即使小孩似乎没有听，但其话语也一定留在了脑子里。而且，五年十年后，当他自己面临这些问题时，父母、老师过去的教诲也许会浮现于脑际而产生作用。

学校里，电视上的性交场面很难成为教材，但如果遇到相似的场面，也不应从中脱逃，而是从正面入手，轻声自语自己的信念。

得到《五分钟性教育》的时候，电视台刚开始播放万梓良主演的连续剧《流氓大亨》。本来我还拿不准应不应该让婷儿看花花公子诱奸纯情少女（周海媚饰）的情节，看到日本专家的建议之后，我们果断地把这部分剧情作为了防范性陷阱的教材。从剧中少女认识花花公子开始，到她瞒着亲人落入圈套、失身、怀孕、被抛弃、寻短见、跳楼致残，后在亲人关爱下重新振作起来的全过程，我们基本上都让婷儿看到了。那段时间，我们经常让婷儿放下作业过来看一会儿电视剧，然后就在适当的时候开始小声议论想让她听见的话。这种做法很快就变成了后来常搞的案例分析活动，婷儿也由一个旁听者变成了参与讨论的人。

到目前为止，这种注重人格培养的性教育在婷儿成长的每个阶段都收到了理想的效果。出于保护隐私的原因，我不准备多举实例，也希望读者不要询问这方面的情况。需要增加相关知识和修养的读者，可以通过正规的性教育课程和阅读正派的性教育读物来提高自己。

如今色情信息多，预防"性污染"要先行

关于"什么是性交？"有人主张孩子不问大人就不讲。我的看法却有所不同。临写这一节之前，我粗略统计了一下网上的资料，发现从 2000 年 4 月到 2002 年 5 月，从乡村小学到北京重点小学，仅媒体披露的案件里，就有近百名 7—12 岁幼女被坏老师反复奸淫猥亵而不知举报，不为人知的罪案还不知有多少。这些本来可以避免的悲剧，让我痛感学前性教育不能再拖了！

我认为，不仅女孩应该在上小学之前明白"什么是性交？"男孩也该在 10 岁之前（即性意识觉醒之前）知道这个谜。理由嘛，除了有利于防范性侵犯、告发性罪犯之外，更重要的是社会上的色情信息越来越多了。

有人考证，20 世纪 80 年代小学生用"丰""阳""伟"等字组词，答案多为"丰收""太阳""伟大"之类；而当下的小学生却把这三个字分别组成了"丰乳""壮阳"和"伟哥"。这还只是合法广告的影响。至于黄书、黄碟、黄网站、黄邮件、三陪女、应召郎……这些信息瘟疫般在社会上弥漫，早已形成了防不胜防的色情污染。

尤其是随着家庭计算机和网吧的普及，上网的学生越来越多。只要同学指点一句，新手也能很快找到许多不堪入目的黄色图片和文字。孩子们得意地说："大人们根本无法遮住我们的眼睛。"然而，父母们仍在"谈性色变"，仍在坚守不与孩子谈"性"的旧传统！于是，在获取性知识的渠道上就形成了十分荒唐的局面——据"新浪网／教育天地／专题《那个叫'性'的知识谁教你》编者按"披露："有调查显示，我国未成年孩子的性知识近 70% 来自黄色杂志、三级片或成人网站；24% 以上是自己通过各类书籍获得；仅有约 1.66% 和 1.32% 孩子的性知识来自学校和家长！"

家长们无视孩子对性知识的渴求，不法之徒可不会放过推销色情产品的"商"机。他们在各种读物里对人体部位和性生活进行夸张的描绘，我们的读者信箱就多次收到过色情网站发来的垃圾邮件，里面的画面足以把未成年人的父母吓出一身冷汗。还有些小说把流氓写成绅士，把淫乱说成

正常，津津乐道于纯生理刺激和快感，故意美化偷窥性交、嫖宿暗娼、性贿赂、亲朋换妻、多人同交等下流行为。这些意在挑逗和鼓吹纵欲的色情信息，完全无视人类的伦理道德，随时都可能误导孩子从纵欲的角度去认识人类的性，诱使孩子堕落成"只求快感、不知廉耻和责任的人"。

为了孩子的心理和人格能够健康发展，为了避免孩子毫无防备地面对色情诱惑，父母必须提前预防，尽早引导孩子从科学的角度去了解和理解人类的性行为，以便降低性好奇，增强免疫力。

事实上，点破"性交"之谜可以大大提高品德教育和法制教育的效率，有助于从源头上减少失足少年和问题少女的百分比，实实在在地造福家庭和个人。

只不过，人们普遍感觉这个话题对孩子很难启齿。2001 年 11 月底《中国青年报》的子报《青年时讯·城市读本》发过一篇父母给快 12 岁的儿子讲解性知识的文章，标题就是《性，最可怕的一关》。

读者在前面已经看到，这一关在我们家过得很自然。倒不是因为婷儿更小讲起来更少顾虑，而是因为，以花鸟鱼虫为例的办法，可使孩子在观察动植物的生命繁衍中，极其自然地理解人类的性行为。由于婷儿的性教育得益于早期教育带来的智力优势，所以在她 3—5 岁就可以讲得较深较透。如果是没有经历过早期教育的孩子，只要已经听得懂童话了，也可参考我的思路进行家庭性教育。

我的思路是，把性教育与开发智力、情感教育和安全教育结合起来，尽可能采用一举几得、效果长久的步骤和方法。在告诉孩子"什么是性交"之前，先帮孩子建立起"性让生命延续，爱使人兽不同"的观念。只要孩子懂得"性的本质是延续物种生命，男女相爱是人类性行为的特征"，就不怕让孩子知道"为什么人会有性欲"？也不难让孩子明白：为什么爸爸妈妈性交是家里的好事情；男人强迫或欺骗女人性交，却是"兽性发作"，是犯罪。

我相信，懂得人兽之分的男孩，对爱情的评价更高，兽性发作的可能性更小；懂得人兽之分的女孩，自我保护的能力更强，排斥性爱的可能性更小。这两种情形，都有利于孩子的健康成长和未来的婚恋质量。即使是那些已经接触过淫秽物品，甚至还偷偷画过色情画的孩子，也可以用"性让生命延续，爱使人兽不同"的观念去引导，帮助他们用科学的眼光和开朗的心态，去重新认识和憧憬人类的性。

早期没搞性教育，如何点破"性"之谜？

据我们所知，自发进行早期性教育的家庭很少。2002年2月，北大心理系的胡佩诚教授曾在"中英青少年性教育研讨会"上指出："中国的家庭性教育几乎还是空白。"与此同时，医学界却频频传出城市儿童性早熟的信息。

据深圳市计生所统计，深圳市青少年女生初潮平均年龄为13.13岁，最早为9岁；男生初次遗精年龄为14.42岁，最早为6岁。40年前的平均年龄则分别为女14岁和男16.6岁。深圳市卫生医疗信息研究所的李静芬教授认为，不仅仅是深圳的孩子性早熟，整个中国的孩子都有这种倾向。

性生理早熟加上外界性信息泛滥，使得孩子们对性的好奇和关心远比过去更早更露骨。这也增加了及早进行性教育的迫切性。

对早期没搞性教育的家长来说，只要认识到补上这一课的重要性，并不缺少起码的性知识。但如何开口讲解性交，仍然需要指导。在此，我向读者推荐三个在不同情况下解释性交的成功范例，供家长参考。

方法之一：在缺乏必要铺垫的情况下，孩子突然问到与性交有关的问题。仓皇之间，大人可用加拿大儿童教育家希拉·黑利夫人的做法来"救急"。希拉·黑利夫人在《我嫁给了畅销书作家》中写道（见1988年的中译本）：

（一家人正吃麦片粥的时候，8岁的）珍妮冷不防地问："我知道婴儿是在妈妈肚子里长大的，可他是怎么进去的呢？"我心里想，如果我说以后再解释，那只会使这个问题蒙上神秘的色彩。我急切地思索着，最后还是决定讲。"这样，"我说，"当爸爸和妈妈互相亲爱的时候，他们就靠得很近，接吻拥抱。于是他们做爱，爸爸把阴茎放到妈妈的阴道里。妈妈肚子里有微小的卵子，爸爸有一种特殊的液体叫精液，精液能使一个卵子长出个婴儿，就这么些。""我明白了。"珍妮说。没有人再发问了。

方法之二：如果你的孩子已经到了青春期附近还没进行过性教育，不妨看看《性，最可怕的一关》，借鉴一下那对双胞胎儿子父母的做法。能上网的读者请点击《中国青年报》电子版的该文网址 http：//www.cyol.com/gb/zqb/2001–12/12/content＿352908.htm，全文有 9000 多字。这对父母教得很好，写得也很风趣。这篇文章的作者是孩子的妈妈刘爽。她和先生为了赶在青春期之前给孩子补上性教育这一课，用电脑自编教材，图文并茂地闯过了讲解"性交"的难关。如把他们针对男孩的话稍加改变，也适用于女孩。考虑到那些儿女年龄和刘爽的儿子相仿但缺乏上网条件的读者，我特地摘引了几个片段，并把我的补充建议写成"提示"放在括号里，供读者一并参考：

……最难最难的一关就在眼前了，我紧张得要出汗，还要做出稀松平常的样子。老公端坐在电脑前，一左一右儿子们坐在两边，性教育开课了。（提示：电脑是好教具，但直接用书或图片资料也挺好。）

儿子快 12 岁了，学校迟迟不开生理卫生课，也没课本，据说要到初中再上，那不晚了三秋了。儿子现在快进入青春期了，嘴边开始长小绒毛了，声音变喑哑了，个头蹿得也快了。

这事靠不得别人，老公早就在谋划中了。他到处去找课本，找书，可恨的是，根本没有这方面的教材。所有的关于青春期性教育的书都是在讲伟大意义，在讲必要性，伟大意义用你说，我们最需要的是怎么说，比如，性交是怎么回事，用什么样的词汇语言表达。

……最后老公咬牙翻出一幅性交局部解剖图，黑白线条的。（提示：如果找不到这种图，写个"贝"字稍加修改，便可做简单示意图。）

……随着优美的启动音乐电脑上闪现出精美的画面。首先是他们父子三人亲密交谈的照片，然后一行一行闪出第一部分提纲：孩子与爸爸的区别，是少年与成人的区别。从少年成长为成人的关键一步，是在 11 岁到 15 岁的时候，这就是"青春期"。

你们知道什么叫生殖系统吗？"不知道。"从美国画册上扫描的照片都很喜气洋洋，男人女人从幼儿到成年，裸体的，但是拍得很美，大家都挺直身体，一脸灿烂，很为自己骄傲的样子。每个局部会发生什么变化，然后由一面放大镜带出生殖系统解剖图。女性的生殖原理，月经是怎么回事；男性的生殖原理，勃起、遗精是怎么回事，精液流程图。（提示：讲到生殖原理时，先不提性交，直接讲解"精子如果和卵子相遇，便会形成生命"，有利于强调"性让生命延续"的意义。）俩儿子像听一节数学课一样，并不专心致志，一边晃悠凳子一边玩儿似的听。

讲到遗精这里，突然二宝说："爸爸，好像哥哥已经有了。"

这可真叫我们惊讶，现在还不满12岁呀。"什么时候？""前天晚上。"

天哪，原以为过早了，现在看来恰是时候。要是我们再犹豫犹豫，那才叫晚了呢。

"我也不知道怎么回事，还以为尿床了呢。""你们同学没人议论这样的事吗？""没有。"

爸爸声音有些抖："好啊，挺好的，这就是进入青春期了，说明你生长发育一切正常，人有早有晚，11岁到16岁都算正常。"再照顾一下二宝："弟弟也会有的。"（提示：对女孩的初潮也要有类似的肯定、祝贺与鼓励。）

原本漫不经心"听课"的我立刻坐直了身子，插话问道："你当时怎么处理的？""没怎么处理，又接着睡着了。早上起来裤衩也干了，就接着穿了。"

全体来到事发现场。大宝有些兴奋，掀开被子，已经无迹可寻。

讲到遗精的第三个原因，爸爸说："就是梦见喜欢的女孩子了。"老大略带羞涩地傻笑："没有！"

讲到恋爱的时候，老公不知从哪里弄来的海滩图片，浪花月光，搞得很有情调。"青春期如何建立更健康、更成熟的男女朋友关系：更强的理解；更负责任；不必回避，不要有敌意；也不要亲密得超过了理性的界限。"

恋爱不能太早，因为喜欢一个女孩子要为她负责任。（提示：可另找机会指出适合恋爱的年龄，如上大学之后，或高中毕业参加工作之后。）

相爱的人要亲近，亲吻、拥抱都是亲近的方式，最亲近的方式就是做爱，也就是性交。那幅令人担心的图随着叮咚一声就出来了。

儿子没看懂，老公简单解释了一下黑白线条，男女生殖器的位置，精液是怎么进入子宫的。爸爸说，性交时，阴茎要插到阴道里。二宝问："那么小的口，插得进去吗？"爸爸简单而平静地回答："能，那里是有弹性的。"（提示：此时不论孩子提出什么问题，都应坦然、诚实、简短地回答。）然后，男人把精液射到女人的阴道里，精液由阴道进入子宫，卵子由卵巢出发与精子相遇。

他们并没有表现出特别的兴趣，不十分好奇，神情平淡，没有提出什么问题让我们难堪……当然这幅图被平静对待，也跟我们没有渲染性爱是有快感的有关系。（提示：如果孩子已经知道有快感这回事，可说明这是物种为了保证繁衍而形成的原始本能，就像花用芳香或艳丽吸引昆虫授粉的本能一样。）

爸爸说，结婚以前不要这么做。做爱要在结婚以后。（提示：可另找机会告诉孩子，在性行为方面，"爱使人兽不同"。）

……说到女人怀孕的痛苦，俩儿子回转身来，给了我一个慰问的表情。（提示：可另找机会指出"早孕有害"。）

……结束时，老公用了一家人手拉手的照片，题字是走向未来，还有一片掌声效果。我后背上的冷汗消失了，被温暖代替。

真正的性教育也许这仅仅是开始，但是我们过了最可怕的一关。这一关不在孩子，在父母。也许儿子根本没觉得那幅解剖图有什么了不起，但他们至少获得了这样的概念：长大成人是可喜可贺的。性是正常自然的。性爱是美好的。爱情是珍贵的。男人是要负责任的……

方法之三：对更大的孩子，或父母因各种原因无法给孩子直接讲解性知识，还有个非常简单而有效的办法：到书店去选一本正规的性知识读本，放在孩子的书桌上或枕头上，孩子自己会认真去看的。然后，再寻找机会和孩子讨论这方面的问题。对缺乏交流习惯的家庭来说，从社会新闻谈起是更为自然和比较容易的。

另外，让有阅读能力的中小学生自己看看本书的这一章，也是家庭性教育的一种方式。

——希望更多的家庭重视孩子的性教育。
——希望更多的中国儿童拥有完善的人格，幸福的人生。

后　记

还有一些心里话

在结束全书之前，还有一些心里话想跟读者聊一聊。一是各种渠道的读者反馈，二是西方主流媒体对中国本土原创畅销书《哈佛女孩刘亦婷》的关注和报道，旁观者的看法，您也许有兴趣听一听。

读者的理解，令我们感动

2001 年秋冬，有一种说法广为流传——《哈佛女孩刘亦婷》罕见的畅销是因为"读者盲从"和"幻想克隆哈佛女孩"。有趣的是，各种渠道的读者反馈却与这种说法相反。

事实上，不论是匿名的网上留言、署名或匿名的读者来信，还是公开的报刊讨论，或面对面的交流，读者都表现出"仁者见仁、智者见智、各取所需"的特点。有人出于社会责任感，善意地提醒读者"不要盲从或幻想克隆"，我们非常赞同。但若仅凭个别现象就断言"畅销＝读者盲从或幻想克隆"，则有违"崇真、求实"的科学精神。

由于我们了解《哈》书读者反馈的渠道和数量比旁人多，有义务提供真实情况，让"读者反馈"这张"拼图"更为客观、完整。

网络书评，见仁见智

网络渠道的读者反馈，一向以无所顾忌为特点，可以视为读者最真实的心声。

读者发帖最多讨论时间最长的网站，是专营电子版图书的"博库"。自从 2000 年 9 月"博库"推出《哈佛女孩刘亦婷》电子版，点击数与下载数一直名列前茅，至 2002 年夏天"博库"停业前，一直有新读者在"眉批"和"书评"里各抒己见。从这里和其他网站的自发性讨论来看，读者既不盲从我们，也不盲从别人。他们非常清楚，自己（或自己的孩子）是独特的生命，有自己独特的成长环境，别人的成长经历和培养方法，可以参考，但不能照搬，也不可能复制。有人担心"全民都以一个人为范本，来制造天才"，显然是低估了中国人的智商。

读者在网上对《哈佛女孩刘亦婷》畅所欲言，其中有深刻的理解，也有明显的误解（希望这本回答读者提问的书能够消除这些误解）。需要特别强调的是：赞扬≠理解，批评≠误解。比如说，把刘亦婷称为"天才"的赞扬，恰好是对早期教育理论的极大误解。又比如，有位读者在"博库"的书评栏中写道："家有小儿，六岁——刚上学，正发愁，怎么样去培养顽皮小家伙的学习兴趣。书中的方式似乎不太适合家中顽童。"这种批评就与误解无关。因为这个 6 岁男孩和 6 岁时的婷儿基础不同，自然需要不同的引导方法。

总的说来，网络渠道的读者反馈，理解远远超过误解。如果您愿意分享这种被人读懂的幸福，不妨看看这封由误解到理解的读者来信（电子邮件）：

主题：About the book（关于这本书）

日期：Wed，15 Nov 2000 15：23：12＋0800

……早前在网络的论坛上有人推荐此书，当时还看到反面的意见，说读哈佛有什么了不起。是啊，我也不赞同把考取什么学校作为孩子的人生目标。不过，为着三岁的女儿，我还是买了一本，借鉴一下也好啊。

看完这本书，真的很激动，有些话似乎不吐不快。

第一，哈佛只不过是这本书的卖点吧，你们对孩子的培养实在是个系统工程，哈佛只不过是这个工程的成果之一。看看婷婷访问美国前的面试，就知道成绩好、会读书的孩子多的是，而她的胜出是良好的综合素质决定的。现在，随着西方育儿理论的普及和年轻父母素质的提高，你们在书中提出的许多观点都被许多父母认同（至少是理论上）。可你们早在80年代就开始用先进科学的方法教养孩子，真的让人佩服。

第二，我更加佩服的是作为父母的你们，能够将做人的道理以令人信服的方式传授给孩子。只有真正做过父母的才知道这需要多少智慧、远见、爱心和耐心！而且，在这样一个物欲横流的年代，你们没有教孩子做一个自私的人、狭隘的人、重物欲的人，也没有教孩子做一个骄蛮的人、以自我为中心的人，我为你们感到骄傲和欣慰！

尤其值得一提的是，你们教孩子处理矛盾的方法、处理人际关系的方法、交益友的方法，这些方法本身和你们将其传授给孩子的方法，对我殊有启发。说句不夸张的话，你们的这本书对提高千千万万的父母的素质做了贡献，作为受益者之一，在此向你们表示感谢！

第三，婷婷真的是个可爱的孩子，我很喜欢她！祝她能够实现自己的理想，不负父母和社会的厚望。

致礼！

深圳读者：××

读者来信，热情而清醒

在我们收到的6000余封电子邮件中，像"深圳读者"这类单纯的读后感，约占10%，其中学历较高的人居多，如各行各业的大学毕业生、在读或已经工作的硕士博士、海内外的大学教授等。更多的读者来信是既谈读后感，也咨询问题。

抽样分析的结果显示，咨询邮件中约有64%来自大、中、小学生，其中中学生约占36%，大学生和小学生各占14%。学生读者最关心的是：怎样自己培养自己？怎样提高各方面的能力？另外约有36%的咨询邮件来自各个年龄段的父母，其中大部分是0—12岁孩子的父母。父母读者最关心的是：怎样对自己的孩子因材施教？怎样解决面临的各种难题？

来信的读者绝大多数都赞同我们的教育理念，应该可以代表对我们高度认同和信任的读者群。在这个群体中，我们至今尚未遇到一位想要"复制或克隆哈佛女孩"的人。

考虑到很多学校的老师建议学生们课外阅读《哈佛女孩刘亦婷》，加上读者来信也是学生为主，很可能我们的读者一半都是学生，在此大致介绍一下学生读者的来信。

有些学生本身的基础非常好，他们从《哈佛女孩刘亦婷》中发现了直接申请全奖留学的可能性，希望从我们这儿获得更多的信息。这些读者有的已经申请成功，但他们靠的是自身的多年积累，绝非"克隆"而成。更多的学生来信是因为兴奋或苦闷——兴奋的是，他们从婷儿身上看到了青少年拥有的巨大潜力，激起了更上层楼的干劲，希望得到更具体的指导；苦闷的是，很多人勤奋不亚于刘亦婷，但学习效果却不尽如人意，有的学生在小学或初中曾经拔尖，升学后成绩却大幅下滑，人际关系也今非昔比，自信心丧失殆尽，在痛苦和困惑中，他们或想了解刘亦婷的学习方法，或想让我们指点迷津，或者只想倾诉一下而已。学生读者普遍反映，我们的书（或回信）能使他们增强奋进的勇气，找回失去的自信心。

令人感动的是，不少学生虽然对父母的教育能力有些失望，但非常体谅和热爱自己的父母，希望靠自己的努力弥补教育资源的不足。还有些学生很想改善与父母的关系，看到他们采纳了我们的建议，积极而有效地与父母沟通，特别让人高兴。

报刊讨论，幽默而尖锐

报刊渠道的读者反馈，最早最集中的是福建《海峡都市报》上的读者大讨论。特别有意义的是，那会儿《哈佛女孩刘亦婷》刚上市不久，尚未形成带倾向性的社会舆论，加上该报连载与讨论时我们和作家出版社都不知道，不存在促销图书的因素，最能看出读者自然而真实的反映。

这场讨论的导火索是一位"老读者"给报社的信，标题是《别上"哈佛女孩"的"当"》，主要是不赞成"父母执笔自卖自夸"和"凭个案论证早期教育理论有效"，并对该报连载此书表示"反感"（见《海峡都市报》2000 年 11 月 5 日）。当时该报连载《哈佛女孩刘亦婷》已到 24 期，很多读者都在逐期搜集，书则一直脱销。该报编辑彭振东敏感地意识到这将是一个热门话题，便在"教育周刊"上发表了这封信，并加了个意为"不知到底谁更对"的编者按。结果有很多读者来信和"老读者"商榷，"教育周刊"因此热闹了好几期。连载和讨论快结束时，该报和我们取得了联系，并安排了两场座谈会，现场回答读者的各种问题。我们与读者面对面地交流育儿心得，就是从福州开始的。

令人印象深刻的是，福州读者的文章都颇有文采，不愧是冰心老人的家乡人。在此仅摘引两篇最短的商榷文章，一个幽默机智，一个一针见血，很有代表性：

父母执笔写书无可厚非（《海峡都市报》2000 年 11 月 12 日）

由父母执笔写书并无可厚非，毕竟这是个言论自由的时代，只要书中有值得我们学习与借鉴的地方就应该推广。

提倡早期教育从 0 岁开始并没有什么不对。我们并不能因为有些成功的人士没有接受早期教育就将其否定。就好像我们不能因为有一个老烟鬼活到了九十多岁就否定吸烟有害的观点吧？

我认为作者提倡的并不只是简单的理论，而是经过实践的理论。当然作者并不可能生出一个连的孩子，然后将他们全部培养成"哈佛女孩"后再来出书。如果是这样，那么我想谁都没有资格来出关于如何成功的书，因为他们都是个案。

一直关心《哈佛女孩刘亦婷》的读者

准备上《哈佛女孩》的"当"（《海峡都市报》2002 年 11 月 20 日）

我还真没想到有人会告诉我"别上'哈佛女孩'的当"！《海峡都市报》预告要连载《哈佛女孩》的时候，正值我的女儿满两个月，我决定好好拜读一下。（我还没这么认真地对待过其他连载呢！）

作为一名教师，我一直被今天学生的自私、畏惧困难、缺乏爱心与教养所困扰！在与他们的父母接触中，更深刻地意识到家教的重要性和不可替代性！毕竟父母是孩子的第一位教师！父母的言传身教对孩子有多么的重要！《哈》文中刘亦婷的父母反复强调开发孩子的心智，培养孩子情商的重要性（原文"开发孩子的智力是无价之宝，教授知识是有价之物"；

培养孩子"良好的道德情操，乐观的品性，克服困难的勇气，自我激励、持之以恒的韧性，善待他人，把握好自己与他人情感的能力"等），不正是我们今天的孩子所需要的吗？只可惜今天的父母爱心有余，耐心不足，更缺乏亦婷父母的恒心！我也即将面临着对孩子开始早期教育，《哈佛女孩》给了我可借鉴的成功经验。

《哈佛女孩》的忠实读者

假新闻出笼，误导舆论

《哈佛女孩刘亦婷》节节上升的发行量，很快引起了更多媒体的注意。媒体的反应和读者一样，也是仁者见仁，智者见智，既有《〈哈佛女孩刘亦婷〉成家教"真经"》这样的正面报道，也有《应该给"哈佛女孩热"泼点冷水》这样的负面报道。直到一条"官方表态"的假新闻出笼，才打破了百家争鸣的正常格局。

这里提到的假新闻，刊登在 2001 年 11 月 13 日的《××晚报》要闻版上。这条假新闻把一篇以讹传讹的网络杂文《大胆地对"哈佛女孩"说不》说成是：

北京消息　　今天，《人民日报》在《人民时评》发表署名文章指出：人生道路千变万化，人的志向情趣更是千差万别，幻想用一个模式来克隆出无数"哈佛女孩"，既不现实，也无必要，既违反教育规律，又扼杀孩子天性。从这个意义上说，我们应学学那个 5 岁青岛女孩，大胆地对"哈佛女孩"说不！……

这条假新闻冒用《人民日报》之名，造成了"官方号召抵制'哈佛女孩'，反对早期教育"的假象。这条假新闻出现在《××晚报》的兄弟媒体网时，内文标题更加吓人："《人民日报》署名文章直斥'制造天才'之举是在扼杀孩子天性"，大标题是《对"哈佛女孩"说"不"！》

事实真相是怎样的呢？《人民日报》总编室的回答是："本报没有发过这篇文章，也没有《人民时评》这个栏目。"《××晚报》总编室的人则说："我们不知道这个错误是怎样造成的。"但这条假新闻却借助这家晚报的影响力飞遍全国，引来了一连串与"中央"保持一致的跟风行为……对此，我们一直保持克制的态度，希望以增进了解来消除误解，相信"青山遮不住，毕竟东流去"。

我们的信心来自于中国政府发展早期教育的既定方针。2001 年 5 月国务院颁发的《中国儿童发展纲要 2001—2010》明文规定要发展 0—6 岁的早期教育；据《北京晚报》2002 年 11 月 28 日报道，北京市政府已经建成了 20 个"社区儿童早期教育活动基地"，随后还要建立 100 个社区早教中心，到 2005 年，北京 0 至 3 岁孩子的受教育率要达到 90%——这就是当今的历史潮流！我们坚信，会有越来越多的中国人认清这一事实：普及早期教育是提高民族素质的有效途径。

电视座谈，院士肯定

2002 年 2 月，中央电视台科教频道"当代教育"栏在策划大型谈话节目《哈佛女孩热，热了谁？》时，力邀中国科学院院士何祚庥担任嘉宾。何院士为了言之有据，事先特地读过了编导陆辉送去的《哈佛女孩刘亦婷》（强调"特地读过"这一点，是因为有些人并不见得比何院士更忙，也不见得学术造诣比何院士更高，却不屑于阅读自己决定公开批评的书——包括但不局限于我们的书。这种不负责任的态度，使得"先读书，后评书"这种正常行为也变成了高尚行为）。可惜我们事先不知道有这个节目，等读者看到了通知我们的亲戚、亲戚又来电话通知我们时，已经是节目重播时的结尾了。幸运的是，我们恰好赶上了何院士归纳调和争论双方的看法，并坦率地谈了他的读后感和对我们的肯定。

那一刻，真的很感动——在假新闻误导舆论一边倒的时候，仍能听到正直无私的声音！

在此，要特别感谢当负面报道满天飞的时候来信支持我们的各位读者，还有那些在各个网站对此进行理性分析的爸爸妈妈们。你们的言行坚定了我们信念：读者的眼睛是雪亮的，既不会盲从我们，也不会盲从任何人。

读者的追求，令世界瞩目

2001 年 11 月起，一些西方主流媒体的注意力便陆续被《哈佛女孩刘亦婷》罕见的畅销程度所吸引。有关此书的一连串报道，过程曲折而有趣。

最先注意到《哈佛女孩刘亦婷》销量超百万，并带动了一波素质教育类图书出版热潮的，是美国《亚洲新闻》周刊的驻北京记者夏雷（Shai Oster）。夏雷认为，这一现象反映了独生子女政策促使中国家长更加重视子女教育。他用电子邮件向我们和婷儿提出了采访要求。

接到采访约请后，我们都很犹豫。婷儿既想在英语世界继续保持低调以便专心学习，又想为改善中国形象做点事，一时下不了决心。

婷儿的犹豫与她在美国的一个强烈感受有关。婷儿不止一次地告诉我们：港台的自我宣传活动搞得很巧妙，给美国人留下非常亲切友善美好的印象，相比之下，祖国大陆的宣传活动值得改进的地方很多，让人着急。这种感觉在主张多元文化的哈佛校园还不明显。一旦走出哈佛，稍微深入一下美国社会和家庭，就发现很多美国人对中国大陆的印象还停留在冷战和"文化大革命"时期，甚至是《大红灯笼高高挂》的时期，误以为"愚昧、落后、好斗、好战"才是中国的特点。2001年春天，婷儿得知一位哈佛的美国同学计划在暑假里到一个发展中国家教孤儿学英语，便建议他到中国来实施他的慈善计划，并承诺可以帮忙联系愿意接待他的孤儿院。这位同学欣然同意了。谁知道，他的亲友听说他要到中国来，吓得够呛，反复劝他不要到中国来冒险，生怕他被中国人扣留小命难保。这位同学出于对婷儿的信任，还是勇敢地来到了中国。他在成都SOS国际儿童村与四川孤儿们建立了深厚的友谊，返校后还设法向哈佛的一个学生社团申请了1000美元慈善捐款，为一百多个孤儿一人买了一套过冬的新衣服。他的经历第n次验证了婷儿的看法：凡是亲眼看到中国和平建设新景象的人，不论地位高低，都更容易成为中国人民的朋友。

这种一对一的努力，可以说是寄希望于"星星之火，可以燎原"。有没有效率更高的迅速改善中国形象的办法呢？对此想了很多的婷儿说："应该建议政府主动出击，说服美国各界有影响力的人士到中国来考察。这些人有机会在美国主流媒体上说话，对政府和民众的影响力都很大。"只不过，这个建议超出了我们的能力范围，只能在越洋电话里说一说而已。

如今，"在美国主流媒体上说话"的机会找上门来了，接不接招呢？

婷儿在网上查阅了夏雷写的一些文章，发现他是一位很正派的记者，《亚洲新闻》也是一家颇有影响的严肃杂志，婷儿动心了。但促使我们下决心的，却是另一个原因：既然我们不可能让西方媒体不报道，那么，与其让洋记者根据道听途说乱写一气（当时，国内的不少媒体正在纷纷转载和配合前面提到的假新闻），还不如接受采访，争取正面报道。

讨论到这一步，婷儿说，可以请夏雷把采访提纲发来看看，再答复。夏雷的提纲证实了婷儿的判断，这位毕业于哥伦比亚大学的美国青年，的确是位正派的记者，他提的都是与素质教育密切相关的问题，比如说：

你们如此教育女儿的主要目标是什么？想启发她的创造力，开发她的智力，还是为了让她上个好的学校，以便有个稳定的未来？

你们是否认为所有的父母都可以采用你们的方法？

你们认为你们的方法和传统的中国式教育有什么区别？

……

于是，我们决定接受《亚洲新闻》的专访。

夏雷飞到成都之前，先电话采访了婷儿，双方谈得很愉快。夏雷和我们的谈话也很愉快。他汉语很好，只有少量艰深的词汇需要用英语来确定含义。采访结束的时候，夏雷告诉我们，其实他父母的教育理念和方法与我们很相似。怪不得我们沟通起来那么容易呢！

遗憾的是，夏雷还没把稿件写出来，《亚洲新闻》就因被收购而停刊了。虽然这次采访只开花未结果，但《哈佛女孩刘亦婷》能以正面价值引起西方媒体的注意，仍然令人高兴。此外，关于接不接受西方媒体采访的讨论，也为接踵而来的采访做好了思想准备。

不久，有家以深度报道为特点的美国报纸的记者也提出采访。事后从他的文章结构来看，这篇赞扬美国中学生的文章，原先也许想用中国培养的刘亦婷做反衬。但这位记者跟婷儿直接通话后，对她的聪慧友善印象深刻，和我们通话时仍对婷儿赞不绝口。结果，"反衬"的可能变成了由婷儿正面答疑——该记者忠实于事实的职业道德令人钦佩！可惜此报的网站页面内容只保留 7 天，已无法查阅。

2002 年 3 月，在美国影响力极大的《纽约时报》及哈佛大学校方主办的《哈佛杂志》，也注意到了中国本土原创的畅销书《哈佛女孩刘亦婷》。

他们都直接向婷儿提出了采访要求。

《哈佛杂志》的记者是来自费城的哈佛学生尤吉尼娅·莱文森(Eugenia V.Levenson)。这篇专访真实地传达了我们的写书动机、书的构成特点、中国读者对此书的欢迎情况、婷儿与此书的关系，以及她在哈佛的课外活动与忙碌的学习……标题是《哈佛女孩》。《哈佛杂志》在图片说明中把婷儿称为"哈佛的焦点学生"。我们是在《哈佛杂志》网站看到这篇文章的，对我们而言，这个网页是婷儿在哈佛校园的珍贵纪念。点击这个网址，可以看到《哈佛杂志》2002 年 7—8 月合刊上的这篇专访和照片：http：//www.harvard-magazine.com/on-line/0702109.html。

《纽约时报》的记者联系采访的时候，婷儿正在紧张地考试，希望延期。记者说只是一个很短的报道，通十分钟电话就够了。婷儿便同意了。不久，该记者给我们发来一封英文邮件，大意是："请你们承诺不把《纽约时报》的这篇报道用于书籍的商业促销。"不知这是《纽约时报》的例行规定还是额外的担心？——也许是身为华人记者正面报道一本中国图书如何畅销需要避嫌？我们猜不出答案，回了一封不卑不亢的邮件："谢谢你的提醒。幸运的是，我们不需要这样做。"

事实上，如果不是《纽约时报》著名的专栏作家托马斯·弗里德曼(Thomas friedman)注意到这篇报道并加以引用，我们连该记者究竟写了些什么都不知道，婷儿也没看到这篇报道。尽管如此，仍然要感谢该记者给大名鼎鼎的弗里德曼提供了论据，使他有理由在其举世瞩目的中东问题评论里，为中国说了令人信服的好话——知道西方主流媒体对中国惯常态度的人、看过《中国有多坏》和《在妖魔化中国的背后》等书的人，更能体会这件事的来之不易。

记得 4 月 24 日，婷儿的哈佛同学彼得一大早就给她发了个邮件："知道吗，你出现在弗里德曼的文章里了，在今天的《纽约时报》上。"婷儿没时间查阅这篇文章，顺手把邮件转给了我们。我们好奇地登录《纽约时报》网站进行搜索，先是通过查作者名找到了弗里德曼荣获 2001 年"普利策最佳评论奖"的报道——这是他第三次获得美国新闻工作者梦寐以求的最高荣誉了，随后又找到了彼得说的那篇文章。

从弗里德曼的《那是什么日子？》里，我们才看到了《纽约时报》前一篇报道的部分内容：

　　……《纽约时报》教育与生活增刊报道说：在中国，过去 16 个月来最畅销的书是《哈佛女孩刘亦婷》，内容是父母与读者分享培养孩子进入哈佛的"科学方法"，卖了超过 110 万册，并由此引来了很多模仿者，如怎样进哥大、剑桥、牛津等，多达 15 种……

　　弗里德曼对此的看法是：

　　督促孩子进入哈佛的书成为畅销书的社会，最后一定会建立自己的哈佛……

　　因为这篇文章的主要内容与预测中东和平进程有关，所以被很多国家和地区的报刊转载。但在《纽约时报》网站需要付费才能看到它了。

　　弗里德曼的独特见解让我们想起了一句俗话：当局者迷，旁观者清。当一些中国人为《哈佛女孩刘亦婷》该不该畅销争来辩去的时候，谁也没有意识到，这个社会现象传递给外界的却是强烈的和平昌盛的信息。与此相印证的是，不少香港和台湾地区的读者来信都谈道：《哈佛女孩刘亦婷》使他们看到了祖国大陆的新面貌，增强了对大陆的好感和信心。

　　弗里德曼文章见报的第二天（4 月 25 日），一位美联社驻京记者在另一篇报道《成功学热中国》里，也介绍了《哈佛女孩刘亦婷》为何畅销。这篇报道的大意是：中国的白领阶层热衷于阅读西方企业管理者的成功经验，期望以此提高自身素质，增强竞争力，但销量最大的仍是一对中国父母写的《哈佛女孩刘亦婷》，家长们把阅读教育类图书看做帮助孩子成功的途径。

　　美国《新闻周刊》的资深记者马一龙（Mahlon meyer）在 2002 年12 月 29 日发表在《波士顿环球报》的深度报道《Crimson China》一文中，注意到我们写作《哈佛女孩刘亦婷》的目的是："为了与众多想让孩子出色的人们分享我们的经验，我们也希望他们能重视家庭教育对我们民族兴旺发达的重要性。"马一龙为了探讨《哈佛女孩刘亦婷》畅销的原因，还就此书采访了哈佛学院院长、中国近现代史专家威廉·柯尔比教授（William Kirby，中文名"柯伟林"），以及哈佛教育学院"零岁项目"的儿童早教专家本·马代尔（Ben Mardell）。马代尔说："与只注重孩子智力的过去相比，《哈佛女孩》一书接近于表现出一种真正的突变。"柯伟林教授说："与上个世纪不同之处在于，年轻的中国人和他们的父母正在寻求最好的教育，无论它是在中国还是在海外被找到，如今尤其是这样。"

随后则是《时代周刊》亚洲版及《美国高等教育报》的专访……

西方媒体的这些报道有一个共同点，他们都极其关注《哈佛女孩刘亦婷》的读者群。因为这个读者群实在是太大了。按保守的估计平均每本书有三个人阅读来计算，165万册简体字版的读者人数已经高达495万。这还没算电子版和数十种盗版的读者。据人民网《2001本网年终专稿图书篇》报道："作家出版社估计，《哈佛女孩刘亦婷》的各种盗版书至少已有200万册。"2003年秋，婷儿陪妈妈到哈佛拜访哈佛学院院长柯伟林教授时，柯教授拿出来请母女俩签名的《哈佛女孩刘亦婷》竟然也是一本盗版书！（当时，柯教授好奇地问："这本书真的是盗版吗？你怎么看出来的？"婷儿妈妈的提包里正好有一本正版书，拿出来与那本盗版书一对比，柯教授很容易就看清了两者的区别：正版书的封面纸摸起来有凸凹感，书里的照片图像较清晰；盗版书的封面纸是平滑的，书里的照片图像很模糊。我们把正版书送给了柯教授，他高兴地说："太好了，以后讲盗版问题，我就有实例可以对比了。"）

据《中国图书商报》介绍，拥有700万忠实观众的美国"脱口秀"明星奥普拉，主持着美国书业界影响力最大的"奥普拉图书俱乐部"。从1996—2002年4月，这个俱乐部"推荐图书销量榜"榜首是《飞行员的妻子》280万册；第6名是《我们是穆凡尼家的》160万册。《哈佛女孩刘亦婷》正版销量超过此榜第6名，若加上盗版，《哈佛女孩刘亦婷》的实际销量大概超过350万册（超过此榜第一名）。了解了这些数据，就不难理解，西方媒体为什么会反复提到《哈佛女孩刘亦婷》的罕见销量了。

西方媒体习惯于关注民意动向，他们从《哈佛女孩刘亦婷》的巨大销量里悟出来的民意是：中国人重视的是通过教育拓宽发展空间（而不是通过暴力、掠夺、扩张），开始走向富裕的中国青少年和父母，正在国内或国外寻找最好的教育。

能和千百万读者一起向世界展示"中国和平与发展"的一个侧面，我们深感荣幸。更何况，有那么多的读者来信说：因为读了《哈佛女孩刘亦婷》而受益……

停笔之前，我们想要感谢很多人：

——感谢所有喜欢这本书的爸爸妈妈、爷爷奶奶和大大小小的男孩女孩们！

——感谢所有推荐过这本书的各校老师、各界专家、各级领导及各家媒体的编辑和记者们！

——感谢所有客观报道过这本书和中国素质教育热的各家海外媒体！

——感谢责任编辑杨葵、应红和作家出版社的各位领导及出版发行网络的全体人员！

——感谢所有坚持销售正版书的书店老板和员工们！

最好的感谢方式，就是献上我们精心写作的第二本书《刘亦婷的学习方法和培养细节》。衷心希望它对您或您孩子的成长或多或少有所帮助。

真诚地为您和您的孩子祝福！

附录一：

丹佛小儿智能发育检查表（0—6岁）

婷妈妈刘卫华：资料来源及说明

我在《哈佛女孩刘亦婷——素质培养纪实》一书中提到的"丹佛小儿智能发育检查表"，是美国丹佛的学者 Frankenburg 和 Dodds 于 1967 年设计的，正式的名称是"丹佛智能筛选检查"。这是一种对婴儿和学前儿童的发育进行简单检查的方法，目的是为了早期发现小儿们是否有潜在发育上的问题。

1980 年，上海的医学专家宋杰和朱月妹把丹佛智能筛选检查引进到中国，对 1041 名上海小儿进行了测试，并在对比分析中美两国小儿发育差异的基础上，制定了中国城市六岁以下儿童行为和智力发育的标准。两位专家把丹佛智能筛选检查的详细资料和应用的结果编译成了《小儿智能发育检查》一书，由上海科学技术出版社出版。书中关于对上海小儿应用丹佛智能筛选检查的体会，是由上海第一医学院卫生系生命统计教研室顾杏元教授校阅的。

据编译者介绍，在国际间广泛采用的多种简易检查法中，丹佛智能检查法是可靠性和有效性最强的一种。他们引进这个检查法的时候，美国托儿所、幼儿园及保健机构均常规地采用丹佛智能检查法测评小儿。

丹佛智能筛选检查的内容分为四个功能区，包括"动作能"（肢体运动能力）、"应物能"（精细运动能力）、"言语能"（语言能力）、"应人能"（生活能力和与人交往的能力）等，这些智能检测的专用术语，后面还有专门的注释。这四个功能区共有 105 个项目，适用于出生 16 天—6 岁的小儿（早产儿年龄按减去早产天数后计算）。

当初我看中丹佛智能检查法的原因是，它有一份表格把各测评项目的"能及格年龄"按"能及格人数"分为 25%、50%、75%、90% 四段，家长在对照检查之中，不仅可以发现自己的孩子是否发育正常，还可以清楚地看到孩子的发育进度在同龄人中所处的水平。《小儿智能发育检查》中附有很多从各个角度测评统计的表格，我们为大家挑选的是一份《正常男女孩子标准纲目》，此表分别列出了丹佛的男孩女孩"各项目不同年龄小儿能及格的百分比分布"情况，很实用。

据编译者介绍，由于小儿的发育会因文化或地理的不同而有所差别，在差异较大的地方试用丹佛智能检查法时，需要根据当地小儿的平均发育水平制定新的测评标准。比如说，1974年的一次调查显示，Cardiff的小儿们在"言语能"及"应人能"方面的项目发育较快，他们在这些项目上普遍都比丹佛小儿早及格，但在"动作能"方面的一些项目上，丹佛小儿的发育又要早些。例如，丹佛小儿50%在2.8月时能翻身，90%在4.7月时能翻身，这项比Cardiff小儿分别早2—3月。日本专家曾在东京和日本最南部的冲绳岛做过调查，发现由于两地小儿育养方式很不同，发育情况差别也相当大，冲绳岛小儿开始学走比东京小儿平均早一个月，但他们的词汇却比东京小儿要少。

中美两国的文化、地理和育儿方式的差异也很大，中美小儿的发育情况自然也有一些明显差别。当初我是以取长补短的动机来关注这些差别的，了解这些差异之后，我有意识地加强了中国育儿方式上较弱的方面（如营养搭配、自理能力、认知能力和独立性的培养），所以婷儿小时候智能发育全面超前，不存在下面将要介绍的这些因为育儿方式不同带来的发育差异。20年来，改革开放带来的社会进步和东西方文化的交流融合，应使中国小儿的智能发育水平有整体性的提高，加上早期教育的逐渐推广，现在的中国小孩应该比刘亦婷出生的20世纪80年代发育得更快更好。

尽管如此，介绍以下因育儿方式不同带来的发育差异仍是十分必要的，因为它可以让我们知道"发育正常"的底线在哪里，帮助我们正确评价孩子的发育情况，消除不必要的担心。

专家发现的中美小儿发育差异

中国专家在1980年试用丹佛智能检查法的体会中指出，上海与丹佛的小儿们在发育情况上有这么一些差别：

一、在"动作能"方面，如"俯卧举头""自握能站立""走得好"的及格年龄上，上海小儿普遍比丹佛小儿发育得晚（在50%及90%这两档上都迟缓及格）；

二、上海小儿50%在6.1月能翻身，90%在6.9月能翻身，这两档均比丹佛小儿迟缓2—3月。

三、在"应人能"方面，上海小儿在"能脱外套""自喂撒饭少""会洗手擦干手""独立穿衣"的及格年龄上，都比丹佛小儿晚，尤其是"能脱外套"，上海小儿在50%和90%这两档上都迟缓了13月才及格。但在"不再缠住妈妈"这一项，上海小儿比丹佛小儿早合格1—2岁。

四、在"言语能"方面，上海小儿在"说出姓名""理解饥、冷、累""懂得介词"、"认出颜色"、"能说反义词"的及格年龄上，和丹佛小儿基本相同。在"认出颜色"和"反义词"两项，上海小儿在90%这一档还超过丹佛小儿。在"说出姓名"一项，上海小儿甚至在50%处就先于丹佛小儿。但"解释词义"及"识别物件原料"两项，上海小儿发育比较迟缓。

专家认为，这些发育进程的差异，大部分可用环境因素和养育小儿的传统习惯不同来解释。例如，中国的母亲们和保育员们不让婴儿俯卧；为避免撒饭和节省喂食时间，对2岁以下小儿总是由成人把东西喂给小儿吃，很少给小儿有自己喂食的锻炼机会。此外，由于中国冬季室温低，冬衣厚，穿着复杂也可能造成"动作能"和"应人能"的一些项目迟缓及格。至于上海小儿"不再缠住妈妈"的时间比丹佛小儿早及格1—2岁，可能与中国母亲们大都是职业妇女有关，很多中国妈妈产假期满即把孩子送托儿所育养，小儿容易离开些，所以能早一些"不再缠住妈妈"。

另外，上海小儿在"解释词义"及"识别物件原料"两项合格得晚，不能简单地用社会经济背景来解释，更大的可能是由于中国和西方国家文化不同，言语表达方式有差别。我们的语言表达往往是直觉的反应，而不像英、德、法等外国语带有较多分析性质。比如，"什么是房子？""什么是桌子？""匙是什么做的？"这类问题在上海小儿中极少被询问过，能答出来的自然不多。所以这两项落后可能是文化差异所致，不能单纯认为言语能发育总水平都迟缓。

由于上述差别的存在，若把丹佛智能筛选检查方法的丹佛正常标准原封不动地直接用于中国小儿们身上，对中国正常小儿说来，某些项目的标准可能要求过高，因为某些方面中国小儿发育初期趋势是迟长的，但后期能赶上丹佛学者的原订标准。另外，我们中国语言中名词形式不分单数和复数。"会用复数"一项可删去不测。

专家的结论是，只要对有关项目的及格年龄标准进行相应的修正，丹佛智能筛选检查法仍是一个适用于我国小儿的筛选和早期发现"迟长"的有效工具。在临床儿科、医学遗传学、儿童保健和幼儿教养实施过程中都可以应用。家长们在参考此表时，需注意对照以上提到的各项差别，对某些项目的正常值可根据专家指出的发育差异加以调整，以便得到相对准确的结果。

由于家长大都未经专业培训，又没有详细的检测说明，只是用这份表格简单对照一下孩子的发育情况，其结果自然不必过分看重。好在家长对孩子的情况很熟悉，很多项目一看就知道孩子能否通过，也许还记得孩子几周或几岁时已经能顺利通过了。

需要强调的是，丹佛智能筛选检查并非智商测定，对小儿目前和将来对环境的适应能力和智力高低并无预言作用。如果孩子发育超前，家长不要认为这孩子会自动成才，开心一笑之后，还是要抓紧早期教育。另外，丹佛智能筛选检查的主要功能是筛查那些"可能有问题，但在临床上无症状"的小儿，以便进一步诊断。所以，只要孩子能做到90%的同龄人都能做到的事，就算发育正常，家长尽可放心。万一有些孩子达不到90%的中国孩子能及格的年龄底线，就应考虑到医院或妇幼保健站做正式检查，弄清是否真有问题。

智能检测专用名词解释

动作能：反映小儿的姿态、头的平衡、坐、立、爬、走、跑、跳以及使用手指的能力，这些运动能力构成了对小儿成熟程度估计的起始点。

应物能：这是反映小儿对外界事物的分析和综合的能力，也就是运用过去的经验来解决新的问题。

言语能：反映小儿听、理解和语言的表达能力。

应人能：这是反映小儿生活能力和与人交往的能力。

平剪摘：即是把拇指紧贴着弯回的食指把小丸夹起来的一种形式。

平指摘：即用拇指尖和食指尖（或中指尖）夹起小丸，而手腕仍贴着不离开桌面的一种摘取方式。

　　垂指摘：即拇指尖与食指或中指尖摘起小丸，而腕部已不再贴着桌面。一种举臂伸手向下的方式。

正常男女孩子标准纲目
各项目不同年龄小儿能及格的百分比分布

男 孩				应人能	女 孩			
25%	50%	75%	90%	项　目	25%	50%	75%	90%
			1.0月	注意面部				1.0月
		1.5月	1.9	表情会微笑				1.3
1.4月	1.8月	3.3	4.6	自动微笑	1.5月	2.2月	2.8月	5.2
6.8	9.6	9.8	10.0	怕羞，认出陌生人	5.1	9.3	9.7	10.3
4.8	5.5	6.3	7.3	自喂饼干	4.8	5.5	6.2	8.3
4.2	5.5	6.3	7.3	握住玩具不被拿走	4.0	5.3	6.5	10.2
	5.9	7.4	9.9	躲猫猫		5.9	7.1	9.6
4.8	6.0	7.1	8.8	想攫取远处玩具	5.0	5.6	6.8	9.0
7.1	9.4	10.2	12.9	自己会招手再见	6.8	8.1	9.4	12.0
9.2	11.8	12.7	16.5	把球投给捡查者	10.1	11.5	14.3	15.2
10.5	11.8	13.8	14.4	索物不哭	10.2	12.3	131.1	14.0
10.1	12.5	14.2	16.0	用杯喝水	9.6	11.4	14.5	17.0
12.6	14.1	15.5	19.0	模仿做家务	12.3	13.0	16.9	20.2
13.9	14.5	18.5	23.5	自喂狼藉少	12.8	14.1	17.4	23.0
14.9	19.7	22.2	2.0岁	协助做家务	14.6	19.1	21.2	22.8
14.2	15.9	20.5	22.1月	能脱外套	12.8	15.9	19.0	21.3
20.6	24.0	2.8岁	3.0岁	会穿鞋不系带	19.6	21.4	23.2	2.7岁

续前表

男　孩				应人能	女　孩			
25%	50%	75%	90%	项　目	25%	50%	75%	90%
19.5	22.8	2.3	3.3	会洗手并擦干	18.5	2.0岁	2.7岁	3.2
21.1	2.0岁	3.0	3.6	二人同玩	19.0	2.0	3.0	3.3
2.8岁	3.2	3.7	4.3	会扣纽	2.2岁	2.8	3.5	4.2
2.2	2.7	3.1	3.5	协助穿衣	2.2	2.6	2.9	3.4
	3.2	3.7	4.8	不再缠住妈妈		2.7	3.3	4.4
2.4	3.5	4.2	4.5	能独立穿衣		3.1	3.8	5.0

男　孩				应物能	女　孩			
25%	50%	75%	90%	项　目	25%	50%	75%	90%
			1.3月	视线跟随（目标）到中央（见注）				1.3月
			1.0（100%）	姿态对称				1.0（100%）
	1.4月	1.9月	2.7	视线跟随过中央线（见注）		1.3月	1.8月	2.4
1.8月	2.4	3.2	4.3	两眼能跟随180°	1.8月	2.4	3.0	4.2
1.5	2.2	3.2	4.0	手握着手玩	1.2	2.0	3.0	3.6
2.5	3.3	4.2	4.3	握住摇荡鼓	2.4	3.2	3.8	4.0
2.8	3.7	4.0	4.9	小丸注意到	2.3	2.9	4.4	5.1
3.3	3.8	4.6	5.0	伸手要物	2.5	3.4	4.2	5.0
4.7	5.4	7.0	7.5	寻找线球		5.5	6.8	7.5
5.7	6.4	7.2	7.5	握住2方木		5.4	6.8	7.5
5.0	5.7	6.7	8.0	攫取小丸	5.0	5.5	5.9	6.7

　　注："视线跟随（目标）到中央"指的是：头部跟随视线移动从侧位转到仰着的中央位。"过中央线"指的是眼球跟随目标转动，视线能超过以仰着的头部正中为界的中央视线视野范围变大。

男　孩				应物能	女　孩			
25%	50%	75%	90%	项　目	25%	50%	75%	90%
5.0	5.8	7.2	8.3	方木从一手递交他手	4.7	5.4	6.3	6.7
7.2	8.5	10.3	12.1	手握2方木向桌面敲击	6.8	7.5	9.5	12.0
7.4	8.4	9.2	9.8	平剪摘	6.9	8.1	8.9	10.3
9.6	10.7	12.9	14.7	垂指摘	9.1	10.7	11.6	14.7
12.0	13.0	15.6	2.1岁	模仿乱画	12.0	13.8	16.0	21.0
	14.2	15.0	18.0月	叠起2方木	11.9	13.8	17.9	21.0
12.5	13.3	14.8	22.0	把小丸从瓶中倒出（示范后）	12.9	13.5	17.8	2.0
13.5	14.5	22.2	2.5岁	把小丸从瓶中倒出（自发后）	13.9	18.0	22.0	3.0岁
15.0	18.1	21.8	2.0岁	叠起4方木	16.1	17.8	19.9	2.4
17.0	21.2	23.2	2.8	竖画倾斜在30°内	19.1	23.2	2.5岁	3.0
20.4	23.0	2.4岁	3.2	叠起8方木	22.0	2.1岁	2.4	2.8
2.1岁	2.7岁	3.0	3.4	画圈	2.2岁	2.6	2.7	3.1
2.3	2.7	3.1	3.5	试搭桥	2.3	2.6	3.1	3.4
2.9	3.4	3.9	4.2	画十字	2.8	3.4	3.7	4.5
4.1	4.4	4.8	6.0	描方块	4.1	4.9	5.4	6.0
3.5	3.9	4.4	4.7	画方块	3.7	4.2	5.3	6.3
3.5	4.1	5.0	5.7	画人体3部分	3.0	3.8	4.3	5.0
4.5	5.0	5.5	6.1	画人体6部分	4.3	4.5	5.3	5.7
2.6	3.0	3.6	4.2	比线长短	2.6	2.9	3.2	4.6

续前表

男 孩				言语能	女 孩			
25%	50%	75%	90%	项 目	25%	50%	75%	90%
			1.6 月	对铃声有反应				1.6 月
		1.2 月	1.8	听声不哭			1.4 月	1.8
1.5 月	2.1 月	2.6	3.2	出声笑	1.2 月	1.9 月	2.6	3.4
1.3	2.0	2.7	4.4	高声叫	1.7	2.5	3.1	4.6
5.4	7.1	9.7	10.2	叫爸爸妈妈无意识	5.8	6.7	8.1	9.6
4.1	5.6	7.0	8.0	听声转头	3.4	5.5	6.9	8.8
5.6	7.2	9.9	11.3	咿呀学语		6.6	8.4	11.1
9.6	10.4	12.4	13.7	叫爸爸妈妈有意识	8.0	9.8	11.3	12.6
12.6	14.1	15.4	20.5	能说 3 个字	11.7	12.4	14.7	20.0
14.2	20.5	22.8	2.4 岁	能把 2 个字连起来	14.0	18.8	21.4	2.2 岁
14.3	18.0	22.0	23.0 月	能指出自己身体的一个部位	13.6	15.3	19.0	22.0月
18.9	22.0	2.2 岁	2.5 岁	能说出—样图片	15.0	18.7	21.9	2.4 岁
14.5	20.0	21.9月	2.5	懂得投向（抛皮球）	15.6	19.6	22.3	2.7
20.3	2.2 岁	2.8 岁	3.2	会用复数（中国不测）	20.0	2.3 岁	2.8 岁	3.2
2.2 岁	2.7	3.2	3.8	说出自己姓名	22.5	2.7	3.1	3.7
2.7	3.1	3.7	4.3	知道冷累饥了该咋办	2.5	2.7	3.4	3.8
2.8	3.2	3.4	4.4	懂得介词（把…放在…）	2.6	2.9	3.4	4.4

续前表

男 孩				言语能	女 孩			
25%	50%	75%	90%	项 目	25%	50%	75%	90%
2.6	3.0	3.7	4.8	认出三种颜色（4试3对）	2.7	3.0	3.5	4.8
2.7	3.2	4.4	4.5	懂反义词（3试2对：冷—热、男—女、大—小）	2.9	3.6	5.2	6.3
3.8	4.7	6.0	6.3 (87%)	解释词义（9试6对：球，湖，桌子，房子，香蕉，窗帘，天花板，人行道等）	3.3	4.9	6.2	6.3 (87%)
3.7	5.1	5.5	>6.3	懂物件原料（每样可问3次:门、鞋、匙是什么做的？）	3.9	4.7	6.3	>6.3

男 孩				动作能	女 孩			
25%	50%	75%	90%	项 目	25%	50%	75%	90%
			<0.7月	俯卧举头				<0.7月
		2.1月	2.8	俯卧举头45度			1.5月	2.2
1.4月	2.2月	2.8	3.4	俯卧举头90度	1.3月	2.0月	2.5	2.9
2.0	3.0	3.6	4.3	俯卧前臂撑起	2.1	2.9	3.5	4.3

续前表

男　孩				动作能	女　孩			
25%	50%	75%	90%	项　目	25%	50%	75%	90%
1.7	3.2	3.6	4.2	坐：头稳	1.4	2.5	3.3	4.0
2.1	3.0	3.9	4.7	能翻身	2.3	2.5	3.7	5.0
3.0	4.3	5.0	7.6	腿支持部分体重	2.8	3.8	5.3	7.6
3.4	4.4	5.3	7.0	拉坐头不后垂	3.3	4.1	4.8	5.5
4.9	5.7	6.5	7.6	稳坐不用支持	4.7	5.4	6.4	8.0
5.2	6.7	8.5	9.6	握住支持立	5.0	5.2	8.4	10.6
6.6	7.6	9.2	9.6	自握住能站立	5.6	7.3	9.9	10.5
6.6	7.9	9.1	10.1	自己会坐下	5.9	7.2	9.9	11.6
8.9	9.8	12.8	13.3	独立片刻	9.2	9.8	11.1	12.6
8.1	9.1	9.8	13.0	扶着行走	6.9	9.4	10.6	11.8
9.6	12.5	13.2	13.5	独立不扶物	10.0	11.0	13.0	14.5
10.6	11.9	13.3	14.6	能弯腰直起	10.4	11.4	13.1	13.7
11.6	12.4	13.2	13.9	走得好	11.3	12.0	13.8	14.8
12.6	14.5	17.8	21.0	能自己转身向后走	12.2	14.0	19.0	22.0
14.3	19.0	21.2	22.9	能走梯	14.0	15.0	20.7	21.0
15.5	20.8	22.7	23.0	踢球	14.8	19.3	21.9	2.2岁
14.6	18.0	21.6	2.5岁	抛球	18.0	21.3	2.2岁	2.6
	2.2岁	2.5岁	3.0	独足立1秒钟	23.0	2.3岁	2.8	3.0
20.2	12.9月	2.6	3.0	并足跳	21.0	22.8月	2.3	2.7
21.0	23.0	2.8	3.0	能骑三轮脚踏车	21.9	2.2岁	2.7	2.8
2.2岁	2.9岁	3.2	3.5	能跳远	2.2岁	2.7	2.8	3.0
2.9	3.2	4.0	4.3	独足立5秒钟	2.8	3.2	3.7	4.0

续前表

男　孩				动作能	女　孩			
25%	50%	75%	90%	项　目	25%	50%	75%	90%
3.3	4.3	4.7	5.4	独足立10秒钟	4.0	4.8	5.4	6.3
3.2	3.4	4.7	5.0	独足跳	2.9	3.4	3.7	4.2
3.5	3.8	4.8	5.4	捉住跳跃的球	3.8	4.2	4.8	5.6
3.2	3.5	4.3	5.0	足跟对足尖直线前行	3.3	3.6	4.0	4.2
4.2	4.8	5.5	6.3	足尖对足跟直线退	3.8	4.7	5.7	6.3

附录二：

3—6 岁儿童智力测试表

婷妈妈刘卫华：资料来源及说明

很多读者来信索要《哈佛女孩刘亦婷》里提到过的《家庭日用百科大全》里的儿童智力测试表。遗憾的是，我弟弟家的这本书早已在多次搬家的过程中遗失。经过多方搜寻，我终于在心理学家林崇德教授主编的《中国独生子女教育百科》（1997 年出版）中发现了一个同一类型的 3—6 岁儿童智力测试表（附后），现将测试说明摘录如下，供有兴趣的读者参考：

测验选自林崇德、傅安球的《学龄前儿童心理发育与早期教育》一书，可对 3-6 岁儿童进行智力测验。这些测验第一步是要测孩子的智力年龄。无论孩子几岁，他能够答全几岁组的题目，智力年龄就是几岁。答不全的，每个小题算两个月的智力年龄。如一个孩子能够答全 4 岁组的全部题目，还能答对 5 岁组的两个题目和 6 岁组的一个题目，那么他的智力年龄就是：4 岁 +4 个月 +2 个月 =4 岁 6 个月，即 4.5 岁。

第二步是算出孩子的智商。算智商的公式是：智商 = 智力年龄 ÷ 实际年龄 ×100。按此公式计算，假如刚才的孩子的实际年龄是 3 岁，那么他的智商就是：（4.5÷3）×100=150……

需要提醒读者的是：哈佛大学心理学教授加德纳提出的"多元智能"理论认为，这类传统的智力测试偏重于"语言智能"和"数学逻辑智能"，忽略了其他六种智能（音乐智能、肢体动觉智能、空间和视觉智能、人际智能、内省智能、自然智能）的测试，不能反映孩子的整体智力，只能反映语言智能和数学逻辑智能的发展水平。如果读者能把此表的测试结果用于帮助孩子"扬长补短，全面发展"，这类测试才能起到帮助家长因材施教的作用。

3 岁儿童智力测试表

测试内容	测试方法	成　绩
指出身体各部位	先问孩子："你的鼻子在哪里？指给我看看。"如问了 3 遍孩子仍不懂或不回答，就指着孩子的耳朵或下颏问："这是你的鼻子吗？"如回答是"不是"，则再问他："那么你的鼻子在哪里呢？"其他部位的测试方法相同。	孩子只要指对 3 个就算通过。
说出自己的姓名	问："你叫什么名字？"如不肯回答，则假设一个别人的名字问："你是不是×××？"如回答"不是"，再问："那么你叫什么名字？"	孩子只要能说对就算通过。
说出自己的年龄	问："你几岁了？"如不回答，再问："你今年几岁了？"	孩子只要说对就算通过。
比较线的长短	在纸上画两条长短不一的线段，问："你看这两条线哪一条长？你把长的那条指给我看看。"如答对，则把纸片上下倒置，重复提问。如仍答对，可再把纸片倒置过来问一遍。	3 次全答对才算通过。
重复四位数字	如选几组四位数字：6475、8219、4639 等，然后对孩子说："你先听我说一个数字，我说完了，你照着我说的说给我听。"数字"6475"要读成"6-4-7-5"，中间相隔一秒，其他数字读法相同。	重复一个数字就算通过。
说出常见物品的名称	依次问剪刀、书、铅笔、杯子、表等物各自的名称："这是什么？"每种物品只问一遍。	能答对 3 件就算通过。

　　（如果适龄孩子答对了 3 岁组的全部题目，还可以让他试着答 4—6 岁组的题目。）

4 岁儿童智力测试表

测试内容	测试方法	成 绩
辨别视觉形式	在纸上画 10 种几何图形（正方形、三角形、梯形、球形、菱形、正八边形、椭圆形、长方形、任意五边形、半圆形），然后在另一张纸上画一个相同的三角形，问："这个图和那张纸上的哪个图是一样的？"其他 9 种图形试法相同。	说对 9 个通过。
摹画方形	令儿童依样摹画 2—3 厘米见方的方形，连画 3 次。	画成有四条边四只角的，算对；对 2 个通过。
说明常见物品的用途	问："椅子做什么用？"桌子、床、钢笔、杯子、锅子等问法相同。	说对 4 样通过。
用手指指着数 4 个物体	拿 4 个相同的物体（如 4 个钱币、4 粒豆等）令儿童用手指指着数，问共有多少。	数对通过，不用手指指着数而直接回答的不算。
重述 10 个字组成的句子	先说一句由 10 个字组成的句子，如"明天和爸爸一起去公园"，"马路上汽车、电车非常多"，"幼儿园老师教我们唱歌"等，然后令儿童重述，共重述三句。	说对一句通过。
按要求做事	要求儿童依次连续做 3 件事：如给儿童一支笔，说："你把这支铅笔放到那张椅子上，放好后，再去关住那扇门，门关好后，再把那个桌子上的书拿给我。一定要先放好铅笔，再去关门，关好门后再把书拿给我，不要做错。"在儿童按要求做时，不要再说话或暗示。	做对 2 件通过。

437

5 岁儿童智力测试表

测试内容	测试方法	成　绩
分辨左右	依次令儿童指出右手、左眼、右耳，若儿童指错一个，则重新指一遍。指对要改为左手、右眼、左耳。	三个全指对通过。
三角形拼成长方形	两张同样大小的长方形纸片，其中一张按对角线剪开，成两个三角形，然后要求儿童将此两个三角形拼成与另一张未剪开的长方形一样，如有疑惑，可再说明一次。	1 分钟内拼对三次的通过。
数 13 个物体	令儿童用手指指着数 13 个物体，数两次。	对一次通过。
区别上下午	问："现在是上午还是下午？"（如在下午，测验应倒向问。）再问："你每天早晨睡醒起床后是上午还是下午？""快吃晚饭是上午还是下午？"	三问全对通过。
说明性别	对男儿童问："你是男孩子还是女孩子？"（对女孩应倒向问）如不回答，则问："你是女孩子吗？"（对女童应倒向问）如回答"不是"，可再照第一次那样问一遍。接着指着自己问儿童："我是男的还是女的？"（女主试应倒向问）	二问全对通过。
用手指数	先让儿童伸一只手，问："你这只手有几个手指头？"再让儿童伸出另一只手，问："那只手有几个指头？"然后问："两只手一共有几个手指头？"如儿童要数，则加以制止。	三问全对通过。

6 岁儿童智力测试表

测试内容	测试方法	成　绩
辨别整缺	在纸上画 5 个残缺不全的物体，如鞋子、汽车、凳子等。令儿童指出少画了哪些部分。	全对者通过。
区别两种物体	令儿童说出一只鸟与一条狗、一块石头与一只鸡蛋、一双拖鞋与一双皮鞋等的差别。	说对两组通过。
倒数 20—1	问："你能倒着数吗？ 1、2、3 要倒着数成 3、2、1，现在你从 20 开始倒着数，一直数到 1，要 20、19、18 这样数，你数吧！"	数对或漏掉一个数算通过。
解说图画	可出示一张有一定意义的图画，令儿童说出图里画的是什么。	说出图画中物体名称及动作，或说出图画中的意思均算通过。
在迷津（迷宫）图上找出正确的通道（注：书店里的各种幼儿智力游戏书上可以找到这类简单的迷津图。）	可出示两张简单的不同迷津图，两张迷津图各画有一个儿童和一间屋子。第一张迷津图上从儿童到屋子标有黑线，告诉儿童："这个小孩要走回家去，必须走这一条路（指黑线），要是走别的路（指一迷路），就会碰到墙上，过不去。"然后指着第二张迷津图说："现在这个儿童也要回家去，应当怎样走呢？你指给我看，要小心指，不要碰到墙。"	1 分钟内找到通过。
指出谬误	说一句有明显谬误的句子，令儿童指出谬误处，并问理由。共三句，每句至多半分钟。如"从昨天早晨下雨，到今天已经下了 3 天"，"她穿着白衬衣，蓝裙子，白袜，白球鞋，浑身上下一片白"，"从自己屋里到街上也要上楼梯"等。	只说出谬误，不算对，要求改正过来才算对。答对二问，通过。

439

附录三：

常用英语前缀、后缀、词根表

1. 英语常用前缀表

（说明：黑体字为英语前缀及其含义，斜杠／后面为构词举例。）

a– **使，离，向** /awake 使醒来，apart 使分离

ac–，ad–，af–，ag–，al– **向，加强** /accord 依照，affect 影响

anti– **反，防止** /antitank 反坦克的

auto– **自，自动** /automation 自动化

be– **在，使** /beside 在……旁，befall 降临（于）

bi– **双** /bicycle 自行车，bisexual 两性的

co– **共同，互相** /co–exist 共存

com–，con– **共同，加强** /combine 联合，confirm 使加强

de– **离，加强，降** /detrain 下火车，depicture 描述

dif– **分开，否定** /differ 差异，difficult 困难

dis– **否，离，完全** /disallow 不准，disroot 根除，disarrange 搞乱

e–，ex– **出，否定，加强** /educe 引出，estop 阻止，expand 扩展

en–，em– **在内，用于，使** /encage 关入笼，embed 使插入

in–，im–，il– **无，向内，加强** /incorrect 不正确，impulse 冲动

inter– **在…间** /international 国际的

kilo– **千** /kilometer 千米

micro– **微** /microbe 微生物

mini– **微小** /minibus 小公共汽车

neg– **不，非** /neglect 忽视，negate 否定

non- 不，非 /nonparty 非党派的

ob-，oc-，op- 越过，包围，逆反 /object 目标，oppose 反抗

out- 在外，除去 /outlaw 逃亡者，outroot 根除

over- 超出，反转 /overweight 超重，overthrow 推翻

per- 贯通，遍及 /perform 完成，perfect 完美的

post- 在后 /postwar 战后的，postern 后门

pre- 在前 /preface 前言

pro- 在前，拥护 /prologue 序言，pro-American 亲美的

re- 重复，相反 /recall 回忆，react 反应

se- 分离 /separate 使分离，select 选出

sub-，suc-，sug- 在下，次于 /subway 地铁，succeed 继承

sur- 超，外加 /surface 表面，surtax 附加税

tele- 远 /television 电视

trans- 超过，透过 /translate 翻译，transport 运输

un- 否定 /unfair 不公平的

up- 向上 /upset 推翻，upstairs 在楼上

uni- 单一 /united 联合的，unit 单位

2. 英语常用后缀表

（说明：黑体字为英语后缀及其含义，斜杠／后面为构词举例。）

-ability，-ibility 抽象名词 /stability 稳定，sensibility 敏感性

-able，-ible 能…的 /unable 无能力的，terrible 可怕的

-acy 性质，状态 /illiteracy 文盲，intricacy 错综复杂

-age 动作，状态，总称（构成名词）/flowage 泛滥，postage 邮费

-al 动作，行为，…的 /manual 手册，central 中心的

-an 人，籍贯，…的 /African 非洲的，publican 旅店主

-ance，-ancy 行为，性质，状态 /distance 距离，currency 流通

–ant，ent 人，…的 /assistant 助手，excellent 优秀的

–ary 地点，人，事物 /library 图书馆，military 军事

–ate 做，职位，…的 /doctorate 博士学位，adequate 足够的

–ation，–ition 动作，性质，状态 /visitation 访问，addition 附加物

–craft 技巧，工艺 /aircraft 飞机，handicraft 手艺

–cy 形状，状态，职位 /secrecy 秘密，fancy 幻想

–dom 状态，领域 /freedom 自由，kingdom 王国

–ed 有…的 /cultured 有教养的，puzzled 迷惑的

–ence，–ency 行为，性质，状态 /difference 差异，frequency 频率

–er，–eer，–or 人 /killer 杀手，engineer 工程师，doctor 医生

–ern 地点，方位 /eastern 东方的，cavern 洞穴

–ese 人，语言，国籍 /chinese 中国人，Japanese 日本人

–ess 女性，雌性 /actress 女演员

–hood 状态，身份（构成名词）/childhood 童年，livelihood 生计

–ic 学术，职业，…的 /music 音乐，atomic 原子的

–ice 人，抽象名词 /service 服务，novice 新手

–ics 学术（构成名词）/physics 物理学，optics 光学

–ing 总称，抽象名词 /clothing 衣服，building 建筑，feeling 感觉

–ion 物品，抽象名词 /cushion 坐垫，expression 表达

–ism 主义，宗教 /Marxism 马克思主义，Islamism 伊斯兰教

–ist…者（构成名词）/communist 共产主义者，dentist 牙医

–ive 人，物，…的 /native 本地人，attractive 有吸引力的

–less 无…的 /homeless 无家可归的，fearless 无畏的

–logy 学（构成名词）/zoology 动物学，biology 生物学

–ly…的，…地 /daily 每日的，quickly 迅速地

–ment 状况，物，组织 /development 发展，department 部门

–ness 抽象名词 /darkness 黑暗，kindness 和蔼

–ous 有…的（构成形容词）/famous 著名的，dangerous 危险的

–ship 状况，事物（构成名词）/friendship 友谊，leadership 领导能力

–sion，–tion 动作，性质，状态 /expansion 扩展，description 描述

–th 状况，第…/youth 青春，health 健康，fifth 第五

–ty 状况，…十 /specialty 专业，safety 安全，fifty 五十

–ure 状况，物（构成名词）/pleasure 快乐，picture 图画

–y 状况，学术，小…的 /harmony 和谐，botany 植物学，baby 婴儿

3. 英语常用词根表

（说明：黑体字为英语词根及其含义，斜杠／后面为构词举例。）

ag，act 做 /agent 代理人，actor 演员

art 技艺 /article 文章

bas 低的 /basic 基本的

bio 生命，生物 /biology 生物学

ced，ceed，cess 走 /recede 退却，proceed 前进，success 成功

cid，cis 切 /decide 决定，incise 切开

cit 唤起 /excite 使兴奋

clud，clus 关闭 /include 包含，conclusive 最终的

cord 心 /concord 和睦

cred，credit 相信 /credible 可信的，discredit 怀疑

cult 耕作 /agriculture 农业

dic，dict 说 /indicate 指出，dictator 独裁者

doc，doct 教 /document 文件，doctor 博士

duc，duct 引导 /reduce 减少，product 产品

fac，fact，fect 做 /facile 易做的，factory 工厂，infect 传染

fam 名声 /famous 著名的

fer 带来，产生 /difference 不同的，suffer 经受

fin 末尾 /final 最后的，finish 结束

form 形成，组成 /reform 改革，inform 通知

fort，forc 强 /effort 努力，force 力量

geo 大地 /geography 地理学

grad，gress 脚步 /graduate 毕业，progress 进步

gram 字符 /program 节目单，telegram 电报

ide 外观，形式 /idea 想法，ideal 理想的

ject 投掷 /object 目标，subject 主题

leg，lig，lect 挑选 /elegant 雅致的，eligible 合格的，select 选择

log，logue 说话 /apologize 道歉，dialogue 对话

mand，mend 命令 /demand 要求，command 命令

min 较小，较少 /minute 分钟，minority 少数民族

mit，miss 送，发 /submit 呈交，dismiss 解雇

mot，mov，mob 运动 /remote 遥远的，remove 迁移，mobile 移动的

nat 出生 /native 天生的，nature 自然界

nunci，nounc 讲述 /pronounce 发音，enunciate 宣布

ord，ordin 次序 /order 秩序，ordinary 平常的

part 部分 /apart 分离，department 部门

pend，pens 悬挂，支付 /depend 依靠，expensive 昂贵的

pet，petit 寻求，追求 /compete 比赛，competitor 竞争对手

pos，posit 放置 /deposit 储蓄，propose 提出

port 运送 /import 进口，report 报告

reg，rect 画直线，治理 /regular 正规的，correct 正确的

sci 知晓 /science 科学，scientist 科学家

sent，sens 感觉 /sentence 句子，nonsense 废话

serv 奴仆 /servant 仆人，service 服务

sid，sess 坐 /president 主席，possess 占有

spec，spect 看 /respect 尊敬，special 特别的

st，stat 站立 /stay 停留，station 车站

tain，ten，tent，tin 持有 /contain 容纳，content 满意的，continue 继续

un 单一 /unit 单位，united 联合的

ven，vent 发生，来临 /event 事件，convent 召集

vis，vid，view 看见 /visit 参观，evidence 证据，review 复习

主要参考书目（本书在介绍我们的"0—18岁整体素质培养法"和刘亦婷的学习方法时，为了更好地说明问题，引用了一些书籍中的观点、数据或事例，谨致谢意，并列书目于下：）

《中国独生子女教育百科》 林崇德主编 浙江人民出版社

《裸猿》 （英）D.莫利斯著 百花文艺出版社

《多元智能》 （美）霍华德·加德纳著 新华出版社

《0岁方案》 冯德全、龙起至编著 北京科学技术出版社

《解读天才》 （英）迈克尔·豪著 中国青年出版社

《如何培养高情商的孩子》 （美）劳伦斯·沙皮罗著 经济日报出版社

《智力的激励与开发》 蔡笑岳等编著 四川人民出版社

《图解心理学》 叶奕乾、杨治良等著 江西人民出版社

《社会心理学》 （美）克特W.巴克主编 南开大学出版社

《创造心理学》 周昌忠编译 中国青年出版社

《创造心理学概论》 （前苏联）A.H.鲁克著 黑龙江人民出版社

《管理心理学》 汤淑贞著 台湾成功大学出版社

《科学研究的艺术》 （英）W.I.B.贝弗里奇著 科学出版社

《早期教育和天才》 （日）木村久一著 河北人民出版社

《零岁教育》 （日）井深大著 商务印书馆国际有限公司

《青年心理学》 （日）依田新主编 知识出版社

《乳幼儿的心理发展》 （日）野村庄吾著 知识出版社

《不良少年三岁起》 （日）相部和男著 外文出版社

《点击美国中小学教育》 沈宁著 湖北人民出版社

《哈佛帝国》 朱国宏著 上海人民出版社

《科技英语词素》 唐贤鉴著 知识出版社

《英语词根与单词的说文解字》 李平武著 福建教育出版社

《丁肇中》 鲍振元著 长春出版社

《爱因斯坦》 （前苏联）符·耶·里沃夫著 商务印书馆

《五分钟性教育》 （日）武川行男著 河北少年儿童出版社

《小儿智能发育检查》 宋杰、朱月妹编译 上海科学技术出版社

（另有若干国内外的网站，我们曾参阅过其新闻、文章或资料。由于量多，难以一一尽述，谨在此一并致以谢意和歉意。）

图书在版编目（CIP）数据

刘亦婷的学习方法和培养细节：纪念版 / 张欣武，刘卫华著 .—北京：作家出版社，2009.6（2025.6 重印）

ISBN 978-7-5063-4604-7

Ⅰ.①刘… Ⅱ.①张… ②刘… Ⅲ.①纪实文学—中国—当代 Ⅳ.I25

中国版本图书馆 CIP 数据核字（2009）第 015158 号

刘亦婷的学习方法和培养细节（纪念版）

作　　者：张欣武　刘卫华

责任编辑：李宏伟

装帧设计：张晓光

出版发行：作家出版社有限公司

社　　址：北京农展馆南里 10 号　　邮码：100125

电话传真：86-10-65067186（发行中心及邮购部）

　　　　　86-10-65004079（总编室）

E-mail：zuojia @ zuojia.net.cn

http://www.zuojiachubanshe.com

印　　刷：唐山嘉德印刷有限公司

成品尺寸：152×230

字　　数：350 千字

印　　张：28.5　　　　　　　　插页：2

印　　数：225801— 228800

版　　次：2009 年 6 月第 1 版

印　　次：2025 年 6 月第 22 次印刷

ISBN 978-7-5063-4604-7

定　　价：39.00 元

作家版图书，版权所有，侵权必究。

作家版图书，印装错误可随时退换。